U0366062

杨柳牧菁 著

杨柳编辑

记单词

上海交通大学出版社
SHANGHAI JIAO TONG UNIVERSITY PRESS

图书在版编目(CIP)数据

杨柳编辑记单词/ 杨柳牧菁著. —上海: 上海交
通大学出版社,2023.5
ISBN 978 - 7 - 313 - 28287 - 3

Ⅰ.①杨… Ⅱ.①杨… Ⅲ.①英语−词汇−记忆术
Ⅳ.①H313

中国国家版本馆 CIP 数据核字 (2023) 第 023059 号

杨柳编辑记单词

YANGLIU BIANJI JIDANCI

著　　者: 杨柳牧菁				
出版发行: 上海交通大学出版社		地　　址: 上海市番禺路 951 号		
邮政编码: 200030		电　　话: 021 - 64071208		
印　　制: 上海锦佳印刷有限公司		经　　销: 全国新华书店		
开　　本: 710 mm×1000 mm　1/16		印　　张: 25.75		
字　　数: 314 千字				
版　　次: 2023 年 5 月第 1 版		印　　次: 2023 年 5 月第 1 次印刷		
书　　号: ISBN 978 - 7 - 313 - 28287 - 3				
定　　价: 68.00 元				

版权所有　侵权必究

告读者: 如发现本书有印装质量问题请与印刷厂质量科联系

联系电话: 021 - 56401314

序

　　在写这本书的时候，我的心情是激动且略有忐忑的。中国文化博大精深，源远流长，可是将它和记英语单词结合起来，还是非常少见的。论起创作这部书的缘由，就要谈及我自己的经历。我是一个英语专业毕业的"科班生"，在大学时代，最让我难忘的就是广泛地大量记单词的经历，大学的业余时光，我是在捧着一本厚厚的字典，勤加记忆中度过的。我曾经想，有没有一种很好的方法，可以记住那些相对复杂的单词，而且还能牢牢地记住，最好永远都不要忘，而且在记忆的过程中还要体现出记忆的乐趣，这样的话，记单词不就不那么痛苦，反而是一种乐趣了吗？本科毕业多年，我依然坚持学习英语，在硕士毕业后，我有幸从事了编辑事业，成为一名为人审稿，每日与书稿打交道的编辑。从事编辑工作是一项伟大而光荣的使命，我经常感到自己知识的不足，也在编辑工作中更深地体味到学好历史，领略中国文化独特内涵的作用。作为一个"资深"文科生，我虽在读高中时就系统地接触中国历史，但受限于专业，从没有仔仔细细地通过史书来品读历史。编写本书，给了我一个很好的机会，在古人的历史资料中，通过他们的笔，实现千年的对话，倾听中国历史上那些知名人物的故事，或动容，或钦佩，或伤感，或欢喜，这是人生的一种感悟，也可以为我们在处理人际关系，增长个人才智方面提供一些宝贵的经验。通过读中国历史来记忆单词，看似"不搭"，实则有效、有趣味且有意义。在我很小的时候，大约五六岁时，因为还没有办法完全理解音标，这让我在记单词的时候总会记不住单词的发音。为此，我就想了一个办法，用中文的谐音来记单词的拼读。后来长大了一些，我才可以渐渐使用音标来直接拼读单词，加以记忆。在读大学的时候，我深刻地感受到中国人的思维与西方人的思维是有差异的，这种差异尤其体现在语言上。汉语讲求"意"，英语讲求"形"。因而汉语总带有一些想象以及"不严密"，诸如"大约，少许"就是汉语中经常使用到的说法。而英语则重视逻辑语法结构，很多中国学生在一开始学英语的时候，常会感到无所适从，就是因为英语是"形合"的语言，它的很多语言规则和汉语是大相径庭的。但是，在本书中，我选择了中国人会想到、会使用的记单词的方法、窍门，这就把来源于西方，通过音标来记单词、识别单词的方法转化为我们乐于且易于接受的方法。特别是搭配中国文化中的知名历史人物、成语故事等，这就拉近了国人与记忆英语单词的距离，让我们可以使用自己的视角来审视和解读外来文化。

非常感谢在我出版这本书的过程中，上海交通大学出版社的编辑老师们细致严谨的编辑加工整理与孜孜不倦的解答，作为一个新手编辑，实在有太多的前辈值得我学习且仿效，未来的路很长，这些优秀的前辈对我来说，就是一盏盏指点前行的明灯，激励我，鼓舞我，指引我一直走下去。在本书的创作过程中，白天，我立足于自己的本职工作岗位，为他人编审稿件；夜晚，一连数月寂静漆黑的夜里，我在桌前写作。其中若有不足，请大家海涵，总会有更好的记单词的方法不断涌出，期待与各位读者共同探讨！

杨柳牧菁

2022 年 5 月

目　录

篇一	D	001
篇二	E	057
篇三	F	115
篇四	G　H	165
篇五	J　L	215
篇六	M	249
篇七	N　O　W	323
后记		394

篇 一 D

众里寻他千百度。

蓦然回首，那人却在，灯火阑珊处。

[宋] 辛弃疾《青玉案·元夕》

dastardly

adj.

邪恶残忍的

历史上有这样一位"悍妇",她不但长相丑陋,而且还善妒,她成了一个王朝走向衰败的罪魁祸首,她就是我的单词的主人公,西晋皇后贾南风[1],又称贾后。贾南风的父亲是权臣贾充,加上晋武帝司马炎的皇后杨艳极力为其说好话,生性懦弱、智商又发育不全的太子司马衷就迎娶了贾南风为太子妃。后来,司马衷继位,是为晋惠帝,颇为强悍的贾南风就掌控了朝政大权。贾后虽比较凶悍,但是肚子却"不争气",没有给晋惠帝生下儿子,这才让惠帝立了司马遹为太子。司马遹是惠帝还在做太子时就生出的儿子,自幼聪慧,晋武帝司马炎常常将司马遹带在身边,亲自辅导,还常夸奖孙子很像晋宣帝司马懿。贾后每次看见司马遹,心中就十分不爽。在元康九年(299)时,她谋划了一出残害太子的"逆天之举"。当时,贾后称自己在为晋武帝服丧期间曾怀孕生子,所以就一直"隐瞒"了下来,然后,她竟让自己妹夫韩寿的儿子来冒充自己的儿子,贾后想废掉司马遹,让自己的外甥当太子。为此,贾后就自己"生产"了很多证据说司马遹要谋反。迂呆的晋惠帝居然相信了!司马遹就这样被废掉了太子之位,被幽禁在金墉城。可这桩废太子的举动却为西晋王朝带来了更大的灾难。听闻太子被废,很多的朝中大臣感到十分愤慨,一时之间,朝堂之上群情激愤,更有人建议晋惠帝废掉贾后。赵王司马伦一直有篡位的野心,他的亲信孙秀就赶忙跑到贾后处,使用反间计,说宫中有人要废掉贾后让司马遹复位,贾后听后大惊失色,在司马伦和孙秀的劝说下,贾后让太医携带毒药杀死了司马遹。而这,成了司马伦举兵讨伐贾后乱政的借口。贾后"悔不当初",只怪自己太蠢,中了司马

伦的奸计,最终被废掉皇后之位,被赐毒酒自尽,其党羽也一并被剿杀。

回到这个单词,首先需要说明的是,单词末尾的 ly 部分不是我记忆的重点,它经常可以作为形容词的后缀。接下来,我使用汉语拼音拼读出本单词中的 da 与 ta,分别拼成"打"与"他"。对于本单词中的字母 s,r,d,它们在本单词中的发音与汉语的"死""儿""的"相近。于是,我将这个单词联系为"打死他儿的"的谐音。从历史上看,贾后以善妒、暴戾著称,她嫉妒其他宫人有孕,便大肆残害,太子司马遹就不幸被残害。我使用"打死他儿的"这个谐音,其中,"他儿"指的是晋惠帝的儿子,也可以指其他妃嫔的儿子;"打死"虽然不是非得用手、用棍杖打死,却是属实的杀死。史书中对贾后的评价是非常低的,她的暴虐常为后世所不齿,也因此常被作为"善妒""乱政"的"代言人",这与单词 dastardly 的意思"邪恶残忍的"是十分匹配的。这样一来,使用这样的谐音实现单词音与义的联系,比较好地说明了单词的意思,记忆也比较方便。

debacle

n.

崩溃,垮台,灾祸

兴修水利一直是我国古代农业社会中一项非常重要的工程,它生动地展现了我国古代劳动人民的智慧,培育了华夏灿烂悠久的文明。在我国三峡库区腹地的重庆涪陵地区,有一座全国重点文物保护单位,联合国教科文组织将其誉为"保存完好的世界唯一古代水文站",它就是白鹤梁。白鹤梁题刻始于唐朝年间,古人以"刻石记事"的方式记录枯水水位,并刻"石鱼"作为水文标志。白鹤梁不仅是世界公认的第一座古代水文站,而且具有极高的艺术与文物价值。白鹤梁的题刻大多出自历代文人墨客之手,篆、隶、行、楷、草等字体皆在白鹤梁中有体现,以北宋著名文学家、书法家黄庭坚的作品最为著名,故白鹤梁有"水中碑铭"的美誉。白鹤梁见证了我国古代水文治理的极高成就,同时也将中华民族浪漫优雅的文学情怀寄托其中,令人叹为观止。我国古代在抗洪抢险方面还拥有比较多的著名水利工程,它山堰、郑国渠、灵渠、都江堰是中国古代四大水利工程,为古代劳动人民所创造,是中华民族智慧的结晶。

回到这个单词,debacle 在牛津词典上有两种发音,我使用其中的一种,然后拼读出这个单词后,发现它与汉语的"堤坝口"发音相近。使用"堤坝口"这个谐音,可以让人马上联想到它的表语,就是"崩溃""垮台",引申意义为"灾祸"。首先,古往今来,堤坝都是为抵御自然灾害而兴建的大型工程,我国古代的大型水利工程的设计与施工多是由中央政府主持而完成的。其次,堤坝从其功能与意义上来讲,为我国古代灿烂的农业文明筑下了牢固的基础,造福了一方水土。最后,从结果上来讲,一个不太牢固的堤坝一旦崩溃,是对古代农业社会的巨大伤害,我国古代的中央政府十分重视对堤坝工程的监制与管理,一旦有官员偷工减料,将严惩不贷。因此,使用这样的谐音比较好地说明了单词音与义的联系,十分好记。

debar

v.

阻止,禁止(某人做某事)

今天的社会中有各式各样的酒,人们可以品尝各种美酒。但是在古代,

酒,并不像如今人们想的那样,可以尽情品饮。我国古代有记载的第一篇禁酒令是《酒诰》,出自《尚书·周书》。说起这篇禁酒令的历史,就和纣王的"酒池肉林"有关了。纣王就是在无休止地饮酒与寻欢作乐中让商王朝灭亡的,因此,西周建立后,周公旦让弟弟康叔驻守殷墟,并将一系列的嘱托写成《康诰》《酒诰》与《梓材》,让康叔吸取商亡的教训,令其遗民不要饮酒。《酒诰》总结了历史的经验教训,把酗酒的政治危害推向了前所未有的堪称极端的高度。[2]因此,在这一层面下,实施禁酒的主要动因是教化民风,这一点,在唐高祖下达的《禁屠酤诏》中也有体现,即"酒醪之用,表节制于欢娱"。我国古代以农业为社会根基,粮食的生产关乎国家的稳定,熟悉中国制酒工艺的人都知道,中国酒大多是以粮食为原料酿制而成的,也就是说,古人不能多饮酒,多少是因为生产力不足而引发的供需矛盾。唐玄宗时期就因为发生饥荒而下达过禁酒的命令,"玄宗先天二年十一月禁京城酤酒,岁饥故也"[3],宋太祖也在立国之初下达过禁酒的御令。可见,不是不让百姓喝酒,而实在是成本太高。

回到这个单词,我将这个单词分为两个部分来记忆。第一个部分是单词的前缀 de,第二部分是 bar。单词的前缀 de 有"去除,摆脱"的意思,而 bar 是一个比较常见的单词,意思是"酒吧"。在这样的释义下,debar 的意思就是"摆脱酒吧",这就让我想到了"禁酒"。我国古代十分重视对民风的教化以及对个人道德素养的培育,在一些朝代中,饮酒是中央政府明令禁止的行为,违者会受到惩处,比如宋神宗时,就有"熙宁三年,禁诸郡节序以酒相馈"的诰令,严禁军士因为饮酒与馈酒耽误工作。同时,我国古代也实行"榷酒"的政策,即国家垄断酒的生产与销售,这就为国家的财税收入提供了一个庞大的来源,国家对酒的掌控是比较严格的。因此,使用"禁酒"这样的释义,比较好地说明了我国古代王朝对百姓的教化,通过禁酒让百姓安居乐业,净化民风,这样的解释是比较说得通的,便于对单词进行记忆。

debase

v.

降低……的价值;败坏……的名誉

———————————————————————————————————————

有这样一个成语,叫"釜底抽薪",在东汉史学家班固的《汉书》中有记载,意思是把锅底的柴火抽掉,使其无法继续加热,比喻从根本上解决问题。要说古代历史上的统治者们最怕什么,那当然要属百姓起义了。尤其是对于那些经长期四分五裂才得以江山一统的王朝建立者们,他们是最需要"防患于未然"的。有这样一个人,他在中国历史上的地位几乎是首屈一指的,后世对他的评价虽然褒贬不一,但是对他统一六国,建立大一统王朝的功勋还是十分肯定的。相传他为了让大秦王朝一统万年,就做了一件自认为是"釜底抽薪"的事,结果反而让秦二世而亡,这位历史人物就是"千古一帝"的秦始皇。在《史记·秦始皇本纪》[4]中,有这样一段记载:秦始皇二十六年(前221),"收天下兵,聚之咸阳,销以为钟镰,金人十二,重各千石,置廷宫中"。这就是著名的"十二金人"。秦始皇为后世带来了许多历史疑团,十二金人的铸造就是其中一个。相传在当时秦国的都城咸阳,有十二个通体黄色的巨大铜人,它们屹立在阿房宫前,日夜护卫着秦国宫殿。秦始皇连年征伐,才让秦朝终于收服四海,因此,自己王朝该如何延续是始皇帝非常关心的问题。关于十二金人,在历史上留下了很多的疑问,比如始皇帝铸造金人的原因,每个金人的重量、高度、造型、铸造方法,"十二"的涵义以及十二金人的去向等,这些问题始终吸引着后人去探寻,为人所津津乐道。秦始皇下令铸造的这十二个金人反映出一个至高无上的统治者那焦虑的内心。

　　回到这个单词，我将 debase 分为两个部分来记忆。第一个部分是单词的前缀 de，这个前缀可以代表很多的意思，在这个单词中，它是"破坏，毁坏"的意思；第二个部分是 base，它的意思是"基础"。因此，这个单词在这样的释义下，可以被解释为"破坏基础"。秦始皇认为，天下的动乱来自百姓的揭竿而起，而不是自己统治的无序，作为一个王朝的最高统治者，他对那些会威胁到自己王朝根基的势力从来都不会姑息。因此，他命人制成十二金人，为他镇守天下。但是，就像荀子所说的"水则载舟，水则覆舟"的道理一样，没有一个封建王朝的民众能够在民怨沸腾、同仇敌忾的历史环境中继续忍受统治者的暴虐。因此，无论是始皇帝焚书坑儒还是铸造十二金人，表面上是釜底抽薪般杜绝一切"作乱"势力，实际上只不过是扬汤止沸的表面手段，这降低了统治者作为一国之君的水准，败坏了一个统治者的名声，而这，也和 debase 这个单词的意思一样，是比较说得通的。因此，使用这个故事以及对单词的释义，比较好地讲明了单词的意思，记忆的效果比较好。

debilitate

v.

（使身心）衰弱，衰竭，虚弱

　　对这个单词的讲解是比较"现代"的，它并没有相关的历史故事，但与如今的一个著名的视频网站有关，就是"哔哩哔哩"（bilibili），又称"B 站"。大家应该听过救护车发出的声音，它的谐音就是"bilibili"。那一声声急促的声响，很像 B 站的名字。这个单词的首部 de，可以作为"破坏，毁坏"的前缀意思,也就是说,可以这样联想:救护车拉着病人穿梭于大街小巷中时,疾病正在破坏患者的生命健康,患者在身心上承受着病痛的折磨,而这也与单词的意思一致,于是便可以轻松地记下这个单词了。

debut

n.

(演员、运动员)首次亮相,初次登台

对于这个词,当发出它正确的发音后,会有额外的惊喜。它在牛津词典上有三个发音,英式发音有两个,美式发音有一个。但是,无论你采用哪种发音,这个单词发出的音都与中文"代表"相近。代表,与这个词的意义可以有许多联系,比如:某运动员代表某国在奥运赛场上征战,这有可能是该运动员的首次参赛;某戏剧演员代表该剧团在某次演出中与观众朋友们见面,那么这有可能是该演员的首次亮相。因此,正确地发出这个单词的音便可以顺利地记住这个单词的意思,十分简便。

deciduous

adj.

落叶的

"素胚勾勒出青花笔锋浓转淡,瓶身描绘的牡丹一如你初妆。"一首很美的《青花瓷》旋律萦绕在我的耳边,而比歌词更美的是我国古代灿烂的瓷器

文明。中国的瓷器文明伴随着商朝出土的原始青瓷的发掘,被认为至少有着三千年的历史,瓷器在一千多度的高温烧制中,呈现出或深邃沉静、或清雅素净、或明亮绚丽的釉色。中国,是瓷器的故乡。我国千百年来制瓷的技术达到了炉火纯青的境界,瓷器的胎骨细腻洁白,釉质光滑细腻,色彩艳丽,在独特的中华美学中展现着温润、雅致与大道至简的审美趣味。无论是唐代时期形成的"南青北白"的越窑青瓷与邢窑白瓷,还是宋代著名的"五大名窑"——汝、官、哥、钧、定,它们都书写了中华文明极为光彩夺目的一部分内容。而景德元年对于江西文化的意义,远不止一段文学史上的佳话,它还有着更为重要的涵义。因为从景德元年开始,"景德"二字就不仅是一个纪年的符号,也不仅是一个简单的皇帝年号,它将与一座城镇相结合,在中华文明史上大放光彩。殿堂之上,宋真宗对一瓷器观赏再三,实在是爱不释手,又不知如何表达内心的欣喜,于是一道圣旨从皇宫中传出,诏令在浮梁县昌南镇烧造和进贡的青白瓷御器,器底均书"景德年制"款识,并将昌南镇改名为景德镇。[5]景德镇,从此在中华瑰丽的瓷器史中一枝独秀,堪称世界的制瓷中心。

对本单词的记忆就与景德镇以及在景德镇烧制的木叶天目盏有关。作为一个在江西工作的编辑,我有幸在景德镇见到了今人成功复制的南宋吉州木叶天目盏,它将叶片高温氧化,经过与底层釉面的融合,形成了仿佛浑然天成的叶片纹理,好似喝水时能一口饮尽叶片,而这种将树木的落叶与釉面结合的工艺也叫落叶釉。回到这个单词,首先需要说明的是,单词的末尾部分 ous 经常可以作为形容词的后缀,因此它不是我记忆的重点。我将单词余下的 decidu 使用汉语拼音的方式分别拼出三个汉字,"德""瓷""都",这就让我想到了景德镇,"德"指的就是景德镇中的"德"。再联系曾亲眼见到的木叶天目盏,我就直接将落叶釉与景德镇相联系,因此,这个单词也就很轻松地被记住了。如此,使用这样的方法可以比较巧妙地记住单词,效果也比较好。

decorous

adj.

礼貌得体的，端庄稳重的

　　待客有道是中华民族历来的优秀传统。在中国历史上有这样一位君主，它为后世留下了诸如酒池肉林、牝鸡司晨之类的成语，他横征暴敛，穷兵黩武，沉湎酒色，又使用残忍的炮烙之刑统治天下。他任用奸佞，囚禁了西伯侯姬昌，最终受辱而归的姬昌不断地修养德行，造福一方百姓，得到了众人的拥戴。这位君主最终身死国灭，灰飞烟散，他就是商朝的末代君主，帝辛，也就是人们所熟知的纣王。西伯侯姬昌是一个勤政爱民的人，他任人唯贤，礼贤下士，勤政爱民，很受百姓的爱戴。随着姬昌统治下的封地实力愈发壮大，很多诸侯也都归附了姬昌，这令商纣王隐隐地感到不安。于是，纣王就将姬昌囚禁到了羑里。在姬昌被囚禁期间，其子伯邑考做了人质侍奉纣王。纣王命令手下将伯邑考烹杀，还把他做成肉羹赐予姬昌，姬昌被迫食用，纣王大笑道："谁说西伯侯是圣人，不是照样吃了自己儿子的肉吗？"姬昌誓报此仇，归周后，苦心经营，取信于民，很快周国的国力再次强大了起来。姬昌薨逝后，他的儿子姬发继位，是为周武王，他继续秉承父志，在联合了很多部落后，以牧野之战的大胜击败了商军，纣王兵败自焚，商朝灭亡。周武王在后世被赞誉为明君，他实行了国家秩序层面下人与人关系的宗法制度、井田制，以"敬天保民"的礼乐制度奠定了中华文明的社会规范，缓解了社会矛盾，以宽容的姿态强调人伦的教化，周武王因其处事能力与长远的目光受到了后世的褒扬。

　　回到这个单词，首先需要说明的是，单词的末尾 ous 部分不是我记忆的重点，因为它经常可以作为形容词的后缀，又因为它与其前的字母 r 构成了一个完整的音节，所以这部分我忽略不计。接下来，我使用英语的拼读法拼读这个单词后，发现单词中的 deco 部分与汉语的"待客"音相近，意即"对待客人的方式"。从商纣王与周文王姬昌的故事中可以看出，他们二人处处充满着不同。纣王昏庸，而姬昌贤能；纣王暴虐，而姬昌仁爱；纣王一叶障目，而姬昌从谏如流。历史自有评判，正因如此，失德寡助的商纣王更能衬托出周文王姬昌的德才兼备、德厚流光。不管伯邑考是否确如历史所述那般为纣王烹杀，但是纣王确实是在收到了周国臣僚进献给他的美女与财物之后才欣然肯放姬昌而归的。商朝作为当时的首领之国，实力与疆域皆强于周国，纣王却将下属之国的首领囚禁起来，不以礼相待，如此"待客"实在是有失水准。同时我们也能看见，无论是周文王姬昌还是其子周武王姬发，他们都是厚德载物的人，其身上闪耀着礼貌得体、端庄稳重的特性。而这，也正是单词 decorous 的意思。如此，这个单词实现了从音到义的联系，记忆起来十分简单。

defer

v.

推迟，延缓

———————————————————————————

"内卷""躺平""就业难""大龄剩男""恐婚"，相信听到这些词，你可能不会陌生，这反映了如今社会年轻人的焦虑以及他们的生活状态，接下来要讲的故事的主人公与这些热点词汇都有关系，但是他不气馁、不懊恼、不放弃，最终以令人赞叹的成绩"逆袭"，他的故事一直为人所津津乐道，他的才华与对社会的贡献被历史所铭记。透过他，也许我们可以从眼下的困顿中收获一些启发,这位著名历史人物就是"唐宋八大家"之一的曾巩,世称"南丰先生"。在北宋时期,科举考试对于出身寒门的学子而言,可以说是一项最重要的光耀门楣、光宗耀祖的大事了,尤其是对曾巩[6]而言,科举考试的意义是巨大的,因为他对家族的使命感与对兄弟姐妹的责任感都让他一定要通过科举考试以争取出人头地。曾巩的祖上世代为学者,家学渊深,父亲曾易占为太常博士。儿时的曾巩就是"别人家的孩子",聪颖异常,记忆力非常强,自幼就展现了良好的天赋。庆历七年(1047),临近而立之年的曾巩却突然丧父,由此家道中落,而父亲给他留下了四个弟弟、九个妹妹与继母一人,庞大的家庭重担迫使曾巩只好辍学回归故里,养育亲人。在古代的科举考试制度下,学子心中往往幻想着自己可以踏入人生巅峰,"洞房花烛夜,金榜题名时",就是这样的人生美事。可是,在宋代的科举制度下,很多学子最终只能失败而归。在宋代,有一个奇怪的现象,就是"榜下捉婿",即放榜的当天,有很多来自全国的富商巨贾争着要把自己的女儿嫁给榜上有名的才子,以至于科举考试在宋代逐渐成为成家立业的"敲门砖",学子,尤其是那些想振兴家门的学子无不以"上榜"来实现人生抱负。曾巩就是这样的典型代表,不上榜不配成家立业的思绪萦绕在曾巩脑中,加上要供养一家老小,曾巩活生生地把自己熬成了"大龄剩男"。皇祐六年(1054),已经三十五六岁的曾巩经过亲戚的介绍与大家闺秀晁文柔成婚。[7]婚后的晁文柔果然人如其名,真的"超温柔",她不嫌弃曾巩家境贫寒,尽心代替丈夫照顾一众家眷,好让丈夫可以专心读书。嘉祐元年(1056)冬,曾巩和他弟弟曾布、曾牟、曾阜以及妹婿王补之、王彦深等,全被推荐入京大比。嘉祐二年正月,曾巩及其弟和妹婿一门六人都名列皇榜,进士及第。[8]在放榜的日子震惊朝野,一门六进士,光耀门楣。可以说,贤内助晁文柔真的是曾巩人生中的贵人。做了官之后的曾巩体恤爱民,勤政务实,在文学与教育上的造诣十分深厚,去世后追谥为"文定"。

回到这个单词,首先需要说明的是,本单词中的两个字母 e 不是我记忆的重点,因为它和我使用的方法不太相关。接下来,我将单词中的字母 dfr 调整了一下顺序,变为 rdf,将它作为汉语"入洞房"的拼音首字母,由此想到了曾巩的晚婚故事。在古代,青年男女成婚的年龄是比较早的,因此像曾巩这样的"大龄剩男"是比较罕见的。曾巩一直以来肩负着家族的使命,一方面是因为家道的中落让他有着重振家门的责任感,另一方面也是因为他个人的才华。曾巩是一个有着很强责任心的人,面对如此多的弟弟妹妹以及继母,他从来没有嫌弃与抱怨,反而是鞭策自己要达成心中的理想。故,他一再地推迟自己的婚姻大事,使用"入洞房"这样的记忆方法,便很容易想到婚期的延误,这与曾巩的经历是十分匹配的。一个人若想做成事,就得有理想,也要有对自身能力的丈量,而在追逐理想的过程中也可以兼顾家庭,说不定你的另一半就像曾巩的妻子一样,是你人生的贵人呢?

deify

v.

把(某人)奉为神明,崇拜

如今的"考研大军"是越来越壮大了,动辄数百万人加入其中,堪称再一次过"独木桥"。尽管如此,很多"大龄"读书人以及参加过很多次考试的学子依然"誓不罢休"。很多人说他们想读研的目的是找到一份自己满意的工作,而不是出于对学术的热爱,这让我想到了一位古代的"考试达人",他屡考屡不中,但是却屡败屡战,直到用尽了生命中最后一丝力气。但是,他在

文学上的才华是显而易见的，因为他的个人兴趣与价值显然让他更适合当一个文学家，由他创作的文学作品改编的剧作在今天的荧屏上经常可以看见，而且被奉为经典。这个人就是蒲松龄[9]，他的故事对人很有启发作用。

蒲松龄是清代前期的人，十九岁的时候初试童生试，其后开始了应试之旅。蒲松龄在二十一岁的时候，应乡试不中；二十四岁再应，不中；二十八岁迫于生计开始在私塾当老师，同时应试；三十五岁再应乡试，不中；五十一岁还应乡试，不中；七十二岁，成为贡生；七十六岁，蒲松龄结束了坎坷的一生。但是，蒲松龄具有卓越的文学创作才华，他从小就展露了对民间鬼神故事的浓厚兴趣。蒲松龄热爱自己的坚持，在康熙元年（1662），蒲松龄二十二岁的时候开始创作狐鬼故事，直到康熙十八年（1679），蒲松龄将手稿结集成书，将其命名为《聊斋志异》。这部充满浓厚的浪漫主义色彩的文学巨著有了它的名字，其后屡有增补。蒲松龄在应付科举考试的同时，没有放弃搜集民间鬼神故事，相传，他为了写作，专门在家门口开了一间茶馆，来喝茶的人只需要讲一个故事就可以代替茶钱。蒲松龄用了长达四十余年的时间完成了这部志怪小说。在《聊斋志异》这部书中，有我们非常熟悉的已改编成电影的《画皮》，也有讲述宁采臣与聂小倩故事的《倩女幽魂》，在蒲松龄的笔下，狐、鬼、仙、精灵都向往着自己的爱情，它们姿容美丽、心地善良，它们对爱情的执着诉说着封建礼教对女性的压迫，《聊斋志异》表现了难能可贵的爱情理想与对封建束缚的反抗。

回到这个单词，我将这个单词调整字母顺序后，将它分为两个部分。第一个部分是字母组合 fei，我使用汉语拼音的方法将其拼为"非"；而余下的字母 dy，我将它作为"读研"的拼音首字母。这样一来，这个单词的释义就是"非读研"，可以引申为"非得参加各种各样的考试"。从蒲松龄的生平经历来看，他在考取功名的历程中显然备受打击，直到七十二岁高龄时才勉强

"混"了个头衔，他把生命中大好的年华用来应试，但是他的"封神之作"是他一直以来坚守的那份热爱，他从没有放弃对自己爱好的追求，而且始终精益求精。《聊斋志异》主要的内容便是鬼怪神仙的故事，后世的读者们十分喜爱蒲松龄笔下那些可爱的、妖媚的，有着人一样感情色彩的狐鬼，这就像deify的意思一样，"将某人奉为神明"，在蒲松龄的心中，他将千奇百怪的精灵视作闪烁着爱情与冲破封建束缚的神明，同时，蒲松龄也成就了自己的"封神之作"。因此，使用这样的谐音比较好地说明了单词的意思，十分好记。

demise

n.

终止，失败，死亡

孝道，是中华民族的传统美德之一，在千百年的历史长河中闪耀着自己的光芒，但是在我国古代的封建社会时期，有一种"孝"叫"愚孝"，它并不是中华文化的精华，应该被时代所摒弃。在《二十四孝》中有这样一个故事，叫"埋儿奉母"。古代有一个叫郭巨的人，原本家境殷实，但父亲死后，他把家产分为两份给了两个弟弟，而自己供养母亲，所以他的生活十分困顿。郭巨的妻子生了一个男孩，郭母十分疼爱自己的孙子，就经常自己饿着肚子把仅有的食物留给小孙子吃。郭巨见后，就和妻子商量道："儿子可以再有，但是母亲只有一个，不如埋掉儿子，好供奉母亲。"郭巨就挖了一个大坑，把儿子杀死了。这样的做法，实在让人无法容忍。回到这个单词，我使用英语的拼读法拼读出这个单词后，根据它的发音，发现它与汉语的"地埋子"发音相近，意即"地里埋了儿子"，于是我就想到了郭巨的"埋儿奉母"的故事。在地里埋了儿子，那儿子肯定会死，这就和 demise 的意思"死亡"一致，而且从"死亡"联系到单词的引申意义，就是"终止"与"失败"，如此，这个单词就实现了从音到义的转变，十分好记。

demolish

v.

拆毁，拆除

拆迁，是我们如今经常面对的一种社会现象，为了经济的发展与城市更好的规划，拆迁是必要的手段。那么古代的拆迁与如今的拆迁有什么不同呢？百姓有没有"拆迁补偿款"呢？在宋朝时期，我国的市民经济得到了有效的发展，百姓的物质生活更加富足，街道上的商铺鳞次栉比，相比之前的"坊市制"，宋朝百姓可以自由搭建房屋与商铺。随着市民经济的繁荣，城市的街道两旁逐渐显得臃肿不堪，各种"有碍观瞻"的"违章建筑"让城市的管理者头疼不已，以至于当时北宋的都城汴京，在大型节日等有许多民众聚集的日子里，连骑马都不得自由。宋太祖时期，在当时的史书中就记录了"拆迁"一词，讲的是赵匡胤"宴从臣于会节园，还经通利坊，以道狭，撤侵街民舍益之"。可见，汴京的道路被民房"侵占"得拥窄异常，宋太祖下令，"拆"。在宋代，官府还是比较讲道理的，让百姓拆迁，就会有补偿款这一说，也就是承认了物权。宋神宗时期，就有了明确的当时政府给百姓的拆迁补偿款这一记录。元丰六年(1083)，汴京城要开挖壕沟，当时朝廷的补偿方案是"估值给之，或还以官地"，而遇到民坟、寺庙等时，会有专门的机构给百姓"拨移修

盖"。可见，虽然古时社会是"普天之下莫非王土"，但是政府还是会尊重百姓的私有财产的。同样在宋神宗时期，当时的汴京城搞了一个大规模的市容市貌工程，"其百姓税地并舍屋共一百三十户，计直二万二千六百余缗，已牒将作监讫"。[10]根据史书的记载，朝廷共支付了 22 600 贯钱，也就是说，平均每户的拆迁补偿款是 170 贯钱左右，算下来，北宋的都城已经有了"寸土寸金"的豪华感。南宋时期，绍兴十四年（1144），皇太后需要拆迁一部分民宅建设外第，对被拆毁的民居，宋高宗令"临安倍支般挈之费，仍对拨官屋居之，毋令失所"。[11]可见南宋政府的经济实力与浓厚的人情味。

回到这个单词，首先需要说明的是，本单词的前缀 de 在此处表达的是"破坏，毁坏"的意思。接下来，我使用英语的拼读法拼读出这个单词后，发现单词余下的 molish 部分与汉语的"麻利使"发音相近，我将它解释为"有劲麻利使"，再联系单词的 de 前缀，这就让我想到了古代的拆迁。拆迁是一个力气活，所以要麻利地使劲拆，而拆迁就要破坏原先的房屋，这就与单词的 de 前缀构成了意义上的一致。因此，使用这样的谐音与解释是比较符合单词的意思的，拼写也比较方便。

deride

v.

嘲笑

在今天的社会中，有很多豪车品牌，在古代，达官贵族为了彰显身份的贵重也有专属的"坐骑"，那么在唐朝，什么代步工具才是上流社会为追求"有面子""上档次"而争相使用的交通工具呢？答案是马。唐朝的开国皇帝李渊出身于关陇的贵族家庭,也就是今天的甘肃天水一带。我国的西北地区地势开阔,盛产马匹,李渊的家族对马的喜爱可以说是源自血液的。在唐朝有关文献记载中,当时生活在东北的渤海、契丹等国家以及生活在西南的南诏、西赵蛮、东谢蛮等国家都臣服于唐朝,经常派遣使臣来唐。天竺、狮子国、真腊、骠国、泥婆罗等国家也加强了与唐朝的友好往来,当时居住在都城的外国人有数千人之多,唐朝从外国进口的马匹,就有以"昭陵六骏"为代表的什伐赤波斯红马,而且当时的达官贵人经常从国外高薪聘请养马师和驯马师。[12]在唐代的一些表现贵族生活的画卷中,我们也可以看见马匹的身影。在著名的唐代仕女画画家张萱的《虢国夫人游春图》中,唐玄宗时期的外戚虢国夫人一行九人乘着马匹在春天游玩,画中人物神态悠然,怡然自乐,骑着马匹十分畅快,挥鞭自如,一展风情。而画作中马匹的略微不同也是身份等级的体现。剪马鬃为三辫的被称作三花马,是只有贵族能骑的。马脖子下如花朵一样的红色装饰叫踢胸,马身上靠近马肚子的部分叫障泥,长度要超过马腹。这些都体现了当时的达官贵人、皇亲国戚与寻常百姓身份的差别。唐代贵族也喜欢打马球,马球在古代也叫"击鞠"。唐章怀太子李贤的墓中就出土了唐朝打马球的壁画,参与击球者有二十多人,穿着各色窄袍,持棍打球,英姿飒爽。在唐代,开放包容的社会风气也允许女性参与这项运动,可以说,马球是国民娱乐活动,也可以看出唐代社会对马儿的喜爱。

回到这个单词,我将这个单词分为两个部分,第一个部分是前缀 de;第二个部分是 ride。在本单词中,前缀 de 表达的是"去除,摆脱"的意思,也就是代表否定涵义的"不";ride 有"骑,骑马"的意思。因此,这个单词可以被解释为"不骑马"。从唐朝的历史事实来看,无论是唐朝先祖出于印刻在血液中的对马匹的钟爱,还是统治者自身的经历,当时的社会都以骑马作为身份的象征,因此他们是不喜欢将轿子作为交通工具的。换句话讲,在唐朝如果有不骑马、不打马球、不爱名马的贵族,那他很可能会受到周围人的嘲笑,这就和单词的意思联系上了。使用这样的解释比较好地说明了单词的意思,记忆起来也十分方便。

despicable

adj.

令人厌恶的,卑鄙的

中国历史上有这样一位大贪官,他贪污的银两多到让人瞠目结舌,他左右朝政,结党营私,一面讨好皇帝,一面又沆瀣一气地搬出"议罪银"放任官员的行径,搞得朝堂乌烟瘴气,世风日下。他又与皇帝结为姻亲,身兼多个重要职位,是名副其实的"一人之下,万人之上"。他精明强干,通晓满语、蒙语、藏语,还在接见英国使团时学会了一些英语。在将他入狱问罪、抄没家产时,民谣传唱"和珅跌倒,嘉庆吃饱",可见他的"吸金"能力是多么强悍。他就是乾隆时期的大臣和珅。和珅长相英俊,记忆力非凡,少年时靠着门荫入仕,熟读四书五经,年纪轻轻的和珅在乾隆面前展示了自己的才华,做了仪仗队的侍从,从此便近身跟随乾隆,平步青云。和珅善于揣测乾隆的心意,很得圣心。乾隆喜好作诗,和珅就下功夫学诗,造诣很高;乾隆的书法十分精妙,和珅就模仿乾隆的书法;乾隆追求风雅,喜好名人的字画,和珅就把搜罗来的字画献给他;乾隆老年昏聩又好大喜功,自诩为"十全老人",和珅就主持承办了浩浩荡荡的"千叟宴",还端上了热气腾腾的火锅,让老人们吃得眉开眼笑的。乾隆皇帝喜好江南的儒雅,一生六下江南,但沿途的开销十分庞大，国库的银两并不是乾隆皇帝可以私自动用的，为此，议罪银制度登上了历史的舞台。议罪银，是根据官员犯罪情节的轻重以多少不一的银子来免除刑罚的制度，以钱代罪，有罪不究。它的出台立刻受到了贪官污吏的欢迎，虽然荒唐，但是乾隆还是应允了。很快地，乾隆的"腰包"就鼓起来了，乾隆起用被称为"聚敛之臣"的和珅，这是清代中叶具有重大影响的事件，也是乾隆个人趋于腐化堕落的重要标志。议罪银制度在乾隆后期和珅弄权时出现，应该是有其必然性的。[13]和珅长久以来都是议罪银制度的实际执行者，议罪银加速了清王朝的腐败，各级贪官将敛财的速度与能力作为"办事"的效果，世风日下，贪污成风，和珅终以"贪"字结束了自己的性命。

回到这个单词，首先需要说明的是，本单词的结尾 able 经常可以作为形容词的后缀，而它又与其前的字母 c 构成了一个完整的音节，所以这部分不是我记忆的重点。接下来，我使用英语的拼读法拼读出这个单词后，发现单词余下的 despi 部分的发音与汉语的"抵死币"相近，"币"在文言文中是"财物"的意思，而"抵"是"抵消，抵偿"的意思，因此，这个单词可以被解释为"用财物代替死亡"，我就想到了历史上著名的议罪银制度。议罪银，就是使用钱财来给官员消灾，当然也可以买一命。议罪银制度作为大贪官和珅的倡议，是十分卑鄙的行径，这项制度置国家法度于不顾，只是为了迎合当权者的心意，这就会让更多的贪官污吏更加放肆大胆地任意胡为，甚至是草菅人命。议罪银制度是阻碍社会进步的一项荒唐的制度，不管是这项制度本身还是它的提议者，都犯下了卑鄙的罪。正如这个单词的意思一样，"令人厌恶的，卑鄙的"，可以很贴切地表达和珅的人品以及被湮没于历史尘埃中的这项动议。使用这样的谐音来记忆，实现了单词音与义之间的联系，记忆的效果比较好。

detest

v.

厌恶，憎恨

接下来要讲的故事的主人公身上有这样几个标签：他家境富裕；他从小就是"别人家的孩子"，五岁就能赋诗；他成了科举制度下的"怨夫"；他最终凭借着"造反"推翻了他生活的王朝，并自立为帝；他怀着心中的怨愤写了一首十分有名的诗，其中的一句成了如今一部众星云集的电影的名字。这位著名的历史人物就是唐朝末年的起义者黄巢[14]。"待到秋来九月八，我花开后百花杀。冲天香阵透长安，满城尽带黄金甲。"黄巢是一个家中世代贩卖私盐的小伙子，优渥的家庭条件以及天生聪慧的头脑，都让他有着对提升自己与光宗耀祖的追求。黄巢"屡举进士不第"[15]，在多次科举不中的情绪下，他失望极了，青春与不甘心汇聚成了这首《不第后赋菊》。俗话说，"条条大路通罗马"，没想到在他人生中最后一次因考不中而沮丧地离开长安后，他的下一次长安之行，是带着千军万马，专为推翻唐王朝而来的。回到老家之后的黄巢，在平复了心情之后，便继承了家中的生意，当时，全国各地的水旱灾害十分严重，民变不断，有一个同是私盐贩子的濮阳人王仙芝揭竿而起。乾符二年（875），随着起义军的声势逐渐浩大，已经五十多岁的黄巢决定与子侄加入王仙芝的队伍中，起兵反抗朝廷。王仙芝的军队势如破竹，半年的时间里就在江淮地区站稳了脚跟。黄巢在军中很受器重，逐渐地，黄巢的野心迅速膨胀，加上唐僖宗只给了王仙芝一人封赏，黄巢决定与王仙芝决裂。朝廷派出的军队在黄梅打败了王仙芝，斩首五万多人，王仙芝兵败被杀。黄巢可不像王仙芝那样，受点皇帝的封赏就以为大功告成了，王仙芝死后，其余下的军队与黄巢会师于亳州，黄巢被推举为黄王，号称"冲天大将军"。在攻进江西的时候,朝廷为拉拢黄巢,封他为右卫将军。黄巢先是接受,后又反悔,又开始反叛朝廷,转战多年,攻克洛阳,后进军长安。公元 880 年十二月,黄巢在长安含元殿继皇帝位,国号大齐,他当上了皇帝。

回到这个单词,我将这个单词分为两个部分来记忆。第一个部分是前缀 de,它在本单词中有"去除,摆脱"的涵义;第二个部分是 test,"考试"。因此,这个单词可以被解释为"摆脱考试",这就让我想到了黄巢。黄巢是一个有理想、有追求的人,五岁时就能作诗,他十分想通过求取功名来证明自己,也想通过科举来改变家族的地位。非常不幸的是,他直至中年,都没有实现人生的理想,青春也已不复存在,他便回到家中,听天由命。而后来,他凭借着自己一股子的韧劲,节节击退朝廷的军队,最终还是杀回了那个让他伤心的地方。"摆脱考试"对于古时的学子来说,是非常困难的,即使是像黄巢这样家境富裕的公子哥,依然对考取功名心驰神往,但是在一次又一次的落榜后,对科举的不满,对这项制度的反感,对当权者的憎恶,最终燃起了他们的情绪。黄巢是厌恶考试的,是想摆脱科举考试的。因此,使用这样的解释比较好地说明了单词的意思,这与黄巢个人的经历也是比较吻合的。

detriment

n.

伤害,损害

我国民间流传着这样一个家喻户晓的故事,有一群使用锤子的男人,他们一心报效朝廷,精忠报国,抵御外敌,面对敌人的凶悍,他们矢志不渝,力图收复失地,他们的身上闪耀着英勇的大丈夫气概,他们的事迹在民间广为传唱,为人所敬仰,这就是评书《岳飞传》[16]的故事。南宋时期的岳家军是一支由著名的抗金将领岳飞领导的武装力量,其广收农民群众汇成大军,军纪严明,训练有素,多次击退敌人的进攻,取得很多的军事胜利,当时的金朝人曾感叹,"撼山易,撼岳家军难"。在这支军队中,有四个擅长使用双锤的小将,他们分别是岳云、何元庆、严成方与狄雷,多次与金军上阵单挑,勇猛异常。岳云是岳飞的长子,也是历史上著名的少年将军,他与西汉名将、冠军侯霍去病一样,死时不过二十三四岁,令人惋惜。岳云年少时就随着父亲一起征战,冲锋陷阵,势不可当,他跟着父亲收复了被金国占领的随州与邓州,从此军中便称呼他为"赢官人"。有一次,岳飞被金军围困在牛头山,岳云得知父亲危难,便孤身一人前往营救,岳飞见到儿子后,便命他前往金门镇调兵遣将。岳云走后,完颜宗翰的儿子金弹子与宋军对垒,牛皋被金弹子用双锤击败,随后出战的余化龙、何元庆、张宪也不是金弹子的对手,岳飞只得挂上免战牌。岳云回来后,不知何故,气愤地打碎免战牌,岳飞大怒,要将他治罪,牛皋求情,让岳云与金弹子一决高下。岳云气贯长虹,与金弹子过手,趁金弹子放松警惕时,重重一锤,将金弹子击落马下,再用一锤,结束了金弹子的性命。在岳家军的队伍中,善于使用双锤的四小将曾与完颜宗弼的养子陆文龙交手,最后取得了朱仙镇大捷。

回到这个单词,首先需要说明的是,单词的末尾字母 t 不是我记忆的重点,因为它和我使用到的方法不太相关。接下来,我将这个单词划分为两个部分,分别使用不同的方法来记忆。第一个部分是 detri,第二个部分是 men。我使用英语的拼读法拼读出这个单词后,发现 detri 部分的发音与汉语的"带锤"相近;men 是英语 man 的复数形式,有"男人"的意思。由此,这个单词可以被解释为"带锤子的男人们",我就想到了岳家军中以双锤为武器的四小将。从 detriment 的意思上来说,第一个层面上的"伤害,损害",可以解释为使用武器会给对方造成身体上的伤害,金弹子就是这样的例子,他被岳云使用双锤击亡；第二个层面上的"伤害，损害"，主要是从岳家军存在的意义来讲的。岳飞之所以创立岳家军，是因为金国攻打北宋，占领了很多北宋的故地，还俘虏了一众皇室贵胄，如此，使大宋王朝的利益、政权与尊严受到了金国的损害。金国在发动对宋朝的战争中，以靖康之耻为例，强迫了很多皇室公主与朝廷官员的妻妾侍奉金国上层，这严重地伤害了当时以正统自居的大宋王朝的脸面与民族自尊心。因此，岳家军存在的意义就体现在，有一支忠诚于宋朝皇帝而建立起的抵御外敌的武装力量，这就是对单词意思第二个层面的解释。使用这样的故事与记忆的方法可以比较轻松地记住单词的拼写与意思，记忆的效果比较好。

dilatory

adj.

拖延的，延误的

　　北齐后主高纬是高湛的次子，容貌十分俊美，深得父亲的喜爱。高纬继任皇帝后，便过上了荒淫无道的生活，他杀害了兰陵王高长恭、博陵王高济等宗室大臣，还将北齐著名的军事家斛律光杀害，斛律光性格刚正急躁，但治军严格，武艺出众，号称"落雕都督"。当北齐的劲敌北周知道斛律光被处死后，北周武帝宇文邕竟高兴得下令赦免其境内的囚犯，可见高纬实乃"瞎了眼"。高纬为自己挑选了一众奸臣侍奉在侧，善于溜须拍马又会察言观色的和士开、高阿那肱、穆提婆等佞臣硬是把北齐领上了"绝路"。高纬十分宠爱妃子冯小怜，和她过着醉生梦死的生活。北周攻打北齐平阳城时，晋州告急，高纬那时却带着冯小怜出去打猎。[17]晋州来传信的人硬是从早晨等到中午，骑着驿马来了三次，高阿那肱讲道："皇上正在取乐，边境微不足道的军事行动是很平常的事，何必这么着急呢？"到了傍晚，来送信的人说，"平阳已经陷落"，这才把消息传给高纬。高纬准备发兵救援时，冯小怜却玩得正在兴头上，让高纬再陪着她打一次猎，高纬居然答应了。公元 577 年，北齐灭亡，高纬与冯小怜被押送至北周都城，过不久，高纬被杀，冯小怜先是被"赏赐"给了功臣宇文达，因为与宇文达的妃子李氏争宠，冯小怜差点将李氏害死。宇文达后来被外戚杨坚杀死，她又被"赏赐"给了李氏的哥哥，当李母得知自己的女儿曾被冯小怜害过后，就命她自杀。

回到这个单词，首先需要说明的是，单词的结尾部分 tory 不是我记忆的重点，因为它经常可以作为形容词的后缀。接下来，我使用英语的拼读法拼读出这个单词后，发现单词的 dila 部分在本单词中的发音与汉语的"帝乐"相近，意即"皇帝很快乐"。北齐后主高纬是一个沉迷于享乐的人，从他与宠妃冯小怜的故事中，我们可以看见他为求得爱妃的欢心，居然置即将陷落的城池于不顾，一再地让军情延误，最终让平阳城失守。正如这个单词的意思一样，"拖延的，延误的"，高纬为了与爱妃享乐，拖延了军情，这与单词的意思是非常吻合的。因此，使用这样的谐音来记忆单词的意思，比较好地说明了音与义之间的联系，十分好记。

dilly-dally

v.

磨蹭，犹豫

"少壮不努力，老大徒伤悲。"这是著名的汉乐府诗《长歌行》中非常经典

的句子,它讲述了青春易逝,时光流逝得飞快,少年要抓紧时间学习,免得长大成人留有遗憾的道理。那么在古代,我国百姓是如何记录时间的流逝呢?那就要说起我国有着上千年历史的计时工具漏刻了。漏刻,是我国古代发明家发明的计时器。漏,指计时用的漏壶。刻,是划分一天的时间单位。漏刻,史料中也称"刻漏",由于现在出土的漏壶多为铜制,所以也被称为"铜漏",或者"铜壶滴漏"。漏刻被认为是一种使用较为悠久的计时方式,然而对它究竟起源于何时,学者们多有不同见解,《隋书·天文志》说"昔黄帝创观漏水,制器取则,以分昼夜。其后因以命官,《周礼》挈壶氏则其职也"。[18]最初,我国古代人民就发现了陶器中的水会从缝隙中一滴一滴地流出来,于是专门制造了一种带小孔的漏壶,再用一个容器来收集漏下来的水。在这个容器中有一根刻有标记的箭杆,箭杆浮在水面上时,从有盖孔的地方穿出,形成"箭壶",因为收集到的水容量不同,人们就会知道具体的时刻。水多时,流水较快;水少时,流水就慢。漏刻就是这样通过水面的上升来指示时间,是古人看时间的一种方式。回到这个单词,首先大家注意,dilly-dally是不是有一个重合的部分? 这就是 lly。接下来,我将 lly 这个重合部分去掉后,单词就剩下了 di 与 da,然后我使用汉语拼音的方法,将 di 与 da 拼成了"滴答",这就让我想到了漏刻。漏刻是我国古代人民的智慧结晶,它十分巧妙地利用水面的高低来反映时间,是一个比较古老且沿用得很久的计时工具。结合"少壮不努力,老大徒伤悲"的诗句来看,这反映了古人劝谏青年人要珍惜时间,发奋努力,也就是说,年轻人不要在犹豫与蹉跎中让时间流逝,而这与 dilly-dally 的意思是一致的。因此,以漏刻为背景,嵌入古人的计时工具来引出一个古今传诵的名句,是一个比较好的记忆单词的方式,使用的拼读方法也比较简单有趣,能够让人迅速地记住单词。

disband

v.

散伙，解散

历史上最"晦气"的音乐是什么？《礼记·乐记》中这样讲道："是故治世之音安以乐，其正和；乱世之音怨以怒，其正乖；亡国之音哀以思，其民困。"由此在古代，音乐以"治世之音""乱世之音""亡国之音"启迪民众的心智，让君主克己复礼，节制欲望，有所警醒。《韩非子》[19]中记载了这样一个故事，有位乐师名叫师延，传说他为商纣王作曲，后来周武王伐纣，师延投濮水而死，自此，水中常有靡靡之音传出。一日，卫灵公受邀参加晋国宫殿的落成典礼，当他夜间住在濮水旁时，朦胧之中听见了美妙的音乐，卫灵公就起身倚窗而听，可其他人都听不见。卫灵公就找来乐师师涓，师涓带着琴将曲子谱成，卫灵公听后非常满意，师涓便告诉他这是上古乐师师延为纣王所作的靡靡之音，告诫卫灵公不要因一时冲动而"上头"，没想到卫灵公沉浸在曲子的优美旋律中，越听越入迷。到了晋国，卫灵公酒足饭饱后，便让师涓弹奏在濮水旁听到的音乐来助兴，师涓推辞不下，只好演奏。没想到晋平公也非常喜欢，仿佛中了靡靡之音的"邪"，沉醉其中难以自拔，此时，晋国的乐师师旷便厉声呵斥，让他停止演奏，晋平公不解，师旷赶忙讲解缘由，并告诫晋平公不要为此丢掉理智，晋平公不肯，此后便日日享受这靡靡之音，后来果然步纣王的后尘，未及亡国便死了，在历史上的评价并不好。

回到这个单词，我将这个单词分为两个部分来记忆，第一个部分是前缀dis，第二个部分是 band。首先，dis 作为前缀，有"分开，脱离"的意思，在这个单词中，用到的就是这个意义。其次，band 是一个常见词，意思是"乐队"。

因此,这个单词可以直接被解释为"解散乐队"。我国从周朝起,就将礼乐制度定为立国之本,为了主持国家仪式,宫廷、各诸侯国以及上层贵族的家中都配有专职的乐师以及负责演奏的人员。鼓乐与吹乐就是当时常见的演奏乐器,表演形式往往是合奏,比如"著名"的南郭先生就混进了齐宣王的吹竽演出团中,最后露出马脚,丑态百出。靡靡之音作为亡国之音,一直被后世的统治者所忌讳,而如果一个国家的统治者如商纣王一样,对靡靡之音流连忘返,那么伴随着亡国的命运,其国度的专职乐队也只能解散了。使用这样的解释再联系单词的意思,比较好地说明了单词的意思,记起来也十分简单。

disclose

v.

透露, 泄露

作为地球上延续至今的最古老的王室,英国王室总是吸引着人们的关注,它总会在世界各大媒体的报道中占有一席之地,尤其是那些关于王室的"花边猛料"会迅速发酵成热点话题。2021 年 3 月,对英国王室而言,是一个令人十分紧张的时刻,在大西洋的另一端,哈里王子与其夫人梅根·马克尔在接受美国著名主持人奥普拉的访谈时,透漏了很多关于王室的"劲爆话题",这让这对夫妻与威廉王子以及其他王室成员的关系异常紧张,各大媒体随后爆出各种揭示哈里王子与其兄长威廉王子不睦的过往。

回到这个单词,我将它分为两部分。第一个部分是单词的前缀 dis,

表达的是否定意义。第二个部分是单词 close，它作为形容词有"亲密的，密切的"意思，可以用来表示关系的亲密。因此，这个单词可以被解释为"不再亲密"。英国王室的几位王子原本的关系是很亲密的，在上述访谈中才透露出他们的关系紧张，即"不再亲密"。正如单词 disclose 的意思一样，"透露，泄露"，一次访谈透露出"不再亲密"的秘密，是比较说得通的。

dismal

adj.

凄凉的，惨淡的

在我国的民间文学中，"狸猫换太子"是一则很著名的故事，直至今日，它仍然活跃在说书艺人的口中以及戏曲的舞台上。京剧、蒲剧等有《狸猫换太子》《遇后龙袍》，梨园戏有《陈州赈》，汉剧有《拷寇珠》，秦腔有《抱妆盒》，淮调有《斩郭槐》，这些作品演绎的都是这个传奇式的故事。一般认为，它定型于清代说书艺人石玉昆所编的《三侠五义》中，既是全书的楔子，也是全书最动人心魄的一个大案。[20] 随后它又先后被改编成了京剧、评剧、豫剧、黄梅戏、吕剧、湘剧等剧种竞相传唱，一时之间，风靡中国。故事背景为，宋真宗时期，李妃与刘妃同时怀孕，真宗许诺，先生下的皇子将被立为太子，刘妃担心李妃先生下皇子，就与亲信郭槐密谋加害李妃。过不久，李妃分娩，产下一名皇子，因为在生产时大出血，李妃陷入昏迷，刘妃就命人用一剥了皮的狸猫换走了太子，还让宫女寇珠杀死太子。寇珠不忍，将太子暗中交给宦官陈琳，陈琳抱走太子，交给八贤王抚养。因为李妃被诬陷诞下了一只狸猫，真宗大怒，将李妃打入冷宫。李妃在冷宫中整日以泪洗面，常常忍饥挨饿，下人对她也是冷言恶语。多年后，刘妃生的儿子病夭，真宗无子，只好将八贤王的儿子立为太子，谁知这个儿子就是那个被换走的自己的亲生子。刘妃知道，太子早晚会知道自己的身世，就一不做二不休，请求真宗赐死李妃，宦官余忠甘愿为李妃殉难，李妃就被放出宫，流落民间。后来，真宗薨逝，太子继位，是为宋仁宗。有一日包拯在陈州放粮，得知李妃在此，就将李妃带进宫中与亲生儿子仁宗见面，并告知真相。刘妃知道阴谋败露，自尽而亡。

　　回到这个单词，我使用英语的拼读法拼读出这个单词后，发现它的发音与汉语的"嫡子猫"相近，我就使用这个谐音对单词进行记忆。"嫡子"指的是太子，"猫"就是狸猫，于是我想到了民间广为流传的"狸猫换太子"的故事。在这个故事中，有一个最为可怜的人，她就是仁宗的生母，李妃。她宅心仁厚，十月怀胎，本该与儿子享受团圆的富贵生活，却被奸人陷害，多年来忍受着失子之痛，又在冷宫中悲凉地生活，皇宫中向来有擅阿谀奉承之辈诌上欺下，刘妃诞下皇子，盛宠不衰，而李妃与刘妃又势同水火，可想而知李妃的境遇。"狸猫换太子"的故事之所以广为流传，就是因为其跌宕起伏的故事情节以及忠良之士最终收获圆满结局的精神带给人们的鼓舞。李妃命运多舛，令人同情。正如 dismal 的意思一样，"凄凉的，惨淡的"，它与李妃在冷宫中的岁月形成了对照，令人联想到李妃失子、失宠又过着无人问津生活的凄凉人生，可以说，这是比较容易想象的。使用这样的谐音比较好地说明了单词音与义之间的联系，对记忆单词十分有帮助。

dismiss

v.

摒弃，不予考虑

嫡长子继承制度作为中国古代宗法制度的核心，对延续一个王朝的稳定至关重要，延续了大约八百年的周王朝作为中国历史上存在时间最久的王朝，就是嫡长子继承制度的坚定执行者，也因此，对于后世的王朝统治者而言，遵循这项制度成为避免手足相残，安稳天下的重要法则。有这样一位皇帝，虽然他的王朝是由少数民族建立起的政权，但是他对嫡长子继承制度有着一种特殊的"执念"，这位皇帝就是著名的清乾隆皇帝。乾隆皇帝是其父雍正皇帝心中秘定的皇位继承人，雍正对他寄予了厚望，且加以悉心培养。在乾隆入学读书后，雍正为其精心挑选了当时的鸿儒朱轼、徐元梦、张廷玉、蔡世远等人辅导他的功课。在雍正帝的亲自教导下，弘历精通满语、汉语，饱读四书五经与儒家经典，文治武功，样样出色。雍正五年（1727）时，雍正将亲自挑选的满洲名门闺秀富察氏嫁与弘历，并亲赐大婚。雍正十一年（1733）[21]，弘历被封为和硕宝亲王，参与处理朝廷重要军务，深得信任。雍正十三年（1735），雍正帝病亡，弘历继位，是为乾隆皇帝。乾隆皇帝与正妻富察氏感情极好，他们恩爱有加，富察氏十分温柔贤惠，又善解人意。雍正八年（1730）时，富察氏所生的嫡长子出生，雍正皇帝大喜，亲自赐名为永琏，有承宗器之意。乾隆登基之后，就立即将永琏密立为太子，将其名字藏于正大光明匾之后。不幸的是，永琏在乾隆三年（1738）薨逝，乾隆伤心不已。后来，富察皇后又生一子，乾隆又将这位嫡出的皇子密立为储君，但永琮幼年身亡。一年后，接连失去两子的富察皇后一病不起，在东巡的途中病亡，弘历十分伤心，下令天下臣民一律为国母故世而服丧，作《述悲赋》悼

念。国不可一日无母,乾隆后来立娴妃那拉氏为继皇后,那拉氏随后也为乾隆生下了嫡子十二阿哥永璂,乾隆喜不自胜。那拉氏在乾隆的潜邸时就侍奉在侧,乾隆也很喜欢她,她成为继后后,乾隆对那拉氏恩宠备至,夫妻双方的感情非常好。但是,后来发生的事情终止了这段琴瑟和鸣的关系。乾隆三十年(1765),那拉氏陪同皇帝开启了第四次江南之行,一次晚膳间,不知何故,那拉氏竟缺席其中,后来人们才知道,皇后居然断发了![22]断发,对于清朝统治者而言,是国丧过后,因为丈夫已死,没有尘世的眷恋而留存下来的风俗。乾隆随即派人送那拉皇后返回北京。显然,帝后离心了。关于那拉皇后惹恼乾隆皇帝的原因,正史中未曾记载,乾隆认为那拉皇后剪发是"性忽改常""迹类疯迷",用一句话概括就是皇后疯了。皇后为什么会疯了呢?乾隆就不说原因了。[23]一年后,在乾隆皇帝极为严厉的苛责下,那拉皇后病逝,乾隆皇帝把对她的厌恶转移到了十二阿哥永璂的头上,只让他穿孝十几日,而按例,他本应该为母穿孝百日。那拉皇后的丧仪规格竟比皇贵妃的等级还要低,也不举行国孝三年,可以说这是一种赤裸裸的羞辱。而永璂,原本被乾隆考虑以嫡子身份继承大统的皇子,自此被排除在皇位继承人之外,在父亲的冷遇下抑郁而终,乾隆未给其任何封号,其死后仅被葬在贝勒园寝。

回到这个单词,我将它分为两个部分,第一个部分是前缀 dis,第二个部分是 miss。前缀 dis 在这里表达的是否定的涵义,也就是"不";miss 是一个常见的单词,意思是"想,思念"。由此,dismiss 可以被解释为"不再想念"。以乾隆与那拉皇后的故事而言,原本夫妻二人的关系是十分融洽的,乾隆对待那拉氏非常用心,尤其是那拉氏生下了乾隆翘首以盼的嫡子后,乾隆更是对其母子二人尽全力呵护。对于饱读儒学经典,自幼接受汉族文化教育的乾隆而言,他对立嫡子为储君具有特殊的情怀,首先是因为他自己深受儒家文化的熏陶，其次也是因为自己那些曾坐上龙椅的先祖们并不是真正意义上的"名正言顺"，他们大多是庶出，而乾隆本人也因生母问题受到人们的猜忌，这带给了他很多苦恼。永璂的诞生抚慰了他接连痛失两个嫡子的难过，而那拉氏也很受喜爱。可以这样讲，若不是那拉氏惹恼了乾隆，那永璂很可能被乾隆"扶正"。历史往往不按"剧本"的套路而出牌，乾隆后期对待那拉氏可谓既自私又无情，他也不顾念往日夫妻的情分，还敕令削减皇后宫中一切开销，令那拉氏自生自灭。这样说来，也就和dismiss的意思一样，因为恩断义绝，所以"不再想念"，连那拉氏的儿子也一并被排除在储君人选之外。

dispatch

v.

派遣，派出

dispense

v.

分配，分发

历史上有这样一位"扫帚星"将军，他是"战无不败"，攻城不克，只要他坐镇，就会给军队带来晦气。但是，他有强硬的后台，而且左右逢源，人也很"识时务"，在亡国之际"择木而栖"，他是亡国奴，也是叛徒；他是小人，却得善终。他就是南宋著名降元将领范文虎[24]，也是著名的"草包将军"。作为南宋大奸臣贾似道亲信吕文德的女婿，范文虎被贾似道委以要职，在元朝大军向着重镇襄阳、樊城袭来时，贾似道先是粉饰太平，贻误军机，随后派出范文虎督战。范文虎很是不情愿，因为他确实不是打仗的"料"，又得长途跋涉，所以他出行时带着自己的美姜，一路走马观花，慢慢悠悠地到了襄樊。本来，"草包"将军就啥也不懂，范文虎竟违约让宋将张贵丢了性命。很快，元军攻破了襄樊两城，贾似道只好灰溜溜地回到京城，朝中大臣有人请求杀范文虎,但在贾似道的保护下,范文虎只降了一级,出任安庆知府。南宋灭亡后,范文虎交城降元,很受"器重",升任两浙大都督、中书右丞等职。元朝的军队战斗力是非常强的,至元十八年(1281),元世祖忽必烈第二次征伐日本,这就是著名的"弘安之役"。在这次战役中,范文虎奉命网罗原南宋军队和愿意参军的百姓,组成了江南军,准备从宁波入海征日。范大将军到达日本后,迟疑不出,贻误战机,又赶上了台风,没有海上常识的他让彪悍的元军溺死过半,战船也损毁殆尽,他本人也被吹进海中,所幸被部下救起。此时的范文虎只想快点结束这场战争,不顾还在异乡的十余万名元军将士,范文虎弃船逃遁,取道高丽回国,日军将所遗留的元军惨杀,还俘虏了两三万士兵。见到忽必烈后,范文虎又开始巧舌如簧,将过错归结到其他人身上。范文虎、洪茶丘回到元大都后,对忽必烈隐瞒事实真相,编造了部下不听节制致使战事不利的谎言。[25]直到第二年,忽必烈通过幸存者得知真相,范文虎才被革职查办。"幸运女神"似乎总是对范文虎照顾有加,范文虎随后又东山再起,屡次升迁,在享尽一生的荣华富贵后,寿终正寝。

　　回到这两个单词,我在记忆它们的时候,使用了一定的方法。首先,我使用英语的拼读法拼读出 dispense 后,发现 dispense 中 pense 部分的发音与"笨死"音相近,意即"笨得要死"。从范文虎的故事中可以看出,范文虎并无领兵打仗的才能,作为将帅之才,他总打败仗,这的确是"笨得要死"。对于单词 dispatch,我将记忆的重点放在 dis 词缀后的 patch 部分上。我将其中的三个字母 h,c,p 作为汉语"回程票"的拼音首字母,而余下的 at 部分,我将它组词为 at sea,意即"在海上"。从范文虎奉命征伐日本的经历来看,范文虎贪生怕死,竟抛弃自己的大军与士卒,随后逃回元朝。这张"回程票"显然是范文虎为自己准备的,而同时,这场征伐日本的战争是一场海战,范文虎也是经海路逃回故土的,这与 at sea 也是说得通的。单词的 dis 前缀表达本就是"脱离,分开"的涵义,无论是 dispatch 还是 dispense,它们的词义中皆有这样的表达。如此,使用这样的方法,将两个单词放在一起记忆,比较好地说明了单词的意思,音与义的结合也比较巧妙。

distress

n. 悲伤,痛苦;贫困;(船、飞机等)遇难

v. 使悲伤,使苦恼

有这样一位女性,她有着公认的"千古第一才女"之称,她出身于书香门第,家境优渥,自小受到了良好的家庭教育与文学培养,她的丈夫是朝廷重臣之子,她与丈夫情投意合,十分恩爱,二人有着一致的兴趣爱好,家中收藏的文物珍宝数量十分庞大。但是,天有不测风云,随着国家的覆灭与丈夫的离世,她人生的际遇急转直下,最终在孤独困苦中溘然长逝。这位才女就是宋代著名女词人李清照。李清照与丈夫赵明诚二人都十分喜欢读书,婚后夫妇二人虽然过着非常俭朴的生活,但总会省下一些钱去购买文玩字画。有一次,有人拿着一幅南唐画家徐熙的《牡丹图》求售,要价二十万文[26],他们夫妻二人一连在家中观赏了两夜,最终因为索价太高,只好恋恋不舍地还给人家。在赵明诚因为受到党争牵连而只好屏居老家青州期间,李清照夫妇更是难得地度过了人生中一段最为宁静又可以畅快地收集金石古籍的和美岁月。她家中的珍宝藏品数量十分庞大,对于一个"文物控"而言,李清照最不想看到的大概就是自己多年来用尽心血收集的"宝贝们"与自己分离,在金军大举南侵之时,北宋朝廷崩溃,恰好赵明诚返回江宁为母奔丧,青州后来又遇到兵变,战火纷飞,左挑选右挑选,在满满的不舍中,李清照还是装

了十五车书籍器物准备逃往镇江。宋高宗带着群臣逃窜，李清照与赵明诚也南下避难，途中，赵明诚因为身染疾病，医治无效，在建康故去。失去爱人的李清照十分难过，便决定带着遗留的文物书籍投奔在洪州的亲戚。就在李清照已经打包好，准备将这批文物珍宝送上船后，洪州不幸被金军攻破，少了一大半珍品的李清照来不及叹息，只好携带少量的轻便书帖字画再次避难。颠沛流离中，她一个女子身单力薄，时局又动荡，所带文物又散失大半。后来，李清照追随着宋高宗的脚步来到了浙江，一年后，当她在当地居民家住宿时，晚上，有人偷走了仅存的书画。李清照心痛不已，自此，她与丈夫多年来的心血荡然无存。后来李清照在孤苦无依时选择再嫁张汝舟，张汝舟早就觊觎李清照的藏品，当知道李清照的家底已所剩无几时，张汝舟凶相毕露，经常对李清照拳脚相加，最后，一代才女李清照在极度孤苦中悄然辞世。

回到这个单词，我将它分为两个部分来记忆，第一个部分是前缀 dis，第二个部分是 stress。stress 有"压力"的意思，从李清照的故事中我们可以看出，李清照在青州兵变时，丈夫也不在身边，但她还是装载了十五车的文玩字画外出避难，对于李清照而言，这源于一种"压力"，是在外敌入侵，身世浮沉之时，对文物以及自己命运的压力，混杂着她对金军的恐惧与对自己所珍爱的宝贝命运的不确定性。李清照夫妇就像养育自己的孩子一样照顾着这些收藏的文物，她十分不忍心看着自己的"孩子们"就这样丧命于战火中，这种压力是一种责任感，更突出了李清照的文人风骨。于是，在随后一路的避难中，她总是会首先为宝物们做好安排，以让它们有栖身之所。后来，随着仅存文物的被盗，李清照敏感又脆弱的神经被压垮了，多年来运送文物、保护珍宝的压力使她心力交瘁，痛不欲生。单词的前缀 dis，就是表达这种"脱离，分开"的涵义。正如 distress 的意思一样，"悲伤，痛苦，贫困"，清晰地展现在了失去文物后的李清照身上，而单词的另一个意思"遇难"，也正如那些走失了的古文字画一样。使用这个故事与对单词的解释可以比较好地说明单词各部分与词义的联系，记忆的效果比较好。

ditch

v.

摆脱，丢弃

陕西有一道特有的著名美食，相传具有上千年的历史，它汤底醇厚，香气扑鼻，肉质顺滑，肥而不腻，是滋补的良品。这道美食就是葫芦头泡馍，民间也称其为"玉肠汤"。为什么这道美食被称为"葫芦头"？这要从它的历史讲起。《陕西省志·民俗志》[27]中记载，葫芦头的历史可以追溯到唐代，在唐高宗时，民间手艺人胡氏在朱雀大街上开了一家猪杂店，有一天，药圣孙思邈从此处路过，就进去点了一碗"煎白肠"。猪大肠的味道十分腥，而且还很肥腻，孙思邈仔细询问店家后，知道了原来是制作不得法，就给店主胡氏开了一个八珍汤的方子让他以此制造汤底。胡氏照做，果然熬出的汤底鲜美醇厚，从此顾客络绎不绝。为了表示对孙思邈的感激，胡氏就在店门口悬挂一个葫芦来纪念，并给这道小吃起名为"葫芦头"，陕西人民后来又在其中加入了猪肚和白馍进行改进，流传至今，葫芦头泡馍由此成为陕西人民十分喜爱的一道小吃。

回到这个单词，我重组单词的字母顺序后，将它划分为两部分来记忆。第一个部分是 dct 字母组合，第二个部分是 ih 字母组合。我将 dct 作为汉语"大肠汤"的拼音首字母；将 ih 作为 in house 的首字母组合。而 house 有"房子，饭店"的意思。因此，在这样的方法下，这个单词就可以被解释为"在饭店里吃大肠汤"，我就想到了药圣孙思邈与葫芦头泡馍的渊源。孙思邈悬壶济世,医术与德望非常高,他救治过很多病人,很受百姓的尊敬。胡氏一开始叫卖的大肠汤,十分腥膻,孙思邈尝过之后,给了他八珍汤的方子,可以说,正是摆脱了原先不太恰当的烹煮方法,大肠汤的美味才被人们知晓,胡氏的生意才开始火爆,孙思邈的功劳可见一斑,正是他的指点,让大肠汤从此代代流传。正如 ditch 的意思一样,使用这样的记忆方法可以比较好地说明单词的意思,找准历史的细节从而对词义进行诠释,不但可以轻松地拼写出单词,也可以准确地记住词义。

doodle

v.

(尤指厌烦或心不在焉时)胡写乱画

唐代文学家蒋防创作了一部传奇小说叫《霍小玉传》,明人胡应麟推崇其为"唐人最精彩动人之传奇"。[28]它讲了这样一个故事,古代有一位负心汉,他进士及第后与一位貌美的歌伎相遇,这名女子对他十分中意,二人便生活在了一起,后来他要返乡探亲,在风光地返回家乡后,父母为他精心挑选了官宦人家的女子为妻,他思来想去觉得还是自己的前途为大,便同意与她成亲。后来,当他有缘再见到曾经的情人时,他十分自责,也因为自己的负心行径受到当时社会的普遍谴责。这位负心汉是唐朝诗人、官至礼部尚书的李益,苦等他的痴情女子是著名的歌伎霍小玉。关于蒋防创作的《霍小玉传》是否具有真实性,学界观点不一。[29]在蒋防的笔下,霍小玉容貌清丽可人,精通诗文,虽然是歌伎,但是卖艺不卖身。她的母亲对她悉心教诲,竭力保住女儿的贞洁,只为她有一日遇到良人可以名正言顺地为人妻。霍小玉

的姿色在当时吸引了一大批清雅风流之士,他们都慕名前来。李益是一个颇有才华的诗人,因为祖籍是陇西,他写下了很多充满阳刚之气的边塞诗作,加上他是新科进士,霍小玉便对李益思慕有加。霍小玉请人相助,与李益会面,见到心目中的才子后,小玉感到相见恨晚,李益博学多才,锦心绣口,长得更是一表人才。此后二人经常在一起谈论诗文,如胶似漆,难舍难分。霍母很满意这桩"良缘",见到李益儒雅内敛,文质彬彬,不带一点纨绔之气,便属意将小玉嫁给李益。在天地为媒,红烛月色下,李益立下海誓山盟,"海枯石烂不变心",李益就住进了霍小玉家,二人过着如初婚般的甜蜜生活。他们一起生活了大约一年的时间,李益被朝廷任命为郑县主簿,须先回老家探亲,然后上任。李益收拾好行囊准备回家时,小玉忧心忡忡,她知道自己与李益的身份差距巨大,害怕若有变故,李益会弃自己于不顾。李益在安慰了小玉后,回到家乡不久,父母就为他订下了婚事,并坚决不许他娶歌伎入门。李益先是觉得对不住霍小玉,但想到他迎娶的是一个官宦人家的小姐,对自己的仕途有帮助,就把霍小玉抛于脑后了。一年过去了,霍小玉还在苦盼,她每天都在等着李益归来,渐渐地,她病倒了。霍小玉后来知道了爱人已经抛弃了她,长安城的百姓也为小玉的遭遇鸣不平。李益有一次进京城办事,百姓认出他后,直接将他拉到霍小玉的家门口,看见小玉神情恍惚,形容枯槁,李益难受极了,但是二人已覆水难收,过不久小玉病逝,而李益后来虽做了大官,人们却对他极为反感。

回到这个单词,我使用英语的拼读法拼读出这个单词后,根据它的发音,发现它与汉语的"肚兜"发音相近,我就使用这个谐音来记忆单词。"肚兜",是我国古代女性遮蔽身体私密部位的服饰,在汉代被称为"心衣",在宋代被称为"抹胸",元代称其为"合欢襟",明代称"主腰"。作为女子的贴身衣物,往往不会轻易示人,尤其是男子,而能够见到女子肚兜的男子,多是与女子有着亲密的关系。因此，使用"肚兜"这个谐音，表达了男女间亲密的关系，正如故事中的李益与霍小玉一样，李益虽没有迎娶霍小玉过门，但二人已行夫妻之实。古代的风流才子在女子以身相许时，为了向其表示自己的真心与对她负责的态度，往往会在女子的贴身衣物上题写诗文，或向其赠送表示自己身份的随身之物以示庄重，比如印章、玉佩、扇子等物。李益也是如此，他向霍小玉起誓，并题写诗文作证，这种题写，虽然在当时看来是十分"诚心"的，但是想想便知，这只是李益的惺惺作态。为了前途，李益将誓言抛于脑后，他不担心小玉今后如何面对街坊四邻的闲言碎语，也不在乎小玉对他朝朝暮暮的牵肠挂肚，更没有在成亲后主动找到小玉向她道歉，祈求她的原谅。因此李益曾经在霍小玉面前写的各种肉麻情诗，皆是他心不在焉只图肉体欢愉的胡写乱画。使用"肚兜"这个谐音，比较巧妙地说明了李益与霍小玉的亲密关系，更可以联系李益的负心行径来揭开一个伪君子的虚伪面纱，正如 doodle 的意思一样，"厌烦或心不在焉地胡写乱画"，这表达了李益为小玉题写的誓言之虚伪，也展现了李益生性凉薄，貌是情非的虚伪面目。使用这个谐音比较好地说明了单词从音到义的联系，记忆的效果比较好。

dote

v.

溺爱，宠爱，过分喜爱

在一个家庭中，父母总会对最小的孩子尤为偏爱，"孺子牛"就表达了这样的意思，它用来表示父母对子女的过分疼爱。我国古代有一位父亲，他对幼子极其宠爱，也是"孺子牛"典故的主人公，这位父亲就是春秋时期齐国的君主齐景公。《左传·哀公六年》[30]这样记载，齐景公有一个庶出的幼子在一众兄弟中排行最末，名叫荼，齐景公对他疼爱得不得了，有一次，齐景公陪着荼玩闹时，竟然在嘴里衔了一根绳子让荼骑在他的后背上牵着自己，荼就牵着这头"老牛"高兴地玩耍，不料荼突然摔落，齐景公的一颗牙就被拉断了。后来，齐景公病重，依然心心念念地不忘为这个幼子做一番人生规划，就将王位传给了他，荼因此成为齐国第二十七任国君，史称齐晏孺子。

回到这个单词，首先需要说明的是，单词末尾的字母 e 不是我记忆的重点，因为它和我使用到的记忆方法不太相关，所以我忽略这个字母。这个单词余下的部分是 dot，它是常见英文词，意思是"点，小圆点"，看到这里，我立即想到了"小不点"，它可以指一个家庭中最小的孩子。使用"孺子牛"这个典故，比较好地说明了"小不点"与受宠之间的关系。拿齐景公来讲，当时他有六个儿子，长子是阳生，齐景公无嫡出之子，所以按道理来讲，理应是阳生继承王位。但是，甘愿被最小的儿子当牛来骑的齐景公，显然从心里更疼爱荼，这是齐景公跨过阳生传位给荼的最好证明，这个"小不点"确实是其父的心头肉。因此，使用一个相近的单词再结合这样的典故来记忆单词的意思，比较好地说明了词义，记忆的效果比较好。

dredge

v.

疏浚，清淤，挖掘

周敦颐的名篇《爱莲说》中有这样一段名句："出淤泥而不染，濯清涟而不妖，中通外直，不蔓不枝，香远益清，亭亭净植，可远观而不可亵玩焉。"莲花，是

高洁的象征,深受中华民族所喜爱。莲花的全身都是宝,莲花花瓣可以泡茶,莲蓬中取出的莲子煮成食物可以清热败火,莲梗与莲叶用来料理食物,可以去油解腻,香气清爽。而莲藕,生长于莲的最底部,它需要被人们从淤泥中用力挖出,才可被端上餐桌,一饱口福。莲藕可以被制作成多种菜肴,在我国南方地区,藕已经成为人们日常餐食中一道常见的佳肴。挖藕人叫醒了在淤泥中熟睡的莲藕,从每年的七月开始,莲藕进入旺盛的生长阶段。到了可以采摘的季节,挖藕人或驾着小船,或直接站立在淤泥中,他们刨开厚厚的淤泥,将莲藕一节一节地运往岸边。为了让莲藕卖一个好价,莲藕的品相是十分重要的,断裂的残次藕是卖不出去的。因此,挖藕人在淤泥中挖藕,看得要仔细,动作要麻利。

　　回到这个单词,我使用英语的拼读法拼读出这个单词后,根据它的发音,发现它与汉语的"拽枝"发音相近,"拽"的意思是"拖拉","枝"可以用来表示莲花的枝节或者量词"一枝"莲花。作为莲花的根茎,莲藕是生长在淤泥中的,挖藕人首先进入满是莲花的池塘中,拽走荷花的枝节,然后根据经验确定好莲藕的位置,清除淤泥,继而用铁锹完整地把莲藕刨出来。这一系列的挖藕动作与"拽""清淤""挖掘"是相通的,而"拽枝"意为拽走池塘中凌乱的荷花上部,就可以在淤泥中挖到藕。因此,使用这样的谐音较好地说明了单词音与义之间的联系,也比较容易理解,记忆起来就很简单了。

dribble

v. 流(口水),垂涎

n. 小滴,细流

　　"恸哭六军俱缟素,冲冠一怒为红颜。"这两句诗出自明末清初诗人吴伟业谱写的《圆圆曲》，传唱一时，人们对曲中人物的故事也非常感兴趣。这位怒气冲冲的将军就是明末清初负责镇守辽东、手握重兵的著名将领吴三桂[31]，他的红颜知己，就是"秦淮八艳"之一、吴中名伶陈圆圆。吴三桂与陈圆圆实是郎才女貌，但他们的爱情却直接影响了三个王朝的走向，在家国的动荡中，一个以色事人的女子与一位英俊潇洒的将军邂逅，虽然他们不是项羽与虞姬，但还是给历史留下了一抹悲剧色彩。吴三桂的父亲是锦州总兵吴襄，著名将领祖大寿是吴三桂的舅舅，在父亲和舅舅的教诲下，吴三桂能文能武，很早就开始了军旅生活。吴三桂的祖籍是江苏高邮，他长相十分俊美，有着白皙的肤色、英朗的眉宇和挺拔的鼻梁，自幼长在北方的吴三桂，既具有江南文人般儒雅温良的个性，同时又有北方男人英姿飒爽的雄壮之气。他出身名门，镇守要塞，是明末社会上流圈子中的达官贵人一心想攀附的人。在当时的江南水乡苏州，色艺俱佳的陈圆圆名噪江左，独冠当时，很多富贵公子为看一眼陈圆圆，豪掷千金。明末著名诗人吴伟业在《圆圆曲》中谱写了吴三桂与陈圆圆的爱情。崇祯时期，外戚田弘遇看中了陈圆圆，将她劫夺入京。田弘遇在女儿田贵妃去世后，权势日渐衰败，陈圆圆在田府中弹琴卖唱，侍奉田弘遇。在一次家宴中，田弘遇特意邀请手握重兵的吴三桂来府赴宴，把酒言欢，不亦乐乎，田弘遇吩咐观舞助兴，在一片丝竹声中，吴三桂邂逅了淡妆丽质、情艳意娇的陈圆圆，吴三桂决定向田弘遇索要陈圆圆。田弘遇心中虽有一些不舍，但还是豪爽地答应，将陈圆圆赠送给了吴三桂，还准备了丰厚的嫁妆。崇祯十七年（1644）正月，闯王李自成建立大顺政权，不久就攻入了北京，崇祯皇帝在煤山自缢身亡。对于驻扎在山海关的吴三桂而言，明朝的灭亡让他必须在李自成与多尔衮中做出选择，当时李自成还抓了他的父亲吴襄等家人，考虑再三，吴三桂决定投诚李自成。他率领大军刚走出山海关不远，就听说爱妾陈圆圆已被李自成的部下刘宗敏掳走[32]，他气愤异常，便掉头返回山海关内致书多尔衮，"速整虎旅，直入山海"，多尔衮接到来信，一昼夜间火速行军，已离山海关关门不远。吴三桂在接应了多尔衮的清军后，联合击溃了李自成，随后清军入关，攻入北京，清朝迁都京师，建立中央王朝。吴三桂在攻入北京的途中，沿路寻找陈圆圆，终于在兵火中找到她，在军营中团圆。此后陈圆圆一直跟随着吴三桂，吴三桂镇守云南时，陈圆圆在平西王府中备受荣宠，但晚年色衰，便潜心礼佛。

　　回到这个单词，我使用英语的拼读法，根据它的发音，发现它与汉语的"追宝"发音相近，就使用这个谐音来记忆词义。对于吴三桂而言，他人生中的一大"宝"就是陈圆圆，他十分爱慕陈圆圆的姿色，她可谓国色天香，倾国倾城，拥有陈圆圆，满足了他作为一个男人、一个将军、一个支配者的欲望与雄心。陈圆圆或多或少影响了吴三桂的命运，又间接影响了三个王朝的走向，影响了李自成的大顺军、多尔衮的清军以及崇祯皇帝的明军。原本，田弘遇就打算把陈圆圆进献给崇祯皇帝，但是吴三桂十分执着，一再请求田弘遇把陈圆圆送给他。吴三桂在听闻崇祯皇帝已自缢的消息后，本来是要带着将士们归顺李自成的，正是陈圆圆被掳走激起了这位将军的愤怒，让他转而支持多尔衮。谐音中的"追"具有两个层面的意思：一是吴三桂对陈圆圆的追求，穷追不舍；二是"冲冠一怒为红颜"，打倒李自成，发誓要追回爱妾。陈圆圆最吸引吴三桂的还是她的姿色，因此当陈圆圆逐渐衰老后，吴三桂也不像之前那样爱她了，美貌是陈圆圆的优势，但也看得出像吴三桂等富贵权势之流对女子的轻视、玩弄。正如 dribble 的意思一样，"流口水，垂涎"，男子垂涎女子的姿色，用来形容与美人初遇，应该是很合适的。因此，使用这样的谐音与这个故事来记忆单词，是比较说得通的。

dub

v.

给（某人）起绰号

绰号是一种比较有趣的表达，在古代，一些文人雅士的绰号就显得分外有趣。春秋时期，有一个叫颜叔子的鲁国人独居一室，有一天一个女子在夜间投宿，颜叔子为了避嫌，就一晚上点了很多根蜡烛把屋子照得如白昼一样明亮。他因此有了一个绰号，"鲁男子"[33]，人们以此来表示那些洁身自好、不贪恋女色的男子。东汉时期还有一位博学之士，皇帝给他起了一个绰号叫"瘦羊博士"，后世遂用这个称呼表示那些能够克己复礼的人，这位博士就是甄宇。据《后汉书·甄宇传》记载，东汉年间，每逢岁祭之后，皇帝就会下诏赐博士们每人一只羊，因为羊有肥有瘦，有人就提议把羊都杀掉分肉以求平均，有人主张抓阄。甄宇感到很羞耻，就带头领走了最瘦的那只羊，众人就不再争执了。光武帝听说后，就称呼甄宇为"瘦羊博士"[34]，这一雅号传遍京师。历史上还有一位名士，他精通奇门、兵法、经学，为人清雅又学识广博，他知人论世，善于举荐人才，并向刘备推荐了诸葛亮与庞统，他受到了世人的敬重，但他不愿得罪人，又好明哲保身，因此有着"好好先生"[35]的绰号，这位著名历史人物就是东汉时期的隐士司马徽。东汉末年，士大夫喜欢在一起品评人才，但司马徽却从来不对别人评头品足，只要被问到某某人如何时，司马徽皆回答："这个人好，很好。"他的妻子对他批评道："别人这样问你时，你应该说点具体的呀，总回答'好，很好'怎么行呢?"司马徽对妻子说："你刚才说的话很好。"司马徽"好好先生"的绰号由此而来。而唐代著名诗人、词人温庭筠的绰号就更好玩了，温庭筠出身于没落的贵族家庭，文思敏捷，很有诗学造诣，每次写诗，八叉手而成八韵，得了一个"温八叉"[36]的绰号。他一生恃才不羁，饮酒放浪，屡试不第，终身

潦倒，但是他精通音律，卓尔不群，为"花间派"重要词人。

回到这个单词，首先需要说明的是，单词中的字母 u 不是我记忆的重点，因为它和我用到的记忆方法没有太大关系，所以这个字母我忽略。接下来，我将余下的字母 d 与 b 进行重合记忆，一是字母组合 db，二是字母组合 bd。字母组合 db，我将它作为汉语"逗比"的拼音首字母；字母组合 bd，我将它作为汉语"表达"的拼音首字母。于是，这个单词就形成了"逗比表达"这样的意思。"逗比"一词虽由今人创造，其造词的依据却来源于《史记·扁鹊仓公列传》中的"豆比"一词。它是由于音同而通过改借得来的。今天"豆"与"逗"二字读音相同，更可以证明，"逗比"一词大概是由于形近音同而改借"豆比"一词来表示"有趣的人"的意思，属于词语借用现象。[37]从单词 dub 的意思来讲，"起绰号"就是用一种诙谐、搞笑的方式给人物再起名，就像我所使用到的故事一样，无论是不近女色的"鲁男子"，克己复礼的"瘦羊博士"，还是喜欢明哲保身的"好好先生"，亦或是才华横溢的"温八叉"，他们的绰号都十分有趣，而且还很有"料"，这是对他们为人处世与个性才华的另一种形式的展现。因此，使用这样的记忆方法来记住单词的意思，十分简便，可以轻松地拼写单词，还能记住单词的意思。

duel

n.v.

决斗

逐鹿中原，最早出自司马迁的《史记·淮阴侯列传》，讲的是秦朝末年，群雄并起，争夺天下，最终，在西楚霸王项羽[38]和汉王刘邦[39]的两大军事集团的决斗中，刘邦最终击败项羽，汉朝由此立国，国祚四百余年。公元前 210

年,秦始皇在东巡中病逝,赵高等人发动沙丘政变,秦公子扶苏、大将蒙恬被赐死。秦二世胡亥继位后,赵高把持大权,徭役赋税沉重,百姓苦不堪言。刘邦在老家沛县游手好闲,做了一个泗水亭长的小官,他喜欢喝酒,又爱好美色,但他为人仁厚,个性洒脱,结交了很多好友。刘邦的志向很大,有一次他往咸阳押送服役之人时,碰到了秦始皇出巡的车马,浩浩荡荡,马车精美华丽,他羡慕地脱口而出:"大丈夫当如是也!"项羽是楚国名将项燕的孙子,年少时他的叔叔项梁教他读书,他不好好学,又教他练剑,没过多久他也不学了。项梁十分生气,又教他学习兵法,项羽一开始兴趣还很浓厚,但他不肯深加研究,只学了个皮毛。有一次,秦始皇出巡会稽,当他坐着御船来到浙江时,项羽与项梁在岸边观看,项羽对他叔叔说,"彼可取而代也",吓得项梁赶紧捂住他的嘴,但这之后,项梁对侄儿另眼相看。陈胜、吴广在大泽乡发动起义后,建立了"张楚"政权,陈胜自立为王。随后,项羽与项梁发动会稽起义,项梁自号武信君;刘邦在沛县起兵响应,称沛公。当时,秦末诸侯雄起,各方割据,项梁在与秦将章邯的定陶之战中战死,章邯率领秦军与各诸侯军混战,刘邦率领一些军士企图夺取洛阳,但被洛阳附近的秦军击败,只好撤退。在四地征战中,郦食其等谋士十分欣赏刘邦,得到支持的刘邦转走武关道进入关中,进驻咸阳郊外。刘邦在蓝田击溃秦军,秦王子婴向刘邦投降,秦朝灭亡,刘邦入咸阳城,与关中父老约法三章。巨鹿之战后,项羽威名大震,之后连破秦军,章邯只得投降项羽,项羽由此为"诸侯上将军",率领诸侯军进入关中,与刘邦在鸿门相聚。鸿门宴后,项羽放火烧掉咸阳城,屠戮城中百姓,还杀了秦王子婴,洗劫了关中。公元前206年,项羽自立为"西楚霸王",分封了十八路诸侯军,定都彭城,刘邦被封为汉王。刘邦知人善任,心胸开阔,身边汇聚了一批得力能臣,如萧何、张良、陈平、韩信、吕泽、夏侯婴、樊哙等,他们效忠于刘邦,屡建奇功。后来,汉军已取得对楚军的主动权,项羽在一连串的溃败中逃至垓下，汉军迅速跟上，将十万楚军团团围住。楚军此时已陷入断粮的绝境，夜间忽闻有人在唱家乡的楚乐，一时间，楚军军心瓦解，项羽抛下大军，带着八百多骑兵突围南逃，刘邦连忙派军追击。项羽在阴陵迷了路，于是询问路边老农，结果被其诓骗，项羽陷于沼泽。汉军已经追上，项羽只剩不到三十兵马，仰天长啸："天亡我，非战之罪也。"到了乌江，项羽无心东山再起，已山穷水尽，一连杀了几百汉军后，拔剑自刎而亡。

回到这个单词，我在记忆它的时候，用了一个比较特别的方法。我将这个单词拆分为三个部分来记忆，第一个部分是字母组合 dl，第二个字母组合是 lu，第三个字母组合是 el。这三个部分是有重合部分的，也就是说，单词中的同一个字母被使用了超过一次。接下来，针对第一部分，我使用"大佬"作为 dl 的拼音首字母；对于第二部分，我使用汉语拼音的方法，将 lu 拼成"鹿"；而第三个部分，我使用"而来"作为 el 的拼音首字母。因此，这个单词就变成了"大佬为鹿而来"，我就想到了著名的"逐鹿中原"这个成语，继而想到了楚汉之争。逐鹿中原讲述的就是秦朝末年，各诸侯军为争天下而进行的军事战斗，后来，刘邦与项羽在各路诸侯中脱颖而出，为争夺天下，双方征战数年，刘邦成了最终的胜利者，他击败了项羽，建立了汉朝，正如单词 duel 的意思"决斗"一样，就是这两个男人分别率领下的军事力量的决斗，由群雄并起逐鹿中原，发展到非此即彼的二人决斗，使用这样的记忆方法比较说得通单词的意思，记忆的效果也比较好。

dummy

n. （尤指缝制或陈列服装用的）人体模型

adj. 假的

汉代是继秦朝后建立起来的我国第二个大一统的中央王朝，经济繁荣，

政治清明，人才济济，文化先进，开拓了中华民族新的疆域，与周边国家关系融洽，对世界的商贸、科技发展做出了巨大贡献，汉朝也是我国历史上最为强盛的王朝之一。深受儒家思想影响的汉朝，秉持着"死者为大"的传统理念，非常重视亡故者的身后事，在汉朝，丧葬有着严格的礼法要求，陵寝的选址、建造，陪葬器物的数量、规格与凭吊的礼仪严格地按照礼法执行，并与墓主人生前的身份匹配。汉代特别实行"厚葬"制，在如今出土的汉代文物中，已有不少享誉世界的无价之宝为世人所知。金缕玉衣是汉代规格最高的丧葬殓服，玉衣是穿戴者身份等级的象征，皇帝及部分近臣穿的玉衣以金线缕结，因此被称为"金缕玉衣"，其他贵族的玉衣以银线、铜线制造，故称"银缕玉衣""铜缕玉衣"。在汉代人看来，玉是"山岳精英"，将玉置于人的九窍，人的精气不会外泄，从而保持人的尸骨不腐，于是便制作了这种将人整体包裹在玉中的玉衣。[40]因此，玉衣的外观与人体的形状相同。玉衣全部由玉片拼成，排列整齐，严丝合缝，金丝密集，颜色协调，它由头罩、上身、袖子、手套、裤筒和鞋组成，脸盖上刻有眼、鼻、嘴等形，完全形似人体模型。玉衣的制造复杂精细，所需费用巨大，我国如今已出土玉衣有二十多件，其中徐州博物馆收藏的狮子山楚王陵金缕玉衣工艺最为精美，采用了新疆和田白玉、青玉制作，拼合得紧凑周密，是举世闻名的艺术珍品。在历朝历代，汉墓的华贵玉衣势必会引来盗墓贼的觊觎，许多汉朝大墓因此被盗，存世的金缕玉衣在千百年后，终于让世人认识它的非凡价值，带给人们艺术之美与中华民族灿烂久远的文化享受。

回到这个单词，首先需要说明的是，单词中的字母 u 不是我记忆的重点，因为它和我使用到的方法不太相关。接下来，我将这个单词划分为两个部分。第一个部分是字母组合 dm，第二个部分是字母组合 my。我将dm 作为汉语"盗墓"的拼音首字母，将 my 作为汉语"毛衣"的拼音首字母，由此我想到了著名的金缕玉衣。看见"毛衣"这个解释，可能会让大家感到不太合适，但是忽略"毛衣"与"玉衣"所用材质的不同，以它们的功能来讲，是讲得通的。汉代的皇帝以及王公贵族使用金缕玉衣，是因为他们认为玉衣可以防止人的"气"外泄，因此，在他们看来，玉衣有保护的作用，既可以保护精气永远地被封存在人的身上，也会保护身体不受外部"邪气"的侵害，就像人穿的衣服一样，毕竟死后不似活着，有着经脉的流通与"气"的互换，死后穿上一件"厚衣服"便可封堵住体内的气。从玉衣的结构来讲，它有袖子、上身，这也与"毛衣"一样，玉衣毕竟要盖住人体的全部，所以会有裤筒和鞋而与人体相似。从"盗墓"这个角度来讲，金缕玉衣是非常珍贵的文物，它价值连城，自然会有很多的不法分子试图通过盗墓发笔横财。金缕玉衣形似人体模型，这与 dummy 的意思是非常相近的。因此，使用这个故事可以比较轻松地记住单词的拼写与其意思，十分方便记忆。

durable

adj.

耐用的，持久的

接下来要讲的故事的主人公是一个十分专情的人，他是一部在中国家喻户晓的电视剧的男二号，这部电视剧叫《甄嬛传》，这个人就是果郡王。果郡王的倾慕对象就是电视剧的女主角甄嬛，在甄嬛还不得宠时，在倚梅园的冬夜，她将自己的小像挂在了梅树枝上，正好被果郡王寻得，就这样，这枚小像几乎陪伴了果郡王的一生。后来，眉庄被禁足，甄嬛又遇到了果郡王，果郡王就划着船送甄嬛回宫，在夜色中，伴随着一起一伏的船身，果郡王的香包掉到了甲板上，甄嬛拾起，意外地发现了香包中居然有自己的小像，还有几片杜若花瓣。她打算说点什么，但是又不能多说什么，此时，她已经明白果郡王的心意。果郡王一直将香包留在身边，经历了甄嬛人生中至暗的时刻，她失宠，去甘露寺，再返回宫中，又经历了很多宫廷危机，终于成为贵妃。在一次中秋家宴上，醉酒的果郡王不小心将香包掉落，还被皇上发现了小像。这下，只好在浣碧的随机应变下成全了一桩不合果郡王心意的婚礼。这枚有甄嬛小像和杜若花瓣的香包见证了果郡王对甄嬛的思念，杜若花象征着凄美的爱情，注定了他们二人的爱情没有好的结局。

回到这个单词，我使用英语的拼读法拼读出这个单词后，根据它的发音，发现它与汉语的"杜若包"发音相近，于是我便使用这个谐音来记忆单词。这个单词对于我来说稍显特殊，它是我的书中唯一一个不是根据历史事实，而是根据我们看的电视剧来讲解的单词。"杜若包"，意思即"装有杜若花瓣的香包"，我就想到了果郡王的这枚香包。要说他用这个香包的时间真是久，几乎见证了甄嬛从刚入宫时的天真少女到精于算计、心狠手辣的后宫妇人的成长蜕变，这枚香包也是果郡王心意的见证。果郡王受很多女子的青睐，如浣碧、孟静娴和叶澜依，但他只对甄嬛一往情深，不管身处何种境地，在外成边也好，替皇兄办差也好，只要思念甄嬛，他都会拿出香包中的小像小心翼翼地看。因此，如果一定要给果郡王的香包找一个形容词，那首先必须是"持久的"，天长地久，永结同心，这枚杜若香包就是果郡王年深日久的思念的见证。因此，使用这个谐音能比较好地说明单词音与义上的联系，十分好记。

dwell

v.

居住，栖身

　　良禽择木而栖，贤臣择主而事。古往今来，能臣与贤主是相得益彰的，一个辅助君主定立天下，一个成就贤臣建功立业，开创了中国历史上多个盛世王朝。有这样一位贤臣，他有着出色的智谋又心胸坦荡，他帮助君王争夺了天下，又在功成名就后选择退隐江湖，他的事迹广为流传，汉高祖评价他"运筹帷幄"，他就是西汉时期著名的"汉初三杰"之一，张良[41]。张良出身于战国时期韩国的贵族世家，其祖父与父亲皆是韩国的宰相。韩国被秦军灭亡后，张良就将全部家产投入反秦事业中，谋划刺杀秦王嬴政。秦始皇二十九年（前218），秦始皇东巡的车队即将到达阳武县，张良让埋伏好的大力士在博浪沙伏击秦始皇。过不久，秦始皇的三十六辆马车从远处行来，见此情景，张良与大力士一头雾水，无法确定秦始皇在哪辆马车中，情急之下，张良只好让大力士抡起重达一百二十斤的铁锤向马车中最为豪华的那辆砸去，张良趁乱逃离，秦始皇幸免于难，下令在全国缉捕刺客，但无果。博浪沙伏击秦始皇让张良闻名遐迩。一天，张良在沂水圯桥头散步，一个老翁走到他身边，态度十分傲慢地把鞋丢在桥下还让他去捡，张良强忍心中的不满，捡起鞋后，老翁还让他给自己穿上，此时的张良已经饱经生活的磨难，便忍住愤怒，俯下身子恭敬地给老翁穿上。老翁见此，仰面长笑，走出几步路，回头对张良讲道，"孺子可教也"，并约他五日后的凌晨再到桥头相见。一连两次张良都在老翁到之后才赶到，第三次见面前，张良索性在半夜就赶到桥头，老翁到后，十分感动，就送了他一本兵书后扬长而去。张良后来才知道，这位老翁就是传说中的黄石公，而送给他的兵书就是《太公兵法》。从此，张良

发奋努力,日夜研习这部兵法,他也因此成为"智囊"。公元前 209 年,陈胜、吴广在大泽乡起义,随后,各种反秦运动风起云涌,张良势单力薄,只好投奔景驹,谁知在路上遇到了刘邦。二人一见如故,相谈甚欢,刘邦心胸大度又好结友,而张良多次用自己的智慧给刘邦出点子,刘邦都欣然采纳。就这样,原本打算投奔景驹的张良转而效力于刘邦,这也为后来刘邦击败项羽,定立汉朝打下了坚实的基础,而张良也得以发挥自己的才华,一展心中之志,成为西汉著名的开国功臣,名垂千古。

回到这个单词,我将这个单词分为两个部分来记忆。第一个部分是首字母 d,第二个部分是 well。首先,"良禽择木而栖"是我记忆这个单词的依据,禽鸟会选择理想的树木作为自己栖息的地方,单词 well 表达的意思是"好",这与"良禽择木而栖"中的"良"可以形成对应关系;其次,我将"到"的汉语拼音首字母与单词首字母 d 相联系,表达"良禽要到好的地方落脚"中的"到"。如此,这个单词的各部分就汇聚成了"择木而栖"中的"栖",而这也是单词本身的意思。使用这样一条谚语可以比较简单明了地说明"良禽"与"栖"之间的关系,正如故事中的张良一样,他是一个很有才华与抱负的人,在得到兵书后,逐渐地积累起了自身的实力,本来他打算投奔景驹,但是见到刘邦后,就被刘邦的谈吐与气质吸引,刘邦是一个心胸宽广,能够欣赏别人才华的人,为人又豪爽仗义,张良因此弃暗投明,而后的历史也证明了张良的眼光与选择是对的。因此,使用这个谚语作为记忆单词的依据,十分简单且与史实相对应。

参考文献

[1] 房玄龄.晋书·列传第一章·惠贾皇后传[M].北京:中华书局,2015.

[2] 翟明女,钱宗武.论中国第一部禁酒令《酒诰》的人文理性[J].西北师大

学报(社会科学版),2021,58(01):79-86.

[3] 王钦若,杨亿,孙奭,等.册府元龟[M].北京:中华书局,2020.

[4] 司马迁.史记·秦始皇本纪[M].杨燕起,译注.长沙:岳麓书社,2021.

[5] 郑云云.千年瓷都史话[J].当代江西,2011(03):52-54+3-4.

[6] 脱脱,阿鲁图.宋史·列传·卷七十八·曾巩传[M].北京:中华书局,1985.

[7] 曾巩.元丰类稿·卷四十六[M].北京:国家图书馆出版社,2018.

[8] 陈圣.曾巩传[J].抚州师专学报,1988(04):51-80.

[9] 袁世硕,主编.蒲松龄志[M].济南:山东人民出版社,2009.

[10] 李焘.续资治通鉴长编·卷三百三十六[M].北京:中华书局,2004.

[11] 贺雪娇.宋代的拆迁研究[J].郑州航空工业管理学院学报(社会科学版),2016,35(04):61-65.

[12] 陈建红.鞍马在唐代的兴起原因和特点分析[J].兰台世界,2013(21):110-111.

[13] 林新奇.论乾隆时期议罪银制度与罚俸制度的区别[J].故宫博物院院刊,1986(03):37-44+9.

[14] 宋祁,欧阳修,范镇,等.新唐书·逆臣下·黄巢传[M].北京:中华书局,1975.

[15] 方胜.满城尽带黄金甲——谈黄巢的两首咏菊诗[J].名作欣赏,2007(21):50-52.

[16] 刘兰芳,王印权.岳飞传 刘兰芳评书精品集[M].北京:中国大百科全书出版社,2019.

[17] 李延寿.北史·列传第二·后妃下[M].北京:中华书局,2013.

[18] 董涛.漏刻与汉代时间观念[J].史学月刊,2021(02):18-30.

[19] 韩非.韩非子·十过[M].高华平,王齐洲,张三夕,译注.北京:中华书局,2015.

[20] 伏俊琏,刘子立."狸猫换太子"故事源头考[J].文史哲,2008(03):75-79.

[21] 赵尔巽.清史稿·卷十·高宗本纪[M].北京:中华书局,2020.

[22] 赵尔巽.清史稿·列传一·后妃[M].北京:中华书局,2020.

[23] 李寅.乾隆乌喇那拉皇后剪发事因新证(上)[J].紫禁城,2009(05):54-58.

[24] 柯劭忞.新元史·列传第七十四·范文虎传[M].上海:上海古籍出版社,2018.

[25] 王金林.元朝忽必烈两次东征日本及其失败原因[J].东北亚学刊,2012(05):45-51.

[26] 孔祥秋.李清照词传[M].西安:太白文艺出版社,2020.

[27] 陕西省地方志编纂委员会,编.陕西省志·民俗志[M].西安:三秦出版社,2000.

[28] 胡应麟.少室山房笔丛[M].上海:上海书店出版社,2009.

[29] 姜俵容.蒋防《霍小玉传》传主身份考[J].东莞理工学院学报,2020,27(06):17-22.

[30] 左丘明.左传·哀公六年[M].郭丹,程小青,李彬源,译注.北京:中华书局,2016.

[31] 赵尔巽.清史稿·列传二百六十一·吴三桂传[M].北京:中华书局,2020.

[32] 张廷玉.明史·列传·卷一百九十七·流贼[M].北京:中华书局,2015.

[33] 诗经·小雅·巷伯[M].王秀梅,译注.北京：中华书局,2015.

[34] 刘珍,等.东观汉记校注[M].吴树平,校注.北京：中华书局,2008.

[35] 刘义庆.世说新语·言语篇[M].宁稼雨,译注.合肥：安徽文艺出版社,2021.

[36] 尤袤.全唐诗话[M].北京：文物出版社,2020.

[37] 张馨月."逗比"词语探源[J].汉字文化,2019(09)：91-93.

[38] 司马迁.史记·项羽本纪[M].杨燕起,译注.长沙：岳麓书社,2021.

[39] 司马迁.史记·高祖本纪[M].杨燕起,译注.长沙：岳麓书社,2021.

[40] 董强.汉代诸侯王的地下世界[J].百科知识,2021(32)：18-22.

[41] 司马迁.史记·留侯世家[M].杨燕起,译注.长沙：岳麓书社,2021.

【篇二 E】

长风破浪会有时，直挂云帆济沧海。

［唐］李白《行路难·其一》

earnest

adj.

非常认真的

在中国国家博物馆中收藏有这样一幅画,它由清代画家徐扬创作完成,展现了一位皇帝的第一次南巡之旅,这幅画就是《乾隆南巡图》,而接下来要讲的故事的主人公就是乾隆皇帝南巡的"资助者"——两淮盐商。说起清代的两淮盐商,那可称得上是"富可敌国"。自古以来,上至王公贵族,下至平民百姓,没有谁的日常饮食中是不需要盐的。汉武帝继位后,就下令禁止民间商人经营盐业,还将盐纳入政府的统一管辖中。明清时期,扬州的盐商与政府的关系较为密切,两淮盐运使应运而生,这些往来于扬州、安徽、江西、江苏以及湖南与湖北的商船中,承载着扬州地区输往各地的食盐,两淮盐业构成了政府税收的重要来源,清朝的盐商在政府的允许下,有着经营食盐的垄断权,是真正的"赚得最多的人"。盐商家产多者达千万两,而少于百万两的都称为"小商",两淮盐商之富裕由此可见。当时盐商中的"八大总商"均资产惊人,最显赫者江春,曾引领两淮盐业近半个世纪,其才略过人,曾六次迎驾,"以布衣上交天子",他除了依法纳税外,多次捐输报效,其中修河、赈灾、助台湾军费等七项捐输即达一千一百二十万两。高宗目睹江春实力,惊叹"盐商之财力伟哉"。[1]乾隆十六年(1751),乾隆皇帝第一次下江南,从北京出发,经运河,乘御舟先后到达镇江、无锡、苏州、嘉兴、杭州等地,全程五千八百多里,历时接近四个月。画家徐扬以这一盛况空前的历史景象绘制成《乾隆南巡图》,将沿途富庶的经济发展与江南地区的风土人情做了一个全方位的展现。要知道,声势浩大的南巡需要耗费大量的银两,而两淮的盐商为讨乾隆皇帝的欢心,可谓是"煞费苦心",他们先是捐款数百万两白银,

还赞助当地官员修建了许多亭台楼阁,当乾隆皇帝带领一众皇亲贵胄到达行宫后,盐商们更是精心地将大厨们烹制而成的美味佳肴进奉御前。江南素有深厚的人文底蕴,盐商们也将各式珍宝进献给乾隆皇帝,乾隆皇帝自然也是喜不自胜,他在位的六十年里,六下江南,尽享盛世荣华。

回到这个单词,我将它分为两部分来记忆。第一个部分是 earn,第二个部分是 est。因为 est 可以作为单词形容词最高级的后缀,因此由这个单词可以联想到"赚得最多的人"的意思,由此,我想到了清代著名的两淮盐商。盐商为了讨好皇帝,在皇帝南下的旅途中尽全力做好"后勤工作",在照顾皇帝的饮食起居上是非常尽心的,即使这种尽心是一种迎合。earn 是"挣钱,赚钱"的意思,"钱赚得最多的人"要去讨好皇帝,结合乾隆皇帝六下江南的经历来看,这群"钱赚得最多的人"在迎合皇帝的心意上是非常认真的,正如这个单词的意思一样。由此,这个单词实现了形与义、音与义的联系,十分好记。

eavesdrop

v.

偷听

"三天不打,上房揭瓦。"问题是,房上的瓦好揭吗?清代文学家袁枚在《子不语》中提到这样一个情节,"前任安守有管厨人某,酒醉登楼巅,揭瓦窥之,见台中有三土堆"[2]。在古代,似乎总有能"飞檐走壁"的人揭开屋顶上的瓦片偷听或偷窥,在一些武侠小说中,揭开屋瓦进行这种"间谍活动",似乎已成为"家常便饭"般见怪不怪的桥段了。由北宋著名建筑学家李诫创作完成的《营造法式》，是我国古代最完整的建筑技术书籍，是对当时建筑技术、设计与施工经验的系统总结，为较全面地了解我国古代建筑提供了十分详细的依据。《营造法式》是中国古代劳动人民智慧的结晶，对后世影响颇深。在《营造法式》一书中，详细记载了我国古代屋瓦的制造技艺："其柴栈之上先以胶泥编泥，次以纯石灰施瓦。"[3] 而我国古代建筑中的屋瓦构材也基本由面层、结合层、垫层、基层、防水层等组成，为了让屋瓦更加结实、防潮，除了将纯石灰用以制造屋瓦外，古人还会使用一些纤维材料作为加固的用料。到了宋代，由于我国南北气候的不同，古人更是使用屋瓦之间的空隙进行充分的排水，起到了良好的遮雨与检修作用。同时，我国北方地区的屋瓦材料更加注重保温层的使用，可以说，古代劳动人民在屋瓦制作技艺上是十分娴熟的，那一层又一层的材料构成了一项精妙的系统工程。所以，"上房揭瓦"并不是一件容易的事。

回到这个单词，eavesdrop 可以分成两个部分。第一个部分是 eaves，它的意思是"屋檐"；第二个部分是 drop，意思是"掉落"。因此，这个单词可以被阐释为"从屋檐上掉落"，这就很自然地让人想到古装剧里的"大侠们"在屋顶上偷听或是偷窥时，不小心将瓦片摔下的场景。因此，通过"屋檐"来记忆这个单词，记忆效果比较好。

ebullient

adj.

精力充沛的

"牛"在中国文化中具有十分丰富的内涵，古人使用牛来祭祀先祖，表达

对祖先的敬意,也会用牛来表达踏实与勤劳,著名的哲学家老子就骑着一头青牛出函谷关。唐代著名画家韩滉创作的《五牛图》,既是中国十大传世名画,也是少数唐代传世纸绢画作品真迹之一,韩滉使用牛作为自己创作的素材,表现了古代人民农耕生活中勤劳、朴实的形象。我国古代生肖属牛的著名人物也有很多,比如骁勇善战的西汉著名将领霍去病,以及"断齑画粥"的范仲淹,都是属牛人物中踏实肯干又活力充沛的人。[4]范仲淹的先祖是唐朝宰相范履冰,但其父范墉早亡,孤苦无依的母亲只好带着当时只有两岁的范仲淹改嫁他人,范仲淹跟了继父的姓,更名为朱说。[5]在范仲淹二十多岁时得知自己的身世后,便下定决心离家求学,以实现心中的抱负,振兴家门。读书的过程是十分艰辛的,范仲淹在醴泉寺时,经常食不果腹,在寒冷的冬季,每天便用两升的小米煮成粥,待粥冻结后,用刀切成四块,再用一些腌好的咸菜佐食。每当读书感到劳累时,范仲淹就用冷水洗脸,但他从不叫苦,终于在公元 1015 年时,二十六岁的范仲淹进士及第,多年后官至副宰相,世称范文正公,他的"先天下之忧而忧,后天下之乐而乐"传颂千古,"断齑画粥"的故事也为人津津乐道,激励了很多读书人。在范仲淹的身上,不难看出,他具有"牛"一样的踏实肯干、为人务实、秉性平和的特点,而范仲淹也如"牛"一般精力充沛,常年的刻苦读书,他忍受了常人不能忍受的磨砺,他所主持的"庆历新政",也是为挽救人民生活困苦,减少社会矛盾所倡导的社会改革。范仲淹在杭州、青州、颖州执政时,也以自己宽厚仁爱、笃学务实的精神造福百姓。

回到这个单词,首先需要说明的是,单词末尾的 ient 可以看作形容词的后缀,比如 convenient、patient 这样的单词就有这样的后缀,所以单词的这部分不是我记忆的重点。我将记忆这个单词的重点放在 bull 上,它是一个比较常见的单词,意思是"牛,公牛",而单词的首字母 e 可以看作"饿"的汉语拼音，由此我想到了范仲淹，这个属牛的历史名人和他那"断齑画粥"的故事，要知道，范仲淹早年经常饿着肚子读书，所以才有了"断齑画粥"的典故。范仲淹是精力充沛的，他的一生都在为百姓、为朝廷、为家国天下的抱负而工作，他的一生是任劳任怨的，以致他最终带病在赴任途中逝世，可以说，没有这种"干劲"，范仲淹不足以被后人传颂。正如这个单词 ebullient 的意思一样，"精力充沛的"，用以形容范仲淹是十分妥帖的，同时，采用这样的记忆方法也便于记忆单词的意思，让人联想到这位著名的历史人物。

echelon

n.

阶层，等级

艾弗瑞伯爵有一座私人宅第，伴随着法兰西第一帝国皇帝拿破仑在 1804 年的加冕，这座私人宅第被拿破仑的妹夫缪拉买下，取名为"爱丽舍宫"。这座由大理石砌成的两层楼房中，殿内金碧辉煌，其中很多家具具有百年的历史。爱丽舍宫展现了法国贵族的奢华生活与法兰西的艺术风情，但是，法兰西文化中的阶层等级同样被划分得十分严密，法国绘画大师德拉克洛瓦的巨幅油画《自由引导人民》就展现了波旁王朝对百姓那令人窒息的压迫。德拉克洛瓦塑造了一个强壮的、剽悍的女神形象，她袒露胸部，手拿红白蓝三色旗引领人民战斗，来表现法国人民在长久以来的政府剥削中对自由与权力的渴望，他们要打破一个贵族阶层统治下黑暗的社会。法国著名画家雅克·路易·大卫在《马拉之死》中也表现了这样的社会风潮。巴黎人民攻占巴士底狱，路易十六被送上断头台，一个腐败的波旁王朝即将土崩

瓦解，雅各宾派的领导人马拉受到政敌的暗杀，整个法国社会为之震动，这就是《马拉之死》的创作背景。爱丽舍宫代表着法国灿烂的文化，但同时，法国严密的社会等级以及由此产生的艺术作品与人民的诉求同样构成了法兰西文化的一部分。

回到这个单词，我将这个单词分为两部分来记忆，第一个部分是 eche，第二个部分是 lon。我使用英语的拼读法拼读出这个单词后，发现 eche 在单词中的发音与汉语"爱舍"相近，而拿破仑的名字 Napoleon 中的 lon 与 echelon 中 lon 一致。因此，看见这个单词后，我想到了"爱丽舍宫"与法国，也就想到了历史上法国严密的阶层等级与斗争。可以说，使用这样的谐音进行联系，比较好地实现了单词音与义的对照，十分好记。

ebb

n. v.

落潮

李商隐的《锦瑟》中有一名句，"沧海月明珠有泪，蓝田日暖玉生烟"，其中的"珠有泪"描绘的就是珍珠那圆润饱满、惹人怜爱的形态。有这样一个地名，在古时，它就以"采珠"闻名，素有"珠城"之美誉，它就是蚌埠。蚌埠具有丰富的人文与历史资源，相传大禹路过涂山娶涂山氏女为妻，当时的涂山所在地便是今天的蚌埠禹会区。[6]蚌埠在春秋战国、秦朝、南宋以及后代的历代王朝中由中央政府统一管辖，明朝洪武年间，蚌埠被纳入凤阳府管辖，明代著名的开国将领汤和与常遇春的家乡就是今天的蚌埠，清代著名将领年羹尧的老家也是蚌埠[7]，后改隶汉军镶黄旗。蚌埠在古代有采珠之地的称呼，孕育了很多独特的地方文化。而说起珍珠，它形成于贝壳之中，在贝体的自我保护下，它的外套膜在被异物（比如沙粒、寄生虫等）侵入时会形成珍珠囊，随着珠质加厚，就形成了这种以异物为核的坚硬物质，诞生了珍珠。

回到这个单词，我将记忆的重点放在了单词中的 bb 上，我将它作为汉语"蚌埠"的拼音首字母，由此，我想到了珍珠。居住在海边的人都知道，贝壳可以在海水退潮的时候被海浪冲上岸，人们便可以在沙滩上轻松拾起贝壳，而贝壳是孕育珍珠的母体。正如 ebb 的单词意思一样，它讲的是"落潮"，这就与落潮时信步于海滩上拾贝壳一样，说不定可以采到珍珠。于是，这个单词的记忆脉络就形成了，蚌埠是采珠之城，由珍珠联想到贝壳，再联想到落潮，实现了单词音与义的联系，十分好记。

eddy

n. （空气、灰尘或水的）漩涡，涡流

v. 起漩涡，旋转

"不到黄泉，不再相见！"这是一句乍一听非常"狠心"的话，它的背后是一个得不到母爱的国君和一个被宠坏的弟弟之间的故事，为此，这位国君陷入了一系列爱与恨交织的漩涡中，最后以母子和好终结，这位国君就是春秋时期郑国第三位国君郑庄公。郑庄公的母亲武姜十分嫌弃他，据说是因为武姜在生庄公时遇到了难产，因此十分厌恶他；而在生育次子叔段时，因为是顺产，所以格外喜欢叔段。武姜很不喜欢自己的这个大儿子，多次请求夫君郑武公废长立幼，公元前 744 年，郑武公逝世，郑庄公继位，武姜对小儿子

叔段的偏爱愈发浓烈。在母亲武姜的一再请求下,郑庄公将肥沃广袤的都城京邑封给了叔段,朝中大臣便谏言:"如此下去,恐怕叔段的势力会对大王您造成威胁。"郑庄公对母亲十分孝顺,并不敢违背武姜。公元前722年时[8],叔段聚集了一批死士,与母亲武姜里应外合,准备偷袭郑国都城,窃取王位。收到消息的郑庄公派公子吕讨伐叔段,叔段节节败退,逃回京邑,又逃到了鄢邑,郑庄公的军队再次讨伐他,最后平定了叔段的叛乱。可是,对于自己尽心侍奉的母亲居然要帮助弟弟把自己赶下王位,郑庄公心里十分难过,他自小就没有受到母亲的疼爱,弟弟又十分飞扬跋扈,他对待母亲是诚心诚意的,最后却换来这样的结果。于是,在结束这场叛乱后,郑庄公将母亲武姜安置在了城颍,并且发誓:"不及黄泉,无相见也。"[9]但是,母亲与孩子之间那种亲情始终是割舍不断的,郑庄公也不例外,过了一年后,郑庄公抑制不住对母亲的思念,在颍考叔的建议下挖了一条很深的隧道,终于在隧道中与母亲武姜冰释前嫌,母子二人相拥而泣,成全了对彼此的思念。

回到这个单词,我使用英语的拼读法拼读出这个单词后,将它与汉语的"爱弟"相联系。在历史上,武姜对次子叔段的偏爱是十分出名的,因此,这个"爱弟"指的是"喜爱弟弟",这就让我想到了郑庄公的故事。从郑庄公的经历来看,他实际上是非常无辜的,一个母亲在生育子女时会付出很多的艰辛,这点可以理解,但是,因为生产的时候难产就对子女非常厌恶倒是十分罕见,以至于武姜对童年时期的郑庄公总是爱答不理的,更是把自己喜欢的叔段"捧在手心里怕摔了",这为日后叔段的公开叛乱埋下了伏笔。郑庄公在心里应该是十分渴望母爱的,否则不会不顾礼法,将最大的封地应母亲的要求赐给弟弟叔段。可是,一再地忍让后,母亲与弟弟居然还是要造反,更要杀掉他夺取王位,这让郑庄公处于一种"漩涡"中,对母亲的爱与恨,对弟弟的羡慕、嫉妒与不满共同交织在一起,可以说,此时的郑庄公一定是痛苦的,他对母亲说的"不到黄泉,不再相见"便是内心的真实写照。正如 eddy 的意思"漩涡"一样,当人处于一种爱与恨的纠缠中时,内心的情感漩涡是无法控制的,"爱弟"这样的谐音与单词的意思也是可以说得通的,因此,使用这样的方式来记忆这个单词,记忆的效果比较好。

edifice

n.

大厦,宏伟建筑

在北京市朝阳区东三环中路上,矗立着一座地标性建筑,它就是占地18.7 万平方米的中央电视台总部大楼,它被美国《时代》周刊评为"2007 年世界十大建筑奇迹之一"[10],2013 年荣获世界高层都市建筑学会颁发的"2013年度全球最佳高层建筑奖"[11]。我使用拆分与同音替换的方法来记忆edifice 这个单词。首先,我将它分为两个部分,第一个部分是 edi,第二个部分是 fice。大家应该知道 editor 这个单词,意思是"编辑",edi 刚好是 editor的头三个字母;而单词中 fice 在这个单词中的发音与 face 一致,我便使用face 来做同音替换。于是,在这样的组合下,edifice 可以被解释为"编辑的脸面"。因为编辑实际上可以分为很多种,比如文字编辑、视频编辑等,在一些媒体部门,编辑往往是重要的存在,中央电视台是有很多编辑的,而央视总部大楼以其规模宏大的占地与精巧的艺术设计成为北京一座著名的地标性建筑,这种地标的意义可以说是一种"脸面"。正如 edifice 的意思一样,拥有很多编辑的中央电视台,它的"门面"担当是一座宏伟的建筑。由此,这个单词采用这样的方式来记忆,较好地实现了单词音与义、形与义的联系,十分好记。

effigy

n.

(名人、圣人的)雕像;(丑化人的)画像

亚当与夏娃作为《圣经》中著名的人物几乎是家喻户晓,上帝创造了这对男女,让他们成为夫妻,幸福地生活在伊甸园中。后来,夏娃受到了蛇的诱惑,偷食了禁果。其后,为自己的赤身裸体感到羞耻,便折下无花果的树叶来遮蔽身体的隐私部位,因此,"无花果树叶"在英语中也意为"遮羞布"。[12]在西方的艺术画作以及雕塑中,人们经常可以看见西方的艺术家们创作的裸体男女的巨作,比如英国画家弗雷德里克·莱顿的《沐浴的普赛克》,西班牙画家戈雅的《裸体的玛哈》,意大利画家波提切利的《维纳斯的诞生》,法国画家布格罗的《森林之神与仙女们》,法国画家安格尔的《泉》与英国画家柯里尔《马背上的戈黛娃夫人》等作品,皆以人体为艺术进行画面的创作表达,画面中女性丰腴的身姿让人印象十分深刻。

回到这个单词,我将记忆的重点放在单词中的 fig 部分上,因为 fig 有"无花果"的意思,夏娃在偷食禁果后对自己的赤身裸体感到羞耻,便用无花果叶来遮蔽身体,无花果在这里代表遮蔽。而在西方的艺术画作中,表现裸露的躯体是一种非常常见的艺术手段,它表达着对自由与挣脱束缚的渴望,闪耀着人文主义的思想内核。因此,这个单词由 fig 开始,形成了这样的逻辑:无花果→裸体→西方艺术作品。从单词中一个比较简单的词汇入手,找到它背后的故事,effigy 的意思就这样被记住了。

effrontery

n.

厚颜无耻的行为

　　什么样的行为算是"厚颜无耻"？这个问题见仁见智，但是在清代有这样一桩大案，乾隆皇帝在得知实情后气得发抖，这件大案就是"甘肃冒赈案"，又称"甘肃米案"。这桩案件比较"奇特"，因为它实际上发生于乾隆三十九年，但却在乾隆四十六年才被发现，七年的时间里，当地官员无一人举报，皆上下其手，贪污成风。甘肃地处我国西北部，由于气候问题，灾情时常发生，因为要赈济灾民，清政府便采用"捐监"的方式，让入读国子监的学生按照规定数目向地方政府缴纳豆麦等粮食作物，用以在灾情之年开粮仓，接济百姓。但实际上，地方官员会打着"捐监"的口号做着假公济私的勾当，让监生把谷物粮食换作银子进行兑换，如此一来，谷粮作物就变成了白花花的银子，成了不法官员贪污的小金库。可是，如果真的发生灾情，往往会饿殍遍野。乾隆四十二年时，甘肃布政使王亶望因为办理监粮，得到乾隆皇帝的褒奖，此时的乾隆皇帝还不知道这个得力的"干将"竟是甘肃官场上贪污赈灾银两、中饱私囊的始作俑者。后来，甘肃爆发了苏四十三的民变，被派往甘肃平叛的朝中大臣纷纷奏报甘肃经常大雨，乾隆皇帝便联想到王亶望在甘肃任职时却连年上奏称甘肃经常大旱，便对王亶望心生怀疑。此时已升任浙江巡抚的王亶望做贼心虚，愿意自捐"认罪银"，乾隆皇帝认为其中必有猫腻。乾隆四十六年，经查明，王亶望在任甘肃布政使时，连同全省大大小小的官员，竟贪污了一千万两监粮银，贪污数量之巨，堪称清朝入关以来之最。乾隆皇帝叹息官官相护之风竟达如此地步，他下令严惩不贷，将王亶望斩首示众，令甘肃总督勒尔谨自尽，贪污过万两白银的巨犯斩首五十六人，

免死发遣四十六人，革职、杖流、畏罪自杀数十人。[13] 这起案件堪称清立国以来最大的一起集体贪腐案件。[14] 回到这个单词，首先需要说明的是，单词结尾的 ery 部分不是我记忆的重点，因为这部分经常可以作为单词名词的后缀，于是我将记忆的重点放在单词的前部，也就是 effront 上。我将它拆分为两个部分，第一个部分是字母组合 ef，第二个部分是 front。ef 可以看作汉语"恶风"的拼音首字母，而 front 有"前面"的意思，这个"前"可以有两种解释，一个是"御前"，一个是"灾情前"，而"恶风"指的是这个故事中"官官相护，贪污腐败之风"。从这个故事来看，以王亶望为首的地方官员是十分胆大的，竟然贪污用来赈灾的银两。他们置百姓生死于不顾，企图诓骗皇帝瞒天过海，这是身为人臣对君主的不忠不义，对百姓的忘恩负义，是一种厚颜无耻的行为。他们在"御前"谎称甘肃连年大旱，如此便有机可乘，打着皇帝要"赈灾"的旗号让监生"表示表示"；在"灾情前"面对饥饿困苦的百姓无动于衷，没有比厚颜无耻更能贴切地表达这种行径的词语了。因此，采用这样的谐音与单词意思进行结合，实现了单词音与义之间的联系，比较好记。

elapse

v.

（时间）消逝

这是一个我比较喜欢的单词。弘农杨氏，一支在陕西华阴县延续千年的杨姓士族，培育了中国历史上众多的著名人物，比如三国时期著名才子杨修，有着"四世三公"美誉的杨震、杨秉、杨赐、杨彪，以及武则天之母杨氏等人物，他们为弘农杨氏的辉煌添加了属于自己的一抹色彩。而接下来要讲

的故事的主人公就是弘农杨氏的"发迹人",他因为项羽的一条大腿,名副其实地成了古往今来最成功的"抱大腿"之人,他就是杨喜。据《史记·项羽本纪》[15]记载,当时,项羽被围垓下,眼见着汉军向项羽奔来,项羽知道自己命不久矣,对着想杀他的吕马童说:"我听说我的头颅值一千金,杀了我的人还会被封为万户侯,我就做件好事让你去领赏去吧。"项羽在乌江自刎,随后,王翳砍下了项羽的头颅,项羽的尸体被很多士兵"哄抢",汉军将士为此大打出手,自相残杀者数十人,最后,还是有四个人在抢夺中胜出。郎中骑杨喜、骑司马吕马童、郎中吕胜和郎中杨武先后抢夺了项羽尸体的四部分,杨喜因为斩杀了项羽的一条大腿,被封为赤泉侯,其他几人也一同被封侯。杨喜就这样因为一条大腿,成了衣食无忧、安享富贵的开国功臣,日子过得简单且平淡。公元前168年,杨喜安详地逝世,汉文帝念及他的功劳,追赠他为严侯。后来,杨喜的子孙也都是富贵闲人,并没有太大的作为,但到了杨喜的曾孙杨敞[16]时,情况发生了很大的转变。杨敞有一个好朋友,权倾朝野,这个人就是霍光,杨敞因为和霍光的关系,得以担任丞相,因为出任了重要官职,杨敞成为事实上的弘农杨氏的始祖。杨敞又娶了司马迁的女儿,生了杨恽,自小受到良好家庭教育的杨恽文学造诣十分深厚。霍光死后,其子孙筹划谋反,杨恽察觉到了,便向皇帝检举,杨恽被封为平通侯。随后的弘农杨氏在东汉时期又出了杨震这一宰相,可以说,家族的历史十分辉煌。

回到这个单词,首先需要说明的是,我忽略单词的首字母 e,因为它和我用到的记忆方法不太相关。其次,我将剩余的 lapse 分为两个部分,第一个部分是 lap,第二个部分是 se。因为 lap 是一个比较常见的单词,意思是"大腿",而 se 部分,在本单词中的发音与汉语的"死"相近,所以我使用"死"来指代 se。因此,这个单词在这样的方法下,可以被解释为"死大腿",我就想到了《史记》中杨喜在项羽自刎后,取得项羽大腿的故事。这个单词的意思是

"时间的消逝",这与杨喜以及弘农杨氏家族的故事是说得通的,从约公元前202年杨喜被刘邦封为赤泉侯算起,直至东汉时期的杨震,三国时期的杨修,且不说隋朝的杨坚与唐朝时期的武则天之母,杨喜的后代杨铉在十六国时期的燕国中担任太守,杨铉的子孙也骁勇善战,在少数民族政权中官拜大将军。可以说,时间的流逝并没有改变弘农杨氏家族的辉煌,同时也可以看出,一个长盛不衰的家族不会随着时间的流逝而消亡。因此,采用这样的记忆方法比较好地说明了单词的意思,实现了单词音与义、形与义的结合。

eloquent

adj.

雄辩的,有口才的

"朽木不可雕也。"这是千百年来老师的一句口头禅,每当遇见不太满意的学生,老师就会摇摇头,说"朽木不可雕"。没错,这句话的"发明者"确实是一位老师,而且是一位著名的老师,但是他口中的这块"朽木"却并不是真的"不可教",这个学生非常有才华。这位老师就是我国古代伟大的思想家、政治家、教育家,儒家学派的创始人孔子,他遇到的"朽木"是宰予,字子我。《史记·仲尼弟子列传》中记载,孔子的学生宰予"利口辩辞",意思就是宰予擅长雄辩,口才非常好,这一点在《论语·先进》中孔子对宰予的评价中也得到了肯定,孔子说宰予"能言善辩"。但是说起"宰予昼寝"这件事,让孔子对宰予很失望。宰予在大白天不好好听课,却趴在桌子上睡觉,气不打一处来的孔子说出了那句名言:"朽木不可雕也,粪土之墙不可圬也!"事实上,宰予并不是不思进取的人,他就常常用自己的口才与老师争辩,有时,难免让孔子心生不快。但是孔子还是很喜欢他的,宰予后来不但能跻身"孔门七十二贤",还是"孔门十哲"之一,他跟着孔子周游列国,被后世追封为齐侯、临淄公,从祀孔庙。

回到这个单词,首先需要说明的是,单词末尾的字母 t 不是我记忆的重点,因为它和我使用到的记忆方法不太相关,所以这部分我忽略。其次,我将 eloquen 分为两部分,第一个部分是 elo,第二个部分是 quen。根据这两个部分在本单词中的发音,我使用"爱了"与"困"分别作为单词这两部分的汉语谐音。于是,这个单词可以被解释为"孔子爱才,学生睡觉",这就让我想到了孔子和他的学生宰予的故事。我们在日常生活中,遇到自己喜欢的人或事,会说"爱了爱了",孔子也是一样的。他非常欣赏宰予的才华,宰予是一个善于思考又能言善辩的人才,所以孔子对宰予是"爱了"。但是宰予在上课的时候睡大觉,这并不是一个好学生应该做的事。因此,单词的这两部分谐音与宰予、孔子的故事是对应得上的,eloquent 的意思是"雄辩的,有口才的",这与宰予十分匹配,可以说,采用这样的谐音来记忆这个单词是十分简便的。

elude

v.

(尤指机敏地)避开

中国历史上有这样一个人,他是著名的思想家、文学家、教育家,他的"心学"传至朝鲜、日本;他还是一个军事家,平定了宁王叛乱,成为明朝因为军功而被封爵的三位文臣之一。他出身于一个显赫的家庭,他的母亲怀孕十四个月才生下他，他五岁时还不会说话[17]，不到十七岁就成婚的他选择"逃婚"，他就是王守仁。王守仁字伯安，号阳明，他是一个"奇人"，在他身上有一种独特的气质。他的祖父一开始为他起名为"云"，后来长至五岁的王云仍不会说话，一天，一个高僧经过他家，叹息地说道，"好个孩儿，可惜道破"，他的祖父才为他更名为"守仁"，王守仁随后就开口说话了。王守仁年少的时候，曾在一片竹林中"悟"朱熹的"格物致知"，一连待了七天七夜，却什么感触都没有，由此，他对朱熹的理论深感怀疑。论及他的"开窍"，要感谢一个人，那就是明武宗时期著名的宦官刘瑾。王守仁在朝廷做官时，因为替御史戴铣鸣不平，得罪了刘瑾，又因为父亲王华与刘瑾交恶，刘瑾就打算在谪贬王守仁去贵州的路上趁机杀害他。王守仁自然是心知肚明刘瑾的心狠手辣，当时的贵州山高路远，处于偏僻凶险之地，王守仁在行至杭州时，就察觉到了刘瑾派出的锦衣卫在尾随他。[18]机智的王守仁在夜里起身的时候，在墙壁上题了一首《绝命诗》，后走到钱塘江边，脱下自己的衣服和鞋袜，上了一艘船走了。刺客看见屋中的诗和江边的鞋袜后，以为王守仁跳河自尽了，就扬长而去向刘瑾回禀。但是他们不知的是，王守仁早已到达贵州，此后日夜悟道，终于在龙场感悟出"心学"，他也教化了很多的贵州百姓。王守仁悟道后不久，刘瑾连同其党羽被斩杀，王守仁开启了他人生全新的历程，他被迅速提拔，随后平定宁王的叛乱，嘉靖时期，王守仁官至左都御史与地方要员，军政大权都归他节制。王守仁去世后，被追封为新建侯，从祀孔庙。可以说，他以自己的机智躲过了生命中最为苦难的一劫，但同时，他真要好好感谢刘瑾，正是刘瑾让他被贬，才让王守仁在偏僻的贵州"行至水穷处，坐看云起时"。

回到这个单词，我使用英语的拼读法拼读出这个单词后，发现它与汉语的"一路的"发音相近，这个"一路的"就像王守仁的经历一样，刘瑾派人追杀他，王守仁要从北京去遥远的贵州，一路上躲避刺客的追杀，最终他用自己的智慧成功地让刺客以为他已死，避开了一劫。因此，使用这样的谐音比较好地说明了单词音与义之间的关系，记忆的效果比较好。

embargo

n. v.

禁运

这是一个比较简单的单词，首先需要想到的一点是，em 与 en 往往是动词的前缀。大家应该很熟悉 bar 这个词，它有"酒吧"的意思，但是它作为动词而言，是"禁止"的意思。Go 大家也很熟悉，意为"走动、移动"。那么两个部分凑在一起，就是"禁止流动"，这就与禁运联系起来了，此时加上前面的词缀 em，从词性到词义就比较清晰了。

embellish

v.

布置，装饰

人和人之间有一种奇妙的情感，就比如"不是亲兄弟却胜似兄弟"。有这样一个十分知名的人物，他和康熙皇帝感情非常好，如同亲兄弟，他的孙子写了一部著名的古典小说，掀起了海内外研究"红学"的热潮，这个人就是曹寅，他的孙子是伟大的文学家曹雪芹。康熙皇帝八岁丧父，九岁丧母，与

祖母孝庄太皇太后相依为命。清代的皇子按照祖制，在一出生时就要由内务府在镶黄旗、正黄旗、正白旗的包衣夫人中为皇子挑选奶妈和保姆，曹玺的夫人孙氏就这样被选中成为皇三子玄烨的乳母。康熙皇帝与曹家的感情非常好，孙氏十分疼爱康熙皇帝，康熙皇帝对乳母的感情也十分深厚。康熙二年，曹玺办事得力，尽忠职守，康熙皇帝非常信任他，加之乳母孙氏的关系，康熙于是任命曹玺为江宁织造，负责采办宫廷的绫罗绸缎。康熙二十三年，曹玺病逝，康熙十分痛心，恰好南巡至江宁，便亲自吊唁。曹寅是曹玺的儿子，康熙对他信任有加，他年纪轻轻就当上了御前侍卫。康熙二十九年，曹寅出任苏州织造，不久升任江宁织造，此后，曹家在这一职位上任职将近四十年，圣眷优渥，荣宠不断。幼年时期的曹雪芹在这样的家庭背景下，享受着富贵荣华的生活。康熙曾六次南巡，其中有四次均由曹寅在江宁织造府接驾，并陪同其进行后续行程，也有人说是五次，除在江宁织造府外，还在扬州接驾了一次。[19]可见康熙对曹家的感情之深。

回到这个单词，首先需要说明的是，本单词中的词首 em 与词尾的 ish 不是我记忆的重点，因为 em 经常被作为英文单词中动词的前缀，而以 ish 结尾的单词也有很多，所以，我将记忆的重点放在单词中的 bell 上。bell 的意思是"门铃，铃声"，比如有人摁响门铃，说明有人拜访，因此，当我看到单词中的 bell 时，我就立马想到了"有客至"，进而想到了四次住在曹寅家的康熙皇帝。在古代，皇帝下榻大臣家，这会让臣子的"寒舍"蓬荜生辉，这是一种殊荣，也表现出皇帝对臣子的信任，要知道，皇帝的起居是秘密，稍有不慎，会为臣子招来杀身之祸。那么，负责接待皇帝的大臣会怎么迎接皇帝呢？这就不难想象，臣子们会用心布置自己的府邸，在饮食起居上精心安排，因此，"布置"就成为一个很自然而然的任务。正如 embellish 的意思一样，"布置，装饰"，当听闻皇帝到来的"门铃"响起，布置宅院就不在话下了。如此，对这个单词使用这样的方法来记忆，比较好地说明了单词的意思，十分好记。

encumber

v.

阻碍，拖累

___

　　中华民族是一个多元融合的集体，在中国历史的长河中涌现了很多的少数民族政权，他们的统治者积极推行民族融合，对中华文化的延续起到了重要的作用。有这样一个少数民族政权领袖，他的一生颇为传奇，他出身奴隶，却逆袭成为一国之君，他就是十六国时期后赵的开国皇帝石勒。西晋永嘉之乱后，大量的北方少数民族内迁，石勒的祖先是匈奴部落的羯族人，当时的西晋战乱不断，连年饥荒，石勒家中贫困，并州刺史、东嬴公司马腾就抓走一众胡人打算卖到山东换军饷，其中就有石勒。石勒被卖给了师欢做奴隶，因为有人说石勒的面相贵不可言，石勒在一众奴隶中颇具声望，师欢就免除了他的奴隶身份。如果说，像汉高祖刘邦、明太祖朱元璋这样出身的"草民"可以夺得天下，那么石勒的身旁就一定也有这样一批能臣武将帮助他成大事。石勒的"座上宾"，也是后赵的开国元勋，即汉人张宾。石勒在西晋动荡的战乱下起兵谋事，张宾几乎是"一眼相中"石勒的骁勇善战与坦荡胸怀，投入石勒的麾下。张宾先是帮助石勒除掉了敌人王弥，又建议石勒占据邺城，此后的石勒有了一方稳定的根据地，得以长足发展。面对劲敌幽州刺史王浚，因张宾献计，石勒得以斩杀王浚。此后，石勒势如破竹，建立后赵政权。张宾是石勒的首席谋士，为后赵政权的建立立下了汗马功劳，是当之无愧的"子房"。石勒即位后也确实是一个好皇帝，他虚心纳谏，重用贤能，减租缓刑,调和了许多民族矛盾。但是,石勒心中永远都留存着一块伤疤,他出身于一个少数民族的社会底层,早年间饱受西晋统治政权不公正的对待,这唤起了他心中的"民族意识",他竭力维护羯族人民的利益。他将自己统治下的子民分为两类人,一类是由羯族人组成的国人,另一类是汉民族构成的赵人。石勒积极提升羯族人的社会地位,严惩汉人侵犯胡人,并颁布"讳胡之禁"。就比如张骞出使西域时带来的"胡瓜",直至石勒统治前都被称为"胡瓜",因为"讳胡之禁"才更名为"黄瓜"[20],沿用至今。

　　回到这个单词,首先需要说明的是,单词的前部 en 不是我记忆的重点,因为它经常被作为动词的前缀。接下来,我使用一个相似的英语单词来记忆,这个单词就是 cucumber,意为"黄瓜"。大家看 cucumber,它实际上长得非常像 encumber,只要将其前缀的字母组合 cu 换成 en,就变成了 encumber。我在讲解为什么使用"黄瓜"这个单词来记忆本单词之前,有必要讲解同样是十六国时期,出身于少数民族的一位皇帝,他就是前秦皇帝苻坚。苻坚与石勒最显著的不同之处,就是苻坚推行的是民族和睦的政策,苻坚出身于氐族,但是氐族长期从事农业生产,很早就与汉族人民杂居,相处得比较融洽,也吸收了很多汉族先进的文化,民族通婚比较常见。苻坚是氐族人中非常优秀的人才,他积极吸收汉族的优秀文化,心怀"混一六合,以济苍生"之志,可以说,前秦成为十六国时期疆域最为广大、势力最为雄厚的国度,与苻坚的民族融合政策是分不开的。石勒去世后,他的侄子石虎杀掉他的三个儿子,登基为帝,十分残暴地统治后赵,激起了很多无法调和的社会矛盾,不同民族之间的矛盾也比较激烈,以至于后赵政权仅仅维系了三十多年就灭亡了。从 cucumber 这个单词来看,石勒将其中文名由"胡瓜"改为"黄瓜",他始终无法忘却自己民族所受到的压迫,因此他做不到平等地对待所有的子民,就有许多无辜的汉族百姓受到不平等对待。可以说,他延续了民族的仇恨,而他的继位者也是如此,这就"阻碍了后赵的发展,拖累了民族大一统的进程"。正如 encumber 这个单词的意思一样,"阻碍,拖累",一个真正的强者会坦然面对自己过去的苦难,而不是耿耿于怀于自己的伤痛与委屈。

engross

v.

使全神贯注,占去(某人)全部的注意力与时间

中国历史上有这样一位贤臣,他使用自己的智慧击退了敌军,帮助自己的皇帝稳固了江山,但是因为受到无端的猜忌,最后被皇帝下令凌迟处死,家人也被流放,他的忠心苍天可鉴,他的能力足以挽救一个江山,他就是明朝末年著名将领袁崇焕[21]。袁崇焕生于万历十二年,在寒窗苦读多年后终于在万历四十七年时中了进士。袁崇焕十分喜欢研读兵法,对明朝的边患危机认识得比较到位。历史总是会有很多巧合,似乎冥冥之中会安排好一切,万历十一年时,女真部落的努尔哈赤被朝廷任命为建州左卫都指挥使,随后,努尔哈赤秉承祖父与父亲的遗愿,开始了对女真各部落的统一。在长达二十多年的战斗中,努尔哈赤统一了女真各部,军事实力日趋强大,终于在万历四十四年(1616)时,野心膨胀的努尔哈赤建立了后金政权,走上了反明的道路。公元1618年,努尔哈赤发布著名的"七大恨"讨明檄文,率军攻打明朝。此时的大明王朝,明神宗怠政,党争不断,社会矛盾严重激化,一年后,号称集结了二十万大军的明朝以及拼凑而来的朝鲜军队在萨尔浒被后金攻击得溃不成军,这场战役成了明清之间的重要分水岭,它标志着明朝丧失了对辽东地区的掌控权,明朝由此陷入了被动局面。天启二年(1622),袁

崇焕被调往兵部任职,随后因为才能被明熹宗赏识,被派去镇守山海关,袁崇焕到任后,整饬军务,安抚军民,很快地,明军的士气大涨。1626年,努尔哈赤发起宁远之战,这是他和袁崇焕的第一次"正面交手",棋高一着的袁崇焕使用葡萄牙制的红夷大炮把努尔哈赤的军队炸得皮开肉绽,后金的军队连续攻城两天,损失惨重,同年七月,努尔哈赤病情急剧恶化,抱憾而终。皇太极继位后,多次与袁崇焕交手,都被袁崇焕击退。崇祯二年(1629),皇太极准备入关攻打北京,袁崇焕便火速赶来救援,他命人用炮火攻打金军的营地,金军由此退兵,但此事被朝中奸臣大肆诬陷,奏明是袁崇焕故意放金军入关,袁崇焕百口莫辩,皇太极听说后,也趁机使用反间计,明思宗朱由检恼羞成怒,下令将袁崇焕凌迟处死,一代忠臣能将就这样被千刀万剐。

回到这个单词,首先需要说明的是,单词前部的 en 部分往往作为动词的前缀,因此它不是我记忆的重点。接下来,我根据单词中 gross 的发音,将它与汉语的"割肉死"相联系。"割肉死"与古代的刑罚"凌迟"表达的是同一个意思,我便由此想到了袁崇焕。袁崇焕出生于明朝末年,在明朝存亡之际担任重要官职,此时明思宗朱由检的大明王朝危机四伏,民变不断,"闯王"李自成与农民起义领袖张献忠分散着明军的实力,辽东的皇太极与其骁勇的八旗军队又时刻让明思宗心神不宁。因此,可以说,对抗辽东崛起的后金政权占去了大明王朝的全部注意力。同时,对饱读圣贤书、以忠君报国为己任的袁崇焕来说,平定叛乱、消灭敌人也占去了他全部的注意力。正如单词 engross 的意思一样,"使全神贯注,占去(某人)全部的注意力与时间",可以说无论是袁崇焕还是崇祯皇帝本人,消灭后金政权都是他们全神贯注要做的事。但是,袁崇焕的忠心却换来了被凌迟处死的命运,这实在是对袁崇焕太不公平。因此,采用这样的谐音记忆这个单词,比较好地实现了单词音与义的结合,十分好记。

entreat

v.

恳求，祈求

有这样一位英雄般的母亲，她生下的三个儿子在帮助清朝立国的过程中立下了汗马功劳，但同时，她也是一位不幸的母亲，她本该享受她的身份带给她的殊荣，却无端成为权力的殉葬品。最终，她选择用自己的"了断"来保护自己的儿子，她就是清太祖努尔哈赤的大妃阿巴亥[22]。阿巴亥由自己的叔父布占泰抚养长大，为了部落不被努尔哈赤灭掉，她在年仅十二岁的时候就被布占泰嫁给了长她三十一岁的努尔哈赤。阿巴亥十分会察言观色，虽然年龄很小，但很受努尔哈赤的喜爱，先后为努尔哈赤生下了阿济格、多尔衮与多铎三兄弟，因为阿巴亥是正宫，所以努尔哈赤对这三个嫡出的儿子十分疼爱，尤其是多尔衮，他一度被努尔哈赤考虑立为继承人。公元1626年，努尔哈赤在宁远之战中兵败，身负重伤，不久病逝，皇太极为了争夺汗位，率领宗室内几位亲贵贝勒闯入阿巴亥的内宫中，为了彻底坐稳汗位，皇太极以"遗言"为令，逼迫阿巴亥为太祖殉葬。如此，失去了正宫母亲庇护的多尔衮兄弟三人，基本上与汗位无缘。阿巴亥此时年仅三十七岁，她自然不甘心就此死去，但是皇太极咄咄逼人，他的势力实在太大，她看着自己的儿子们，想到日后他们还要建功立业，就应允皇太极，随后自缢而亡。

回到这个单词，首先需要说明的是，单词前部的 en 部分不是我记忆的重点，因为它经常可以作为动词的前缀。接下来，大家看 treat，它是一个很常见的单词，最常用的意思是"对待"。在这个故事中，这个"对待"可以有两种解释。第一是皇太极对待自己的母妃十分粗鲁残忍；第二是阿巴亥用自己的死成全皇太极，以此希望未来的大汗可以优待自己的儿子们。没有一个母亲愿意年纪轻轻就与子女分离，特别是以死亡这种方式，从此天人永隔，正如 entreat 的意思一样，"恳求，乞求"，阿巴亥恳求皇太极放过自己，后来终于以一死来恳求皇太极好好地对待自己的儿子。这是一种妥协，更是一种示弱，采用这个故事，联系 treat 的意思来记忆这个单词，是说得通的。

entrench

v.

使处于牢固地位；牢固确立

在战国时期有这样一位著名的将领，他是一位杰出的军事家，熟知兵法，他屡立战功，辅佐秦昭王成为一代雄主，他担任主将三十多年来，攻城无数，他为六国的统一做出了重要贡献，他就是秦国名将，武安君白起。白起一生打过很多重要的战役，白起的"成名战"是公元前 293 年爆发的伊阙之战，白起率领秦军击败了魏韩的二十四万联军，韩国的军队在这场战役中几乎损失殆尽，从此扫平了秦国的东进之路。白起率军攻破了楚国的战略要地，使楚国实力大减。而论及白起生平中最知名的一场战役，当属与赵国的长平之战了。有关长平之战持续时间和起止时间的各种说法皆有所本[23]，秦国攻赵，赵国首先派出廉颇应战，廉颇知道秦军虽锐不可当，但是后勤的补给线是一个短板，廉颇便与秦军展开对峙战，以至于在秦赵两军交战的时间里，秦军受到了很大的阻挠。但是，秦国的国力是优于赵国的，秦国的粮食储备远高于赵国，此时的赵国有些"耐不住性子"了，派出赵括替换廉颇。赵括并无实际带兵打仗的经验，又急于冒进，白起面对稚嫩的赵括，瞅准赵军防备的虚处，用两支轻兵出其不意地绕到赵军的背后，将赵军的最后一道防线攻破。赵军被包围成三段，粮道又被秦军阻断，一连四十六天不得食[24]，饥饿不堪，赵军军心大乱，随后，秦军剿杀，四十余万赵军投降。白起认为赵军反复无常，留着会后患无穷，就让赵军挖出一个巨大的沟渠，将四十余万赵军坑杀。[25]消息传到赵国，举国震惊，从此赵国一蹶不振。也因为这场战役，白起令各诸侯国闻风丧胆，奠定了秦国日后统一六国的实力。白起是继孙武、吴起之后又一个杰出的军事家，被后世尊为"武庙十哲"之一。

　　回到这个单词，首先需要说明的是，单词前部的 en 部分不是我记忆的重点，因为它经常被用作动词的前缀。接下来，我将记忆的重点放在 trench 上，因为 trench 本来就是一个单词，有"沟渠，战壕"的意思，我就由此想到了坑杀四十万赵军的长平之战。白起在这场战役中，命令四十万赵军挖了一个巨大的沟渠，先后坑杀了赵军。正如 entrench 的意思一样，"使处于牢固地位；牢固确立"，长平之战牢固地确立了白起在秦国的地位，牢固地确立了他的"战神"之称，同时，也牢固地确立了秦国在六国中无与伦比的实力，此后，秦国统一六国只是时间问题。从 trench 这个单词入手来记忆这个单词的意思，效果比较好。

epicure

n.

美食家

　　如果你挨了批评，你会选择用什么来治愈自己？这个问题见仁见智，但

是可以确定的一点是,美食的力量足以治愈人心。有这样一个人,他的性格乐观豁达,他的一生跌宕起伏,接连遭受谪贬,但是,他在任职地方的时候,总是能用美食抚慰自己受伤的心,还发明了很多流传至今的美食,他将自己的文学才华与美食相结合,让人感受到中华文化的博大精深。他就是北宋时期著名的文学家、书法家、美食家苏轼。公元 1079 年,经过"乌台诗案"被贬到黄州的苏轼心情十分不畅,黄州土地贫瘠,人烟稀少,物产并不算特别丰饶。但是,经过一段时间的"侦查",苏轼发现了黄州地界上还是有好东西的,"长江绕郭知鱼美,好竹连山觉笋香"。可不嘛,有长江里刚打捞出来的新鲜鱼肉,还有山间的脆笋,怎一个"鲜"字了得!苏轼在此时琢磨出了烹煮鱼的做法,写了《煮鱼法》,认为黄州的鱼还是水煮好吃。也是,苏轼本来就是四川人,四川物产丰饶,川人大多会料理鱼。在黄州时,苏轼又发现了猪肉价廉物美,"黄州好猪肉,价贱如泥土;贵者不肯吃,贫者不解煮"。苏轼特别聪明,逐渐地,他掌握了烧猪肉的方法,"慢着火,少着水,柴头灶烟焰不起",这道以文火慢炖制成的猪肉,逐渐演变为著名的"东坡肉"。后来,苏轼又被贬到惠州,虽然还是心情苦闷,但物产丰饶的广东很快就抚慰了他的心。他发现了什么美食呢?羊蝎子、荔枝、阳桃、柑橘都是他的日常吃食。再后来,苏轼又被"发配"到了海南,他又过了一把"嘴瘾","东坡在海南,食蚝而美"。海南有丰富的海产,如各种肉质紧实又鲜美的鱼,还有鲍鱼与生蚝,苏轼都研究过它们的吃法,做出的美食非常可口。苏轼一生中写过很多与美食相关的文学作品,比如《食雉》《豆粥》《四月十一日初食荔枝》《老饕赋》《除夕访子野食烧芋戏作》等,让后人充分领略了中华美食文化的博大精深与一个才子的柔情。

回到这个单词,我将 epicure 分为两个部分来记忆,第一个部分是 epi,第二个部分是 cure。第一部分中的 epi 在本单词中的发音与汉语"挨批"相近，我将它解释为"挨了批评"；而 cure 本就是英语单词，意为"治愈"。这个单词可以被理解为"受到批评的人治愈自己"，由此我想到了著名的文学家、美食家苏轼。苏轼为人放达，个性率真，在王安石变法过程中，因为政见不同，先后得罪了王安石与宋神宗，遭到了贬谪。宋哲宗继位后，王安石等人被打压，苏轼被重新启用，本该就此仕途坦荡的苏轼，又因为看不惯此时朝堂上的新兴势力对权力的争夺而再次对朝廷上谏，这使得他遭到强烈的排挤，既不被旧党接受，又不被新党容纳，再次被外放。宋徽宗继位后，苏轼被朝廷大赦，得以复任，却在常州病逝。可以说，苏轼总会"挨批"，但是他依然乐观，能够坚守自己的本心，在地方任职的时候用自己的才智寻找生活的乐趣，他用一道又一道脍炙人口的美食疗愈自己，许多美食流传至今，被奉为佳话。因此，使用这样的单词释义可以比较好地记住单词的意思。

epitome

n.

典型，典范

金庸先生创作的《倚天屠龙记》是一部非常知名的武侠小说，里面汇聚了很多不同个性、不同身份、不同经历的江湖人士。在看这部小说的时候，有两个人让我印象深刻：一个是小说的主人公张无忌，另一个是峨眉派的弟子周芷若。周芷若的师父灭绝师太也是小说中一个比较重要的人物，她性情刚烈，出手狠毒，临终以死保全周芷若的性命。接下来要讲的故事与《倚天屠龙记》中的一众江湖儿女相关，以"六大门派"围剿光明顶的故事展开。

《倚天屠龙记》的故事背景是元朝末年,当时的社会矛盾比较深刻,各路人马在江湖中划分自己的势力地盘。明教,是《倚天屠龙记》这部小说中一支非常"独特"的门派,这主要是因为当时江湖的六大名门少林、武当、峨眉、华山、昆仑以及崆峒是"不与朝廷作对"的,他们一心只想谋得武林霸主地位,而并不身负拯救黎民、"替天行道"的政治使命。这样一来,明教就显得"图谋不轨"又"神神秘秘"了,其教徒就是要建立一个与中原江湖门派不同的全新的"祥和世界",这就势必显得"格格不入",同时它又会反抗朝廷的统治,这也是小说中出身于蒙古贵族的赵敏一心要剿灭明教的原因。明教中高手如云,有文武全才的杨逍,剑法清奇的范遥,还有四大护教法王以及五散人,他们都因为高深莫测的武功令名门正派中的一些人十分嫉恨。因此,六大门派围剿光明顶,是这部小说中的高潮,也将江湖的复杂以及各方利益的交织诠释得比较清楚。

回到这个单词,首先需要说明的是我将单词中的字母 i 忽略,这么做是因为它和我使用的方法不太相关。接下来,我将这个单词进行重新排列组合,经过这样的"洗牌"后,我将它划分为两个新的字母组合,第一个部分是 toe,第二个部分是 emp。大家都知道 toe 是一个非常常见的单词,意思是"脚趾";而 emp 部分,我将它作为汉语"峨眉派"的拼音首字母。看到此处,大家可能并不知道为什么"脚趾"会和峨眉派扯上关系,但是大家想一想,光明顶除了在小说中表达地点的意思外,它还有什么意思? 比如,在日常生活中,"光明顶"就表示一个人是秃顶,而 toe 是"脚趾",头顶与脚趾是不是一上一下,表达了一种"矛盾"的观点? 也就是说,看到 toe,很容易想到它的反义词,那就是"头顶",也就联想到"光明顶"了。因此,这个单词在这样的重新排列组合下,可以被解释为"光明顶与以峨眉派为代表的名门正派",我便想到他们剿灭明教的目的就是要树立自身的江湖典范地位,而不允许明教势力动摇名门正派的正统地位。正如 epitome 的意思一样，"典型，典范"，这是一个偏褒义的词，意为可以成为好榜样的代表，那么放在这个故事中，很显然，围剿光明顶的目的就是要树立一种规矩的、"垄断的"江湖势力，而六大门派是要树立自身的典范地位。采用这样的记忆方法，比较好地说明了单词的意思，可以通过单词中的字母联想到词义，非常好记。

equivocate

v.

（故意）含糊其词，支吾

男人"偷窥"男人，令人摸不着头脑，在中国历史上就有这样一个故事，一个男人"偷窥"了另一个男人，多年后，那个被"偷窥"的男人带领着自己国家的军队击败了那个对他无礼的人，还顺便掳走了这个"轻薄之人"。《国语·晋语》[26]中记载了这样一个故事，作为春秋五霸之一的晋文公重耳，他一生谦虚好学，重用贤能，在位期间使晋国位列春秋强国之一。但是，还是公子时的重耳因为父亲晋献公宠爱骊姬而受到迫害，只好外出逃难，颠沛流离，饱受磨难。曹共公，是春秋时期曹国的君主，曹共公十六年（前637）时，重耳逃难至曹国，二人便有了交集。孔子说"非礼勿视"，尤其对于身为国君的曹共公而言，更应该使用礼法克制自己。重耳到达曹国后，曹共公自然是热情款待，酒食饭菜一应俱全，重耳也感到很欢快。到了晚上，为了尽"地主之谊"，曹共公就吩咐人为重耳接风洗尘，烧了一锅洗澡水让重耳放松放松。重耳自然应允，便毫无戒心地脱下衣物，在盆中闭眼享受。多年来的奔走让重耳始终保持着戒备，就在他欣然沐浴时，猛然一惊，他似乎看见窗外有一双眼睛正在暗中窥视自己！重耳大惊，赶忙从水中走出，穿上衣服呵斥门外的"不速之客"，却发现竟是曹共公偷窥自己！曹共公自然也感到无比尴尬，闪烁其词，为自己开脱。在重耳的厉声追问下，曹共公才说明来意。原来，真的是"好奇害死猫"，他听说重耳长着"重瞳骈胁"，就是每个眼珠有两个瞳孔，而且肋骨都紧密地排在一起，这激发了他的好奇之心，便冒着给人"无礼"印象的风险，对重耳轻薄。重耳发誓定要报此仇，很明显，曹共公因为自己的无礼得罪了重耳。公元前 636 年春，在秦国的支持下，重耳返回晋国继位为王，是为晋文公，此后的晋文公励精图治，晋国的实力逐渐强劲。晋文公五年（前 632）三月，晋国攻打曹国，晋军很快攻陷了曹国都城，为一雪晋文公的前耻，曹共公被晋军俘虏，交由晋文公处置。

　　回到这个单词，首先需要说明的是，单词的首字母 e 与末尾的 cate 不是我记忆的重点，因为 e 与我使用到的记忆方法不太相关，而 ate 经常可以作为动词的后缀，又因为它与其前的字母 c 构成了一个完整的音节，所以并无实义。接下来，我将 quivo 部分作为本单词的记忆重点，根据它在本单词中的发音，将它与汉语的"窥我"相联系，意思即"偷窥我"，这样我就想到了重耳与曹共公之间的故事。当重耳发现曹共公在偷窥他后，曹共公是十分不好意思的，他清楚地知道自己的行为实在是不登大雅之堂，因此，面对重耳的呵斥，他就只能含糊其词，企图蒙混过关。这就像小孩子做错事一样，他们总会为自己开脱，企图免除处罚，因此在措辞上是支吾逃避的。正如单词 equivocate 的意思一样，曹共公的行为很容易让人想到他的"含糊其词，支吾"，这就比较好地利用了谐音记住了单词的意思。

erode

v.

侵蚀，风化

有这样一条"高速公路"，它历经千年仍然存在，它由一支彪悍的军队修建完成，它通南北，全长达七百多公里。这条"高速公路"始建于秦始皇三十五年（前 212），历经千年，作为中国古代一条重要的交通干线，对研究古代的路面结构、车辙质地、交通建设以及它所承载的文明具有重要的价值。秦始皇为抵御北方匈奴族的侵扰，同时为了运送粮草以及加强对地方的控制，命蒙恬修筑了沟通秦林光宫和九原郡的直道，史称"秦直道"。[27]这条直道南起陕西林光宫，北至今天的内蒙古包头，是一条由咸阳通往阴山的最便捷的道路。这条秦直道跨越陕西、甘肃与内蒙古，我国考古学界经过多年的发掘与研究，最终确定了秦直道的走向，在 2006 年与 2013 年，秦直道部分遗址道路分别入选第六批与第七批全国重点文物保护单位。考古学家在研究秦直道时，感叹其中一些路段虽历经岁月的洗刷，但路面非常光滑，竟一棵草都没有长，后来才知道这是秦朝先进的筑路技术所使用的"熟土"的功劳。所谓"熟土"就是经过火烧加工而成的土，用这样的土制成的路面更加光滑。虽然秦直道有很多路段被风沙、雨水侵蚀殆尽，但是它所承载的文明依然向世人展示着秦朝曾经的强大。

回到这个单词，首先需要说明的是，单词开头的字母 e 不是我记忆的重点，因为它和我使用的记忆方法不太相关。接下来，我使用了一个英语同音词来替代 rode，这个同音词就是 road，意为"公路"，我便由此想到了秦直道。透过秦直道的历史，我们可以领略到秦朝军士那挥汗如雨、常备不懈的筑路精神，可以看见大秦王朝一统四方、山河锦绣的恢宏大气，更可以燃起对古代悠久灿烂的历史文化的景仰之心。秦直道饱经沧桑，经过一代又一代的王朝更迭，它逐渐苍老，其中一些路面已然与风沙融为一体，静静地沉睡于历史之中。正如 erode 的意思一样，"侵蚀，风化"可以展现秦直道的久远历史，它虽然可以被侵蚀，但是文明不会被侵蚀。因此，采用这样的同音词来解释 erode，比较好地实现了单词音与义的结合，十分好记。

errand

n.

差事，差使

中国古代有这样一位历史人物，他在唐朝历史上是一个比较关键的人物，他担任宰相十九年，大权在握，但他闭目塞听，任人唯亲，又教唆皇帝重用安禄山，致使其势力逐渐扩大，他被认为是唐朝由盛转衰的关键人物之一，他就是唐朝著名宰相李林甫[28]。李林甫出身于唐朝宗室，小名哥奴，出身陇西贵族，年纪轻轻却游手好闲，他书读得不多，为官后闹过很多笑话。他在吏部的时候，有一次，案卷中出现了"杕杜"二字，他并不认识"杕"字，想了半天后问身旁的侍郎韦陟："这里写的'杖杜'是什么意思？"韦陟沉默。又有一次，李林甫的表兄弟姜度刚生了一个儿子，李林甫就写了一封贺函，"闻有弄獐之喜"。其实，古人将生儿子称作"弄璋之喜"，李林甫这么一写，直接是把自己的表侄称呼为"小崽子"，当时的宾客见后，皆掩面而笑。通过这些事不难看出，李林甫实在是没文化，那他又是怎么做上官，而且还做成了大官呢？因为他的表兄弟帮了他一个大忙。李林甫的舅舅是姜皎，出身于官宦世家，年轻的时候喜欢打猎，由此结识了当时还是临淄王的李隆基，此后与李隆基频繁往来，关系非常好。李隆基继位后，姜皎官拜殿中少监，李隆基对姜皎十分信任。姜皎与当时在朝中为官的源乾曜是姻亲关系，源乾曜有一子，名源洁。一日，源洁跑到父亲那里，张口替李林甫求讨官职，源乾曜听后哈哈大笑，觉得就哥奴那样还能当官？但因为抹不开亲戚间的面子，只好给了李林甫一个小官，李林甫就这样开启了仕途。李林甫为官的门道十分不得了，他尤其擅长左右逢源。当时唐玄宗宠爱武惠妃，李林甫就赶忙去巴结讨好她，还向武惠妃表示愿意襄助寿王李瑁争夺储君之位，武惠妃十分感动，经常在唐玄宗面前说李林甫的好话，使他一步步走向权力的巅峰。

回到这个单词，首先需要说明的是，单词结尾的字母 d 不是我记忆的重点，因为它和我用到的方法不太相关。接下来，我将 erran 分为两个部分来记忆，第一个部分是 er，第二个部分是 ran。对于第一个部分，我使用汉语拼音的方式将 er 拼为"儿"；而对于 ran，我使用了陕西方言中的 ran（二声）来表示，因为 ran 在此方言中的意思是"一个人甩都甩不掉""纠缠不休"。在这样的解释下，这个单词可以被理解为"儿子纠缠不休"。从李林甫的故事中可以看出，他的亲戚源洁总是在其父源乾曜面前替李林甫讨要官职，这可把源乾曜给"ran"上了，面对无法摆脱的儿子，源乾曜明知李林甫无真才实学，但最终还是答应了儿子的请求，让李林甫讨了一个朝廷的差事。正如 errand 的意思一样，"差事，差使"，正是源洁对父亲的穷追不舍与一再的恳求，使李林甫达成了目的。采用这样的方法来记忆单词的意思，十分简便。

exacerbate

v.

加剧，恶化，加重

篇
二

E

"香蕉人"是 American-Born Chinese 的指称，它简称为"ABC"，意为"出生在美国的华裔人"。在我国清朝中晚期，有大批中国人去往美国，形成了第一代华裔移民群体。在这样的家庭中，第二代、第三代甚至第四代华裔美国青年往往接受了美国价值理念，受到了良好的美国教育，操着一口纯正的美式英语。对于他们的父辈与祖辈而言，因为植根于其身上的中华文化的强大向心力与凝聚力，也会让"ABC"们接触一些中华文化。

回到这个单词，首先需要说明的是，单词结尾部分 ate 往往是动词的后缀，并无实际意义，所以这部分不是我记忆的重点。接下来，我将 exacerb 部分划分为三个部分，第一个部分是前缀 ex，第二个部分是重新排列组合后的 abc，第三个部分是 er。在英语中，ex 作为前缀，表达的意思是"外出，向外"；abc 是 American-Born Chinese 的单词首字母；er 在英语中往往是表示"人"的后缀。这样一来，这个单词经过这样的排列组合后，就可以被解释为"外出的中国人生下的华裔后代"，我就由此想到了年轻的美国华裔青年。American-Born Chinese 在美国社会中遇到的最为主要的问题，就是如何融入美国主流圈子，以及他们的文化认同感矛盾。在美国主流群体中，American-Born Chinese 虽然英语说得很好，但是要真正被接纳为自己圈子的一部分，还是有一些问题的。同时，American-Born Chinese 还会对自身的文化归属感产生迷惑，一方面，他们接受的美式教育使得他们成为"真正"的美国人；另一方面，在与其家中的长辈相处时，难免会与对方身上的中式价值观与文化影响产生碰撞。在今天的美国社会中，一部分华裔美国青年依然会受到美国社会的无端攻击,这个问题在如今的美国社会中愈发突出。正如单词 exacerbate 的意思一样,"加剧,恶化,加重",中美文化冲突在华裔美国青年群体中造成了一定的问题,这会加剧不同种族之间的矛盾,给不同的文化群体造成很多摩擦。因此,采用这样的单词组合与解释,可以较为清楚地理解单词的意思,可以直接由单词的组合想到词义,记忆效果比较好。

excursion

n.

(尤指集体)远足,短途旅行

"世界那么大,我想去看看。"这是一句很文艺的话,它很浪漫,有一种"朝朝暮暮并肩看彩霞"的既视感。要说起中国古代的著名"背包客",同时可以将自己的理想与信念传递给其他人的,当属春秋时期伟大的思想家、政治家孔子了,他带领着自己的一众学生周游列国,将自己的理想与信念汇聚成"诗歌",他一直在追求心中的远方。孔子出生于鲁国,在鲁定公十三年(前497)时他带领着自己的学生们出游列国。孔子的第一站是卫国,大约住了十个月,因为有人在卫灵公面前进谗言,孔子就带着学生们离开了卫国。在接下来的日子里,孔子行经卫、曹、宋、郑、陈、蔡六国以及楚国的边境,从55岁走到了68岁,最终返回了鲁国。[29]鲁国权臣季康子派人迎回孔子,孔子就这样结束了十四年的云游旅途。孔子创立了以仁为核心的道德学说,推行"礼"与"仁",在诸侯间彼此征伐的动乱年代里,他倡导建立一个大同社会,这是极富政治远见的。孔子擅长使用典章制度、伦理道德对统治者进行

约束，他所主张的仁政虽然没有在春秋时期得到大规模的采纳，但是这种进步思想为中国古代君主施行仁政、建立大同社会的政治理想奠定了基本格局。

回到这个单词，我将这个单词划分为两个部分来记忆，第一个部分是单词的前缀 ex，表达的是"外出，向外"的意思；第二个部分是 cursion，根据它在本单词中的发音，我发现它与汉语的"个人"发音相近。于是，我就想到了那句十分文艺的话"一个人的旅行"。旅行，肯定是向外走的，这就与单词的前缀 ex 表达的意思相符了。孔子是中国古代的"背包客"，他周游列国十几年进行游说，作为儒家学说的核心人物，他确实是"一个人"在列国之间游历，但同时，从形式上来讲，他却并不是"一个人"，因为他是带着自己的众多学生一起出行的，这就与 excursion 的意思"集体的远足"相吻合了。因此，使用这样的谐音与孔子的故事，可以很清楚地诠释单词的意思，记忆的效果比较好。

exhort

v.

规劝，敦促，告诫

在古代，如何骂人不吐脏字，而且骂的还是君主？聪明的古人十分含蓄，对待一些品行不太好的君主，往往会使用"恶谥"来委婉地指出君主的过失。谥号，在中国古代是专为社会地位较高的人物根据其生平事迹进行褒贬而定的文字，它可以高度概括一个重要人物的功过是非。在传统中国历史发展和政治实践中，谥法作为臧否生前履行、辨分宗法世次、褒显殊德遗烈的仪轨法式和典章制度，反映了政治名号的意义和效果以及历史观念的延续和变革。[30]谥号主要有三类，有赞誉的美谥、怜惜的平谥以及贬义性的恶谥。比如文、武、庄、宣、明、景就是美谥，历史上知名的代表人物主要有汉文帝刘恒、汉武帝刘彻、楚庄王熊旅、汉宣帝刘询、汉明帝刘庄以及汉景帝刘启，他们都是有一定作为的贤明君主。对于平谥而言，因为其表达的是一种哀思与同情，多以怀、悼、哀、殇等字加谥，这些君主往往不得善终，行为上具有一定的过失，比如汉哀帝，在位仅六年，薨逝时只有二十五岁，整日与男宠董贤纠缠在一起，著名的"断袖之癖"讲的就是他与董贤的故事。恶谥，就是后世对君主"骂人不吐脏字"的代表。乱而不损曰灵，暴虐无情曰厉，动祭乱常曰幽，好内远礼曰炀。喜欢细腰的楚灵王，因为一锅"王八汤"而被臣子弑杀的郑灵公以及打造"裸游馆"的汉灵帝无疑是恶谥的代表人物。可见，古人的智慧是非常高的，往往通过优雅的文字措辞既含蓄又一针见血地对人物进行直接的评判。

回到这个单词，首先需要说明的是，单词的前缀 ex 不是我记忆的重点，因为它和我使用到的方法不构成意义上的联系。接下来，我将 hort 进行字母间的重新排列组合，然后划分为两部分，第一个部分是 ht，第二个部分是 or。我将 ht 作为汉语"糊涂"的拼音首字母，将 or 视为英语中表示"人"的后缀。这样一来，这个单词可以被解释为"糊涂人"，由此，我想到了恶谥。拿楚灵王来讲，他穷奢极欲，又昏庸暴虐，他曾经邀请其他诸侯国来楚会盟，可是诸侯国却轻视他不肯来，大臣伍举就好心告诫楚灵王要对此有所警觉，但是楚灵王并没有放在心上，多年后，楚国人民推翻了他的统治，楚灵王走投无路吊死在了郊外。以楚灵王为代表的"糊涂人"不理忠臣贤德之士的告诫，只能自取灭亡。恶谥，就这样对其后的君主起到了一种敦促、告诫的作用，它提醒君王不要肆意妄为，因为这会让他们遗臭万年。正如单词 exhort

的意思一样，"规劝，敦促，告诫"，"糊涂"君王会被扣以恶谥的"帽子"，因为他们不听忠臣良言；而恶谥反过来也会告诫后人，历史总会给予一个人公正的评价。因此，采用这样的谐音与解释较好地说明了单词的意思，十分好记。

exodus

n.

（大批人同时）离开，外出

中华民族的历史是一部融合的历史，同样也是一部迁徙的历史。在中国古代，大约有六次规模庞大的迁徙，它们分别是汉武帝时期、西晋永嘉年间、安史之乱、靖康之乱、明初大移民以及清初大移民，大多是因为战乱与灾荒，迫使规模庞大的中原移民不断找寻生存的空间。本单词的故事以"湖广填四川"为例，讲述中国古代人民的迁徙历程。明朝末年，社会矛盾空前激化，而四川陷入了一场浩劫，农民起义首领张献忠盘踞四川，建立了大西政权，滥杀无辜，随后明朝军队与李自成武装皆与张献忠的军队展开激烈交锋，后来清军也入蜀作战，直至张献忠阵亡，四川总人口已死亡过半。明朝灭亡后，清军在四川继续搜捕南明残余势力，随后康熙年间平西王吴三桂造反，他派兵攻入四川，四川从明末直至清初一直饱受战乱，人口数量锐减。在此背景下，清政府有计划地推进外地移民去往四川，关于清前期"湖广填四川"的移民情况，在清代的一些乡土志和县志中，留下了非常生动的记载。[31] 当时朝廷颁布"楚民实川之诏"，以较强硬的方式强行将民众捆押入蜀。其他一部分入蜀的移民是出于对蜀地物产丰饶的向往而自发入蜀的，另有一部分人因为经商，从而在蜀地定居。在"湖广填四川"的外来移民中，湖北麻城人占多数，主要是因为地理位置距离较近且麻城的移民历史比较久远，在元代、明朝初年，麻城人民就已经将四川作为移民的目的地了。湖南、江西、陕西、云南等地的人也是移民重要的组成部分，当地土著居民将这些移民入籍者编入客籍，也就是常说的"客家人"。"湖广填四川"为四川注入了崭新的活力与多元的地域文化，这场大规模的历史迁徙是民族文化中十分重要的组成部分。

　　回到这个单词，首先需要说明的是，单词中的字母 d 可先忽略，因为它和我使用到的方法不太相关。接下来，我将剩余的字母重新排列组合成两个新的部分，第一个部分是 sou，第二个部分是 ex。我使用汉语拼音的方式将 sou 拼成"艘"，把 ex 作为汉语"饿醒"或"恶行"的拼音首字母。在汉语中，"艘"是专门用来表示船只的量词，以"湖广填四川"的史实来讲，来自湖北、湖南、江西的移民因为处在长江中下游地区，那里水系发达，支流众多，湖网密布，他们乘坐着一艘艘的船赶至四川，是符合史实的。"千古一壤，天府四川。"古往今来，四川都是粮食等农作物的产地，战国时，秦国得到蜀中后，郡守李冰就兴修水利，使得巴蜀之地成为秦国的天然粮仓。素来安土重迁的古代百姓，在赶上家乡饥荒时，不得已迁徙至四川，"饿醒"对于那些食不果腹的移民来说，成为他们迁徙的主要动因。从结果上来看，无论是张献忠的屠戮还是吴三桂的叛乱，蜀地百姓都饱受战火的蹂躏，这是当权者的"恶行"，是时代的悲哀，所以才有了后来的"湖广填四川"。正如单词 exodus 的意思一样，"（大批人同时）离开，外出"，由此联想到"湖广填四川"的历史是说得通的。因此，使用这样的字母组合与解释，可以较好地诠释单词的意思，记忆的效果也比较好。

exonerate 与 exculpate

v.

为（某人）开脱；宣告（某人）无罪

　　如果护膝产品需要找"形象"代言人的话，恰好有这样一对夫妻，或许称得上是首选，因为他们夫妻二人至今已经跪了八百多年了。跪了如此久远，是得好好保护一下膝盖。百姓们对他们也恨之入骨，恨不能食其肉，饮其血，所以从南宋年间就流传下来一道美食，也是杭州的名小吃——"葱包桧"。这对夫妻就是南宋初年的宰相秦桧[32]和他的妻子。早年间的秦桧过得并不如意，家世也不显赫，秦桧只好在私塾任教。后来，刻苦读书的秦桧终于在他二十五岁（政和五年）的时候中了进士，由此步入仕途。秦桧在其人生中遇到的贵人之一，就是对他有着知遇之恩又是他"贤内助"的妻子王氏。王氏出身官宦名门，娘家一族在朝中颇有资历，秦桧对其夫人王氏也是疼爱有加，十分尊重。靖康元年（1126）汴京失守后，次年五月，康王赵构在应天府继位，建立南宋，是为宋高宗。当时的秦桧已被金军掳至遥远的北方，一向善于见风使舵又伶牙俐齿的秦桧得到金朝宗室名将完颜宗翰的"赏识"，秦桧为了自保，自告奋勇地为金军效"犬马之劳"，很快被任命为"参谋军事"。金太祖完颜阿骨打的儿子完颜宗弼还专门宴请秦桧，格外喜欢这只"走狗"。建炎四年（1130），秦桧随同金军一齐进攻山阳时，趁机携带家眷逃回南宋都城临安。此时的宋徽宗与宋钦宗等王室亲贵还处于金营的蹂躏下，故朝臣对秦桧独自逃回临安很是诟病，幸好秦桧的好友，宰相范宗尹站出来替其说话，这件事也就不了了之了。秦桧瞅准了宋高宗一心求和的心理，逐渐揣摩住圣上的心意，也因此在朝堂上大权独揽，疯狂打击斥和派大臣，岳飞就在其中。绍兴八年（1138），宋高宗下诏求和，一切准备妥当，两年

后，金人背弃盟约，大举进攻河南、陕西等地，宋高宗惶惶不可终日。此时的岳家军在岳飞的率领下在鄂州已整训三年，岳飞力主抗金，随即挥师北上攻下蔡州。岳飞善于使用民间武装力量，积极地与民兵协作，与金军在北方形成拉锯。岳飞在与金军的交手中，取得郾城之战的巨大胜利，给予金军沉重打击，大有收复北方失地的希望。但是，正是秦桧对宋高宗的一再错误诱导，致使岳飞在一天之内连收十二道金字牌，令他火速班师。公元1141年，金军以"必杀岳飞"为条件准备与宋军议和，秦桧步步紧逼，以"莫须有"罪名将岳飞下狱。秦桧用尽刑罚，此时其妻王氏更是煽风点火，对秦桧讲道，"捉虎易，放虎难也"。秦桧于是下定决心处死岳飞，宋高宗批复同意。一代忠良、精忠报国的岳飞被斩首示众。秦桧与王氏犯下了严重罪行，百姓破口大骂，群情激愤。至元代时，秦桧墓被戏称为"遗臭冢"，明代时，人们在岳飞墓前种桧树，一劈为二，名曰"分尸桧"。秦桧夫妇的跪像在全国有成百上千处，至今在浙江杭州栖霞岭、江西九江岳飞母姚氏墓前、河南、江苏、湖北等地依然留存。

回到这两个单词，exonerate 与 exculpate，我将它们一起记忆，首先是因为它们是同义词，其次就是它们之中的字母经过重新排列组合后可以构成秦桧与王氏的故事。我将这两个单词中的相同部分 ex 与 ate 去掉，此时 exonerate 就变成了 oner；exculpate 就变成了 culp。接下来，我忽略 oner 中的字母 n 与 r，将余下的 oe 与 culp 组合形成了单词 couple，就是"夫妻"。如此，我便想到了秦桧与王氏。秦桧是一个十分卑鄙的人，谄上欺下，残害忠良，致使岳飞蒙受千古奇冤。他的妻子王氏不依不饶，为虎作伥，对丈夫的行径不加劝阻，反倒怂恿他杀一儆百。王氏的身上丝毫没有作为名门之后的温良恭俭让，倒是心狠手辣，为丈夫扫平一切"阻碍"。王氏的这种行为是为秦桧罪过的开脱，是与秦桧沆瀣一气，狼狈为奸。在秦桧身居权力中心的二十年时间里,秦桧排除异己,粉饰太平,大肆搜刮民脂民膏,富可敌国,王氏也是坐享其成,助纣为虐。正如这两个单词的意思一样,"为某人开脱,宣告某人无罪",秦桧一生坏事干尽,却得以善终,宋高宗赐他"忠献"的谥号,还追赠他为申王。不得不说,实际上最大的为秦桧夫妻罪责开脱的人是有眼无珠的宋高宗,"成全"了这一对令世人唾骂的夫妻。因此,采用这样的记忆方法较好地实现了单词音与义的联系,十分好记。

expedient

adj. n.

权宜之计

在古代,中国有很多藩属国,这些国家深受中华文化的熏陶,留存下了很多中华文化的印记。古代朝鲜有一位君主,他统治下的朝鲜正值中国明亡清兴的时刻,也因此,他的一生跌宕起伏。朝鲜王朝是中国古代的一个藩属国,它的第十六任君主仁祖大王李倧在推翻了他叔叔光海君的统治后,继位为王。明朝天启五年(1625),明朝正式册封李倧为朝鲜国王。此时的东亚格局已悄然发生了很多微妙的变化,明熹宗朱由校少年继位,朝政大权落入乳母客氏与宦官魏忠贤手中,明朝内部党争不断,东林党在与魏忠贤的斗争中输得一败涂地。魏忠贤作威作福,各地民变不断。天启五年,努尔哈赤的八旗军队已然在关外发展成了大明王朝的一块掣肘之患。在仁祖反正之前,光海君就曾周旋于大明与后金之间,努尔哈赤就曾在萨尔浒之战前多次致书朝鲜,离间其与大明的关系,以得到朝鲜的战略支持。仁祖继位后,极力斥责光海君的行径,认为其私通后金,认"贼"作父,但是皇太极继位后,对待朝鲜的态度就变得强硬起来,此时的朝鲜陷入两难的境地。天启七年,皇太极派其兄阿敏贝勒进攻朝鲜,一连突破义州、安州、平壤直逼黄海道平山,朝鲜军队完全陷入失控局面,仁祖遂带领一众王室亲眷逃至江华岛避难。皇太极只是想给朝鲜"一点颜色"看看,所以很快便派出外交使臣与朝鲜谈判。毫无办法的朝鲜只好同意与后金结为兄弟之国,还要向后金缴纳岁币。包括仁祖在内的朝鲜众大臣从内心上十分反感后金,深受大明王朝正统儒家思想的影响,此时的朝鲜十分瞧不起后金,这就使得朝鲜在与后金缔结盟约后开始"耍赖皮",先是铸造的岁币偷工减料被皇太极退回,接着又迟迟不肯开放边境与后金进行商业贸易,还擅自违背诺言让朝鲜人进入后金地界越境采集人参。仁祖对那些请求与后金修和的大臣十分痛恨,便下令军民做好与后金交战的准备。此时的朝鲜大概还不知道自己到底有"几斤几两重",派出朝贺皇太极登基为帝的使臣居然在典礼上拒绝行三跪九叩之礼,被惹恼的皇太极终于在崇祯九年(1636)亲自率军攻打朝鲜。根本就不是清军对手的朝鲜军队只得在一再失守后退守南汉山城,史称"丙子之役"。此时的仁祖也开始"认怂",他将自己的儿女亲眷安置在江华岛,自己在南汉山城龟缩不出。清军将南汉山城围得水泄不通,又俘虏了王世子嫔与两位大君,仁祖的心理防线终于崩溃。1636 年,清军攻占了朝鲜全境,朝鲜国王李倧宣布投降,从此朝鲜成了清朝的附属国。[33]公元 1637 年正月三十,仁祖率领世子与朝中大臣从南汉山城西门出发,在汉江南岸向皇太极行三跪九叩之礼。

回到这个单词,首先需要说明的是,单词的结尾部分的 ent 不是我记忆的重点,ent 常被用作单词形容词的后缀。接下来,我将单词前缀 ex 用它的本义"外出,向外"的意思来解释,然后使用英语的拼读法,根据 pedi 部分在本单词中的发音,将它与汉语的"逼帝"相联系,意即"逼不得已的皇帝",来表示历史上的朝鲜仁祖。因为与中国的藩属国关系，朝鲜的君主只能称作"王"，但是他还是具有对朝鲜的最高管辖权的，因此这个释义中的"帝"可以指朝鲜的国君。仁祖李倧从内心上根本就不认同后金政权，这致使朝鲜官方史书将两次后金军队的进攻分别称为"丁卯胡乱"与"丙子胡乱"。尤其是第一次阿敏率军攻打朝鲜，朝鲜在缔结盟约后不断地背信弃义，可见其与后金结盟完全是由于迫不得已的态势。在第二次清军攻打朝鲜后，仁祖依然徘徊于以大臣金尚宪为首的斥和派与以崔鸣吉为首的请和派之间，此后他虽然在南汉山城死守，但依然没有下定向皇太极称臣的决心。种种事迹都说明，仁祖很不情愿与明朝断绝藩属关系，只是因为暂时的苟且而做权宜上的变通。对于单词前缀 ex，它表达的是外出的意思，这就像后来"招架不住"的仁祖最终从南汉山城出来，向皇太极服软。正如单词 expedient 表达的意思一样，"权宜之计"，这与仁祖的善变和内心的摇摆不定是非常吻合的，他对于明朝恋恋不舍，却只好屈服于现实。

exponential

adj.

越来越快的；指数的，指数表示的

在中国的历史长河中，有很多女性极具才学，她们风华绝代，卓尔不群。有这样一位出身名门的女性，她有着"巾帼宰相"之称，还有着"称量天下士"的才华，她就是唐朝著名女官、诗人，上官婉儿。相传婉儿还未出生时，其母郑氏曾梦见一个巨人给了她一个秤，说道："持此秤量天下士。"[34]郑氏梦醒后十分欢喜，觉得腹中一定是个男孩，谁知生出的却是个女孩，郑

氏心中颇感不悦。后来，婉儿满月时被母亲抱在怀中，郑氏瞧着可爱的婉儿，乐道："汝能称量天下士么？"还是婴儿的婉儿嘤嘤相应。上官婉儿出身于名门，其祖父是唐高宗时期著名的宰相上官仪，为人刚正不阿的上官仪因为替唐高宗起草了废武则天的诏书而被武则天所杀，刚刚出生不久的婉儿就跟着母亲郑氏在掖庭为奴。身世的坎坷并没有埋没上官婉儿的才情，郑氏在掖庭悉心培育婉儿，年纪很小但异常聪慧的上官婉儿就这样变得学贯古今，具有极高的诗学功底。武则天听闻上官婉儿的才学后，召见了只有十四岁的婉儿，在当场出题的考验下，婉儿辞趣翩翩，文不加点，武则天看后大悦，当即免除其奴隶身份，并命其在宫中担任女官。此后的上官婉儿精心侍奉武则天，受到了武则天很深的信任，武则天让其处理百官的奏表，上官婉儿由此参决国家政务，权势日盛。唐中宗继位后，依然命其起草诏令，还将婉儿纳为皇妃，她备受荣宠。唐中宗还平反了上官仪之案，追赠上官仪为中书令、楚国公、秦州都督，封婉儿母亲郑氏为沛国夫人。上官婉儿不仅擅长管理政务，而且性喜文学，才思敏捷，精研文笔。她生活在一个崇尚风雅的时代。[35]上官婉儿大设文学馆，常与饱学儒雅之士吟唱诗词，往来热闹非凡，风雅倜傥。上官婉儿还极喜欢收藏图书，曾藏书数万卷，爱不释手。一代才女果真如母亲郑氏所梦，"称量天下士"，光耀门楣。

回到这个单词，首先需要说明的是，单词的前缀 ex 不是我记忆的重点，因为它作为单词前缀的意思与我使用到的记忆方法不太相关，所以这部分我直接忽略。接下来，我为单词余下的 ponential 部分找到了一个和它很相近的单词来加以记忆，这个单词就是 potential，它是一个很常见的单词，意为"潜能，潜力"。大家看，ponential 与 potential 只有一个字母不同，就是 ponential 中的字母 n 与 potential 中的字母 t，我将这两个字母作为汉语"女童"的拼音首字母，由此便与上官婉儿的经历进行联系。上官婉儿出生后，因为是女童，曾让母亲颇感失望。本该在优渥的家庭环境中成长的她，却在出生时就遭遇了变故，与母亲一同入宫为奴。可是，母亲没有放弃对她的教育，依然在每天繁重的体力活中辛勤培育上官婉儿。婉儿后来果然具有很高的才能，这种才能是后天培养的，但却更像是注入血液中的天赋。这种天赋与她日后被武则天赏识，被唐中宗李显所宠爱，被天下名士所倾慕是不可分割的，这使得上官婉儿的升迁无论是在武则天时期还是唐中宗时期都是飞快的，甚至让皇帝亲自为其家族平反。正如单词 exponential 的意思一样，"越来越快的；指数的"，就像上官婉儿的"火箭式"发迹道路一样，她的确享受到了"开挂般"的人生。因此，使用这样的方法来记忆单词，不但可以轻松地记住单词的拼写，也有助于掌握单词的意思。

expurgate

v.

删去……中的不当之处；略去……中的不雅之处

这是一个比较简单的词。我将 expurgate 分为三个部分来记忆。第一个部分是前缀 ex，它表达的意思是"外出，向外"；第二个部分是 pur，我使用了一个相近的形容词来和它类比，就是 pure，因为在英语中有去掉末尾字母 e 改变词性的常见用法，使用 pure 来联系本单词中的 pur 是比较简单的方法，而 pure 的意思是"纯的，洁净的，不掺杂质的"；第三个部分是 gate，它是一个英语单词，意为"门口，大门"。因此，在这样的划分与解释下，expurgate 可以被阐释为"排沙简金"，就是将不好的东西排除出去，把它们拦在大门口

之外，还社会以心灵的净土。这就像 expurgate 的意思一样，将不好的内容删去。

extol

v.

赞扬，颂扬，称赞

　　有这样一个成语，比喻到处说人好话，它就是"逢人说项"。在唐朝时期，江东有一个青年叫项斯，刚开始参加科举考试的时候，项斯并没有太大的名气，有人就拿着项斯的考卷给杨敬之看，杨敬之是唐代文学家杨凌的儿子，当时在朝中做官。杨敬之看到项斯的文章后，当即写了一首诗夸奖他的才华。这首诗就是《赠项斯》，也流传下了"逢人说项"的典故，意即"到处说人好话"。

　　回到这个单词，我将它分为两个部分来记忆。第一个部分是 ex，表达的意思是"向外"；第二个部分是 tol。大家看 tol，实际上如果添加一个字母 d，是不是就变成了 tell 的过去式与过去分词 told 了？我就在 tol 后添加了字母 d，将它变成了单词 told，意思是"说"。因此，在这样的记忆方法下，这个单词可以被解释为"向外说"，由此我想到了成语"逢人说项"。在"逢人说项"的故事里，杨敬之因为赏识项斯的才华就到处说项斯的好话，这就是"向外说"，而"逢人说项"这个成语表达的意思就是赞扬，这也与 extol 的意思一致。因此，使用这样的记忆方法，联系汉语成语来记忆单词，记忆的效果比较好。

extract

n. 提炼物，浓缩物，精，汁

v. 提炼，提取

　　有这样一位爱吃糖的历史人物，他的一生"身世飘零，佯狂玩世，嗜酒暴食"，他就是近代作家、诗人、翻译家苏曼殊。苏曼殊生于光绪十年（1884），他的父亲是广东茶商，母亲是日本人。苏曼殊才华横溢，精通汉文、日文、英文、梵文等多种文字，后人将其创作的诗歌与小说汇编成《曼殊全集》，苏曼殊创作的诗歌清艳明秀，在当时的影响极大。苏曼殊有一个特别的嗜好，就是酷爱吃糖。苏曼殊对甜食的贪恋简直空前绝后。他很早就养成了吃甜食的习惯，在苏州时，有卖酒的人看到他一下子吃了 30 包酥糖，以为他疯了。[36] 有一次，陈陶遗来看他，苏曼殊正好犯了"糖瘾"，他发现陈陶遗的兜里有三块钱，也不和陈陶遗说一声，就私自拿走，过了一会，果然买回了一大堆糖果。[37] "嗜糖如命"的苏曼殊经常将自己吃完的空糖瓶卖掉，换回的钱再接着买糖。

　　回到这个单词，我将 extract 分为三个部分来记忆。第一个部分是 ex，第二个部分是 tra，第三个部分是 ct。ex 作为单词的前缀，表达的意思是"向外"；我使用英语拼读的方法，发现 tra 在本单词中的发音与汉语的"拽"发音相近；接下来，我使用汉语"吃糖"的拼音首字母指代本单词中 ct 部分。因此，在这样的方法下，这个单词可以被解释为"向外拽吃糖"，这与苏曼殊翻开陈陶遗的兜，拿钱去买糖的情节是一致的。首先，"拽"比较生动地反映出苏曼殊着急买糖的急切心理，对于一个有着"糖瘾"的人来说，苦于囊中羞涩，却突然发现好友的兜里有钱，这就会让"瘾君子"赶忙"拽钱"出来。当然，这样的做法并不合适。其次，糖，作为本单词释义的一个重要环节，它的制作技艺与"提炼"是分不开的。制作糖果需要对温度与时间进行相对精确的掌控,无论是巧克力糖、奶糖还是各式水果糖、夹心糖与坚果类糖果,都需要从原材料上提炼相应的物质,最终加工成糖果。可以说,糖果的形成离不开对提炼技术的运用。经过这样的拆分与解释,这个单词就形成了一套比较完整的逻辑,"向外拽吃糖",糖果要提炼、加工,由此,就记住了单词的意思。

extrapolate

v.

推断

庞统,字士元,号凤雏,他是东汉末年刘备手下的重要一员,以卧龙与凤雏之名在三国群雄并起的时代声名远扬。刘备让庞统当自己的谋士,后来让他与诸葛亮一起升任军师中郎将。刘备在庞统的建议下,进兵成都。建安十九年(214),刘备带领张飞、赵云等人攻克了白帝一带,不久,刘备率军包围了雒城。庞统率众攻城,不幸中箭而亡。在罗贯中创作的《三国演义》中,对庞统命殒落凤坡有着十分细致的描写。关于庞统命殒落凤坡,事见于书中第六十三回"诸葛亮痛哭庞统　张翼德义释严颜"。[38]那日,刘备与庞统分别之际,二人互换马匹而行,庞统就骑着刘备的白马奔赴雒城。张任带着三千军马在雒城东南山设下了埋伏,不久,看见有人驾着一匹白马而来,告诉众人说,这一定是刘备。庞统在路上行进时,见到四周草木遮蔽掩天荫日,心中十分不快,就问周围人:"此处是何地?"军士们不假思索地答道:"此处地名落凤坡。"庞统大惊失色,自己道号凤雏,此处又是"落凤",真是不吉

利。就在撤军的时候，张任的军队向骑白马者射出密集的流箭，庞统中箭而亡。

　　回到这个单词，首先需要说明的是，单词结尾的 ate 部分不是我记忆的重点，因为它经常可以作为动词的后缀，又因为它与其前的字母 l 构成了一个完整的音节，并无实际意义，所以这部分我忽略。接下来，我将余下的 extrapo 分为三个部分来记忆。第一个部分是 ex，第二个部分是 trap，第三个部分有点特殊，是 po。也就是说，根据我即将使用到的方法，我将字母 p 重复划分给第二个与第三个部分。字母 ex 前缀表达的意思是"向外，外出"；trap 是英语单词，意为"陷阱"；我使用汉语拼音的方法，将 po 拼成汉字"坡"。由此，这个单词在这样的方法下，可以被解释为"外出掉进落凤坡的陷阱中"，我便想到了庞统命殒落凤坡的故事。张任在落凤坡设下陷阱，而落凤坡的"凤"正好是庞统的道号"凤雏"中的"凤"字，任谁听了，都会有一种不祥之感。庞统在听闻自己已走入落凤坡的地界后，便根据这个地名推断自己可能会遭遇不测。正如 extrapolate 这个单词的意思一样，"推断"，比较好地说明了庞统进入落凤坡后的吃惊与对自身安危的担忧之情，他推断了自己的不测，所以才赶忙下令撤军。因此，使用这样的方法来记忆单词的意思，既可以简单地拼写出单词，也能对单词的意思记忆得比较深刻。

exude

v.

流露，显露

　　古代有这样一位著名的"戏精"，他非常喜欢吃葡萄，而且极具文学才华,他在诗、赋等文学方面的造诣非常深厚,尤其善于写五言诗,他饱览群书,文武双全。他写的《典论》是中国文学史上第一部系统的文学批评专论作品。但是,他却野心勃勃,一心想顶替正统的皇帝而自立,为了不让自己在历史上留下骂名,于是在履行了必要的"手续"后,经过"三辞三让",终于得偿所愿。他的"演技"十分逼真,以致那个名正言顺的皇帝都认为自己活该"下岗"。这位"戏精"附体的人就是魏文帝曹丕。公元220年正月,魏王曹操病逝,世子曹丕继魏王位。此时的曹丕志得意满,与父亲曹操不同的是,他对汉朝没有太多的感情,追随他的臣子从一开始就是效忠于其父与他自己的。孑然一身的汉献帝多年来在曹操的挟持下,每天提心吊胆地度日,生怕哪一天他代汉自立,可是这一天还是来了。曹丕使用了大量的谶纬之术鼓吹自己即将"受命于天",在曹丕的精心策划下,大臣们便开始向汉献帝上奏,说汉朝天命衰微,气数将近,让汉献帝"自己看着办"。一连数月,这样的奏折越来越多,汉献帝的案桌上都堆不下了。自知"胳膊扭不过大腿"的汉献帝就这样下达了自己的禅位诏书,可是曹丕却"坚决"不肯接受。一个月内群臣劝进有十七次之多,曹丕回令也多达十八次,足见曹魏君臣急于禅代的心情。[39]无奈,汉献帝接着下诏书,一共下达了三次。虽然曹丕在表面上十分"坚定",但是他的部下们却已经在搭筑受禅台。筑坛时间应该是在群臣上奏曹丕受禅之前,甚至是在曹操时代就已经开始了,这就是说,曹操、曹丕早就开始了登坛受禅的准备工作。[40]在这一长达九个多月的本色"演出"后,曹丕"自导自演"的剧本终于"杀青"。延康元年(220)十月[41],汉献帝被迫将象征皇位的玺绶诏册交奉曹丕,随后不久,曹丕登上受禅台,篡汉自立。

回到这个单词,首先需要说明的是,单词的首字母e不是我记忆的重点,因为它和我所使用的方法不太相关,所以这部分我忽略。接下来,我使用汉语拼音的方式,将单词中的字母组合 xu 拼成"虚",将 de 拼成"的"。由此这个单词就变成了"虚的"。在魏文帝曹丕篡汉自立的故事中,曹丕可谓是不动声色。他一系列的举动都传达出他迫切想当皇帝的心意,却不露声色地向汉献帝、向世人表达出自己的"无所谓",他没有显露出自己的不臣之心,更没有声色俱厉地恐吓汉献帝,可见他的"虚"是十分聪明的。正如 exude 的词义一样,"流露,显露",联系曹丕篡汉的手段,就可以知道他这个人虚实结合,是一个头脑精明的政治家。因此,采用这样的方法记忆单词的意思,比较说得通,记忆的效果也比较好。

exuberant

adj.

精力充沛的,热情洋溢的

传说我国古代有这样一位"超级运动员",当他看见天空中似火的骄阳时,心中燃起了对它的无限崇敬,便想把太阳摘下来。于是,他开始与太阳赛跑,途中,累得气喘吁吁的他因为口渴,喝干了黄河与渭水,在奔向大泽路的途中口渴而死,他的身躯化作了夸父山。这是《山海经·大荒北经》中记载的一个神话故事,"夸父逐日"。这位史上"最强运动员"就是夸父,他以其强劲的体魄、持久的耐力被历史所铭记,人们用"夸父逐日"来形容一个人坚毅的性格。

回到这个单词,首先需要说明的是,单词末尾的 ant 不是我记忆的重点,因为它经常可以作为形容词的后缀。接下来,我将余下的 exuber 部分划分为两个部分,第一个部分是 ex,第二个部分是 uber。因为 ex 作为前缀表达的是"外出，向外"，而 uber 恰好与一个著名的打车软件的名称一致，这个品牌的中文译名叫"优步"，我便使用"优步"作为 uber 部分的汉语指代。在汉语中，"优"可以作为动词使用，意思就是"擅长，优于"，那么"优步"就可以被解释为"擅长跑步"，我便由此想到了夸父逐日的故事。神话中的夸父是一个性格坚毅又具有顽强精神的人，与太阳赛跑并不是一件容易的事，以致他喝干了河水。夸父是一个精力充沛的人，他身强力壮。同时，他也是热情洋溢、精神饱满的，只是因为看见雄傲的太阳，便激发他开启了追逐旅程。可以说，这与 exuberant 的意思是十分匹配的，采用这样的方法来记忆，效果比较好。

参考文献

［1］黄俶成.论两淮盐业经济对清代学术文化的影响［J］.江海学刊，2001
　　　（03）：119－125.

［2］袁枚.子不语［M］.申孟，甘林，校点.上海：上海古籍出版社，2016.

［3］李诚.营造法式［M］.重庆：重庆出版社，2018.

［4］解放日报.杜甫属鼠，李白属牛，李时珍属虎……你的生肖与哪位古人
　　　一样［EB/OL］.［2022－02－03］.http：//www.njdaily.cn/news/2022/
　　　0203/4190861068455483737.html.

［5］杨基宁.何以成为范仲淹［J］.同舟共进，2021(03)：67－70.

［6］柏杉杉.传承大禹人物形象与蚌埠旅游纪念品设计研究［J］.广西教育学
　　　院学报，2019(03)：36－37.

［7］蚌埠市人民政府官网·走进蚌埠·历史人物［EB/OL］.https：//www.
　　　bengbu.gov.cn/zjbb/index.html.

［8］樊智宁."郑伯克段于鄢"的家庭伦理责任续考［J］.西安文理学院学报

（社会科学版），2017,20（04）：53－57.

［9］杨伯峻,编著.春秋左传注［M］.北京：中华书局,2016.

［10］美《时代》周刊评出 2007 十大建筑奇迹［J］.信息网络,2008（01）：12.

［11］龙文志,央视新厦 CCTV 大楼及幕墙设计解读（一）反建筑的建筑、反幕墙的幕墙［J］.门窗,2014（06）：4－9.

［12］代彭康.与亚当夏娃有关的英文谚语［J］.世界文化,1998（01）.

［13］相京.甘肃官员自愿捐献巨额俸银 乾隆皇帝生疑查出集体贪污［J］.文史月刊,2010（12）：78－79.

［14］吕丽,孙祺祺.清代集体贪腐第一大案"捐监冒赈案"检视［J］.法律适用（司法案例），2017（14）：114－120.

［15］司马迁.史记·项羽本纪［M］.杨燕起,译注.长沙：岳麓书社,2021.

［16］班固.汉书·卷六十六·杨敞传［M］.北京：中华书局,2016.

［17］张廷玉.明史·列传·卷八十三·王守仁传［M］.北京：中华书局,2015.

［18］董平.传奇王阳明［M］.北京：商务印书馆,2010.

［19］胡可明.一位特别的盐官——曹寅［J］.中国盐业,2020（14）：58－60.

［20］李青峰.历史记忆下的石勒［J］.晋中学院学报,2017,34（05）：69－72.

［21］张廷玉.明史·列传·卷一百四十七·袁崇焕传［M］.北京：中华书局,2015.

［22］赵尔巽.清史稿·列传一·后妃［M］.北京：中华书局,2020.

［23］张广志.有关秦赵长平之战的几个问题［J］.邯郸学院学报,2016,26（02）：5－9＋2.

［24］司马迁.史记·白起王翦列传［M］.杨燕起,译注.长沙：岳麓书社,2021.

［25］田旭东.从长平之战坑杀降卒看军事规律的蜕变［J］.邯郸学院学报,2016,26（01）：12－16＋2.

［26］左丘明.国语·晋语［M］.陈桐生,译注.北京：中华书局,2013.

［27］徐卫民,段春娥,李昕蒙.碰撞、交融——秦直道文化遗产性质的认识［J］.西北大学学报(哲学社会科学版),2022,52(03)：23－32.

［28］刘昫.旧唐书·卷一百六·列传第五十六·李林甫传［M］.北京：中华书局,1975.

［29］向燕南,李筱艺.孔子周游列国［J］.前线,2019(04)：84－86.

［30］马雪松.历史政治学视野下的文皇帝谥号［J］.江苏社会科学,2022(01)：104－116＋243.

［31］魏登云,曹先东.论清前期"湖广填四川"移民情况及其影响［J］.遵义师范学院学报,2019,21(06)：13－18.

［32］脱脱,阿鲁图.宋史·列传·卷二百三十二·奸臣列传［M］.北京：中华书局,1985.

［33］刘熙杰.跨文化传播视角下的韩国历史题材电影——以《南汉山城为例》［J］.传媒论坛,2022,5(03)：82－85.

［34］宋祁,欧阳修,范镇,等.新唐书·列传第一·后妃上［M］.北京：中华书局,1975.

［35］王彩霞.上官婉儿缘何能成为两代帝王的"贴身秘书"［J］.领导科学,2019(13)：91－93.

［36］刘超.苏曼殊：情僧·糖僧·革命僧［J］.同舟共进,2012(04)：53－56.

［37］民国风度.民国最能吃和尚,曾一顿50个包子,一天喝六斤冰水,晚年死于吃字［EB/OL］.［2018－07－25］.https：//baijiahao.baidu.com/s?id=1606956161476455199&wfr=spider&for=pc.

［38］陈谙哲.庞统之死：《三国演义》单回伏笔之最［J］.文化学刊,2017(02)：80－82.

［39］马宝记.曹丕受禅台和"三绝碑"考论［J］.许昌学院学报,2019,38(03)：
　　　20－26.

［40］马宝记.曹丕受禅台和"三绝碑"考论［J］.许昌学院学报,2019,38(03)：
　　　20－26.

［41］范晔.后汉书·孝献帝纪［M］.李贤,注.北京：中华书局,2012.

穷且益坚，不坠青云之志。

[唐] 王勃《滕王阁序》

fabulous

adj.

极好的，绝妙的

汉语中有这样一个词叫"大快人心"，讲的就是那些为非作歹的人受到惩处后，老百姓会拍手叫好。在古代的皇权社会下，那些能够"扫黑除恶"的执法者往往能赢得人们的称颂与敬佩，他们两袖清风，正直无私，奉行"王子犯法，与庶民同罪"，接下来要讲的故事的主人公就是这样的人，他就是东汉光武帝时期不畏权贵的执法者，人称"强项令"的董宣[1]。洛阳令是一个不好做的官，那时东汉的都城是洛阳，皇亲贵胄，富商巨贾，人口稠密，形形色色，稍有不慎得罪权贵可是要掉脑袋的。董宣升任洛阳令后，果然碰见了一桩"棘手"的案件，而犯法者的身后是光武帝的姐姐湖阳公主。说起湖阳公主，她可不简单，史书记载，湖阳公主的丈夫死后不久，光武帝就打算为他的这位姐姐再觅佳偶，就和湖阳公主谈起这事，湖阳公主也不客气，说她看上了朝中大臣宋弘。光武帝就把宋弘找来，让湖阳公主躲在屏风后，想听听宋弘的想法。光武帝在一阵寒暄后，抛出"休妻"的话题，宋弘回答："共患难的老婆不可抛弃。"光武帝扭头对湖阳公主说："这事办不成了。"这就是"糟糠之妻不下堂"的出处。可见，湖阳公主很受宠。她的家奴仗着有这位公主的"撑腰"竟在光天化日之下把人杀了，事后，躲在公主府第，无人敢捉拿，这个家奴便更加胆大，过不久竟还陪着公主四处出行。董宣知道后，上街专门"堵"住湖阳公主的车驾，大声呵斥家奴，还历数公主的罪行，最后，董宣当着公主的面，把这个家奴就地正法。这可惹恼了权势滔天的湖阳公主，湖阳公主进宫告状，光武帝大怒，召来董宣，想用鞭子抽死他。董宣双眼如炬，威风凛凛，将实情告诉了光武帝，说罢，就用头撞柱子，血流如注。光武帝让宦官架着董宣向湖

阳公主赔罪，董宣强扭着脖子，两手撑地，坚决不肯俯身。湖阳公主气不过，又让光武帝向董宣发难，光武帝这时已经明白缘由，便笑着当"和事佬"，然后赐了董宣三十万钱。董宣将此钱分给了官衙中的下属，从此得到了一个美名"强项令"，意为"颈项强直的洛阳令"，权贵给他起绰号"卧虎"，从此以后董宣治理下的都城洛阳没有权贵敢不服他，百姓也流传歌谣称赞他。

故事讲完了，回到这个单词，首先需要说明的是，ous 作为单词形容词的后缀与其前的字母 l 构成了一个完整的音节，所以这部分不是我记忆的重点。我使用汉语拼音的方式拼出这个单词的 fabu 部分，也就是汉语"法捕"的读音，意即"用法律捕捉"，联系董宣的故事，它指的是董宣依法捕捉、处理了湖阳公主的宠奴。这个单词的意思是"极好的，绝妙的"，这与董宣执法刚正果敢、不畏权贵，赢得"强项令"的美名与百姓的称赞是十分吻合的。董宣的秉公执法在当时具有重要意义，他不怕得罪当朝皇帝的姐姐而维护司法的正义，敢于做其他官员不敢做的正义之事，使得百姓称颂他"董宣衙前无人击鼓鸣冤"，这是极好的，也是社会所要推崇的。由此，这个单词的音与义实现了一个比较说得通的联系，比较好记。

facilitate

v.

促进，促使，使便利

在中国古代有这样一位老人，他的家族"九世同堂"，而他本人也在九十九岁时过世，这位老人历经北齐、北周、隋朝与唐朝，因为治家有方，他多次受到朝廷旌表，他就是中国古代著名寿星张公艺。据《旧唐书》[2] 记载，唐高宗李治在听闻张公艺九世同居后，就在封禅泰山后专程去拜访，唐高宗为隐瞒身份,装作"道人"。唐高宗来到张公艺家后,张公艺带他参观了这个大家庭。他家建有食堂,听钟声集体吃饭,有裁缝房,全家人的衣服、鞋袜统一制作。张公艺说自己家养了一百条狗,如果一只不到,另外九十九只也不会进食。唐高宗很惊奇,就赐给他两个梨,想看他如何处理。张公艺就叫家人拿出石臼把梨捣碎,放在水缸里,然后叫全家人来喝。[3]唐高宗大为撼动,问他治家之法,张公艺写了"百忍"。唐高宗非常感动,赐了张公艺很多绸缎。

故事就讲到这里,回到这个单词,首先需要说明的是本单词的末尾 ate 部分构成了动词的后缀,而它又与其前的字母 t 构成了一个完整的音节,所以这部分不是我记忆的重点。其次,我使用汉语拼音的方式拼出单词的 facili 部分,也就是"发赐梨",这与故事中张公艺"发给家人唐高宗赐的梨"很吻合。唐高宗因为想看张公艺如何在治家中做到"一碗水端平",就赐给张公艺两个梨,果然,张公艺公平地处理了这两个梨,让一大家人都可以品尝到梨子的甘甜。张公艺治家有方,据《旧唐书》记载,北齐、隋朝、唐太宗时都旌表过张公艺的大家族,这是"正德修身,礼让齐家,诚意待人,以和为贵"的典范,张公艺的治家之法促进了社会的和谐,弘扬了"行孝悌,友谦让"的社会风尚。这个单词的意思是"促进,促使",可以说,这与"发赐梨"的张公艺的故事比较契合,由此,单词音与义的关系结合得也比较紧密。

fad

n.

一时的风尚;短暂的狂热

《晋书·左思传》记载了这样一个故事,左思写了一篇《三都赋》,写成之后,抄写的人很多,洛阳的纸因此都涨价了。这个典故孕育出了一个成语,叫"洛阳纸贵",它的意思就是"某种经典如此受欢迎,风行一时"。这个成语故事的主人公,就是西晋时期著名的文学家左思。左思是一个很有"自尊"的人,他的家族是书香门第,他小的时候,才华并不出众,当时士大夫需要学习的书法、音乐,左思都不擅长,而且他长得也一般,还不喜欢说话。左思的父亲很失望,就说"这娃比我小时候可差远了"。小小的左思听到后心里非常难过,在父亲的鼓励下,他开始发奋读书,就算有时间出去玩也会在家学习。左思长大后,写了一篇《齐都赋》,就还想再写一篇《三都赋》,这时,他们家搬到了都城洛阳,左思就经常去拜访著作郎张载,向他讨教。左思创作《三都赋》时耗费了巨大的精力,经常伏案写作,在家中的院子、庭廊里时,左思都在酝酿,就这样过了十年,左思花了平常人不敢想的时间终于完成了《三都赋》。这篇巨著问世之后,皇甫谧大为赞赏,亲自为它写了序言,《三都赋》声名大噪,每个人读了都赞不绝口,人们争相传阅抄写,洛阳的纸张供不应求。

故事讲完了,回到这个单词,我记忆这个单词的方法和之前的方法不太一样,甚至说有点"奇特"。大家看"三""都""赋"这三个字的汉语拼音:san,du,fu。"都"与"赋"的汉语拼音首字母刚好是 fad 这个单词中的 f 与 d,而"三"的汉语拼音 san 中,a 是 fad 中的字母 a,sn 是汉语"十年"的拼音首字母。如此,这与左思,与《三都赋》,与"洛阳纸贵"的一时风靡都构成了联系。在故事中,左思用了十年来构思《三都赋》,这个"十年"的汉语拼音首字母是 sn,"三""都"与"赋"的汉语拼音首字母也可以与 fad 直接相关。"洛阳纸贵"这个成语故事的来源就是左思的《三都赋》,人们求购的热情推动了当时纸价的上涨,不得不说,这是一种"狂热",与 fad 这个单词的意思十分贴切。由此,对这个单词如此记忆,实现了单词音与义、形与义的联系,十分好记。

fallow

adj.

（农田）休耕的，休闲的；（一段时间）休眠的

这个单词记忆起来比较简单。我将这个单词分成两个部分，或者说是两个单词，一个单词是 fall，一个单词是 low。fall 的意思是"摔倒，跌倒"，这是一个比较常见的词；low 的意思是"低，低的，低矮的"。我将"摔倒，跌倒"中的"倒"与"低"提取汉语谐音，得到两个词，一个是"稻地"，一个是"低到"。这与 fallow 这个单词的意思有什么关系呢？"稻地"指的是水稻田，"低到"加一个数字"产量低到某个数值"。因此，这两个汉语谐音合起来的意思就是"如果稻田的产量低到某个数值的话，就要休耕一段时间"。休耕，不是让土地荒芜，而是让它"缓一缓"，让土地"喘口气"，土地休息好了再耕种，就是一种"休养生息"。休耕本来就是在土地肥力下降、产出比较少的时候实行的耕种方法，这与"低到"的谐音构成了一种因果关系，即，因为土地产量低，所以休耕。如此，使用这种方法，可以实现单词音与义、形与义的联系，记忆的效果比较好。

falter

v.

衰弱，衰退

汉语中有一个成语叫"始作俑者"，意思是"第一个做某项坏事的人或某种恶劣风气的开创者"。三国争霸，群雄逐鹿，最终天下归晋。俗话说"司马昭之心路人皆知"，而司马昭的儿子司马炎承袭祖上的基业，在咸熙二年逼

迫魏帝曹奂禅让，建立了晋朝，史称西晋。司马炎在咸宁五年(279)"灭东吴"前是一个很有作为的皇帝，亲贤臣，远小人，振兴经济，颁行"户调制"，为农业经济的发展打下了坚实的基础，社会呈现一派欣欣向荣之景，史称"太康之治"。此时的司马炎厉行节俭，用人唯贤，史书记载，太医司马程据献上了一件用野鸡头上的毛做的毛衣，司马炎命人把这件衣服当众烧掉并宣示全国，今后不允许搞这类劳民伤财之事。[4]可见，"太康之治"的社会繁荣与西晋国力的强大和当权者司马炎有紧密的关系，皇帝的德能往往被百官及世家大族所尊崇、模仿。俗话说得好，"打江山易，守江山难"。当司马炎率领千军万马终于灭掉东吴后，他就像"变了一个人"，"羊车望幸"是司马炎每夜的"温柔乡"，他把吴主孙皓的嫔妃们统统纳入自己的后宫中，一时之间，后宫美女近万人，以致司马炎不知道晚上去哪个妃子那留宿，就坐着羊车"随遇而安"。此时的司马炎怠惰政事，骄奢淫逸，社会的风气开始滑向"斗富"的泥沼中。王恺与石崇，一个是司马炎的舅舅，一个是开国功臣石苞的儿子，二人经常因攀比而斗得"火热"。石崇[5]听说王恺家用麦糖水刷锅和铲子，他就用白蜡当柴火生火做饭；王恺用丝绸做了四十里的布障以遮蔽车马扬起的灰尘，石崇就用织锦花缎做了五十里的布障，还用花椒和泥巴打造了一座香味飘逸、保暖效果特别好的"椒房"。石崇家的厕所无比豪华，修造得精美绝伦，还备有各种香水给客人洗手，连服侍的女仆都穿着锦绣。客人上过了厕所，女仆便要服侍他们换上一套新的衣服才让他们出去，以至于来石崇家的客人都不太好意思去上厕所。在如此的社会风气下，西晋的豪门贵族不但骄奢淫逸，更是不把平常百姓的命放在眼里，当时的石崇时常请宾客饮酒，如若客人不喝，他就杀掉侍女。[6]西晋的国祚只有短短五十一年，而从司马炎"灭东吴"后算起的话，只有三十几年。是什么导致了它的"短命"呢？为何它的前期有着盛世的繁华，却又只如"昙花一现"呢？始作俑者应该是司马炎和其他的统治阶层吧。

　　故事讲到这里，回到这个单词，我在记忆它的时候，几乎是第一眼就想到了成语"始作俑者"。大家看 falter 这个单词，首先它以 er 结尾，而 er 可以表示"人"的后缀，这就与"始作俑者"中的"者"构成了联系；其次，我将单词的前部 falt 稍微变换了一下，把它变成了单词 fault，意为"错误"，大家看 fault，它只比 falt 少了一个字母 u。联系司马炎的故事，他作为皇帝在执政前期比较贤明又崇尚节俭，还当众烧掉大臣进献给他的珍贵毛衣，西晋有了"太康之治"的四海升平。而在他"灭东吴"之后，便开始自我沉沦，逐渐在腐化的生活中堕落，统治阶层由此开始转向"斗富"，可以说，统治阶层的"斗富"与司马炎的纵容是分不开的。司马炎曾听说他的舅舅王恺与石崇"斗富"落了下风，就给王恺家送了珊瑚树。因此，将 fault 与这个单词中的 falt 进行联系，在这个故事的背景下，比较合理，这个"错误"或者说西晋奢靡的社会风气与司马炎有很大的关系，换言之，这个"始作俑者"就是司马炎。另外，fault 中多出的字母 u，与汉语"悠"的发音相近，在中国北方方言中，常常使用"悠着点"来形容人做事要适可而止，不要太过分。放在此处，这个"悠着点"可以指司马炎要体恤百姓，不要让奢靡之风蔓延。由此，本单词的音与义、形与义实现了连接，记忆的效果比较好。

feast

n. 盛宴，宴会

v. 尽情享用（美味佳肴）

　　中国古代有很多宴会，举办的目的不尽相同，比如唐代有庆祝学子高中的

"闻喜宴""曲江宴""杏园宴",宋代有庆祝进士录取的"琼林宴""鹿鸣宴",其他如庆祝男女婚嫁、乔迁之喜、文人相聚、生了孩子、老人做寿以及款待大臣、接风饯行的宴会更是数不胜数。其他能"一饱口福"的宴会在古代也有很多,比如满汉全席、孔府宴、全鸭宴、烧尾宴等,这些宴会在食材选择、烹饪方法、花费银两方面极为壮观。不仅如此,一些著名的文化典故与"宴会"也有很大的关系,商纣王的酒池肉林就是在举办"大型宴会";项羽为刘邦摆的鸿门宴就杀气腾腾,危机四伏;王羲之与友人相聚而写下《兰亭集序》的那次宴会就是文人风雅的聚会宴;曹操的铜雀台与韩熙载的夜宴无不雕刻着古代文学与绘画的精美绝伦;赵匡胤的"杯酒释兵权"与乾隆的"千叟宴"更是成为史书记载下的著名历史片段。可见,宴会与中国文化有着很深的联系。

回到这个单词,我使用了比较"特殊"的方法来记忆这个单词。大家看feast这个单词,其中的字母 e,a,t 刚好构成了单词 eat,"吃";剩下的字母 f和 s,又可以看作是"丰盛"的汉语拼音首字母。如此一来,这个单词在这样的转换下,就变成了"吃得丰盛",这就和 feast 的意思"宴会,尽情享用"很吻合了。拿清代的"满汉全席"来讲,它融清代宫廷菜与汉族地方菜为一体,有烧烤、火锅等菜点,还有扒、炸、炒、溜、烧的烹饪方法,满汉全席一般至少会上一百零八道菜,有荤有素,用料考究,山珍海味应有尽有。所以,这能不"吃得丰盛"吗?这样就实现了单词形与义的联系,十分方便记忆。

feat

n.

技艺;武艺;功绩;英勇事迹

论及"武艺强大,留下了英勇事迹"的将军与英雄好汉,中国历史上有许多，其中一些著名的历史人物以及他们的战绩也为后人所称颂。周亚夫驻军细柳，用三个月击败了七国之乱中的叛军，为汉景帝立下汗马功劳；关羽水淹七军，击败于禁与庞德，传为一时佳话；廉颇率领赵军深入齐境，攻取阳晋，威名大振，官拜上卿；卫青出身骑奴，连破匈奴，收复河套地区，立下赫赫战功；楚汉争霸，韩信用兵如神，明修栈道，暗度陈仓，还定三秦，国士无双；霍去病战功累累，开疆拓土，封狼居胥；白起声震列国，出奇无穷，长平之战，彪炳史册；"兵家至圣"孙武，柏举之战大败楚军，流传兵法，千古流芳。这些在历史上留下英勇事迹的将军，都击败了他们的敌人。

回到这个单词，我使用了"添词"的方法来记忆这个单词。大家都知道有一个单词叫 defeat，它的意思是"击败"，将前缀 de 去掉后，就变成了 feat 这个单词。也就是说，"要想留下战斗神话，就得先击败敌人"。对这个单词这样记忆，十分方便，也便于理解意思。

feckless

adj.

品格差的，不负责任的

铮铮铁骨，英雄气概。有这样一个响当当的男子汉，他的铁骨彪炳史册。有这样一首歌，它的名字叫《红颜》，讲的是一位壮士"一去不复返"的故事，"剑煮酒无味，饮一杯为谁，你为我送别，你为我送别"，歌曲中的主人公是中国古代著名刺客荆轲[7]。说起荆轲，那一定少不了他刺秦王的故事。当时，秦国在灭掉赵国后，决意灭掉燕国，燕国太子丹十分惊惧，便决定派遣荆轲去行刺秦王。为了显示诚意，荆轲携带燕督亢地图与樊於期的首级进秦宫面见秦王。

临行前,太子丹、高渐离等人在易水河边为荆轲送行,"风萧萧兮易水寒,壮士一去兮不复还",这句充满悲情与壮烈的诗句流传千古,似乎也注定了荆轲的结局。秦王在咸阳宫内召见了荆轲,就在呈送樊於期首级与燕国地图时,荆轲用匕首刺向了秦王,秦王受伤,四处奔逃,秦宫的侍卫随即赶来将荆轲杀害。

故事讲到这里,回到这个单词,我在记忆它的时候,采用了一些"化学"方法。大家看 feckless 这个单词,它的打头部分是 fe,而 fe 在化学元素周期表上代表"铁元素",由此,我将 fe 视为"铁";接下来是 ck 部分,我将它视为汉语"刺客"的拼音首字母;最后,less 是形容词的后缀,表达的是"没有,无"的意思,这与 feckless 这个单词的意思"品格差的,不负责任的"有一定的关联。因此,这个单词在我的转换下,可以变为"铁刺客",也就是"铁骨刺客",由此,我想到了荆轲。从历朝历代对荆轲的评价以及荆轲刺秦王这件史实来看,荆轲是"侠肝义胆,为国家的生存可以牺牲小我,对国家极其忠诚"的人。他的品格是高尚的,他有对国家的忠诚与义气,而不是在国家生死存亡时贪生怕死、卖国求荣的人;他的责任感十分强烈,面对秦国的强大而孤身一人深入敌境,视死如归。由此,"铁刺客"与荆轲构成了直接的联系,在单词末尾加上表达否定的后缀,就形成了"铁刺客"的反义词。这样记忆,实现了单词音与义、形与义的联系,比较说得通。

ferment

v. 发酵

n. (政治或社会上的)动乱,骚动

大家都知道,在农业生产中会用到农家肥,这种肥料常常使用人畜的粪便经过一段时间的发酵而成。农耕文化是华夏文明的代表,中国使用农家肥的历史非常悠久,明代著名科学家宋应星在其著作《天工开物》[8]中这样讲道:"凡稻,土脉焦枯,则穗实萧索。勤农粪田,多方以助之。人畜秽遗、榨油枯饼(枯者,以去膏而得名也。胡麻、莱菔子为上,芸苔次之,大眼桐又次之,樟、柏、棉花又次之),草皮木叶,以佐生机,普天之所同也。"这里所说的"人畜秽遗"就是农家肥的原料。可以说,中国古代发达的农业文明与劳动人民的智慧是分不开的,农家肥对延续中华文明发挥了不可替代的作用。

回到这个单词,我用打乱顺序的方法记忆它。大家看 ferment 这个单词的构成,实际上,它可以分成两个部分,第一个部分是 fen,第二个部分是 term,而 term 的意思是"期间"。我将第一个部分 fen 拼成汉语拼音,得出来"粪"这个字。因此,这个单词可以被转换为"粪期",我由此想到了农家肥,因为农家肥需要人畜的粪便经过一段时间的发酵才可以作为肥料使用。而在古代的农业社会,吃不饱饭就会引发社会动乱。因此,这就与单词的意思形成了联系,记得比较有趣,实现了单词音与义、形与义的联系。

fester

v. 化脓,溃烂

在影视剧中,可以经常听到"香港脚"的说法。这其实是一种歧视性说法,它实际上是指真菌引起的足癣,会让脚散发出一定的难闻气味。随着病情的严重,会逐步发展为脚部的溃烂与化脓。人的脚部之所以会出现真菌的感染,有很多的因素,但一般而言,这与脚部的汗腺发达、容易出汗,鞋子不透风以及湿热的气候有比较密切的关系。

回到这个单词,我记忆它的时候采用了改变字母顺序以及转化为汉语拼音首字母的方法。大家看 fester 这个单词,它可以分为两个部分,首先是 feet,其次就是字母 sr。字母 sr 可以被视为"湿热"的拼音首字母,因此,这个单词就被转化为"足部湿热"。由此我想到了足癣,患足癣的人脚部就会出现化脓与溃烂的情况。这个单词这样记忆,实现了形与义、音与义的联系,十分好记。

festoon

v. 张灯结彩

n. 彩灯;花彩

这是一个"喜气洋洋"的单词,对于中国人来说,没有什么比"过大年"更能代表团聚与亲情了。"爆竹声中一岁除,春风送暖入屠苏。"春节,这个全家团聚的节日,也是中华文化的一个展现。贴春联,放鞭炮,吃饺子,除夕守夜,这是中国人朴素而温情的时刻,它表达出中国人对未来的美好希冀与对美好生活的感恩。挂灯笼时,全家人齐心合力,用红色来传达生活和和美美、蒸蒸日上的祝福。灯笼的形状多为圆形,这与中国人万物通达、外圆内方、内心端正的朴素唯物主义观不谋而合。圆形,代表着古时的"天人合一",更是家和万事兴的"圆形思维模式"。回到这个单词,首先需要说明的是,fest 是单词的词缀,它表达的意思是"节日,大型聚会",因此,festoon 这个单词一看就与"节日"相关。我在记忆这个单词的时候,将其中的 oo 部分联想为两个圆形的灯笼;对单词的末尾字母 n,我将它视为汉语"年"字的拼音首字母。由此,这个单词构成了这样一幅画面,"家家户户挂着圆圆的灯笼,大家都在庆祝中国春节"。这样记忆,实现了单词形与义、音与义的联系,十分好记。

fetter

v. 束缚,限制;(给囚犯)上脚镣

n. 束缚,桎梏

我先为大家说几个成语:比肩接踵,比肩而立,鳞次栉比,比翼双飞。大家看,这几个成语都有一个共同的字,那就是"比"。那么,"比"在汉语中是什么意思? 它又与记住单词 fetter 的意思有什么联系呢?"比"是一个常用字,它的本义是"密",引申为"并列,挨近,靠近,相连接"。因此,在开篇讲到的这四个成语中,"比"就表达了这种"密集"与"靠近、挨近"的意思。在古代,曾有一种刑罚工具叫"枷",其形貌大致如今天我们在影视剧中所看到的那样,犯人的脖颈被一块大的木板套住,手腕也被放置其中。《晋书》中讲到后赵开国皇帝石勒时,就有"两胡一枷"的记载,意思是当时的石勒作为奴隶被贩卖到山东,他与同伴两个人共用一个枷锁。可见,"枷"这一刑具在十六国时期就已经有"双人套装"了。回到这个单词,我在记这个单词的时候用到了和记忆大多数单词不太一样的方法。首先,我重新排列了单词字母间的顺序,将 fetter 分为两个部分,第一个部分是字母 f,r,e,e。这就是单词 free,"自由"。其次,对于剩下的字母组合 tt,这个字母组合实际上长得很像汉字"比"。于是,"比"的汉语意思就出来了,它表达的正是"紧密"与"靠近,挨近,并列"。正如单词 fetter 的意思一样,"束缚,桎梏,脚镣"。这不就是单词 free 的反义吗?而说起"束缚"与"桎梏",很容易让人想到枷锁,而古代又从很早的时期起就有双人枷,"双人"在汉语中表达的意思正是"比"的涵义。因此,单词使用这样的拆分并搭配形上的联想,可以快速记住词义,记忆的效果也比较好。

fiasco

n.

可耻的失败;惨败

论及中国历史上最可耻的失败,莫过于北宋末年的"靖康之耻"了。当金兵第二次南下包围北宋都城汴京时,宋徽宗与宋钦宗把上万名妇女抵押给了金军。这些女眷中有公主、嫔妃、宫女、宗室夫人、大臣之妻女以及汴京城内的大批无辜女性。她们在北上途中,受到的心灵与肉体的折磨可想而知,而到达金国都城后,她们成为"分配"给金军将领与贵族等金人的"战利品",其中一些女性直接被贩卖进青楼或官妓院。由宋朝人确庵与耐庵编纂的《靖康稗史笺证》[9]以大量作者的亲历事实为这场浩劫提供了第一手资料,同时,书中从宋人与金人的角度出发,分别对"靖康之难"进行论述,这就更加可以客观地反映同一史实的偏差,有助于后世更全面地了解这场灾难。若想详细了解宋朝妇女在这场民族浩劫中的情况,大家有兴趣的话可以读读这本书。

回到这个单词,我在记忆它的时候,主要采用了汉语谐音与英文意思相结合的方法。大家首先看这个单词中有 as，它的意思是"作为，当作"，是介词词性；我使用英语的拼读法拼读出这个单词后，将单词前部的 fi 看作汉语的"妃"的谐音，末尾部分 co 在本单词中的发音与"狗"相近。这样，这个单词就转换为"妃子当作狗"，由此我想到了"靖康之耻"。老子在《道德经》中说过这样一句话，"天地不仁，以万物为刍狗；圣人不仁，以百姓为刍狗"，这句话的意思就是天地与圣人不会感情用事，对待万物一视同仁。古代的百姓为了祭祀先祖，而用草扎的狗来替代真的狗，这就是刍狗。就像"靖康之耻"与"妃子当作狗"的谐音一样，即使不同的民族或部落爆发战争，但百姓是无辜的，更不应该被践踏尊严与生命，成为某一获胜方的"战利品"。北宋在与金朝的战争中一败涂地，这就像这个单词的意思一样，是一场"可耻的失败"。人人都有尊严，不管战争的结果怎样，推己及人，仁者爱人，才是真正的强者。

fidget

v. 坐立不安，烦躁

n. 坐立不安的人

在讲这个单词之前，问大家一个小问题："你觉得饭馆老板最怕什么样的人？"很多人可能会说，当然是怕浪费的人呀！比如自助餐厅的老板，如果顾客都浪费，那老板会很"心痛"。但是，饭馆老板应该更怕节食的人，也就是他们的顾客根本就不吃饭！尤其是晚上，饭馆的生意一般要比白天好，如果顾客没有吃晚餐的习惯，那真会让饭馆老板抓狂。日子一长，老板们难免为生计发愁。

回到这个单词，我来讲讲它的记忆方法。我将这个单词改变了字母顺序，由此分为了两个部分。第一个部分是 diet，第二个部分是 fg。diet 的意思大家应该非常熟悉，是"节食"，而 fg 的字母组合可以被视为汉语"饭馆"的拼音首字母。因此，这个单词在这样的转换下，可以被解释为"饭馆老板遇上节食的客人"，所以，老板们就会"坐立不安"，因为赚不到钱呀！

finesse

n. 手腕；策略；手段

v. 用策略对付某事

接下来要讲的故事的主人公是一位相当有谋略的人，因他辅助吴王阖闾在西边攻克了楚国，在北边威震齐国与晋国，终成就吴国一代霸业，他就是春秋末期的吴国大夫、军事家伍子胥[10]，又名伍员。我要讲的故事，是这位富有谋略的军事家的复仇故事。伍子胥的父亲伍奢是楚平王时期的重臣，贵为太子太傅，后来费无极要陷害太子，连累了太子的老师伍奢被捕。费无极对楚平王说："伍奢的两个儿子十分有才干，不杀掉的话会成为楚国日后的大患。可以用伍奢作为人质扣留，然后召他的两个儿子过来。"伍奢听到楚平王的传命后，自知难逃一死，自己的两个儿子如果一同前去恐怕也凶多吉少。伍奢说："我的大儿子伍尚为人仁厚，听到召命后一定会前去。小儿子伍员性格刚烈，能忍辱负重，他一定不会来。"伍尚知道自己前去应召也不能保全父亲的性命，还会被天下人耻笑，便对伍子胥说："你可逃走，可以报杀父之仇，我就可以安心赴死了。"伍子胥逃出楚国后，东躲西藏，食不果腹，盘缠用尽，只好沿路乞讨。到了吴国后，伍子胥发挥自己的才华，多次帮助吴国攻打楚国，最后率领吴国军队攻破了楚国都城，此时楚平王已薨

逝,伍子胥便命人掘开楚平王的坟墓,狠狠地用鞭子抽了他三百下才罢手,终于报了父兄被冤杀的仇。

回到这个单词,首先我忽略掉末尾字母 e,因为它和我记忆的方法不太相干。其次,大家看 finesse 这个单词,实际上它可以被分成两个部分,第一部分是 fine,意为"好",而 ss 字母组合我将它视为汉语"收拾"的拼音首字母。这样,这个单词就转换为了"好好收拾"。Finesse 的意思是"手腕,策略",这是一个褒义词,联系伍子胥的生平事迹,他的确可以说是具有手腕与策略的。伍子胥在军事上取得了巨大成就,帮助吴王阖闾一步步地向外扩张,伍子胥与孙武一同操持吴国的军队,多年侵扰楚国,致使楚国国力不断衰微,最终在吴楚决战中大败楚国,可见伍子胥的雄心与作为军事家的智慧。除此之外,伍子胥可以忍辱负重,哪怕风餐露宿,也要逃出楚国躲避被杀的命运,而不是坐以待毙,任人宰割,这是一种韬光养晦与积蓄自身能量的表现。这个单词的谐音"好好收拾"指的是"伍子胥既好好地收拾了一把他的杀父仇人,也替吴国好好地收拾了一把楚国"。因此,这个单词实现了形与义、音与义的联系,十分好记。

flair

n.

天资,天分,才华

汉语是一种非常美的语言,汉语的魅力在于简洁而生动,常常是几个字就可以讲出一段故事。大家肯定听过一个成语,叫"余音绕梁",它的背后是一个善于唱歌的女子为当时的人们带来了艺术的享受的故事,这个女子叫韩娥。据《列子》记载，韩娥是春秋早期韩国人，她从韩国出发前往齐国，到了齐国的都城临淄后，她身无分文又饥肠辘辘，就在城门口卖唱求食。她的歌声十分曼妙动听，很多人听到她的歌声后不自觉地放慢了脚步，连干活的人与吵架的人也被她的歌声吸引了，这一刻，仿佛空气都凝固了，韩娥的悠扬歌声在空气中飘荡，涤荡着人们的心灵。于是，大家纷纷解囊相助，韩娥用这些钱填饱了肚子后，就离开了。三天之后，人们仿佛还能听到韩娥那优美动人的歌声在房梁上萦绕，久久不会散去。此后，人们便使用"余音绕梁"来形容歌声与乐曲的优美。

我在记忆这个单词的时候，将其与"余音绕梁"这个成语进行联系，首先要指出的是，"余音绕梁"中的"梁"是"房梁"的意思。我将 flair 拆分为两个部分，第一部分是 fl，我将它视为汉语"房梁"的拼音首字母，剩下的 air 就是"空气"。联系"余音绕梁"这个成语，韩娥在城门口卖唱，而声音是以空气为传播介质的，而且韩娥走后，她的歌声仿佛还在空气中弥漫，这都与单词中的 air 比较吻合。韩娥是一个具有音乐天赋的人，她的天分应该是很高的，在古代，没有多少人会受到系统而全面的音乐指导，更不要说她只是一介女流还生活在春秋早期。因此，采用"余音绕梁"这个成语与单词的意思"天资，天赋"来进行联系，十分方便记忆，单词这样的拆分与解释也比较说得通。

flake

n.　小薄片，（尤指）碎片

v.　（成小薄片）脱落，剥落

我的大学是在有着"大江大湖大武汉"之称的武汉读的，对于武汉，我有着特别的感情，那里有我青春时的记忆，有很多的老师与同学陪我度过了人生中非常精彩又惬意的一段时光。武汉的夏天是炎热的，我作为一个西北地区出生的人，在去武汉读大学之前根本就想不到南方原来这么热，还是那种"湿热"。因此，在夏天的南方，直到现在，我都会在"伏天"里吃一些清热排湿的食物来养生。湖北人很喜欢吃藕，对于藕是真的喜爱，而"荷塘三宝"——莲子、莲藕与菱角是炎热的"伏天"里生津止渴又清热下火的好食物。从烹饪的方法来说，把莲藕切成碎屑状，搅拌均匀，加一点肉馅，可以油炸成藕丸或者制成肉饼汤，再不然就是直接当成饺子馅包进圆滚滚的面皮里，味道非常好。

回到这个单词，大家看 flake 这个单词，我将它分为两个部分。第一部分是 f，我把它当作"伏"的拼音首字母；第二部分是 lake，它的意思是"湖泊"，在这里指的是湖中的水产，我便由此想到"荷塘三宝"。flake 的意思是"小薄片，尤指碎片"，实际上它说的就是诸如洋葱末、香葱末、蒜末、韭菜末、胡萝卜末等碎片状的东西。因此，这个单词可以解释为"伏天里吃荷塘三宝"，而中华美食博大精深，很多种食物需要处理成碎片状才好烹调，这就与这个单词的意思构成联系。这个单词的形与义、音与义就这样被联系起来了。

flamboyant

adj.

（人或行为）炫耀的，卖弄的；艳丽的；绚丽夺目的

这是一个十分有趣的单词。问大家一个问题："你觉得男人喜欢臭美吗?"宋朝有这样一批"爱美的男人"，他们贵为当朝重臣，才学卓著，他们表

达"美"的方式是利用象征身份与地位的"花朵"。宋代以文治国,皇帝赐花是一种政治手段,王公大臣被赐花是一种荣誉。[11]菊花、牡丹、芍药、蔷薇、紫薇等花朵,在宋朝非常受欢迎,以至于宋朝的卖花行业也十分兴盛。大老爷们儿头戴一枝花,这在宋朝可是一种"殊荣"。簪花这种习惯,自南北朝时就已经出现,而在唐代,簪花成了皇帝显示自己尊崇身份的"日常穿搭",尤其是那时,牡丹等名贵花种非常稀贵,不是什么人都能消费得起的。唐朝时,每次举办大型宴会,君臣同乐,欢声笑语,皇帝有时一时兴起,就会御赐给大臣花朵,甚至亲自给他们戴上。此后直至宋代,"赐花"这种行为显示了君主对大臣的宠爱,如果皇帝还亲手给大臣戴上,该大臣更是会被其他人所艳羡。久而久之,簪花成了一种愈发普及的习俗习惯。苏轼在《吉祥寺赏牡丹》中这样写道:"人老簪花不自羞,花应羞上老人头。"欧阳修也在《洛阳牡丹记》中写道:"洛阳之俗,大抵好花。春时城中无贵贱皆插花,虽负担者亦然。"可见,簪花在宋朝民间已相当普及,而且人们是发自肺腑地喜欢簪花。

　　回到这个单词,首先需要说明的一点是,这个单词末尾的 ant 部分是形容词的后缀,因此它不是我记忆的重点。接下来,我将这个单词分为两个部分,第一个部分是 flam,大家看它长得像不像单词 flame? 是的,它只比 flam 多出来一个字母 e,其实英文当中很多的以字母 e 结尾的单词都是在去掉末尾 e 后组成新的单词的。剩下的 boy 就是"男孩"的意思。大家看单词 flame,它除了有"火焰"的意思外,还有"鲜红色,橘红色,橙黄色"的意思,而这与争奇斗艳的花朵一样,色彩绚丽。因此,这个单词在这样的拆分与组合下,很容易让人联想到宋代男子的簪花。Flamboyant 的意思是"炫耀的,卖弄的""艳丽的,绚丽夺目的"。宋真宗就给宠臣晁迥、钱惟演簪过花,史书记载,"上忽顾公,令内侍为戴花,观者荣之"。也就是说,这份簪花的"殊荣"等同于皇帝亲赐一件黄马褂,让被赏赐的人逢人说项。因此,这个故事与 flamboyant 这个单词的意思实现了巧妙的联系,实现了单词形与义、音与义的联系,十分好记。

flatter

v.

奉承;讨好;向(某人)谄媚

"平步青云靠踢球。"这看似是一句玩笑话,但它确实是真人真事。据学者考证,高俅善蹴鞠,因为一次偶然的机会,高俅的球技获得宋徽宗赵佶赏识,赵佶是有名的风流皇帝,高俅因此获得宠幸。可见在宋代,蹴鞠已经成为一种相当流行的运动项目。[12]高俅写得一手漂亮的毛笔字,也比较擅长诗词歌赋,他出身寒门,靠着蹴鞠一路"青云直上",对宋徽宗是极力讨好。论及高俅的"发迹史",他的确有着"走运"的成分。宋神宗,也就是宋徽宗赵佶的父亲,有一个妹夫是驸马都尉王诜,他和当时还是端王的赵佶关系很好。据宋朝王明清的《挥麈录·后录卷之七》记载,王诜是丹青高手,常与端王赵佶切磋艺术。有一天,王诜与赵佶在上朝时偶遇,赵佶忘了带篦子刀就向王诜借了一个,赵佶夸奖这个篦子刀样式十分新颖,王诜就说自己做了两个,晚上派人给你送一个。而这个晚上给端王送篦子刀的人,就是高俅,当时他是驸马王诜的随从。高俅见到赵佶正在院子中踢球,露出不屑的表情,这反倒引起了赵佶的注意,赵佶就问:"你也会踢球吗?"高俅说:"会。"高俅展现了自己极佳的蹴鞠技能,让赵佶十分惊喜,当即派人给王诜传话:"谢谢你的刀,连同你派来的人我也要了。"就这样,高俅以"球"发家,直至后来端王继位成为皇帝,真是运气颇好。

回到这个单词,我将记忆的重点放在 flat 上,因为 er 可以看作词缀。而

flat 的意思与"平"有关,比如"平坦的,水平的,平跟的",我就因"平"字想到了"平步青云"这个成语,随后想到了历史上著名的"马屁王"高俅。说高俅是平步青云,应该是非常合适的,因为他出身卑微,也不是经过正规的科举而入仕的,但是能成为一朝重臣,而且还是皇帝的心腹大臣,可以说,原本平平无奇只是驸马府小跟班的高俅,确实是平步青云了。他的发迹与他极力讨好宋徽宗有关,投其所好,因而颇得信赖。可以说,将这个单词与高俅相联系,比较符合单词的意思与历史人物自身的事迹。

flaunt

v.

炫耀;夸示;卖弄

一个人说话特别有分量,会有什么表现?有这样一位公主,她说出的话改变了一个国家的继承人,这位说话特别有分量的人是西汉时期汉景帝的姐姐,也是汉武帝的姑姑和岳母——馆陶长公主刘嫖。刘嫖作为汉景帝的姐姐,十分受宠,因为这位姐姐经常会给自己的皇帝弟弟进献美女,而作为窦太后唯一的女儿,她也经常出入宫闱,可以说,馆陶长公主在当时的汉宫中没有人得罪得起。当时,汉景帝已经立了栗妃的儿子刘荣为太子,刘嫖就想与栗妃结为儿女亲家,哪知栗妃因为馆陶长公主经常给皇帝送美女而对她大为不满,就这样,栗妃没好脸地回绝了。馆陶长公主听到后,大为恼火,觉得栗妃十分不识抬举。后来,刘嫖抱着当时还是胶东王的刘彘(后改名为刘彻),问他想娶谁当媳妇,刘彘都说不要。刘嫖就指着自己的女儿阿娇问:"那娶阿娇好不好呢?"刘彘不着痕迹地看了母亲王美人一眼,说:"如果能娶

阿娇做妻子,我一定给她造一座金屋子住。"刘嫖听到后相当满意,从她与刘彻的母亲结为儿女亲家的那一刻起,刘嫖就决定了要让弟弟汉景帝废了太子,好让刘彻成为新的储君。栗妃显然低估了馆陶长公主的实力,此后,刘嫖就经常在弟弟汉景帝身边说栗妃母子的坏话,司马迁《史记》中记载,"日谗栗姬短于景帝"[13],而同时她"日誉王夫人男之美",说的就是馆陶长公主经常在景帝面前夸刘彻。后来,汉景帝果然废除了刘荣的太子之位,刘彻顺利地当上了太子。可以说,在汉武帝登基继位之前,他的这位姑姑确实帮了他很大的忙,以至于汉武帝继位后,为他的这位姑姑加了封号——"窦太主"。刘嫖还获得了刘彻母亲王太后的许可,享有在驰道上行走的特权。要知道,这个驰道是汉朝皇帝的专用御道,非天子不可用,可见刘嫖当时该有多得意。陈阿娇作为武帝的第一任皇后,早年间很得宠爱,但是与武帝成婚多年都不曾生育,武帝心中渐渐不满,馆陶长公主也贪得无厌,自恃立武帝有功,经常飞扬跋扈,对武帝指手画脚。汉武帝在自己的同胞姐姐平阳公主家与卫子夫相遇,后来卫子夫怀有身孕,刘嫖大怒,派人杀卫子夫的弟弟卫青来泄愤,没有得逞。阿娇又用巫术诅咒卫子夫,终于让汉武帝下定决心废后。汉武帝最终也疏远了这位扶他上位的姑姑,刘嫖失去了权势。

回到这个单词,我在记忆它的时候把它分为了两个部分。第一个部分是单词前部字母组合 fl,我把它作为汉语"分量"的拼音首字母;第二个部分是 aunt,它是"姑姑"的意思。因此,这个单词可以解释为,"姑姑有分量",我就想到了历史上这位权倾一时,决定了王朝继位人的馆陶长公主。从史实上来看,馆陶长公主也的确是位"有分量的姑姑"。Flaunt 的意思是"炫耀、夸示"。从史书上记载的来看,刘嫖多次在平阳公主面前抱怨:"帝非我不得立,已而弃捐吾女"。可见,在馆陶长公主心中,她最值得炫耀、向人夸示的就是她把汉武帝扶上帝位,而这在汉武帝握紧大权后,逐渐成为汉武帝非常反感的话。对这个单词这样记忆,实现了单词形与义、音与义的联系,比较好记。

flinch

v.

(突然)退缩;畏缩

对这个单词的记忆与一个特别动人的凄美爱情故事有关,即梁山伯与祝英台的故事。祝英台喜欢吟诗,但是当时的女子不能随便抛头露面,祝英台就乔装打扮化为男子前往越州城读书,在路上遇到了梁山伯,二人一见如故,便结伴同行。在越州的三年中,梁山伯与祝英台形影不离,白天在一起读书,晚上同床共枕,个性略显木讷的梁山伯竟始终没有发现祝英台是女儿身。后来,祝英台的母亲生病,祝英台就匆匆返乡,过不多久,梁山伯听说了祝英台竟然是女儿身,并已经许配给了鄞县的马姓人家。一时之间,梁山伯肝肠寸断,他明白自己对祝英台的感情,他派人送信给祝英台,表达了自己的心意。祝英台读过这封信后,顿时觉得她错过了生命中的良缘,她以为梁山伯不爱她,就在返乡后同意了家中给她安排的婚事。祝英台家与马姓家族门当户对,已定下婚约,不是反悔就能更改得了的。祝英台就修书一封派人送给梁山伯,告诉他要努力考取功名,才可借显赫的声势扭转一切。之后的日子里,祝英台面对马家的催婚一拖再拖,后来得到双方家庭的允许,等到祝英台过了二十岁生日再说。梁山伯也一直刻苦读书,终于考取了功名,他被皇帝任命为鄞县县令。故事到这里,梁山伯与祝英台原本应该修成正果了,但是梁山伯到任后,忙着履行自己的公务,就在政事处理得得心应手

后，梁山伯权衡度量后退缩了，鄞县的马家世代为官，宗族势力十分强大，自己实在没有充分的理由横刀夺爱，思来想去，心急如焚，思虑过多的梁山伯竟一病不起，最终溘然长逝了。后来的故事是，在祝英台成婚的当天，接亲的队伍要路过梁山伯的墓，那时雷雨交加，天摇地动，祝英台前去祭奠梁山伯时，忽见坟前裂开一道裂缝，祝英台本就想着以身殉情，正好一跃而入。祝英台跳进去之后，转瞬风停地平，一切恢复正常。

回到这个单词，我记忆这个单词的时候，将它分为两个部分。第一个部分是单词前部的字母组合 fl，我把它看作汉语"房里"的拼音首字母；第二个部分是 inch，它是"英寸"的英文单词，因为 1 英寸大约等于 2.54 厘米，所以"英寸"表达的是一个极短的距离。因此，这个单词可以被解释为"在房间里距离非常近"，联系梁山伯与祝英台三年求学时光住在同一间房里，彼此之间距离非常近，这与这个谐音可以构成联系。Flinch 的意思是"突然地退缩，畏缩"，而这与梁山伯考取功名担任鄞县县令后的突然畏缩有关系。我使用梁山伯与祝英台的故事进行联想，对于理解、记忆这个单词比较有帮助，实现了单词形与义、音与义的联系，比较能说得通。

fling

v.　（尤指生气地）扔，掷，抛

n.　短暂的风流韵事；一阵尽情欢乐

"此情可待成追忆，只是当时已惘然。"我的单词的主人公，是晚唐时期著名的诗人，与杜牧并称"小李杜"的李商隐[14]。李商隐算是一个"苦命儿"，在他不到十岁的时候，父亲就因病去世了。李商隐只得跟着母亲回到老家，日子过得十分艰难,靠给人抄书赚钱,因为是家中的长子,他很有责任感。大和三年(829),他搬到洛阳生活,认识了白居易等人,还邂逅了一个对他此后命运产生重大影响的人,这人便是当朝宰相令狐楚。令狐楚十分欣赏李商隐的才华,让他与自己的儿子令狐绹一起读书。令狐楚是写骈体文的高手,在他的指导下,李商隐很快地掌握了这种文风。令狐楚还经常给予李商隐生活上的资助,李商隐非常感激令狐楚,在一些场合下便会称呼令狐楚为"四丈"。唐代的科举考试虽能给予一些"寒门学子"一定的施展才华的机会,但是就当时的社会风气来讲,门第与家世往往会成为考取功名的天然"阶梯",权贵们经常相互提携"熟人"之子或亲戚,以致一些富有才华的百姓之子无法通过科举出人头地。令狐楚的儿子令狐绹就不如李商隐富有才情,反倒是在父亲的影响力下很早就考中了进士。李商隐第一次参加科举的年份现已不可考,但确定的是,他是屡考不中的"钉子户",在他流传的很多诗作中不难看出他对应试科举渐渐心烦气躁,抒发出对落榜的不满。这时,李商隐的"贵人"父子,令狐楚与令狐绹"上线"了。开成二年(837),这一年的科举主考官是高锴,高锴是令狐楚多年的好友,令狐楚在心中很想让这位老朋友"照顾"一下李商隐,但自己毕竟身居高位,恐开口求情贻人口实,就让自己的儿子令狐绹给高锴"通通气"。令狐绹当时已在朝中做官,也认识高锴,有一次二人闲聊,高锴问:"你交好的朋友中谁的才学最好?"令狐绹心领神会,答:"李商隐。"令狐绹在高锴面前多次提及李商隐,果然这一年,李商隐高中进士。可以说,令狐楚父子的确是李商隐的"贵人"。但是,就在一切都在向好时,命运给李商隐开了个天大的玩笑,从此让令狐楚的儿子令狐绹发誓要与李商隐恩断义绝,那就是李商隐娶了令狐楚父子政敌的女儿!令狐楚死后不久,泾原节度使王茂元聘李商隐去做他的幕僚,李商隐便赴任了。在相处的过程中,王茂元非常赏识李商隐的才华,便将自己的女儿王氏嫁与他。但是李商隐不知道的是，他的岳丈与令狐楚父子的政敌李德裕交好，李德裕是"李党"，令狐楚父子是"牛党"，当时朝廷势不两立的"牛李党争"几乎成为晚唐时期最后的门派之战。李商隐这门亲事在令狐绹看来是对其父子的"背叛"，尤其是令狐楚还刚死不久，李商隐简直是"忘恩负义"。因为这个原因，加之李商隐为母守孝，李商隐错过了"李党"在朝中最光辉的三年，此后便一直受到打压。令狐绹逐渐身居高位，可想而知李商隐夹在党争之间，"里外不是人"，内心的抑郁以及不得志使他备受煎熬。李商隐仍对昔日的同窗好友、恩师的儿子令狐绹存有幻想，就在重阳节的时候登门拜访。令狐绹恰好不在家，想到自己这些年受到的委屈与不得志，李商隐对令狐绹颇有不满，于是生气地在令狐绹的客厅题了一首诗："曾共山翁把酒时，霜天白菊绕阶墀。十年泉下无人问，九日樽前有所思。不学汉臣栽苜蓿，空教楚客咏江蓠。郎君官贵施行马，东阁无因再得窥。"在这首《九日》中，李商隐委婉地讽刺了令狐绹的不念旧情，传说令狐绹看后十分羞愧，命令下人将此房锁住，终生不进。李商隐就在这样的排挤中度过余生，愁苦烦闷，最终病逝。李商隐与其妻子王氏恩爱有加，王氏的善良体贴给了李商隐心灵上的慰藉。李商隐的爱情诗情深意切，很多都是为妻子王氏写的。李商隐也有很多的恋爱经历，他在开成元年(836)时写过一组《柳枝五首》，讲述了他与一个叫柳枝的姑娘的恋爱经历。柳枝姑娘之前读过李商隐的诗，很想约他见面，但是李商隐失约了。《柳枝五首》中的柳枝姑娘不仅是商人之女，而且还是当时一名极富音乐与诗歌艺术修养的伎伶。[15]

故事讲到这里，回到这个单词，我在记忆它的时候将这个单词分为了两个部分。第一个部分是单词首字母 f，我将它作为汉语"福"的拼音首字母；第二个部分是剩余的 ling，我用汉语拼音将它拼成"令"。因此，在这样的转换下，这个单词可以被解释为"遇见令狐楚是李商隐的福气"。从李商隐的故事来讲，遇见令狐楚的确是李商隐的福气。令狐楚是李商隐的老师，是伯乐，是资助人，是他生命中的"贵人"，可以说，没有令狐楚，像李商隐这样"无背景、无后台、无人脉"的"草民"八成永远都考不中进士。但是后来，李商隐做了令狐楚父子政敌的女婿，这实际上并不是他的"叛变"，而是一种他"被选择"的命运。李商隐的岳丈就是因为相中了他的才华才将自己的女儿许配给他，这就如当初令狐楚相中了他的才华而让自己的儿子令狐绹与他相伴读书一样，可以说，李商隐始终处于一种"被选择"的命运，而不是自行地抉择。由此，令狐绹身居高位后打压他，狠狠地"整治"他，以致李商隐终在令狐绹的家中提笔抒发不满，正如单词 fling 的意思是"生气地扔，掷，抛"，可以想象当时李商隐怀着何等的愤怒对自己同窗好友的所作所为而题诗讽刺，很可能李商隐在写完后生气地把毛笔一丢，头也不回地离开，这对于他而言，是多么的心痛，昔日的好友视自己为"叛徒"，这种滋味任谁也受不了。除此之外，fling 的名词意思是"短暂的风流韵事"，这与李商隐的经历也比较吻合，李商隐很爱自己的妻子，也有过很多短暂的周旋于不同身份女子的爱恋情思。可以说，这个单词使用这样的拆分与李商隐的故事结合，实现了比较好的单词音与义、形与义的联系，十分好记。

flounder

v. 不知所措；挣扎；支吾

电视剧《水浒传》中有一个非常经典的桥段，就是西门庆初遇潘金莲的场景：潘金莲要把支在窗外的木棍收回来，好巧不巧，木棍刚好砸在了西门庆的头上。西门庆刚想破口大骂，一看到貌美的潘金莲便也骂不起来了。

回到这个单词，我在记忆它的时候，把重点放在了单词前部的 floun 部分上，因为 er 通常被作为单词的后缀，而它刚好与其前的字母 d 构成了一个完整的音节，所以我忽略这部分。我使用英语的拼读法拼读出这个单词后，发现中间的 loun 部分的发音与汉语的"榔"相近，这个"榔"就是榔头的意思，由此我想到了"被敲脑袋"。我将 floun 中的 f 视为汉语"防"的拼音首字母，因此 floun 也可以被解释为"防狼（榔）"，它指的是"防色狼"。"被敲脑袋"与"防色狼"两个词，让我想到了西门庆与潘金莲的初遇。Flounder 的意思是"不知所措；挠头；支吾"，这与西门庆被木棍击中脑袋后的感受是一样的，试想，任何人好好地走在大街上，恰好被天上掉下的东西击中，都会有一头雾水的感觉，会想"好端端地我招谁惹谁了？"，这就是不知所措的感觉。

flunk

v.

（考试、测验等）失败，不及格

这是一个很有"画面感"的单词，因为这个单词比较好理解。写论文，不论是对本科生还是研究生来说，都是一个绕不过去的话题，尤其是对于文科专业的学生来说，一篇论文往往就是老师布置的期末作业。写得好，期末的这门课就有一个好成绩；要是一写论文就犯困，或者干脆不写，那就等着这门课"挂科"吧。回到这个单词，大家看 flunk 这个单词的意思，

"(考试、测验等)失败,不及格",说的就是"挂科"。我在记忆它的时候,把这个单词分为了两个部分。第一个部分是单词中间部分的 lun,我将它作为汉语"论"的拼音;第二个部分是字母 f 与 k,我将它视为汉语"犯困"的拼音首字母。如此,这个单词可以解释为"一写论文就犯困",如果老师布置的期末作业是完成一篇论文的话,那写不出论文的结果当然是"挂科"了,这样的话,就与 flunk 这个单词的意思联系上了。因此,单词的形与义、音与义就这样联系上了。

fluster

v. 使忙乱;使慌乱

n. 慌张;慌乱

这个单词比较简单,要看怎样理解。在我小的时候,我竟有点喜欢生病,因为每当我得了感冒,爸爸妈妈就会照顾我,给我买很多好吃的,还会帮我向老师请假。在我童年的记忆中,感冒这种病却是一种大大的温情,也满是亲情。父母忙乱地给我蒸鸡蛋羹,熬雪梨汤、姜汤,给予我关怀与陪伴,现在想想,是如此温馨的家庭时刻。在英语当中,ster 可以被视为单词的后缀,表达的是"人"的意思,比如 shyster,"卑鄙小人";gangster,"匪徒,歹徒",等等。因此,我在记忆这个单词的时候,将后部的 ster 视为表达"人"的后缀。如此,这个单词前部的 flu,"流感,感冒",与后部的 ster 结合后,这个单词可以被解释为"得了感冒的人",就像 fluster 这个单词的意思一样,"忙乱,慌乱,紧张",它就如父母照顾得了感冒的子女一样,病虽不重,父母却忙前忙后,生怕照顾不周。

foible

n.

（性格上无伤大雅的）怪癖，弱点，小缺点

有些人会有一些比较奇怪的嗜好，可以被称为"癖"，我的单词的主人公同样就有一些癖好，而且相对于他本人的家世门第、社会地位与才情来讲，他的这个癖好就显得格外奇怪。这个人就是南北朝时期北齐的大臣祖珽[16]，他的癖好是盗窃癖。祖珽出身范阳祖氏，是护国将军祖莹的儿子。祖珽极富才情，北齐的真正创立者、东魏大丞相高欢非常欣赏祖珽写的《清德颂》，一时之间，世人无不传阅争相赞颂。祖珽还富有谋略，经常与大臣们为皇帝出谋划策，后来他被封为燕郡公，还有一支七十人组成的贴身卫队，权倾一时。祖珽仗着自己出身名门，一路的仕途又比较顺，为人就比较放荡，而且还经常会"顺点"东西。高欢宴请朝中大臣，祖珽就偷喝酒的杯子与酒壶；胶州刺史司马世云宴请好友，祖珽就偷装菜的铜碟；祖珽做尚药丞时，就去偷胡桃油；祖珽还偷过大臣陈元康收藏的数千卷书。更过分的是，陈元康在临死前让祖珽执笔代自己写遗书，说自己在祖喜那里放了二十五锭金子，让家人在自己死后不要忘了找祖喜要。没想到祖珽没有把这封遗书交给陈元康的家人，而是直接拿着它去质问祖喜，祖喜没办法，只好承认确有其事。祖珽留给祖喜两锭金子，就把剩余的全部拿走了。这种"癖"是不好的，需要改正过来。高欢曾经就因为重视祖珽的才华而没有治祖珽的"小偷小摸"之罪，毕竟，他偷的这些东西实在是上不了台面，也治不了他什么罪。

故事先讲到这里，回到这个单词，foible。首先需要说明的是，在记忆它的时候，我忽略了单词的末尾字母 e，因为它和我用到的方法没有太多关系。接下来，我使用拆分法把这个单词分为两个部分，第一个部分是单词中的字母 o， i,l组成的单词 oil,"油";第二个部分是字母 f 与 b,我将它组合为汉语"犯病"的拼音首字母。联系祖珽的盗窃癖,他在做尚药丞时偷过胡桃油,这个单词就可以解释为"犯病的人去偷油",由此,我想到了历史上的名人,有着盗窃癖的祖珽。因此,这个单词借助这样的谐音与字母的组合,比较方便记忆。

foray

n.

（改变职业、活动的）尝试

《山海经》,一部记载着上古地理、历史、天文、动物、植物与医学等内容的百科全书,为后世了解上古人民的社会生活提供了宝贵的资料,可以说是一部中国的神话集。《山海经》记载了这样一种鱼,传说它的肉味道酸中带甜,吃了可以治疗癫狂,而且它被古人视为"庄稼丰收"的化身,十分吉祥,这种鱼就是文鳐鱼。"状如鲤鱼,鱼身而鸟翼,苍文而白首,赤喙,常行西海,游于东海,以夜飞。"既然文鳐鱼代表着丰收,那我就不得不提一个伟大的农学家与他的农学巨著——北魏时期的贾思勰与《齐民要术》[17]。贾思勰是一个非常伟大的农学家,因为他研究农学真的是出于个人对农学浓厚的兴趣。贾思勰出身于书香门第,在他成年以后,他走上了仕途,成了高阳郡太守。他卸任后,就开始致力于农学的研究,足迹遍及河南、山西、河北、山东等地。贾思勰的家族世代务农,很注重对农业知识的学习与研究,这为他四处走访农户、钻研农业知识带来了很好的家庭教育熏陶。《齐民要术》可以说系统地总结了之前农书的经验,诸如《氾胜之书》《四民月令》《陶朱公养鱼经》等,加之贾思勰自身对农业技术的实践,使得当时与后世的人民对农业技术中各领域内容的推广与应用有了更深的涉足。贾思勰身躬实践，比如在书中"养羊第五十七"中记载了他自己养羊的经验教训；在"作酢法第七十一"中讲的酿醋方法，是他亲身实践过的。如此，就对农业经验有了比较精炼且准确的方法总结，行之有效，系统全面。

回到这个单词，我在记忆它的时候将重点放在 ray 上，因为 ray 的意思是"鳐鱼"。我认识鳐鱼这个单词已经有很长的时间了，我觉得鳐鱼长得挺可爱的，由此我想到了《山海经》中的文鳐鱼，进一步想到了"丰收""农业"与"贾思勰"。Foray 的意思是"（改变职业、活动的）尝试"，这个意思就是"涉足"，或者说是一种"继承与发展"。贾思勰作为官员，他的主要职责是履行公务，而不是去搞农业，更何况，他是在"退休"之后去搞的，这可以说是一种改变了他职业的尝试，即，由一个官员转变为在田间地头或是作坊里干活的"农民"；贾思勰总结了前人在养殖、种植、酿造、加工、用肥等方面的经验与不足，提出了很多自己的见解，这源于他自己的实践，可以说，这改变了当时人们在农业领域生产制造的因袭传统，拓宽了对农业技术经验的应用，这是一种改变之前农业活动、经实践证明的正确尝试。因此，将单词中的"鳐鱼"与贾思勰的故事联系在一起，可以说明这个单词的意思，实现了形与义、音与义的联系，十分好记。

forensic

adj.

法医的；法庭的，用于法庭的

大家应该都看过《大宋提刑官》这部经典的电视剧，我在当时看过后，就对宋慈这位南宋著名的法医学家感到极为钦佩。中外法医界普遍认为宋慈开创了"法医鉴定学"，宋慈也因此被尊为世界法医学鼻祖。宋慈著的《洗冤集录》是我国第一部系统的法医学专著，也是世界最早的法医学专著，于公元 1247 年完成，总共五卷，对后世影响颇深。

我在记忆这个单词的时候，将记忆的重点放在单词的后部 rensic 上，因为前部的 fo 与我采用的方法关系不是很密切，所以我忽略不计。大家看 forensic 这个单词，其中的 ren 可以用汉语拼音拼成"人"；si 部分可以用汉语拼音拼成"死"；而结尾的 c 可以视为汉语"查"的拼音首字母。因此，这个单词可以解释为"人死查"，人死了以后要查一下，这就是法医要做的工作了。由此，这个单词实现了音与义的联系，十分好记。

forfeit

v. 被没收

n. 没收物

adj. 被没收的

1995 年 10 月新疆和田地区民丰县尼雅遗址的一处古墓中，出土了一条汉代的织锦护臂，这条织锦护臂呈圆角长方形，考古队员几乎是一眼就辨读出其上绣的八个篆体汉字，"五星出东方利中国"。这条汉绣为国家一级文物，中国首批禁止出国（境）展览文物，被誉为 20 世纪中国考古学最伟大的发现之一。司马迁的《史记·天官书》这样记载，"五星分天之中，积于东方，中国利；积于西方，外国用（兵）者利。五星皆从辰星而聚于一舍，其所舍之国可以法致天下"。这是"五星出东方利中国"的由来。后来，考古学家经过还原，发现这条织锦的完整内容是，"五星出东方利中国，讨南羌，四夷服，单于降，与天无极"。这与《汉书·赵充国传》记载的西汉时期讨伐西羌的战争中天象出现五星连珠，最终打了胜仗的记载完全吻合。墓主人将这条织锦一直留在身边，以此纪念那个非凡的天象和那场胜利。也因此，这条织锦为《中华人民共和国文物保护法》所保护。

回到这个单词，我在记忆它的时候，把这个单词重新拆分与组合，并把它分为了两个部分。第一个部分是单词中的 ff，我将它视为汉语"犯法"的拼音首字母；第二个部分是将单词中的字母 o，r，e，i，t 重新组合后，又加入了一个字母 n，把它变成了单词 orient，意为"东方"。由此，我想到了"五星出东方利中国"这件文物，这个单词在这样的转换下，可以解释为"把五星出东方利中国的织锦贩卖到国外是犯法的"。大家看 forfeit 这个单词的意思是"被没收"，一般来讲，只有犯法、触碰法律底线的物品才会被国家没收，《中华人民共和国文物保护法》详细罗列了对我国文物的保护与管理的条例，违者将受到法律的制裁。像"五星出东方利中国"这样的珍贵文物，如果有人私自倒卖，国家有权予以处理，并没收其违法所得与追讨文物。因此，采用这样的谐音与单词的意思进行联系，实现了单词音与义、形与义的联系，十分好记。

fortuitous

adj.

偶然发生的；（尤指）巧合的

从古至今，有很多的"相书"流传在民间，包含占卜、相面、黄历、田宅、风水等内容。有这样一部"奇书"，相传是唐朝贞观年间，唐太宗命天文学家李淳风、相士袁天罡为推算大唐气运所作，名为《推背图》。《推背图》作为历史上著名的预言书籍，从其出现至现代广为流传，影响力巨大。[18] 历史上有很多朝代将此书列为"妖书",予以严厉打击,比如元朝与明朝。在当时的统治者看来,此书推算国运,预示王朝更迭,这是大忌。《推背图》这本书留给学术界很多的争议,因为此书名为"预言",却存在很多个版本,多达七八种,而且每个版本的作者、成书年代都不同,甚至书中的批注与图文等内容也不同。据传《推背图》是唐代所作,但是后代研究者发现文中的音韵与唐朝时期根本不符,有些文字具有的方音特征居然与明朝中期以后才有的语音一致。从《推背图》记载的"预言"内容来看,也反映出它有"牵强附会"的后人添加的嫌疑。

回到这个单词,我在记忆它的时候将记忆的重点放在单词的中间部分 tui 上,因为本单词的开头与结尾太过普通,以 for 开头以及以 ous 结尾的词语有很多。接下来,我使用汉语拼音将 tui 部分拼成"推"字,再联系单词的意思,就马上想到了《推背图》这本书。Fortuitous 的意思是"偶然发生的,尤指巧合的",这就很像"预言"或是"算命",尤其是《推背图》是为推算"国运"而生的,后世很多事件的出现就好像已经被这本书"预言"到了,这究竟是"巧合"还是人为"添加"进去的,估计谁也说不清。但是不管怎么样,《推背图》的内容具有的"预言"功能倒是让后世总会把一些事件的发生与之相联系,这不得不说也算是很神奇。因此,采用这本书与单词进行联系,可以想到单词所要表达的意思,实现了单词音与义的联系,比较好记。

frail

adj.

（尤指老人）瘦弱的

中国历史上有一个科学家,他的很多研究发明比西方世界早了几百年,他就是北宋大臣、科学家沈括。沈括有一部著作,是《梦溪笔谈》,内容十分丰富,汇聚了很多前人的研究,这部涉及古代自然科学、工艺技术及社会历史现象的综合性笔记体著作,被称为"中国科学史上的里程碑"。沈括在这部书中提出了很多自己的研究成果。在数学方面,沈括研究出了隙积术与会圆术;在物理方面,沈括对指南针进行了深入研究,他提出的磁偏角比哥伦布横渡大西洋时才发现这一现象早了四百多年;在化学方面,沈括研究概括了前人的湿法炼铜技术,使用了化学置换的方法来提炼金属。除此之外,石油在我国古代的史书中多被记载为石漆、膏油、肥、石脂等,直到北宋年间,沈括在世界上第一次提出了"石油"这一科学命名。在天文方面,沈括改进了浑仪,放大了窥管口径,方便了极星的观测。沈括也改进了漏壶,他还制造了测日影的圭表。晚年的沈括进一步提出了《十二气历》,这种大胆的革新非常有利于农业活动的安排,英国在九百年后使用的《萧伯纳历》,其原理也与《十二气历》相同。沈括在地理学、水利学、医药、军事、经济以及艺术方面都颇有造诣,《梦溪笔谈》中的很多内容极具展示中国古代灿烂文明的里程碑意义。可以说,沈括是一位非常伟大的科学家。但是,大家可能不知道,幼时的沈括身体不大好,经常需要服中药来调理。[19]沈括出身于北宋钱塘名门,父亲与祖父皆出任过朝廷要职,可以说,沈氏家族对沈括的重视与培养成为他博学多识的先决条件。沈括的家族在医药学方面颇有建树,具有收集药方的传统,而沈括自小身材十分瘦弱,正是家传的药方调理了他的身体。沈括在一生的发明创造中积劳成疾,六十五岁因病逝世。

回到这个单词,我在记忆它的时候,将它分为两个部分。第一个部分是单词的首字母 f,我将它看作成语"弱不禁风"中"风"的拼音首字母;第二个部分是剩余的 rail 部分,这是个英语单词,意为"铁轨",大家应该都很熟悉,那么它与单词 frail 有什么关系呢?说起铁轨,那肯定会想到火车,否则造铁轨有什么用呢？火车，作为工业革命发展的产物，它的产生代表着近代自然科学的成就，与工业、科学技术和生产力都有关系。农业文明下没有火车这一概念，可以说近代文明是从以火车为代表的工业技术而发展起来的，因此，铁轨与火车是先进生产力，是科学技术的产物。如此，提到"铁轨"，就自然而然想到了"科学技术"。在这样的背景下，这个单词按照这样的拆分可以解释为"一个弱不禁风的老人和他创造的科学技术"，我就想到了沈括与他的自然科学巨著《梦溪笔谈》。如此，实现了单词形与义、音与义的联系，比较好记。

fraternity

n.

（有相同职业、爱好或信仰的）群体；（团体的）情谊，兄弟般的友谊

在由金庸先生的武侠小说改编而成的影视作品里，我最喜欢看电视剧《鹿鼎记》，它的主人公韦小宝是一个十分机灵可爱、具有正义感的人。韦小宝虽然没有读过多少书，出身也不好，但是他敢为朋友两肋插刀，是一个很真实、有情有义的人。由此，我想到了一个组织——天地会，它和这个单词的意思也有一定联系。在介绍天地会前，先问大家这样一个问题：你觉得老鼠的习性是什么？我先来说几个，这和我要讲的天地会有点关系。第一，老鼠不敢示人，常常昼伏夜出。也就是说，"光明正大"基本和老鼠没什么关系。第二，老鼠的洞穴比较隐秘。因为"老鼠过街，人人喊打"，所以它的"老巢"往往筑在比较隐秘的位置，此外，老鼠的"家"有很多，是为了防止人类把它们的窝给"端了"而无处可去。第三，老鼠的繁殖能力很强。人能吃的，老

鼠都能吃;人不能吃的,老鼠也能吃。这也决定了老鼠这类害畜的适应能力很强,常常是"几世同堂"。第四,老鼠的警觉性很高。但凡有人经过,老鼠都能听到,接着立马躲起来。人之所以会发明捕鼠夹和老鼠药等物品去诱捕老鼠,是因为它们实在是太机敏了。第五,老鼠是"下层"动物的代表。上得了台面的、被人喜爱的动物有很多,可是老鼠就不一样了,生活在"脏乱差"的下水道、街角巷道的隐秘处,实在是"污秽、肮脏"的代名词,这与"下层"是有联系的。好,讲完这些,可以再讲天地会了。乾隆二十七年(1762)起,僧人提喜开始在福建高溪村观音亭以天地会的名义传授暗语花帖等内容,并组织开展结会活动。乾嘉之际是清朝由盛转衰的分水岭,随着社会矛盾的加剧,破产劳动者和游民无产者成为天地会的主体,天地会也由最初的异姓结拜弟兄性质的自发性松散组织,逐渐发展扩大为秘密结社性质的有组织犯罪集团,从福建漳州云霄发展到福建全省。[20]从嘉道年间清政府捕获的 321 名天地会首领和骨干的职业来看,城乡雇佣劳动者最多,占了58.56%;其次是小商小贩,占 16.51%;其他还包括开山、种山、耕种、铁匠、裁缝、水手、挑夫、更夫、和尚、乞丐、堪舆、算命、行医、教书、习武、监生、武举、兵丁、差役等,人数均为个位数;家道殷实者仅有 3 人。[21]

回到这个单词,首先需要说明的是,我在记忆它的时候,忽略了单词结尾的字母 y,这是因为它和我使用到的方法没有太大的关系。我将这个单词做了一些字母顺序上的重新调整,经过一系列的重调后,我将这个单词分为三个部分。第一个部分是 ren,第二个部分是 rat,第三个部分是 fit。先来讲第一部分 ren,它用汉语拼音可以拼成汉字"人";第二部分 rat 意为"老鼠";第三部分 fit 是单词"合适的"。因此,这个单词可以转换为"把这些人比喻成老鼠是合适的",而"这些人"指的就是天地会里的这些"会员"。大家看fraternity 这个单词的意思,"(有相同职业、爱好或信仰的)群体;(团体的)情谊,兄弟般的友谊",天地会可以满足这个单词的以上全部意思,而天地会的"会员"与老鼠具有很多相同的特征,这是因为天地会本身就是为封建统治阶级所不容的,是违法的,它从事的"事业"是不能见光的,这种特点和老鼠的特点很像。如此,"把这些人比喻成老鼠是合适的"与 fraternity 单词的意义通过天地会来连接,是比较说得通的。这样去拆分单词,再组合成新的部分,实现了单词形与义、音与义的联系,十分好记。

frugal

adj.

（对金钱、食物等）节约的，节俭的

我十分喜欢吃豆腐乳,以前读高中的时候,很喜欢早上喝一碗清粥,吃一个馒头,再加上一方腐乳,有时也把腐乳放在粥里,味道相当好。豆腐乳有很多的吃法,但是搭配馒头却是我最喜爱的吃法。有这样一位很值得尊敬的人,他生活节俭,吃一块腐乳就让他感到满足。这个人就是唐朝中晚期名相、书法家裴休,他博学多能,擅长书画。他有两段和"吃"相关的故事,比较有趣。裴休还在读书的时候,有人给他的哥哥送了一只鹿,他哥哥裴俦与弟弟裴俅就把鹿肉做好了喊裴休过来吃。裴休说,我们这些读书人平时连素菜都吃不饱,如果今天吃了肉,那明天怎么能吃得下素呢? 裴休非常喜欢佛法,在中国佛教史上,裴休具有重要地位,有着"宰相沙门"的美称。湖南益阳是一个山清水秀的地方,坐落着很多敕建的名刹。腐乳,在益阳的白鹿寺中是一道非常常见的伴餐佐食,相传,是白鹿寺的广慧禅师在无意间发现了这种长满绒毛的豆腐竟是如此美味。在当地,腐乳被认为是佛祖赐予的礼物，因此，腐乳又叫"佛予"。裴休在大中六年（852）被贬至湖南，他在白鹿寺礼佛时，与僧人同斋用膳，因此便喜欢上了腐乳。[22]裴休后来再次赴京任职，就将腐乳带至京城，白鹿寺的这道家常美食由此广为人知。

回到这个单词，我使用英语的拼读法拼读出这个单词后，将它分为两个部分，第一个部分是 fru，第二个部分是 gal，这两部分在单词中的发音合在一起与汉语"腐乳够"相近。由此，我想到了裴休与腐乳。Frugal 的意思是"节俭的"，这与裴休生活上的节俭是有关系的。裴休出身名门，家风清廉，而他自己做过很长一段时间的谏官，他的身上具有刚正不阿、为官清廉的文人之气。从他不吃鹿肉这件事来看，他不贪图一时的美味，对自身有很强的约束力。而从他喜欢吃的腐乳与他在禅宗上的造诣来看，他甘于坚守内心，不为世俗的浮华所撼动。因此，采用裴休的故事进行单词音与义的联系，是比较准确的，这个单词也由此变得好记。

fugitive

n. 逃亡者；亡命者

adj. 逃跑的，逃亡的；短暂易逝的

《水浒传》中有着"百步穿杨"功夫的一百零八将之一的花荣，人送称号"小李广"，他在梁山好汉英雄中排行第九。在各路英雄好汉中，花荣绝对称得上是一位帅哥。他眉眼间透露着威武，唇红齿白，只要一骑在马上就雄姿英发，张开弓箭就百发百中。这样的一位英雄，却是亡命徒出身。花荣原是清风寨的武知寨，他与宋江是好友，当听说宋江杀了阎婆惜后就经常给宋江写信，想让宋江来清风寨小住。宋江在来的路上救下了清风寨知寨刘高的

妻子，但是刘高的妻子唆使刘高"教训"一下宋江。花荣听说后大怒，抢回了宋江，其后刘高告到了青州，知府派来的黄信早就想把宋江和花荣逮住，就借这个机会把二人押送到青州。途中，清风山的好汉救下了他们，还杀了刘高，黄信写信求救，知府就派了兵马总管"霹雳火"秦明征剿清风山。花荣与秦明一决生死，使用自己百步穿杨的箭术让秦明吃了许多苦头。宋江设计把秦明收入囊中，花荣等一众人马就此上了梁山。花荣，也是乱世中的英雄，为人有情有义，想寻求官府来主持正义，却被当成罪犯，最终上了梁山。

回到这个单词，我将这个单词中的字母重新组合后，把它分为两部分。第一个部分是 give，它是英语单词，意为"给"；第二个部分是剩余的 futi，我使用汉语拼音将它拼成"附体"。这样，这个单词就转换为"给附体"，而联系花荣的故事，这个"给附体"的意思就是"花荣给李广附体了"。李广作为西汉时期的名将，精通骑马射箭，斩杀的敌人非常多，因此有着"飞将军"的称号。花荣擅骑烈马，箭术更是高超，因此大家都称呼他为"小李广"，可见其威猛。从花荣的身世来讲，他是一个亡命之徒，在被官府押送的路上被人救出，开始了梁山之途。这个单词这样记忆，实现了音与义、形与义的联系。

fumble

v.

笨手笨脚地做（某事）

中华文明源远流长，诞生了许多改变世界文明进程的发明物。在中国古代四大发明中，火药的诞生充满了偶然。在中国古代，很多帝王梦想着长生不老，这一需求孕育出了一种职业——炼丹。各家方士们常常隐居在深

山老林中,艰苦地研究各种丹药好进献给皇帝及达官贵族。"火法炼丹"是古代一种较常用的重要炼丹方法,炼丹术士经常会用烧灼的方法把有剧毒的硫磺、砒霜等金石药用火"伏"一下,使毒性消失或降低。朱砂、硝石、皂角、硫磺、雄黄、云母、戎盐等是炼制丹药所需的材料,它们在炼丹炉中会产生奇妙的色彩,有五彩升腾、腾云驾雾的"仙气"呈现,但是也会在一系列的化学反应中产生熊熊大火,有时稍有不慎就会引发火灾,甚至爆炸。古代著名的炼丹书《真元妙道要略》中就记载了一些因炼丹而发生火灾致人烧伤的事例。古代著名炼丹家葛洪在《抱朴子·登涉》中就写道,"太华之下,白骨狼藉"。可见,因炼丹而失掉性命的人不在少数。《太平广记》[23]中也说到一个叫杜子春的人住在一个炼丹老人家,睡梦中看见炼丹炉内"紫焰穿屋上",屋子里燃起了烈火。不得不说,古时的方士们的确是在"玩命"地研究丹药呀。炼丹过程中这种"要命"的发现渐渐引起了兵器制造者的注意。火药,究其意义来讲,指的是能着火的丹药,由此,从唐末至宋初,随着大范围的军事战争的爆发,火药逐渐被运用到了军事领域,北宋《武经总要》就记载了三种已投入实际应用的火器配方。

回到这个单词,我使用英语的拼读法拼读出这个单词后,将它与汉语的"防爆"相联系,它指的是"防止爆炸",意即"古代的炼丹术士要防止炼丹炉爆炸,因为他们笨手笨脚,如果操作不慎会导致事故"。从史实来看,因为炼丹而产生的爆炸并不少见,很大程度上是因为炼丹术士对这种化学反应认识不清,毕竟,从当时的科学技术来看,人们对于炼制丹药同时要避免事故处于摸索与试验的阶段。"笨手笨脚"地去炼丹,反映出炼丹术士的那种狼狈姿态,有时会烧及他们的衣服,把胡须点着,面庞被毁容,甚至把房子烧毁,爆炸产生的危险更是会波及方圆几里。从这个角度来讲,他们的确是"笨手笨脚"地去琢磨炼丹,而"防爆"也是他们为了"工作"而必须具备的重要技能之一。如此,这个单词实现了音与义的联系,比较好记。

furore

n.

群情激愤；骚动；轰动

我看到这个词,会想到一个国家,就是英国。提起英国,大家会想到什么? 让我去想的话,我会想到大本钟、伦敦眼、白金汉宫等旅游景点,当然还有詹姆斯·邦德的经典影视形象。还有英国非常知名的皇家卫队,他们头上的黑熊皮帽子算是一个非常"吸睛"的标志。英国士兵为了庆祝在滑铁卢战役中击败拿破仑的军队,在 1815 年首次戴上熊皮高帽,以此来彰显高大威猛的气势。而英国政府采购黑熊皮制熊皮高帽的举动亦引起众多动物权利维护者的抵制与谴责。抗议声从全球各地传来,其中不乏一些名人的声讨,这让英国政府颇感为难,毕竟,戴熊皮帽作为一种象征已经延续百年,并不是近代才兴起的时尚。而在英国历史上,还存在着很多次大罢工。英国史上比较知名的大罢工有这么几场:1912 年英国近 100 万名矿工大罢工,1926 年英国工人总罢工,1979 年"不满之冬"大罢工以及 1984—1985 年英国矿工大罢工。近代以来这几场英国著名的大罢工都与"矿"有关,当时引发巨大的骚动,造成英国社会的剧烈激荡。回到这个单词,我在记忆它的时候,作了一个字母间的分割,将它分为两个部分,第一个部分是 fur,第二个部分是 ore。fur 的意思是"皮毛",而 ore 的意思是"矿,矿石",因此我就想到了英国和它的熊皮高帽与罢工。不管是抵制熊皮帽还是英国历史上的矿工大罢工,都是一种群情激愤的表现,点燃了普通民众对英国政府的不满,这

就正如 furore 的意思一样，"群情激愤，骚动，轰动"，民众的抵制与声讨都在抒发着不满，最终迫使政府做出让步。因此，这个单词这样组合记忆可以实现单词形与义、音与义的联系，比较好记。

furphy

n.

传闻；传言

有这样一个历史典故，叫"斧声烛影"[24]，它的主人公就是宋朝第二位皇帝，宋太宗赵光义。中国古代帝位的传承一般都是"父死子继"。宋朝开国皇帝赵匡胤在病重之时已有两个成年的儿子，一个是当时二十五六岁的次子赵德昭，一个是未满二十岁的四皇子赵德芳。开宝九年（976）十月壬午夜里，赵匡胤生了大病，急忙召当时的晋王赵光义进宫议事，兄弟二人在房中秘密私语，旁人并不得知具体内容。但是有人在宫殿外看见赵匡胤的房中烛影在摇动，时而明，时而暗，像是人忽来走去撩动着蜡烛。过不许久，房内又传来斧子凿地的声音，当天夜里，赵匡胤就去世了。宋皇后差遣王继恩去叫赵德芳前来，可没想到就在这时，王继恩通传赵光义来了。宋皇后大吃一惊，对赵光义讲道："吾母子之命，皆托于官家。"赵光义哭着说："共保富贵，勿忧也！"后来，赵光义顺利地继承皇位，至道元年（995）宋皇后逝世，而赵德芳在 22 岁的时候就病亡了。"斧声烛影"这件事在历史上有很多的争议，相对于宋太祖较为稳定的正面形象，宋太宗在文艺作品中尽管也有"开卷有益""雪中送炭"之类的传世美谈，但其形象总体上显然不算光鲜，私德尤其不光彩。[25]赵光义来到内宫后，宋皇后见来的不是赵德芳，马上知道事有变故，所以改口称赵光义为"官家"。官家这一称呼，表明了宋皇后对赵光义皇帝身份的认同，所以赵光义对宋皇后说："共保富贵，勿忧也！"

回到这个单词，我将它分为两个部分，第一个部分是 fur，第二个部分是 phy。宋太祖赵匡胤是因"黄袍加身"而当上皇帝的，而 fur 的意思是"皮毛"，皮毛也是穿在身上的，所以这个单词中的 fur 可以联想到宋太祖赵匡胤；第二个部分 phy，我将它作为汉语"陪护疑"的拼音首字母，因为"斧声烛影"所带来的历史争议比较大，后世很多典籍都在质疑宋太宗继位的合法性，《太祖本纪》《宋史纪事本末》《续湘山野录》以及司马光的《涑水纪闻》中都对这件事有分析记载。可见，赵光义在兄长病重时进内宫去陪护，引发了很多对他合法继位的疑问，这就是"陪护疑"，后世因此有很多的传闻，一方面是猜测宋太祖病逝有无猫腻，另一方面是直接质疑赵光义的皇位继承权。因此，对这个单词如此拆分与解释，可以实现单词音与义、形与义的联系，比较好记。

参考文献

［1］范晔.后汉书·酷吏列传［M］.李贤，注.北京：中华书局，2012.

［2］刘昫.旧唐书·列传第一百三十八［M］.北京：中华书局，1975.

［3］新史知天下.皇帝赏赐两个梨，让此人全家 900 人分着吃，他的方法全家幸免于难［EB/OL］.［2019－11－08］.https：//baijiahao.baidu.com/s?id=16493507548721277868wfr=spider&for=pc.

［4］房玄龄.晋书·武帝纪［M］.北京：中华书局，2015.

［5］房玄龄.晋书·列传第三·石崇传［M］.北京：中华书局，2015.

［6］刘义庆.世说新语·汰侈篇［M］.宁稼雨，译注.合肥：安徽文艺出版社，

2021.

［7］司马迁.史记·刺客列传［M］.杨燕起,译注.长沙：岳麓书社,2021.

［8］宋应星.天工开物［M］.杨维增,译注.北京：中华书局,2021.

［9］确庵,耐庵,编.靖康稗史笺证［M］.北京：中华书局,2010.

［10］司马迁.史记·伍子胥列传［M］.杨燕起,译注.长沙：岳麓书社,2021.

［11］王璟.宋代男性簪花研究——以艺术作品为中心［D］.无锡：江南大学,2018.

［12］于婷婷."足球太尉"高俅与宋代蹴鞠［J］.兰台世界,2013（28）：151－152.

［13］司马迁.史记·外戚世家［M］.杨燕起,译注.长沙：岳麓书社,2021.

［14］刘昫.旧唐书·列传第一百四十·文苑下［M］.北京：中华书局,1975.

［15］张超男.李商隐《柳枝五首》诗中柳枝身份考论［J］.南华大学学报（社会科学版）,2014,15（01）：108－111.

［16］李百药.北齐书·列传第三十一·祖珽传［M］.北京：中华书局,2016.

［17］贾思勰.齐民要术［M］.缪启愉,缪桂龙,译注.上海：上海古籍出版社,2020.

［18］杨康.《推背图》考论［D］.太原：山西师范大学,2016.

［19］沈括,苏轼.苏沈良方［M］.北京：中国医药科技出版社,2019.

［20］陈镁霖.清代惩治天地会活动立法考［D］.北京：中国社会科学院研究生院,2018.

［21］秦宝琦,编.清代前期天地会史料集成［M］.北京：中国人民大学出版社,2020.

［22］大湘菜报.来头不小：益阳腐乳的名人故事［EB/OL］.［2019－09－13］.https：//www.hunantoday.cn/article/201909/201909130219485625.

html.2019 - 09 - 13.

[23] 李昉,扈蒙,李穆,等.太平广记·卷十六·神仙十六[M].北京：中华书局,2021.

[24] 文莹.湘山野录·续录·玉壶清话[M].北京：中华书局,1984.

[25] 于庸之,解洪兴."烛影斧声"流变钩沉[J].宁波开放大学学报,2022,20(01)：74 - 77＋89.

[篇四 GH]

海纳百川，有容乃大。

[晋] 袁宏《三国名臣序赞》

《尚书·君陈》

gall	gallant	gallivant
n. 鲁莽，厚颜无耻	*adj.*	*v.*
v. 使烦恼，使愤怒	（尤指在困境中）勇敢的，英勇的	游玩，游览，闲游

我将这三个单词放在一起记忆，是因为它们从"形"上来讲比较相近，还有一个原因就是，这三个单词背后的"故事"可以串联起来。如果说，一定要在这个世界上找到一处最华丽的艺术宫殿，我想，没有什么比有着"万园之园"之称的圆明园更让人着迷了。但是，这样的一座雄伟又瑰丽的皇家园林，作为中华民族的骄傲，却经历了民族的伤痛，最终被焚毁殆尽。在历史上，圆明园在 1860 年被英法联军纵火焚烧、劫掠，在英法侵略者看来，焚毁圆明园可以给清政府以极大的"震动"，迫使清政府尽快投降。[1]外国侵略者将这座东方艺术的瑰宝打劫损毁，拿得走的全部掳走，拿不走的就砸毁、焚烧，这是民族的耻辱，尽显外国侵略者的卑鄙与无耻。

回到 gall 这个单词，我将 gall 分为两个部分，第一个部分是首字母 g，第二个部分是 all。我将字母 g 作为汉语"国"的拼音首字母，而 all 的意思是"全部的"，因此，这个单词在这样的拆分下可以被解释为"把一个国家能掳走的全掳走"，由此我想到了积贫积弱的清朝末年，厚颜无耻的侵略者不断地对中国进行的劫掠。在整个劫掠活动中，英军和法军抢走的主要是一些体积较小、价值高的物品，像珍珠、宝石、玉器、金锭等。法国士兵们还抢劫到了大量不同款式的钟表和手表。随后，因小件贵重物品越来越少，法军逐渐开始抢劫体积大的贵重物品。而那些不易搬挪的物品，则被用棍棒敲得粉碎。[2]在这里，说圆明园代表着清朝的财力一点也不为过，圆明园在康熙末年即开始建造，在雍正帝时期大规模扩建，历经一百余年的修建、完善，在乾隆年间达到艺术上的鼎盛期，而外国侵略者打劫了清政府苦心修缮的皇家园林,这是一种强盗的行径,与 gall 的单词释义是比较一致的。那么,当时的中国人民面对民族压迫时,又是怎样进行抗争的呢? 清朝末年,面对帝国主义对中国人民的压迫,有这样一支民间组织,他们的英勇事迹深深地鼓舞了民族斗志,也给西方侵略者以沉重的打击,这支民间组织就是义和团。慈禧太后"议定决计不将义和团匪剿除,因该团实皆忠心于国之人,如予以上等军械,好为操演,即可成为有用劲旅,以之抵御洋人颇为有用"。[3]义和团成员来源广泛,参与的民众人数众多,它的迅猛发展使外国联军极为恐慌,虽然最终义和团运动失败了,但中国人民的英勇表现令帝国主义势力刮目相看,迫使其不敢随意地瓜分中国。

回到 gallant 这个单词,我们可以发现,它以 gall 为基础,后面直接加上 ant,而 ant 可以作为单词形容词的后缀,除此之外,ant 还是一个英文单词,意思是"蚂蚁"。义和团运动的一个显著特点就是它的社会基础比较广泛,有贫苦的农民、手工业者,也有官军甚至王公贵族参与其中,这就很像蚂蚁群体内部的分工协作,大家团结一致地向着一个目标行进。因此,gallant 在这样的拆分下,就会让人想到"英勇的"。

最后是 gallivant 这个单词,需要说明的是,单词的结尾字母 t 不是我记忆的重点,因为它和我使用到的方法不太相关,所以这部分我忽略。还是以 gall 为基础,我将记忆的重点放在单词的 llivan 部分上,当使用英语的拼读法拼读出这个单词后,我发现 llivan 部分与汉语的"里玩"发音相近,意思即"在里头玩",这个"里"指的就是"在圆明园里游玩",这就像外国侵略者进入圆明园中的场景一样,他们惊诧于这座东方的艺术宝库,发出由衷的赞赏,在这座皇家园林里游览驻足。可以说,使用火烧圆明园与义和团运动来进行对这三个单词的诠释,比较好地实现了单词逻辑上的记忆,对于词义可以实现快速便捷的记忆。

garrison

n. 卫戍部队，守备部队，驻防地

v. 驻防；派（兵）驻守

哥伦比亚电影公司曾在 2001 年拍过一部由真实事件改编的战争电影，叫《黑鹰坠落》，讲的是美国的一个王牌特种部队与索马里的武装分子展开激烈巷战的故事。这支特种部队原本装备精良又富有战斗经验，但由于情报失误以及轻敌等因素的影响，虽然最后美军取得了胜利，但付出的伤亡代价却是在战前没有预料到的。而影片中部队指挥官的名字就是盖瑞森（Garrison）。

回到这个单词，它不仅可以作为名词与动词，还可以作为人名，即盖瑞森。因此，garrison 就可以让人联想到影片《黑鹰坠落》中特种部队的指挥官盖瑞森将军，他曾是一位将军，负责卫戍，他有自己麾下的部队，这与单词的意思非常契合，实现了音与义的联系。

gash

n. 深长的切口（或伤口、划伤）

v. 划伤，砍伤

历史上有这样一位大臣，他生前风光无限，官至宰相，极受倚重，但因为人耿直而得罪了一个极为重要的人，以致他死后下葬很多年还被挖坟刨尸，棺椁也被大肆损毁。这位倒霉的大臣就是唐高宗时期的宰相郝处俊[4]。郝处俊一生辅佐唐高宗有功，为人知礼谦让，很受李治重视。当时，唐高宗身

体有很多不适,便想逊位武则天,而郝处俊三言两语便打消了李治"传政于武"的想法,武则天由此记恨郝处俊。公元 681 年,郝宰相以七十五岁高龄寿终正寝,走得"风风光光",可就在他的葬礼刚结束不久,一个书生路过,说,"葬压龙角,其棺必斫"[5],意思是"此棺的风水不好,日后必被人刀砍斧劈"。但是当时谁也没有当回事。后来,武则天诛杀了许多反对她当皇帝的人,成为一代女皇,一些"墙头草"般的小人便纷纷"改侍"武则天,为了讨好这位女皇,他们便向武则天表忠心,将一些无辜的人造谣为起兵谋反的人,可怜郝处俊的孙子郝象贤就是其中之一。这么一告,武则天当即想起了她与郝宰相的"陈年恩怨",便不由分说地将郝象贤打入死牢,可怜郝宰相的这位孙儿,只是个毫无兵权的小官,何谈谋反! 郝象贤冤呀,就在临刑前破口大骂武则天,这就更加惹恼了武则天,于是她命人把郝象贤父母的坟墓刨开,连同郝处俊的坟墓也给刨开,用刀斧大肆破坏,棺材上留下的都是刀印。书生的预言居然成真了。

回到这个单词,我使用英语的拼读方法拼读出这个单词后,发现它与汉语的"改侍"发音相近,我便使用这个谐音作为我记忆的方法。"改侍"中的"改"就是"更改","侍"就是"侍奉",因此这个单词可以被解释为"侍奉新的主子"。就如前文中那些善于逢迎的人一样,他们"改侍"武则天,便去告发清白的郝宰相的孙子,而武则天始终耿耿于怀于陈年旧事,终于致使郝处俊的棺材被刀劈斧砍,书生的预言"其棺必斫"中的"斫"意即"用刀斧砍",而单词 gash 的意思是"深长的切口;砍伤",这就与"斫"的意思联系上了。由"改侍"武则天而引发的这场悲剧最终让郝处俊的棺材留下了刀斧的砍伤,可以说,这是一种因果关系,而对单词使用这样的谐音来记忆便较好地实现了音与义的联系,记忆起来十分方便。

gaudy

adj.

俗艳的，花哨的

　　有这样两个人，一个是历史上知名的"小心眼"，一个是喜爱"招摇过市"的人，他们之间会摩擦出什么"火花"呢？何晏，三国时期的曹魏大臣，也是一位才子，人称"傅粉何郎"。说起何晏"傅粉何郎"的称号，那就少不了魏明帝曹叡的突发奇想了，他在炎炎夏日召驸马何晏入宫，又赏了他一碗热气腾腾的面条，就是要看何晏长得白是真还是假。何晏吃得呀，就像过火焰山，脸上冒着汗水，就无意识地用手去擦，曹叡看后卸下了心中的疑问，原来我朝大名鼎鼎的"美男子"不是浪得虚名的。至此，后世形容男子貌美、肤白就用"傅粉何郎"来形容。何晏生性张扬，以致他和魏王曹操的世子曹丕关系很不好。由于曹操将大将军何进的儿媳尹夫人纳为妾室，也就顺便将尹夫人的儿子何晏养在自己的宅子里，何晏很有才华，曹操也爱屋及乌，很喜欢何晏。何晏行事高调，尤其是在穿着打扮上没少下功夫，毕竟他觉得自己"美貌不可以浪费"，便衣着光鲜，在服饰配件上与世子曹丕不相上下。碰巧曹丕又是个"小心眼"的人，很看不惯何晏盖过自己一头。曹丕心里很不舒服呀，想着他一个外姓人，有才华不说，父亲宠不说，连相貌也胜过自己，自己好不容易当上世子，何晏居然在服饰上也不遵守规矩，这是对自己世子权威的挑战。所以，曹丕每次见到何晏，都不叫何晏的名字，反而称呼他为"假子"[6]。古人说话比较文雅，实际上这个"假子"按照如今的说法就是"拖油瓶"。可见，曹丕对何晏相当厌恶。在曹操诸多子女中，何晏和曹植的关系应该比较好。因为曹植"任性而行"，和何晏"无所顾惮"的性格最为接近。[7]连亲兄弟都不能包容的曹丕显然无法容下爱出风头的何晏，何晏在曹丕时期未被授予任何官职。

回到这个单词,我使用英语的拼读法拼读出这个单词后,发现它与汉语的"高低"发音相近,即"眉高眼低"中的"高"与"低"。"眉高眼低"在汉语中常指人察言观色的本领,这也是一种为人处世的方式。在本故事中,何晏本就有着"傅粉何郎"那样的容貌,又喜好打扮,常在穿着上讲究艳丽奢华,以致太过招摇,误让曹丕认为他在挑战自己的地位。何晏与其母本就是寄人篱下,可生性张扬的何晏却不懂得察言观色,没有顾及魏王世子曹丕的眉高眼低。行事浮夸、衣着光鲜的何晏与曹丕的交恶正是这种平日里微不足道的"小事"上展开的。在这样的单词释义下,gaudy 的意思"俗艳的,花哨的"就成为了这块"心结"的答案。使用这样的方法与对单词的诠释,形成了一个较为说得通的意义上的关联,这对单词的音与义记忆十分有帮助。

gaunt

adj.

(常因疾病、饥饿或忧虑而)瘦削憔悴的

西汉刘向的《列女传》[8]中收录了鲁义姑的故事。春秋时期,强大的齐国想要吞并鲁国,齐国将领在征伐路上遇到一个身材瘦削、面黄肌瘦的农妇,她带着一大一小两个男孩去躲避齐国的征伐,没想到看到这位将军后,便抱起大男孩跑了。齐国将领感到奇怪,按理说,农妇应该抱着小男孩逃走,为什么这个农妇反而抱着更重、年龄更长的大男孩逃走呢?齐国将领便追上前去询问,农妇受到了些许惊吓,回过神来便镇定地说:"大男孩是哥哥的儿子,小男孩是我自己的儿子。我要保全哥哥的儿子,好让我的娘家宗族后继有人。"齐国将领一听,大为震撼,便放弃攻打鲁国。

鲁国的百姓感激这位为他们免去战乱、深明大义的好姑姑，便将她称呼为"鲁义姑"。

回到这个单词，我将这个单词拆分为两个部分，第一个部分是字母 g，第二个部分是 aunt。我将字母 g 作为汉语"国"的拼音首字母，而 aunt 的意思是"姑姑，婶婶"。结合鲁义姑的故事，鲁义姑的"鲁"指的就是"鲁国"，这就与字母 g 构成了联系，而鲁义姑的称呼主要称赞的是她作为姑姑的美德，这与 aunt 的意思是吻合的。因此，使用这样的拆分可以与鲁义姑的故事相联系，是比较说得通的。春秋时期，战乱频繁，普通百姓生活困顿，作为一个逃难的农妇，鲁义姑这样的女子生活不会过得太好，鲁义姑身材瘦削又面黄肌瘦，常年的战乱又让她憔悴不堪，加之齐国要来攻打她的国家，她并不知道在逃难的路上能否保住哥哥的孩子或是自己的孩子，这会让她陷入忧虑，心思困顿。正如单词 gaunt 的意思一样，"（常因疾病、饥饿或忧虑而）瘦削憔悴的"，这种状态与鲁义姑是比较吻合的，这一方面反映出她作为一个平凡的百姓所处的生活状态，另一方面也突出了她对护卫自己侄子或孩子而陷入的焦虑。使用这样的方法来记忆单词，对单词的意思会有比较深刻的印象。

genuflect

v.

（在教堂礼拜时）跪拜，单膝跪拜；卑躬屈膝

若论中国历史上著名的"女强人"，那就免不了要谈及吕雉了。为什么说她"强"呢？因为吕雉[9]相当能屈能伸。所谓"能伸"，就是说她对待那些实力

不如自己，同时她又看不惯的人可以"下狠手"，戚夫人就是其中之一；所谓"能屈"，就是吕雉在面对强大的"外敌"时，可以委屈示弱，甚至可以丢掉个人以及大汉王朝的尊严，以此来使国家不被"外敌"侵扰。吕雉，这个历史上对汉王朝产生重大影响的女子的福气还是很好的，她的父亲吕公在沛县也算得上是有头有脸的人物，原本，这位吕家大小姐可以过着丰衣足食的日子。可是，一位"白吃"的亭长刘邦的到来打破了吕雉的安稳生活。吕公本可以把刘邦赶走，但吕公有一"绝技"，就是好给人相面[10]，据说还很准。所以当吕公看到刘邦的长相后，二话不说地就把自己的女儿吕雉嫁给这位名不见经传的亭长，这位亭长就是后来的汉高祖刘邦。吕雉虽然早年跟着刘邦过了很久的苦日子，还差点被刘邦的"死对头"项羽杀掉，但是随着刘邦安邦定国当了大汉王朝的开国皇帝，吕雉也显露出自己的能力。刘邦不敢杀的大功臣韩信[11]，被吕雉杀了；刘邦的开国大将彭越[12]，被吕雉杀了；刘邦的宠妾戚夫人和爱子赵王刘如意，被吕雉杀了；吕雉还让自己的外孙女嫁给了自己的儿子汉惠帝刘盈，实现了让自己的直系后代成为"人中之龙凤"的愿望。可以说，但凡有碍于自己丈夫或儿子江山稳定的"绊脚石"，吕雉全能给它搬走。可是，不得不承认，吕雉实行的"与民休息"的国策，为西汉王朝的繁荣稳定、恢复社会生产力的发展起了重大作用。但是，这样的"女强人"只对一个人"卑躬屈膝"过，这个人就是匈奴的大单于。汉惠帝继位后，匈奴的冒顿单于在丧偶后写了一封很挑衅的信派人递交给吕雉，言辞轻佻。[13]吕雉看后非常气愤，可是气归气，因为自己的国家军事实力不如人，她只好回信安抚，此后便使用和亲政策来讨好匈奴单于。

回到这个单词，我将 genuflect 拆分为两个部分来记忆，第一个部分是genu，第二个部分是 flect。我使用英语的拼读法拼读出这个单词后，发现第一部分 genu 的发音与汉语的"宅牛"发音相近，"宅"就是指"家"，"牛"指"牛人"，意为"厉害的角色"，而中国古代的封建王朝无不以血缘关系为纽带，那么"宅牛"即可以被解释为"家中的狠角色",这就让我想到了吕雉的故事。至于第二部分 flect,我想到一个和它相近的单词,flexible,它的意思是"灵活的,易弯曲的",我在看到 flect 时,很容易地就想到了 flexible,另外结合 genuflect 这个单词的意思,"单膝跪拜",也比较符合 flexible"灵活的,易弯曲的"的意思。一代"女强人"吕雉,她是"家中的狠角色",但是对待实力强于大汉的匈奴时,也不得不卑躬屈膝,这是一种灵活的做事方式,可以因人、因时、因势而采取灵活的方法来规避矛盾。吕雉可以说一生都是要强的,但是面对出言不逊的匈奴单于却可以忍耐有加,还极力安抚对自己不敬的人。正如单词 genuflect 的意思一样,"单膝跪拜,卑躬屈膝",不管是任何人都要能屈能伸,采用灵活的方式做事待人,该低头时低下自己骄傲的头颅并不是丧失尊严,而是一种做人的智慧,忍辱负重,积蓄自身的能量。

gewgaw

n.

华而不实的物品,徒有其表的东西

"朝中无宰相,湖上有平章。"历史上有这样一个人物,他是一代权臣,但却把一个王朝引向了不归之路;他是一个小妾的儿子,却因为其姐深受皇帝的宠爱而得到赏识,平步青云,尽享荣华;他虽贪图享受,却是一个敏锐的艺术鉴赏家,收藏的图书多达千部;他喜欢斗蟋蟀,为此写了一部《促织经》,这是世界上第一部研究蟋蟀的专著,后世也因此将当权者喜欢斗蟋蟀作为玩物丧志的代名词。这位历史人物就是南宋晚期著名的权相贾似道。贾似道的一生,可谓是"顺风顺水",以父荫做了官,绍定五年(1232),贾似道的姐姐

贾氏被封为理宗贵妃。[14]由于他的姐姐入宫为妃很受宠,连带着贾似道也平步青云,一路做到了宰相。贾似道因为自己姐姐的缘故,很受宋理宗的喜爱。贾似道不仅沉溺于玩乐,还敢"谎报军情"去邀功。开庆元年(1259),蒙哥汗亲自领兵攻蜀,忽必烈攻鄂州,元帅兀良哈台从云南入广西再攻湖南。在形势危急之下,贾似道临危受命,被任命为右丞相驻军汉阳以支援鄂州。由于南宋军民的顽强抵抗,忽必烈久攻鄂州不下,加上是年 7 月蒙哥汗战死于钓鱼台,忽必烈有意争夺汗位,遂班师,于是鄂州之围解除。鄂州之战的胜利是贾似道此后得以权倾朝野,达到其政治巅峰的重大政治资本。[15]就这样,贾似道凭借着这场"军功"而"封神",在朝中声势滔天,炙手可热,无人能及。南宋称宰相为"平章",贾宰相号称"湖上平章",因为在景定三年(1262),理宗下诏将前朝御花园西湖葛岭赐予贾似道,为贾氏艺术鉴藏和文艺雅集提供了场地。贾似道在此基础上进行扩修,建成西湖畔规模最大、最为富丽的私家宅院。[16]宋理宗为显示对贾似道的荣宠而为他专门修造的"后花园"简直是"人间天堂",花鸟鱼虫,鸟语花香,莺歌燕舞,楚楚动人,人间美事,一应俱全。可是,贾宰相毕竟是"假"宰相,无治国理政才能的他,既无法扭转南宋王朝的颓势,也无法对内让大家诚服,他在已过花甲之年时,率军应战元军,终不敌,逃到扬州,群臣请旨诛杀,后来,贾似道被受过他迫害的郑虎臣杀掉。

回到这个单词,我使用英语的拼读法拼读出这个单词后,做了词序的调整,gewgaw 有两个音节,可以拆分为两个部分,分别是 gew 与 gaw,我将这两个部分调换位置后变成 gawgew,而它们在本单词中的发音与汉语的"高估"发音相近,我使用这个谐音作为我记忆单词的方法。从贾似道的"发迹史"来看,他的才华的确是被宋理宗"高估"了,宋理宗高估了贾似道治国理政的才能,高估了他的为官之道,也高估了他做人的德行。贾似道为人是

"华而不实"的，也是"徒有其表"的，他被人戏称为"湖上平章"，喜好玩乐，大肆敛财，他编写的《促织经》就是他本人玩物丧志、置黎民于水火不顾的明证。他在皇帝面前尽显忠心，一味地邀功讨宠，表里不一又愚主弄主，说他是"徒有其表"再合适不过了。正如单词 gewgaw 的意思一样，"华而不实的物品，徒有其表的东西"，贾似道就是这样的奸佞之徒，他名不副实，徒有其表。使用这样的方法记忆单词，可以较为轻松地记住单词的意思，十分简便。

ghetto

n.

（相同种族或背景人的）聚居区；贫民区

　　这个单词，它由一首耳熟能详的歌曲而来。"掀起你的盖头来，让我来看看你的眼，你的眼睛明又亮呀，好像那秋波一般样。"这是王洛宾先生在甘肃采风时，根据新疆维吾尔族民歌《亚里亚》改编而成的《掀起你的盖头来》中的歌词，十分受欢迎，传唱度很高。新疆地域辽阔，是富有民族风情的多民族聚居地。作为我国少数民族人口聚集最为稠密的省份之一，新疆不仅有维吾尔族聚居，还有锡伯族、回族、柯尔克孜族等民族共同居住在这个美丽的地方。

　　回到这个单词，我使用英语的拼读法拼读出这个单词后，根据它的发音，发现它与汉语的"盖头"发音相近，这就与《掀起你的盖头来》这首歌中的"盖头"相吻合，又因为这首歌本来就是新疆的民歌，所以就不难联想到它是一个多民族聚居的地区了。如此，这个单词实现了音与义的联系，十分好记。

ghoul

n.

盗墓食尸鬼；对凶残之事兴趣浓厚的人

这个单词记忆起来比较简单，我将它分成两个部分，第一部分是 ghou，第二部分是字母 l。对于 ghou，我使用英语的拼读法拼出这个单词后，发现这部分的读音与汉语的"骨"发音相近。说到骨头，大家会想到什么？我会想到非常著名的系列影片——《电锯惊魂》，它在国内有许多影迷。此时我们来看字母 l，它像不像电锯那长而锋利的刀刃？《电锯惊魂》本身即围绕"骨头"而展开，因此，采用这样的记忆方法可以比较好地实现单词音与义、形与义的联系，十分好记。

giddy

adj.

头晕，眩晕；（高兴或激动得）发狂，举止反常

对这个单词的记忆与"悲剧"有关，它的背后是三个男人的故事，而这三个男人是三个皇帝，他们分别是宋徽宗赵佶、宋钦宗赵桓以及宋高宗赵构。为什么说是个"悲剧"呢？因为别人做皇帝都是不想退位，而宋徽宗是着急地要把皇位传给儿子宋钦宗；别人做皇帝都是在庄严肃穆、万民敬仰中完成登基大典，而宋钦宗是在昏迷中完成的，成了名副其实的"昏君"[17]；别人做皇帝都是享受着特权，而宋钦宗却和自己的父亲宋徽宗被金人掳走到金国做"阶下囚"，这不是一个曾经锦衣玉食的王公贵族所能忍受的，用一句话讲就

是，"怎一个'惨'字了得"；宋钦宗是看着自己的父亲，曾经风流倜傥、天下闻名的宋徽宗，被囚禁了八九年后，受尽了精神折磨而死于五国城，就连宋钦宗自己，也是在金国死了有一段时间后，他的弟弟，南宋第一位皇帝宋高宗赵构才收到消息，"哥哥死了"。而这位弟弟，也不是什么"好"弟弟，表面上哭得撕心裂肺，实际上却在窃喜，"没人威胁自己的皇位了"。金军得以携宋徽宗、宋钦宗等一万四千余人顺利北归，一方面得益于金军内部的团结、谨慎，另一方面则得益于宋朝的纷争。可以说，是宋朝内部各方势力的内讧导致宋朝错过了营救宋室成员的最佳时机，葬送了北宋。[18]

　　回到这个单词，我使用英语的拼读法拼读出这个单词后，发现它的发音与汉语的"给弟"相近，从而想到了宋徽宗父子三人的故事。首先，giddy 这个单词的意思是"头晕，眩晕；（高兴或激动得）发狂，举止反常"，这比较符合宋朝这三位皇帝的经历。"给弟"这个谐音可以联想为"把皇位给自己的弟弟"。因为宋钦宗是带着自己的家眷连同父亲宋徽宗被金人掳走的，皇位就给了自己的弟弟。其次，就"眩晕"这个意思来讲，宋钦宗也确实是听说父亲赵佶在金人南下、国破家亡之时要把皇位传给自己，以致想到金人的彪悍与自己的命运多舛而觉得天旋地转，眼前一黑就昏厥了，在继位时是被大臣抬着完成登基的，这就与单词的第一个意思"头晕的，眩晕的"可以联系上。最后，这个"（高兴或激动得）发狂，举止反常"，它有两个层面上的意义。因为"头晕"可能与恐惧相关，也有可能是因为惊喜和激动。这就与赵构，这位整日心神不宁的南宋开国皇帝有关系了，毕竟，自己的哥哥在名义上还是一国的皇帝，他自己只是"代劳"，哥哥一死，他确实有点"激动"，因为终于没有人可以再威胁到他的皇位了。正如 giddy 的两个意思一样，采用这样的谐音再结合宋徽宗父子三人的故事来记忆，可以比较好地实现单词音与义的联系，记忆的效果比较好。

giggle

v. n.

傻笑，咯咯笑

　　这个单词的背后是一个家喻户晓的历史人物和一个成语的故事，这位历史人物就是三国时期的蜀后主刘禅，这个成语是"乐不思蜀"。刘禅的父亲刘备的运气不怎么好，父亲早亡，年少时只好跟着母亲在街上织席贩履，好不容易有了关羽、张飞这二位贤弟，自己又没有什么"地盘"，只好"东一榔头西一棒子"，今日投奔曹操，明日依附刘表，颠沛流离，风餐露宿，终于三顾茅庐之后，有了诸葛亮的"加盟"，才"占山为王"有了讨伐的名号。可人运气不好，似乎是"命中注定"的，关羽、张飞相继被杀后，刘备肝肠寸断，痛不欲生，要兴兵讨伐吴国，没想到一个初出茅庐的小辈陆逊用了一招"火攻"，就把年逾六十的刘老汉烧到了白帝城，刘备急火攻心，奄奄一息时把自己恨铁不成钢的儿子阿斗托付给了诸葛亮，终驾鹤西去。曹魏大军兵不血刃地灭掉蜀国，将阿斗等一众人马安置在了洛阳，这位蜀汉的旧主看见司马昭给他安排的歌舞，沉浸在自己"安乐公"的浮华生活中，丝毫没有亡国之恨。"此间乐，不思蜀。"令人啼笑皆非的是，这位"地主家的傻儿子"竟在席间把大臣教他的话原封不动地说给司马昭听，以致司马昭等曹魏大臣笑到"泪流满面"。王谓贾充曰："人之无情，乃至于此。虽使诸葛亮在，不能辅之久全，况姜维邪！"[19]据史书记载，魏国给了刘禅很多封赏，车马、奴婢、丝绸应有尽有，足够刘禅一直"安乐"。

　　回到这个单词，我使用英语的拼读法拼出这个单词后，根据它的发音，发现它与汉语的"给够"发音相近，"给够"意即"司马昭给够了刘禅封赏"。刘禅一直被后世诟病为"扶不起的阿斗"，"乐不思蜀"这个成语的故事也与刘禅的痴傻有关，刘禅看着美丽的女子舞动身姿，他便咯咯傻笑，毫无丧国的惆怅。正如单词 giggle 的意思一样，"咯咯笑，傻笑"，这与刘禅有点"傻"以及他"乐不思蜀"的表现构成一个情景的联系，也因此，通过这个单词的发音与这个故事的联系，形成了一个比较好记的音与义的联系。

gingerly

adv.

谨慎地，小心翼翼地

有一个单词叫 ginger，它的意思是"姜，姜黄色"，而这个单词的副词 gingerly 却是"谨慎地，小心翼翼地"的意思。汉语有一句古话，叫"姜还是老的辣"，这用来形容一个人再合适不过了，这个人就是西汉时期的权臣，霍光。称呼他是权臣这可不是唬人，霍光为什么是权臣呢？ 首先，他的异母兄长就是汉武帝时期威震四海的冠军侯霍去病，这也使得霍光在别的孩子玩泥巴的时候就可以跟着哥哥出入宫廷。汉武帝临终时，将霍光任命为大将军、大司马，将年幼的汉昭帝刘弗陵托孤给他，也因此，霍光的权臣生涯正式开始。在汉昭帝时期霍光位极人臣，大权独揽，为了让自己的外孙女上官皇后顺利有孕，霍光竟不让汉昭帝与其他嫔妃、宫女有染，以至于汉昭帝死时，竟没有一个后嗣。霍光一想，国不可一日无君，于是他就立了一位皇帝，把汉武帝的孙子，昌邑王刘髆的儿子刘贺请进宫来当皇帝。"姜还是老的辣"，这位新皇帝刘贺就显得"太年轻"了，刘贺一时之间得意忘形，竟在自己皇帝位子上还没坐热的二十七天里，安插了大量的亲信在朝堂上，还换掉了宫中的守卫，有很多霍光的亲信也因此被"拿掉"。目前学界普遍认为刘贺被废的真正原因是其与霍光争权。[20] 这可把霍光惹恼了，但霍光是"老姜"呀，人

家留了一手,没有让这位新皇帝在登基时谒见宗庙,也就是说,从礼制上来讲,这位新皇帝的继承权不具有合法性,没有得到祖宗的正式认可。此时的西汉朝廷,完全掌控在霍光的手中,不仅皇帝是傀儡,丞相也只是随时可以除去的一枚棋子。[21]所以,刘贺在当皇帝不到一个月的时间里,就被霍光"废掉",史称汉废帝,只好灰溜溜地回到了自己的封地。霍光位极人臣,权势滔天,这与他谨小慎微的性格是分不开的,比如,每次出入殿门,要走多少步,每步踩哪块砖,在哪停留,都相当严格,有人暗中观察过,每次都分毫不差。一个人连走路都如此拿捏,可以想见,他说话、办事该是何等的谨慎。[22]回到这个单词,对这个单词的记忆比较特殊,因为我是以 ginger 为基础记忆的,ginger 与 gingerly 虽然极为相似,但是意思却差得很大,我在此使用霍光的故事就是要讲明"姜"与"谨慎地,小心翼翼地"之间的关系,所以使用"姜还是老的辣"与霍光身上最为显著的一个性格特点——小心谨慎形成意义上的关联。

gleam	glimmer	glisten
v. n.	*n. v.*	*v.*
发微光,隐约闪光,闪烁	微弱的闪光,闪烁的微光	(湿物)闪光,闪亮

对这三个词我要把它们放在一起进行归纳记忆。有一首歌非常出名的歌,它就是朗朗上口又动听的《鲁冰花》。这首歌会让人很动情,每个人都有母亲,母亲对自己的生养之恩是非常伟大的,《鲁冰花》中有这样一句歌词,"夜夜想起妈妈的话,闪闪的泪光鲁冰花"。所以,我由此将三个单词与这首歌进行联系。为什么这样联系呢?大家看 gleam 这个单词,我使用英语的拼读法拼读出这个单词后,发现它与汉语的"歌里母"发音相近,意即"歌里有母亲"。

大家再看 gleam 的意思，"发微光，隐约闪光，闪烁"，这就会让人很容易地想到"泪光"，因为泪光所发出的微弱的光芒恰好与这个单词的意思结合得十分形象。《鲁冰花》这样唱道，"夜夜想起妈妈的话，闪闪的泪光鲁冰花"。《鲁冰花》是一首歌曲，歌里有"母亲"，有"泪光"，这就将 gleam 的发音"歌里母"与它的意思"发微光，隐约闪光"形成了一个音与义的联系。其次，大家再看 glimmer 这个单词，把它与 gleam 进行对比，大家就会发现，实际上从 glimmer 的发音来看，它只是比 gleam 多了一个 er 音，glimmer 的前面部分 glim 与 gleam 的发音是基本一样的，只是因为 glimmer 中 i 是元音，所以末尾双写 m，之后加了 er。这样的话，glimmer 的发音依然有"歌里母"，所以，glimmer 与 gleam 可以理解为是同义词。最后就是 glisten，《鲁冰花》是歌曲，glisten 这个单词中又有 listen，它的意思是"听"，glisten 在字典中的意思也确实是"闪光"，还是"湿物的闪光"，这和"泪光"也是吻合的。因此，使用一首歌，将这三个单词看作同义词，使用谐音，然后形成单词音与义的联系，记忆的效果就会比较好。

glister	**glitter**
v.	*v. n.*
闪耀，闪亮，熠熠生辉	闪亮，闪耀，光彩夺目

　　中央电视台曾经有一档非常火爆的节目《星光大道》，它成就了很多"接地气"的明星，凤凰传奇组合就是其中之一。凤凰传奇有几首特别好听的歌曲，比如《荷塘月色》《自由飞翔》《月亮之上》，尤其是《最炫民族风》，几乎是全国各地广场舞的必备，而且还成功输出海外，成为文化精品。

　　回到这两个单词，glister 与 glitter，我将这两个单词拆分为三个部分，第一部分是两个单词都有的 gli,第二部分是 st 与 tt,第三部分是两个单词都有的 er。首先,我要讲第二部分,st 与 tt。我将 st 视为汉语"上头"的拼音首字母,将 tt 视为汉语"听听"的拼音首字母。所以这两个单词的这部分可以组合为"上头听听",或者说"听听上头",这样更顺耳。其次,对这两个单词的第一部分 gli,采用英语拼读的方法拼读出单词后,根据它的发音,发现这部分与汉语的"歌里"发音相近。而第三部分 er,可以视作单词的后缀,表达的是"人"的涵义。因此,这两个单词就让我想到了非常"火"的凤凰传奇,他们的《最炫民族风》是一首歌曲,而且"听听就上头"了,凤凰传奇本身也符合 er 词缀所表达的"人"的涵义。他们作为名人,因为精良的音乐作品收获了很多的掌声与鲜花,大放光彩,拥有很多忠实的听众,可以说,他们是如钻石般闪烁的明星。正如两个单词的意思一样,"熠熠生辉,光彩夺目",凤凰传奇的音乐作品让观众印象深刻,他们是受人喜爱的明星。使用这样的记忆方法可以比较好地实现单词音与义的联系,记忆起来十分简便。

glint

v. n.

闪光,闪亮;(常指强烈情感在眼中)闪现

一见倾心是一个很文艺的成语,它总能让我想到李延年的那首乐府诗,"北方有佳人,绝世而独立,一顾倾人城,再顾倾人国"。元代著名杂剧作家王实甫著的《西厢记》中描写了书生张生与富家小姐崔莺莺的爱情故事。其中有这样一句唱词,"饿眼望将穿,馋口涎空咽。空着我透骨髓相思病染,怎当他临去秋波那一转"。它描写了张生在普救寺初见崔莺莺时那种望眼欲穿的心跳感,透过它,我们也可以感受到崔莺莺那双瞳剪水,晶莹明澈的眼睛带给张生如何的悸动感了。后人据此写了一首很美的文章,叫《怎当他临去秋波一转》,文中这样描写:"风姿绰约,神已淡于秋水。而相接之际,莫我肯顾,则无如他何耳。今也睹彼秋波,有不自禁之情,俄而光稍著焉,俄而光即敛焉,低徊而临去者。能不倾倒于那一转乎?"

回到这个单词,首先需要说明的是,单词的末尾字母 t 不是我记忆的重点,因为它和我使用到的方法不太相关,所以这部分我直接忽略。接下来,我使用英语的拼读法拼出这个单词后,发现 glin 部分与汉语的"格愣"发音相近,"格愣"在汉语中的意思是"心骤然跳动",按照我们今天比较时髦的话讲,就是"心里的小鹿在乱撞"。我看到"格愣"的时候,马上想到的也是这种心脏骤然跳动如初恋般的感觉,这就好比"一见倾心"这个成语一样,看见一个自己非常喜欢的人,正如满目星辰都是你一样,因为喜欢,在眼神中尽是爱慕,这是一种强烈而炽热的爱意,因为眼睛就是心灵的窗户。正如单词 glint 的意思一样,"常指强烈情感在眼中的闪现",心是骤然间地跳动,眼中闪现着浓烈的爱意,使用这样的谐音来记忆单词的意思,会让人的印象很深刻。

gloat

v.

幸灾乐祸,沾沾自喜

如果一个国家的贤良忠臣死去,那么谁会幸灾乐祸呢?答案一定是奸佞小人以及这个国家的敌人。每当端午节人们在食用粽子时,都会想起忠

君爱国的伟大文学家屈原。他是楚辞的创立者,是中国浪漫主义文学的奠基人。他极富才华,他著成的《离骚》《九章》等文学作品为后世浪漫主义文学奠定了基础。屈原本人忧国忧民,志向远大,修明法度。但是,他却在当时的楚国遭受到了贵族的排挤与诽谤,一度被流放在外。当时楚国的君主楚怀王闭目塞听,一叶障目,亲小人喜玩乐,沉湎于酒色之中。楚怀王极为宠信上官大夫与公子子兰,由于史料有限,上官大夫的一些资料无从可考,但是已知的是,这位姓上官的大夫与公子子兰都是屈原的政敌,专坏楚国大政,还经常合起伙来给屈原"添堵",导致屈原一再被贬。屈原曾力劝楚怀王不要赴秦,但正是公子子兰害怕得罪秦国而怂恿楚怀王赴秦[23],以致楚怀王刚一入武关就被秦军扣留,秦国竟还以此要挟楚国割让巫郡与黔中郡,楚国不从,秦军便攻打楚国,楚国大败,楚怀王最终客死于秦。公元前 278 年,秦将白起攻破楚国都城郢都,楚国贵族连忙逃难,屈原在得知后,怀着极度苦闷、忧郁的心情投汨罗江而亡,他至死都要对楚国尽忠,而不是苟活于世。

回到这个单词,我在记忆它的时候,使用了一个很常见的单词来做了单词"形"上的类比,这个单词就是 float。Float 的意思是"漂浮",人在溺水而亡后,如果身上没有重物,那么会先沉入水底,然后再漂浮于水面,屈原是投江而亡的,那么他的尸体就会浮出水面。在 gloat 这个单词里,字母 g 可以看作汉语"国"的拼音首字母,它既可以指代上官大夫与子兰等楚国奸佞之徒,也可以指代虎视眈眈的秦国。正如 gloat 的意思"幸灾乐祸,沾沾自喜",屈原死后,谁会"幸灾乐祸,沾沾自喜"呢?那就是屈原的政敌们,他们用自己的遗臭万年换来屈原的名垂青史,而秦国也会嘲笑楚怀王以及后来的继位之君,正是他们的昏聩,让屈原这样有才华且忠心耿耿的贤臣枉丢了一条命。使用这样的方法来记忆单词,可以把熟悉的单词通过它的词义与新单词进行联系而记忆,对记忆单词的意思很有帮助。

gnaw

v.

咬，啃，啮

　　棋逢对手是一种什么样的感觉？三国时期有两个赫赫有名的军师，诸葛亮与司马懿。在《三国演义》中，诸葛亮在刘备死后进行了数次北伐，在最后一次北伐的时候，诸葛亮带领蜀汉大军在五丈原安营扎寨。司马懿很"懂"他的这位老对手的心意，偏偏不让自己的军队与蜀军对决，因为他知道，蜀军在外征战，粮草问题可以左右战争的胜负，他就干脆耗着蜀军，要把诸葛亮"拖死"。诸葛亮急呀，他也"懂"司马懿，知道这个老奸巨猾的人不可能轻易出战，于是，诸葛亮就用了一招激将法，他命下面的人连夜做了一件妇人的衣裳，第二天就派人给司马懿送去，意在嘲笑司马懿是女子做派，做事龟缩不前，扭扭捏捏不像个男人。蜀军的士兵把衣裳交给了司马懿，司马懿非但没有生气，反而乐呵呵地穿上，十分镇定地询问前来的蜀军士兵诸葛亮近来的睡眠、饮食情况，这位士兵人也很实诚，就毫无心机地如实相告了，"诸葛公每日所食的饭食不到几升"。他走后，司马懿就和身旁的人说，"诸葛亮恐怕活不了多久了"。随后，当蜀军这位士兵将司马懿的问话转述给诸葛亮时，诸葛亮竟喷出一口鲜血，他非常后悔自己送司马懿这件女装，更为没有交代士兵如何应答而追悔莫及。果然，没过多久，诸葛亮病情急转直下，在五丈原薨逝。诸葛亮与司马懿的对决，本就是两个知己知彼的人不断地在"吞噬对方的信心"。诸葛亮之所以喷出一口鲜血，就是因为他知道自己的"沉不住气"让司马懿知道了自己命不久矣，自己在面对司马懿时的"不沉稳"让他的伐魏事业必将因为对方的踌躇满志而落空；同样，空城计中诸葛亮没用一兵一卒却吓退司马懿，也是因为司马懿面对孔明时对自己"不自

信"，而后的"死诸葛走生仲达"也是这个道理。

回到这个单词，我使用英语的拼读法拼读出 gnaw 后，发现它与汉语的"孬"发音相近，"孬"在汉语中的意思是"不好，胆怯"。通过诸葛亮给司马懿送女装这件事来进行联系记忆，就是指诸葛亮用女装暗指司马懿是"孬种"，不敢应战，司马懿率军不出，实际上就是在消耗诸葛亮的耐心，这就正如 gnaw 的意思一样，"咬，啃，啮"，一点一点地消磨对方的斗志、信心与耐心，这种心理上的消耗就如鼠咬一般，最终可以击溃一个人的心理防线。单词 gnaw 的意思是"咬，啃，啮"，其实更深的意义是"吞噬，打击，摧毁"，这是一种延伸的表达，使用诸葛亮送司马懿女装的故事，可以比较好地实现单词音与义的联系，十分好记。

goad

v. n.

（不断地）招惹，刺激，激怒

几年前有一部很"火"的电视剧《琅琊榜》。这是一部制作十分精良、服饰道具考究的电视剧，其中让人印象深刻的三个王子——誉王萧景桓、太子萧景宣以及靖王萧景琰，他们很像唐太宗的儿子魏王李泰、太子李承乾以及晋王李治。看过《琅琊榜》的人都知道，誉王和太子斗得"天翻地覆"，尤其是太子的"懦弱无能"与誉王的"雄心勃勃"形成了鲜明的形象反差，如果不是梅长苏在背后"推波助澜"，很多观众恐怕会以为"冒进"的誉王会取代太子成为大梁的皇帝。电视剧毕竟只是电视剧，历史上唐太宗的三个嫡出儿子倒是上演了《琅琊榜》一般的争储故事。魏王李泰是太子李承乾的同母弟弟，唐太宗十分喜欢这个儿子，觉得他十分像自己。可太子李承乾在性格上比较"中规中矩"，他一直被唐太宗严格要求,连衣食住行都比其他的皇子"差一截",唐太宗这么做是想让他养成朴素节俭的习惯。长期以来在父亲的严格管教下,李承乾心中已十分压抑,而弟弟李泰又很受父皇宠爱,他玉树临风,风姿绰约,满口"家国天下"。李承乾心中的自卑情绪不断地啃噬他那敏感而脆弱的心,这就为父子二人的不和埋下了隐患。可偏偏父亲唐太宗十分满意李泰,给了他很多"僭越"的待遇,唐太宗允许李泰在长安开设文学馆招揽门客,这就等同于"默许"李泰发展、培植自己的势力;看见李泰大腹便便,便心疼他上朝不便,特地赐给他轿子上下朝。[24]这种逾越礼制的做法给了李泰及朝廷大臣强烈的暗示:李泰比李承乾更适合做太子。这激起了李承乾的危机感,导致其铤而走险。[25]自此,李泰身边为他"出谋划策"的人越来越多,李泰的地位就像《琅琊榜》中的誉王一样,变成了离太子之位最近的"七珠亲王"。在感到自己的地位受到严重威胁后,李承乾先是派人刺杀李泰,未果,又结交大臣仿效"玄武门之变",结果被人告发,李承乾被废为庶人。最终当上太子的人并不是李泰,他也被唐太宗疏远,而李承乾、李泰两人的同母弟晋王李治,一个看似云淡风轻、置身事外的温良皇子最终成了储君,就是后来的唐高宗。

回到这个单词,我使用英语拼读法拼出 goad 后,将它与汉语的"够的"相联系,这个"够的"可看作"受得够够的"中的"够的",意即"无法忍受"。单词 goad 的意思是"招惹,刺激,激怒",恰好与"够的"形成了一个比较紧密的联系,这就像太子李承乾的遭遇一样,自己的弟弟总是在挑战他的太子之位,让"太子受得够够的"。魏王李泰的不断紧逼让太子受得够够的;唐太宗那令人窒息的爱,让太子受得够够的;那些依附太子而存活的大臣、门客对太子的"劝说",也让太子受得够够的。正是这些人不断地"招惹,刺激",最终让太子李承乾走上了谋反的不归路。采用这个故事与谐音,较好地实现了单词音与义的联系,形成了一个比较说得通的联系,记忆的效果也比较好。

grin

v. n.

咧着嘴笑，龇着牙笑

在唐朝，有一位"奇"女子，她的丈夫官职不高，但她用自己的智慧与勇气"吓跑"了一个色胆包天的王爷。在江西省南昌市有这样一座知名的历史建筑，它就是滕王阁，伴随着唐代文学家王勃的作品《滕王阁序》的传诵，滕王阁位列"江南四大名楼"之一，风光好不秀美。修建滕王阁的人就是唐高祖李渊最小的儿子，滕王李元婴[26]。而这个单词背后的故事，就与他有关。滕王李元婴作为李渊最小的儿子从小就备受宠爱，李元婴在艺术造诣方面所达成的成就十分突出，在音乐、舞蹈、绘画方面显示出了非凡的才能，特别是他画的蝴蝶，在中国古代绘画史上被称作"滕派蝶画"。但是，李元婴自小就是"富贵王爷"，为人更放荡不羁，在他到了南昌就藩后，更是将自己放纵为"采花大盗"，很多官员的妻女都被李元婴欺侮。据《新唐书》记载，一日，李元婴传召崔简的妻子郑氏去滕王府，崔简自知妻子这一去意味着什么，便十分忧愁，可是滕王毕竟不好得罪，不让妻子去是不行的。他的妻子郑氏反倒比较镇定，让丈夫放心，说她自有办法。郑氏到了滕王府后，就被人带到了一处僻静的阁楼里，原来李元婴早已等候多时，他一看见郑氏，就企图逼她就范，郑氏大呼："你一定不是真正的王爷，堂堂王爷是不会做出这种事情的，你一定是王爷的下人。"说罢，郑氏脱下脚上的鞋，用鞋子把这位"假王爷"打得脑袋都流出了血，李元婴狼狈不堪，捂着头大叫，滕王妃闻讯赶来，李元婴的闹剧才收场。郑氏依靠着过人的智慧与胆识吓跑了坏人，保护了自己。

回到这个单词，我使用英语的拼读法拼出这个单词后，发现它的发音很像汉语的"滚"。李元婴在欺侮民女时，志得意满，龇牙咧嘴，正如 grin 这个单词的意思一样，"咧着嘴笑，龇着牙笑"，表达出李元婴的歹念与不怀好意。而"滚"这个谐音可以表达出郑氏反抗李元婴的决心。如此，可以比较好地实现单词音与义的联系，联系这个故事是说得通的，记忆的效果也比较好。

gripe

n. v.

抱怨，怨言，牢骚

grumble

v. n.

抱怨，牢骚

grievance

n.

抱怨，牢骚，委屈

grouse

n. 松鸡，松鸡肉；抱怨，牢骚

v. 抱怨，发牢骚

对这四个单词我将它们分为两组记忆，第一组是 gripe 与 grumble，第二组是 grievance 与 grouse，而这两组分别对应两个故事，这两个故事具有一定的联系，并且这四个单词都有"抱怨"的意思。现在，第一个故事开始了。明太祖朱元璋大家都知道，他算是一个比较励志的人，因为他是中国古代封建王朝中"寒门出贵子"的代表人物。朱元璋小的时候放过牛，要过饭，还当过一段时间的和尚，生活对于他而言，确实不太容易。相传有一次他饿得实在难受，无意间被人好心施舍了一碗青菜豆腐汤，这碗普通得不能再普通的汤在他眼中却胜过任何佳肴珍馐，后来也成就了"珍珠翡翠白玉汤"的佳话。朱元璋有一个儿子是晋王朱棡[27]，在洪武十一年的时候前往今天山西一带就藩。据《明史》记载，这位晋王长得很帅，"修目美髯，顾盼有威，多智数"。朱元璋很爱自己的儿子，就把随自己征战多年、很信任的贴身厨师徐兴祖

"赐"给了朱橚,让他在路上照料朱橚的膳食。徐兴祖可不比宫中其他的御用厨师很会烹饪精致而华丽的膳食,因为他是陪着朱元璋打天下时期一路苦上来的厨子,所以在菜品花色上、食材的考究上、摆盘装饰的韵味上都透着一股朴实无华的气息。可以说,朱元璋的苦出身一定程度上成就了徐兴祖在御膳房的地位,徐兴祖也因为一路陪伴而被朱元璋视为心腹。当时的朱橚显然没有意识到朱元璋的苦心,本就舟车劳顿,又吃着"朴实无华"的饭菜,吃惯了宫中饕餮盛宴的朱橚终于忍不住了,就把徐兴祖给打了一顿。朱元璋听说后,赶忙写了一道上谕,连夜派人交给朱橚,朱橚一看,老父亲很生气,言辞犀利,说自己二十三年来都从未让徐兴祖折辱,你小子居然敢打他!朱橚很生气,自己的爹居然为了一个厨子而大发雷霆,过不久,朱元璋说出了缘由。原来,厨子看似比较卑贱,但是却是离王权、皇权最近的人,惹怒了厨子,让他们心中有怨恨,轻则把主子吃得上吐下泻,重则直接要了主子的命。特别是一些恶毒的厨子,搞一些慢性毒药掺入主子的饭菜中,那后果可是不敢想象。后来,朱橚认识到了自己的错误,在自己的封地上就收敛了许多。

回到 gripe 与 grumble 这两个单词,在记忆 gripe 的时候,我将它拆分为两个部分,第一个部分是字母 g,第二个部分是 ripe,因为 ripe 是一个比较常见的单词,它的意思是"成熟的",所以它成为我记忆 gripe 的基础。汉语"国"的首字母是 g,ripe 又是"成熟",从朱橚与朱元璋对待徐兴祖的态度来看,不得不说朱元璋真是"思虑周全,老谋深算",而他的儿子朱橚却"很不成熟","国"代表的是国家,也可以代表君主,由此,从 gripe 可以联想到"如果国家的君主不成熟让身旁的厨师受了辱,厨师就会有怨恨"。这样的话,这个单词从"形"上来讲,就可以与它的意思相联系。再来看 grumble 这个单词,我同样将它拆分为两个部分,第一个部分是字母 g,第二个部分是 rumble。大家看 rumble,它是不是与单词 umbrella,"雨伞"很像?实际上,它们确实很像，umbrella 只比 rumble 多了两个字母，而且只是单词的顺序不太一样，其他的字母又可以重合。大家都知道 umbrella 意为"雨伞"，而它的引申义也有"保护伞，庇佑"的意思。联系朱元璋"下赐"徐兴祖给儿子朱橚做御厨这件事来看，一个老父亲由于不放心儿子就藩的膳食安全，担心有人做手脚，从而将自己最信任的老厨子"赐"给儿子，这是一种保护，也可以讲，朱橚的"保护伞"是父亲朱元璋给他的爱。而首字母 g，同样可以看作"国"的拼音首字母，代表的就是"国家与君主"，可以指代明朝的最高统治者。因此，grumble 这个单词采用 umbrella 来进行相近的解释，在记忆 grumble 的时候可以形成单词音与义、形与义上的联系。

下面来看第二组单词，grievance 与 grouse，而它们的故事同样与厨子有关。讲之前的单词的时候提到过《琅琊榜》，我在看这部电视剧的时候，非常喜欢睿智多谋又风流倜傥的梅长苏。据说，梅长苏的历史原型就是南朝大梁的名将，号称"白袍将军"的陈庆之。而接下来要讲的故事就与这位与陈庆之齐名的南梁大将兰钦的儿子兰京有关，并且兰京也一度成了厨子。南北朝是一个大分裂的时代，当时与南梁并存的北齐王朝在历史上也比较"出名"。高澄[28]是北齐王朝的实际奠基人之一，他的父亲是东魏权臣高欢，高澄作为父亲可能没有什么"知名度"，但是高澄有个儿子可以说是家喻户晓。高澄死后留下了六个儿子，而其中一个就是号称中国古代"四大美男"之一，在电视剧中让无数少女崇拜痴迷的兰陵王高长恭。高澄与父亲高欢、弟弟高洋很像是"翻版"的司马师与父亲司马懿、弟弟司马昭。这就是说，高家和司马家专以"篡权"得天下，而历史总是很相似，高澄在与亲信密谋取代东魏天下的前一天，在自己的府中被厨子杀了，含恨而终，倒是弟弟高洋实现了当皇帝的梦想。而刺杀高澄的这个厨子就是南梁大将兰钦的儿子兰京。可能大家要问了，为什么名将的儿子会去做厨子？二人之间又发生了什么，让一个平凡的厨子敢对主子痛下杀手？那是因为东魏与南梁打仗，兰京被俘了，只好给高澄当厨子，但兰京很想回到梁，便经常讨好高澄，还给高澄送了很多礼，可是高澄的人品确实不怎么样，他就像北齐王朝的所有皇帝一样，荒淫而残暴，高澄在十四岁的时候就与父亲的小妾私通，还差一点被废了世子位，而兰钦派人给高澄送了重礼想要回儿子，高澄收了钱就没有"下文"了，一点没有放兰京走的意思，时间一长，兰京对高澄心生怨意。一日，高澄唤来自己的亲信，密谋让东魏皇帝禅位，兰京看这伙人神情凝重，像是有什么大事发生，就假意送饭想打探一下。高澄见到兰京后很不悦，斥责他离开，转而对亲信说："我昨夜梦见这个奴才用刀砍我，看来我得处死他。"可兰京一直在屋外未离去，听到高澄的话后，便狠下心来决意杀死他，而后他再度进屋送饭，此时，一把刀藏在盘底。兰京本就是武将出身，身强力壮，他把高澄的亲信砍的砍，劈的劈，兰京的六名同伙也赶来上前"交战"，高澄在慌忙中崴了脚钻入床底，兰京等众人就一齐把床给掀了，最后乱刀砍死了高澄。高澄的弟弟高洋闻讯赶来，大惊失色，为了泄愤，把兰京斩首了。所以说，惹谁也不要惹厨子是有一定道理的。

　　故事讲到这里，回到单词 grievance 与 grouse，首先来讲 grouse，它的意思是"松鸡；抱怨"，我在记忆 grouse 的时候，将记忆的重点放在单词的 ouse部分上，我使用英语的拼读法拼出 grouse 后，发现其中的 ou 部分与汉语的"啊呜"相近，而 se 的英语发音与汉语的"死"相近。所以，在这样的谐音下，这个单词可以被解释为"一命呜呼"。兰京本是名将之后，也是威武的将军，却因为被俘而给敌国的首领做厨子，还要不断忍受他的欺辱，以致最后兰京终忍无可忍，听到高澄要杀了他便先下手为强。随后的 se 部分"死"就是指高澄死了，所以这样来解释这个单词的话，高澄命丧黄泉，"啊呜"一声便被结束了性命，而 grouse 的意思是"抱怨，怨言，嫌隙"，一个厨子为什么敢杀主子，这是因为兰京对高澄早就有抱怨与嫌隙了，高澄在收了兰钦的礼后却迟迟不肯放兰京走，兰京为此心生怨恨，转化为最后痛下杀手的"导火索"。单词 grouse 也有"松鸡"的意思，可以这样理解，兰京是厨子，厨子烹制鸡等食物也是一件比较平常的事。这样记忆就实现了单词音与义的联系，而且把单词意义上几个不太相关的词义一并记忆也不会混淆。

再来看 grievance，我将它拆分为三个部分，第一个部分是 grie，第二个部分是 van，第三个部分是 ce。对于第一部分 grie，它有一个形近的单词是 grief，的确，grief 只比 grie 部分多了一个字母，而 grief 是一个比较常见的单词，意思是"伤心"，它在这里指的是"高洋看见哥哥高澄被厨子所弑，难免伤心"；对于第二部分，我使用英语的拼读法拼读出这个单词后，发现 van 与汉语的"闻"发音相近，而"闻"有"听说"的意思，也有"听见"的意思，在这个故事中，可以联系到"高洋听说哥哥高澄被厨子杀了，闻讯赶来"；对于第三部分，我使用英语的拼读法拼读后，发现 ce 部分与汉语的"死"发音相近，意即"高澄死掉"。高澄被厨子所弑皆因厨子对他的不满，这就与 grievance 的意思实现了音与义、形与义的联系，记忆的效果比较好。

halitosis

n.

口臭

"高压锅生蚝"一菜非常受大众喜爱。生蚝的滋味甘美，营养丰富，做法也比较简单，比较适合想一饱口福又不太会做饭的人。"吃货"，一个跨越了千年的词，从古至今都可以找到这样的人的存在，就比如大文豪苏轼，既发明了东坡肉，也喜欢吃生蚝。苏轼对生蚝"一发不可收拾"，后来被贬至儋州

后，他更是天天吃生蚝。可以说，苏轼能吃到如此的人间美味，与他的被贬有很大关系。这样一个问题就来了，苏轼为什么总是被贬官呢？答案是因为他"口臭"，这个"口臭"，不是医学上的那种疾病，而是指苏轼的率直与"口不择言"惹怒了当权者。北宋神宗元丰二年（1079）七月至十二月间，苏轼因其诗文涉嫌谤讪朝政而身系诏狱，由御史台负责审讯，最终以他被贬黄州而告终。[29] 这一年，苏轼在任湖州知州后，在上疏的谢恩表中大书特书，这让原本的一篇中规中矩的表文变了"味道"，一些朝廷中人便由此大做文章，弹劾苏轼妄自尊大、包藏祸心，随后又在苏轼的大量诗文中找到"端倪"。这件案子因在御史台中受审，台中常有野乌鸦栖息在柏树上，御史台也因此被称为"乌台"，这就是历史上著名的"乌台诗案"。

回到这个单词，首先需要说明的是，单词结尾的 sis 部分不是我记忆的重点，因为它与我使用到的方法不太相关，所以这部分我直接忽略。我使用英语的拼读法拼读出这个单词后，发现单词的前面部分 hali 与汉语的"海蛎"发音相近，实际上，海蛎就是生蚝。同时，因为生蚝会用"头数"来表示生蚝的大小，这里的"头"又与单词中 to 部分的发音一致。联系苏轼喜食生蚝，还写过《食蚝》诗，我由此想到了苏轼的频繁被贬与著名的"乌台诗案"，苏轼的"口臭"惹怒了当权者。换句话讲，溜须拍马的话，还用得着被贬官吗？如此，这个单词实现了音与义的联系，比较好记。

hangdog

adj.

显得难过的；羞愧的

要说中国历史上著名的与狗有关的皇帝，当属宋徽宗赵佶，他是属狗的皇帝,还弄出了一则禁令,专门保护狗。宋徽宗时期的大臣范致虚进言,"十二宫神,狗居戌位,为陛下本命。今京师有以屠狗为业者,宜行禁止。因降指挥,禁天下杀狗,赏钱至二万"。[30]宋徽宗一听,很有道理。皇帝贵为天子,命里属狗,天下百姓却杀狗、吃狗,这不是要了自己的命吗?宋徽宗就宣布,"禁天下杀狗,赏钱至二万"。宋朝时期,达官贵人等上流阶层喜食羊肉,但羊肉的价格比较昂贵,普通百姓是吃不起的,这样一来,价格便宜又味美的狗肉就成了百姓日常的吃食。宋徽宗的禁令让百姓摸不着头脑,此后的一段时间,百姓家家不敢明目张胆地吃狗肉,以致一些店家为维持生计,只好"挂着羊头,卖狗肉"。一些大臣看不下去了,就上疏给宋徽宗,说您的父亲宋神宗是属鼠的,当年也没有听过朝廷要禁猫呀。宋徽宗虽然朝政处理得一般,但还不是凶残不讲道理的人,想了想,觉得这些大臣说得也对,不让百姓吃狗肉确实不太合理,自己作为堂堂皇帝,不能把天下搞得怨声载道,就把禁止杀狗的御令撤销了。

回到这个单词,可以把它分为 hang 与 dog 两部分,大家看 hang,它是一个比较常见的单词,意思有"绞死,悬挂",dog 是"狗",这个单词拆分后从表面上看意即"绞死狗"或"挂着狗"。从历史上来讲,宋徽宗确实不是一个好皇帝,他任用蔡京等奸臣使得朝纲崩坏,宋江等人也是在宋徽宗当政时期起义与朝廷分庭抗礼的。宋徽宗本人虽然在艺术领域带领宋朝奔向全新的高度,但他迷恋声色犬马。李师师生得娇柔妩媚,宋徽宗更是设立行幸局专门负责出宫留宿事宜。此时北方金国、辽国不断发展壮大,以致在宋徽宗当政末期,金国兴兵南下,攻取北宋国都汴梁,北宋灭亡,宋徽宗与其子宋钦宗等一众北宋皇室贵胄被掳远上,史称"靖康之耻"。hangdog 的意思是"显得难过的,羞愧的",堂堂天子不为苍生考虑,反倒炮制出"禁杀狗令",让百姓一时之间哗然,最终丢了河山,如此皇帝,是该蒙羞。

harangue

v. n.

义愤填膺地谴责；慷慨激昂地劝说

汉语中有这样一个成语，叫"义愤填膺"，意思是由于正义而激发的愤怒充满心胸。我在看到 harangue 这个单词的时候，想到了一个历史上的著名人物，他就是南宋文学家、主战派代表杨万里。之所以会想到他，是因为我在拼读这个单词的时候发现，单词前部的 ha 部分发出的音与汉语"荷"很相似，因此，有很多表达荷花的诗句出现在了我的脑中，由此，我想到了擅长描写荷花，又非常喜欢荷花的大诗人杨万里。"小荷才露尖尖角，早有蜻蜓立上头""接天莲叶无穷碧，映日荷花别样红""荷花入暮犹愁热，低面深藏碧伞中""井花新抖白芙蕖，坐看纷纷脱雪肤"，等等，杨万里对荷花是真的热爱，他笔下的荷花摇曳生姿，高洁典雅，极具审美趣味。杨万里如此爱荷、赏荷，欣赏的是荷之活泼灵动的生命力。[31]熟悉杨万里的人大概都知道，他不仅是南宋的"中兴四大诗人"之一，更是一位爱国忧民、视富贵如敝屣、遇事敢言、具有大丈夫气概的主战派大臣。他充任金国贺正旦使的接伴使时，因往来江淮之间，当他迎送金使时亲眼看到被侵占的宋朝大好河山与中原遗民的屈辱生活，在他心中燃起了收复大宋失地、赶走金国侵略者的斗志与决心。杨万里创作的很多的文学作品中都展现了这样的决心，比如《雪霁晓登金山》《宿牧牛亭秦太师坟庵》等，都表达了抗金的斗志与南宋小朝廷的屈辱和无能，讽刺了当时卖国的奸佞权臣。

回到这个单词，首先要指出的是，这个单词的后部 gue 部分是不发音的，因此，它不是我记忆的重点。在拼读这个单词的时候，虽然单词开头的 ha 部分让我想到了"荷"，但是我还是将 ha 部分在单词中的发音与汉语的"和"相联系,它们的发音十分相近。接着,我使用汉语拼音的方式将单词中的 ran 拼成"燃",于是,这个单词的谐音就变成了"和燃",这个"和"指的是"主和派","燃"指的是"燃起"。这就像杨万里的故事一样,他不是卑躬屈膝的主和派,他对收复中原失地具有豪情斗志,充满决心,因此,当他看到当权者的腐朽统治后,他痛斥主和派,为此还写了很多的文学作品来表达这种悲愤,这与 harangue 这个单词的意思"义愤填膺地谴责,慷慨激昂地劝说"是吻合的。如此一来,这就实现了这个单词音与义的联系,比较方便记忆。

harbinger

n.

(常指坏的)预兆,兆头

对这个单词的记忆与一个世界闻名的会议有关,就是 2009 年在丹麦首都哥本哈根举行的哥本哈根世界气候大会,会议旨在应对全球气候变暖,约束温室气体排放,被喻为"拯救人类的最后一次机会"。

回到这个单词,首先需要说明的是,单词结尾的 er 部分不是我记忆的重点,因为它可以被视为单词中表示"人"的后缀,且它与前面的字母 g 构成了一个完整的音节,这部分我直接忽略。前面的 harbin 部分,我使用英语的拼读法拼读出后,发现它与汉语的"哈本"发音相似,可以看作是"哥本哈根"中的"哈"和"本",由此我想到了这次著名的会议。harbinger 的意思是"坏的预兆",人们之所以召开哥本哈根气候大会,就是因为全球变暖问题越来越突出,海平面上升,超大型台风、飓风毁坏人类居住地,一些岛国以及生物可能会因此而灭绝,伴随着各种危机的到来,这些自然灾难的"坏预兆"告诉人们，人类若再不采取行动，可能会产生难以估量的影响。这样一来，实现了单词音与义的联系，比较符合常理，记忆的效果也会比较好。

heap

n. （凌乱的）一堆；许多，大量

v. 堆积，堆置

在中国历史上有这样一位皇帝，他的大臣把他从御座上"请"了下来，打了二十大棍，这位皇帝就是金太宗完颜吴乞买，也叫完颜晟。这位金太宗很了不起，他把辽王朝给"灭了"，还掳走了北宋的两位皇帝和一众皇室宗亲，这两位皇帝就是"靖康之耻"中被掳走的宋徽宗与宋钦宗。站在金国的立场上来说，金太宗是一位雄主。金国的开国皇帝是金太宗的哥哥完颜阿骨打，就是后世所称的金太祖。当时，金朝的国力还不是很强大，尤其是财力方面，根本无法与人口稠密、物华天宝又经济富庶的北宋王朝相媲美。金太祖筚路蓝缕，深感开创基业的不易，自己便非常节俭，给后代立下了一条"家规"：国库中的财物只有打仗时才可动用，谁要是拿了国库里的钱，不管是谁，一律打二十大棍。后来，金太宗继承了哥哥的帝位，灭了辽国，率军南下，驱渡黄河，包围汴京，宋军溃不成军，"城下之盟"诞生，后来他又攻克汴京，掳走宋徽宗、宋钦宗等一众皇室贵胄，由此，北宋灭亡。这个时候，金太宗的国库丰盈了，他便想"拿"出来一点钱好好地享受一下，可是丞相还是查点出来了，并告诉了宗亲重臣完颜宗翰。于是，在朝堂上，完颜宗翰带着一众大臣把金太宗从宝座上架起来平平整整地放到板凳上，狠狠地打了二十大棍。[32]打完后，众臣向金太宗请罪，金太宗只好作罢，恕众臣无罪。这样，他成了历史上唯一一位被大臣打过屁股，打了还不敢给臣子治罪的皇帝。

回到这个单词，我读出这个单词后，发现它与单词 hip 的发音很相近，hip 是一个比较常见的单词，意思是"屁股，臀部"，这就与金太宗被打屁股可以联系上。另外，heap 的意思是"一堆"，做动词是"堆积"的意思。金太宗为什么被打屁股？那是因为他破坏了祖宗的规矩，偷拿了国库的钱。注意，是国库！大家想，国库里面的财物都是怎么码放的？国库里面的财物至少是一堆一堆的吧，肯定不是铢两分寸的吧？特别是，金太宗还刚灭了富庶的北宋，从那里掠夺来了不少的财物，可见金朝此时的国库肯定有着堆积如山的财物。因此，对这个单词的记忆就是从同音词入手，想到"屁股"，由此想到了被打屁股的金太宗，再联系主人公的生平，从而对这个单词的意思进行故事化的解读，由此，实现了单词音与义的联系。

heed

v. n.

留心，注意，听从

有这样一位历史名人，他的才华横贯古今，在诗、词、散文、书、画等艺术中取得的成就十分显著，他号称"苏门四学士"之一，与书法家苏轼、米芾、蔡襄并称为"宋四家"，同时在文学领域，他又与苏轼并称为"苏黄"，他就是北宋著名文学家、书法家黄庭坚。黄庭坚的家族十分有名气，从十世祖开始，黄家就是书香门第，出了很多的进士、教育家与官员。黄庭坚的祖父黄湜就中了进士，黄湜兄弟十三人，有十人进士及第，时人称其为"十龙"。传至黄庭坚这一辈时，他的家族实力、名望达到鼎盛。黄庭坚写过一首《戏答宝胜

甫长老颂》,诗中有这样一句,"月黑蹢城夜,风高放火天",大家看看有没有觉得似曾相识,这不就是"月黑风高夜,杀人放火天"的出处吗? 可以看出,从古代起,人们就有这样的感觉:月越是黑,风越是猛,好像越容易发生"坏事"。就像单词 heed 的意思是"留心,注意,听从",我使用英语的拼读法拼读后,发现它与汉语的"黑的"发音相近,"黑的"指的就是"黑夜,月黑风高的夜里"。因此,为了不让一些"坏的"事情发生,在黑夜就要格外小心,毕竟黑夜可以遮住罪恶。由此,这个单词形成了音与义的联系,十分好记。

hefty

adj.

大而重的;(钱的数额)很大的,超出一般的

明仁宗朱高炽是明成祖朱棣的长子,但是却喜静厌动,身材更是肥胖而臃肿。朱高炽胖到什么地步呢? 据史书记载,他平时走路的时候都需要两个内侍搀扶,太过肥胖让他的腿脚也不太利索。朱棣与明太祖朱元璋都是自己打来的天下,朱棣十分不喜欢自己的这个胖儿子,嫌他太过"油腻"。朱棣在登基后,心中对立哪位皇子为太子一直举棋不定,实际上,当朱棣还是燕王时,在与朝廷作战中,就亲口对自己的二儿子朱高煦允诺,"你好好表现,你大哥身子骨弱"。后来,朱棣还是心软了,他实在太过喜爱朱高炽的儿子朱瞻基,时常把瞻基带在身旁,亲自教导,由于这个颇得圣心的孙儿,朱高炽才被朱棣立为了太子。朱棣生前曾明确表过态,自己是因为喜欢孙儿瞻基,才让朱高炽当太子的,并且,将来继承朱高炽皇位的,只能是朱瞻基。你说,如此不受老爸的待见,跟着儿子沾了光的朱高炽,心中得有多苦闷?

回到这个单词，我把它拆分为三个部分，第一个部分是 he，第二个部分是 f，第三个部分是 ty，通过拼读后，发现这三个部分的读音分别与汉语的"海""扶""提"相似。在汉语中，"海"有"数量极多"的意思，朱高炽异常肥胖，换句话讲，就是他的体重很重，这与"海"所表达的数量极大是吻合的；"扶"就是"搀扶"，史书上记载，朱高炽由于太过肥胖而需要人搀扶，这也是吻合的；"提"就是"手提"。此处我们不妨加个宾语，手提什么？可以是提着巨款，又因为"巨"也有数量极大的涵义，这也与前面的"海"意义相关。这三个汉字谐音都表达出了数量很大、重量巨大、提着费劲的意思。由此，这个单词实现了音与义的联系，是比较能说得通的，可以让读者比较容易地记住词义。

hermit

n.

隐士，遁世者

这个世界上有很多真挚的感情，不随着时间的流逝而消失，反而会愈发浓烈。杨过与小龙女的故事在金庸先生的《神雕侠侣》[33] 中动情上演，一段情深的十六年之约就此开始。在故事中，小龙女听说断肠草可以解杨过中的情花毒，便定下与杨过的十六年之约，待晚上杨过睡熟，她走到断肠崖边，用剑在石壁上刻下了十六年之约，便跳崖自尽。后来杨过在服下断肠草后，解了情花之毒，就离开了绝情谷。杨过在江湖上浪迹，后与神雕相伴，因闲来无事，便开始钻研剑法，此后的半年时间里，他一直勤修剑术，特别是到了下雨天，他就在山洪中练剑。神雕为了让他的武艺更精进，就把他带到海边

去练剑,这一练,就是六年,杨过在这期间,也向往来船客打听南海神尼的下落,这六年的离群索居的生活让杨过的剑艺大涨,他感到难逢对手,就和神雕向西而去,行侠仗义。

故事在此处先告一段落,回到 hermit 这个单词,可以将它拆分为 her 与 mit 两部分,对于 her,我将它看成是动词宾格,就是"她"。这个单词 mit 部分的发音与单词 meet 的发音基本一致,如此一来,hermit 可以解释为"遇见她",由此联想到"杨过遇见小龙女"。从杨过与小龙女定下十六年之约的故事来看,杨过朝思暮想的就是小龙女,他还在岛上过了很长一段时间的隐士生活,在这六年中,他离群索居,孤独地生活,苦心练剑,与尘世相隔,而在这期间,杨过为了早日遇见小龙女,便不断向人打听南海神尼的下落,这就与我的"遇见她"的解读可以契合。这样,这个单词的音与义、形与义实现了一个较为说得通的联系,比较方便记忆。

hideous

adj.

十分丑陋的;令人讨厌的

我很喜欢一部歌剧,它叫《歌剧魅影》,非常经典,改编自法国侦探小说家加斯东·勒鲁的《剧院魅影》。它讲述了发生在古老的巴黎歌剧院的故事,这个剧院经常闹鬼,著名女演员登台演出后竟唱"跑调",还有一系列诡异的事情发生。后来,一个歌坛新秀出现了,她就是克里斯汀,她有着超凡脱俗的形象和清澈动人的嗓音,万众瞩目,成为剧院中最闪亮的那颗星。克里斯汀的"老师"可大有玄机,他就是游荡在剧院的"幽灵"埃里克,他的相貌

十分丑陋，长着一张连他的母亲见了都害怕的脸，他从未得到过任何人的任何关怀，只能躲在巴黎歌剧院的地下室里，也是之前一系列"恶作剧"的始作俑者。克里斯汀，一个清新可人又美丽的女孩走进了埃里克的世界，他爱上了她，决定教她唱歌，让她光彩夺目，让她收获无尽的鲜花与掌声。畸形的面庞带给了埃里克畸形的心理，他虽因面貌丑陋而羞于见人，但却对克里斯汀怀揣着强烈的爱，强烈的占有欲让克里斯汀感到恐惧，他们的爱情也注定只能成为泡影。

回到这个单词，本单词从构成上来讲比较简单，就是 hide 后加了形容词的后缀 ous，但是这个单词的发音比较特殊，与 hide 相差很大。就其意思来说，"十分丑陋的；令人厌恶的"与 hide 的"躲藏"意思也比较有关系，正如剧院的"幽灵"埃里克一样，他躲藏在剧院的幽僻处，从不肯以真面目示人，因此在剧院中几乎没有人知道他的存在，他之所以躲藏在剧院的角落里，是因为他那张丑陋的脸，因此，使用这个故事可以比较好地说明"躲藏"与"貌丑，令人讨厌"的关系，从而实现了单词音与义、形与义的联系，比较好记。

hilarious

adj.

极其滑稽的

有这样一个很诙谐幽默的人，他是皇帝的"开心果"，他滑稽而睿智，常巧妙地针砭时弊，他的才华得到司马迁的认可，他就是汉武帝时期以幽默多智、言辞敏捷著称，深受汉武帝喜欢的著名文学家，东方朔[34]。东方朔在走入汉武帝的眼帘之前，就不同寻常。那时，汉武帝刚登基不久，就诏令天下贤良之士入朝为官。东方朔听到消息后，就写了长达三千片竹简的内容上书，汉武帝花了两个月的时间才看完他的"简历"。汉朝时期，人们喜欢玩射覆，东方朔凭借自己的睿智，常常可以猜中谜底，汉武帝很欣赏他，就多次赏赐给他财物。有一次，汉武帝因为一件事情心情非常不好，他的姐姐隆虑公主在死前要用重金为自己的儿子免除死罪，汉武帝同意了，但后来隆虑公主的儿子真的杀了人后，武帝又反悔了。汉武帝想起对姐姐的承诺，心中很不是滋味。东方朔此时与汉武帝同桌共饮，便举杯向汉武帝祝酒，汉武帝觉得这杯酒来得不是时候，便先行离开了。傍晚时，汉武帝询问东方朔，想知道他祝酒的原因，东方朔便说，陛下心情不好的话，会影响寿命，酒是最好的消愁之物，我敬您酒一方面是因为您的刚正不阿，另一方面是要为您消愁。汉武帝听后心中十分高兴，又赏赐给东方朔很多布匹。

　　回到这个单词，首先需要说明的是，单词结尾的 ous 部分不是我记忆的重点，因为它经常可以作为形容词的后缀，又因为它与其前的字母组合 ri 构成了一个完整的音节，所以这部分我直接忽略。接下来，我将余下的 hila 部分分成两个部分来记忆，第一个部分是 hi，第二个部分是 la。我使用英语的拼读法拼读出这个单词后，发现 hi 部分的发音与 he 基本一致，而 he 就是代词"他"，la 在单词中的发音与汉语"赖"相近，因此，这个单词可以被解释为"他赖"，意即"某人赖账"。在这个故事中，东方朔与汉武帝是一对关系非常融洽的君臣，汉武帝雄才大略，不徇私枉法，东方朔也恪尽职守，常用风趣与幽默为汉武帝解开心结。汉武帝明明已经答应了姐姐隆虑公主，要免除她儿子的死罪，但随后却"赖账"，还是让主理的法官依法判决，只是这种"赖账"是正义的，是值得推崇的，是该被褒扬的。就在汉武帝还在为自己的"食言"而暗自惆怅时，又是东方朔凭借着自己的幽默与识大体令汉武帝平复心情，东方朔在汉武帝心中虽稍显滑稽，却也是汉武帝最喜爱、最不可或缺的重臣之一。使用这样的单词记忆方法，可以比较好地说明单词音与义的关系，记忆起来比较简单。

hobble

v.

蹒跚；跛行

这是一个我很喜欢的单词，接下来要讲的故事的主人公十分值得敬佩。在《旧唐书》中记载了这样一个人，"常清细瘦目类脚短而跛"，他就是唐朝名将封常清[35]。封常清是一个很励志的人，他身材瘦削，眼睛斜视，并且还是跛足。年幼时，他被外祖父带大，外祖父喜欢读书，封常清便跟着他每天坐在城门楼外读书，积累了很多的知识。后来，外祖父过世，封常清便生活得十分贫困，孑然无依。"机会总是偏爱有准备的头脑。"封常清在三十多岁的时候遇到了他生命中的贵人——骁勇果敢、年少有为的唐朝名将高仙芝。可是，因为封常清的长相与跛足，一度让他无法被高仙芝的将领接纳，但封常清并不气馁，谈笑自若，大度从容，将自己的志向与才华展露出来，高仙芝便决意收他为随从。在此后的军旅生涯中，封常清厉行节俭，吃得了苦，忍受得住委屈，治军赏罚分明，在军中威望很高，跟随着高仙芝打了许多胜仗，其中包括击败小勃律国、征讨大勃律国等。唐玄宗天宝十四年时，安禄山起兵造反，朝中无人敢应对，封常清面见唐玄宗后，请兵作战。封常清先是招募义兵，随后与敌军交战。安禄山的叛军势头很猛，封常清寡不敌众，只好退至谷水，后来在陕西遇到了高仙芝，两人分析形势后，便决定先退守潼关。高仙芝的监军边令诚总是向他发号施令，高仙芝不从，边令诚怀恨在心，就

急忙跑回长安向唐玄宗"打小报告"，说："封常清动摇军心，高仙芝等人消极怠战。"唐玄宗听后大怒，下令诛杀二人，一代名将封常清与高仙芝就此殒命，军中哗然，士兵高呼冤枉。封常清在临刑前奏陈的《封常清谢死表闻》成就了他的忠骨，也让历史记住了他的威名。

回到这个单词，我在记忆它的时候，用了如下方法。大家看 hobble 这个单词，如果改变单词的顺序，就可以被分成 hole 与 bb 两个部分。Hole 是一个比较常见的单词，它的基本意义是"洞"，引申意义是"困境，窘境"。而 bb，我将它作为汉语"把柄"这两个字的拼音首字母。这样一来，这个单词就转变为"被人抓住把柄，于是落入困境"。这就像封常清的故事一样，他与高仙芝是出于战术需要而被迫退守潼关，但在小人的眼里，却变成了畏惧恐战、仓皇出逃的"把柄"。边令诚将一种正常的战术用作攻击他人的利器，就这样，封常清被人抓住了"把柄"，处于"失去皇帝的信任"的这种困境，最终被下令处死。联系封常清的生平，他身上一个比较鲜明的特点就是跛足，因此这就与这个单词的意思"蹒跚，跛行"可以构成联系，使用这个故事可以比较好地将人物的鲜明特点与单词的意思进行连接，从而实现了单词音与义、形与义的联系，比较好记。

hobnob

v.

（尤指同有钱有名望的人）过从甚密，亲近；巴结

汉语当中有一个词，叫"狗腿子"，讲的就是那些为巴结权贵而为虎作伥的人。那么，"狗腿子"用英语怎么说？哪一个单词能够比较形象生动地表

示这个意思，即，单词中既有"腿"，又有"攀附"这样的意思？我想，hobnob 这个词比较合适。我们在前文中讲到了 hobble 这个单词，大家看，实际上它去掉 ble 后就变成了 hob，而英语中还有一个单词叫 noble，它算是一个比较常见的单词，意思是"崇高的"，当名词讲还有"贵族"的意思。大家看，hobble 与 noble 这两个词有四个字母是一致的，就连重合的位置都是一样的，因此可以这样讲，hobble 去掉一个字母 b 以及 l 与 e 后，noble 去掉 l 与 e 后，它们就重新组合成了 hobnob。而 hobble 的意思是"蹒跚；跛行"，那就是说，这个单词是与"脚与腿"有关，此时，"狗腿子"的"腿"部分便出现了；而 noble 的意思是"贵族"，这就与被攀附、巴结的权贵产生了联系。如此，hobnob 的意思不言而喻。

huddle

v. n.

（通常因寒冷或害怕）挤在一起，蜷缩

这个单词记忆起来比较简单。我用了两个方法来记忆，第一个方法是添加字母，第二个方法就是汉语谐音。首先，这个词可以被拆分为两个部分，第一个部分是 hu，第二个部分是 ddle。我添加了一个字母 g 到 hu 部分，这样，它就变成了 hug 这个单词，意即"拥抱"。其次，我使用英语的拼读法拼读出这个单词后，发现 ddle 部分与汉语的"都"音相近。因此，这个单词可以被解释为"都来抱在一起"。那么，这就与 huddle 的意思"挤在一起，蜷缩"非常接近了，蜷缩也是身体部位挤成一团。这样，这个单词就比较容易记忆了。

hunch

v. 弓身，弓背

n. 预感，直觉

　　这是一个让我印象很深刻的词，接下来要讲的故事的主人公颇具传奇色彩。他一心想进入西点军校就读，但因为形体条件被拒，转而进入斯坦福大学研究军事史和政治。在帝国主义侵略中国的时候，他选择帮助中国。他在康有为手下工作过一段时间，还加了中国同盟会，与孙中山先生关系很好，被任命为中华民国首席军事顾问。他对国际形势的预判以及战争走向拥有敏锐的直觉，他判断美日必有一战，而且日本必然会从海上进攻美国。他预言德国对全球的野心，最终会使它成为一个独裁且具有侵略性的国家。他还出版了一本书叫《有勇无谋》，被西点军校校长麦克阿瑟强烈推荐，但美国人并不在意，该书在日本出版后却引起轰动。他希望死后能葬在中国，并且要穿着中华民国的将军服入葬，后来，他被葬在台湾阳明山第一公墓。他就是生于 1876 年，卒于 1912 年 11 月 1 日，孙中山先生的追随者美国人荷马李。回到这个单词，我使用了不太寻常的方法来记忆这个单词。首先，有这三种食物我想来分享一下，hamburger，ham，hot dog，它们分别是汉堡包、火腿以及热狗的英文，并且，这些食物都是美国人很喜欢吃且经常吃的。我把 hunch 这个单词分成了两个部分，第一个部分是字母 h，第二个部分是 unch，我在 unch 前添加了一个字母 l，这个部分就成了 lunch"午餐"，而 h 添加了其他字母后，就变成了如上三种食物。因此这个单词就成了"午餐吃美式食物"，由此，我想到了这位著名的美国军事家、战略家，荷马李先生。他是驼背，这与 hunch 这个单词的意思可以构成联系，同时，他也是一个敏锐的军事战略家，他的很多战争预言后来皆应验，这说明他的

"预感"很正确,这也与这个单词的名词意思可以联系上。由此,实现了单词形与义的联系,比较好记,而且动词与名词词义之间的联系记忆让人印象深刻。

hurl

v.

猛扔,猛投;大声说出(辱骂或斥责等)

这是一个比较好记的单词。"高空抛物"是不正确的举动,一旦被高楼抛出的物体砸中,那真的是十分危险。中世纪欧洲城市背弃了古罗马模式,没有垃圾处理系统,没有下水道,也几乎没有浴室,脏乱差横行,而且城市没有专职清洁工,生活垃圾随地倾倒。[36]那时,没有抽水马桶与污水处理系统,人们的公共卫生意识也普遍比较差,导致一些住户经常把其排泄物直接往窗户外倒,那时的欧洲城市经常是臭气熏天,遍地排泄物。据说,代表绅士与淑女的高礼帽、遮阳伞与高跟鞋由此应运而生。我在记这个单词的时候,把一个大家很熟悉的单词减少一笔就顺利地记下了这个单词,这个大家很熟悉的单词就是 hurt,"伤害"。我将 hurt 的末尾字母 t 减去一笔,就变成了 hurl 中的字母 l,因此,hurt 的意思与 hurl 的意思便具有了一定的联系。Hurl 的意思是"猛扔,猛投",还有"大声说出(辱骂或斥责等)",这就很像高空抛物的人与受害者,一个往下猛扔杂物,一个被砸中后生气地斥责。这个单词由一个熟悉的单词减少一笔后,与原先的单词依然构成联系,十分好记。

hygiene

n.

卫生

人类历史上有很多的遗传病，这是公共卫生领域常探讨的话题，比较常见的遗传病主要有红绿色盲、血友病、高血压、糖尿病、青光眼等。回到这个单词，我在记忆它的时候，把这个单词分成两个部分，第一个部分是 hy，第二个部分是 giene。我使用英语的拼读法拼读出这个单词后，发现 hy 与汉语"害"发音相近，giene 与英语 gene 的发音基本一致，gene 意为基因。因此，这个单词可以联想为"害基因"，意即"有害的基因"，与这个单词原本的意思"卫生"可以构成一定的联系。说起卫生，除了可以指个人的卫生习惯之外，还会让人想到疾病为公众身心带来的不利影响，上面讲到的这几种遗传疾病，都是一些不太好的基因带给人们在卫生领域带来的负面影响。因此，对这个单词采用这样的方法来记忆，实现了音与义的联系，记忆效果比较好。

参考文献

［1］吴继轩,李胜斌.再论英法联军火烧圆明园的主要目的——兼与戴逸、章开沅等人商榷［J］.山东师范大学学报（人文社会科学版）,2011,56（02）：67-71.

［2］斯霍温.1860 年华北战役纪要［M］.邹文华,译.上海：中西书局,2011.

［3］何树宏.奕劻与晚清政局［J］.清史研究,2000(02)：117-120.

［4］刘昫.旧唐书·列传第三十四·郝处俊传［M］.北京：中华书局,1975.

［5］仁辉旅游.大臣坟墓压住龙角,一书生说其棺必有刀兵之灾,十八年后果然应验［EB/OL］.［2021-06-01］.https：//www.sohu.com/a/

469785704_121045702.

［6］陈寿.三国志·魏书九·诸夏侯曹传［M］.裴松之,注.上海：上海古籍出版社,2021.

［7］许晖.何晏 空谈的祖师［J］.国学,2012(04)：24-25.

［8］刘向.奎文萃珍——列女传［M］.北京：文物出版社,2019.

［9］司马迁.史记·吕太后本纪［M］.杨燕起,译注.长沙：岳麓书社,2021.

［10］司马迁.史记·高祖本纪［M］.杨燕起,译注.长沙：岳麓书社,2021.

［11］司马迁.史记·淮阴侯列传［M］.杨燕起,译注.长沙：岳麓书社,2021.

［12］司马迁.史记·魏豹彭越列传［M］.杨燕起,译注.长沙：岳麓书社,2021.

［13］司马迁.史记·匈奴列传［M］.杨燕起,译注.长沙：岳麓书社,2021.

［14］李姝.贪腐世风下的艺术鉴藏——以晚宋权臣贾似道为研究对象［J］.中国文化研究,2022(02)：136-147.

［15］毛钦.论贾似道奸臣形象的塑造［J］.天中学刊,2015,30(06)：121-126.

［16］李姝.贪腐世风下的艺术鉴藏——以晚宋权臣贾似道为研究对象［J］.中国文化研究,2022(02)：136-147.

［17］趣看历史.古代最憋屈的太子,逍遥快活10年不继位,后被皇帝打晕抬上龙椅［EB/OL］.［2021-03-12］.https：//www.sohu.com/a/454919320_120339167.

［18］王芳,郭雅鑫.靖康之难中宋徽宗、宋钦宗北迁成因探究［J］.开封文化艺术职业学院学报,2021,41(09)：8-10.

［19］王艳雷.论三国演义中的刘禅［J］.才智,2012(33)：54-54+2.

［20］王颖超.刘贺形象的历史改塑与重新发现［D］.济南：山东师范大学,2021.

［21］刘蓉.刘贺兴废与昭宣政局［J］.西北大学学报(哲学社会科学版),2020,

50(03)：71－78.

［22］闫谨.霍光：谨慎勤奋 成就大业［J］.人才资源开发,2012(12)：101－
102＋2－3.

［23］司马迁.史记·楚世家［M］.杨燕起,译注.长沙：岳麓书社,2021.

［24］刘昫.旧唐书·列传第二十六·李泰传［M］.北京：中华书局,1975.

［25］蔡茂.唐太宗子女教育得失之鉴［J］.领导科学,2021(11)：15－17.

［26］宋祁,欧阳修,范镇,等.新唐书·列传第四·滕王元婴传［M］.北京：中
华书局,1975.

［27］张廷玉.明史·列传·卷四·晋王朱棡传［M］.北京：中华书局,2015.

［28］李百药.北齐书·本纪·卷三·文襄纪［M］.北京：中华书局,2016.

［29］赵晶.文书运作视角下的"东坡乌台诗案"再探［J］.福建师范大学学报
(哲学社会科学版),2019(03)：156－166＋172.

［30］龚明之,朱弁.中吴纪闻 曲洧旧闻［M］.上海：上海古籍出版社,2012.

［31］彭庭松.杨万里咏荷诗探析［J］.陕西理工大学学报(社会科学版),2018,
36(05)：66－69＋76.

［32］水银河.被群臣打屁股的倒霉皇帝［J］.政府法制,2009(12)：20－20＋2.

［33］金庸.神雕侠侣［M］.广州：广州出版社,2013.

［34］班固.汉书·东方朔传［M］.北京：中华书局,2016.

［35］刘昫.旧唐书·卷一百四·列传第五十四·封常清传［M］.北京：中华书
局,1975.

［36］海龙."卫生"之探源［J］.现代班组,2020(08)：48.

【篇五

J L】

故不登高山，不知天之高也；
不临深溪，不知地之厚也。

［战国］荀子《劝学》

jab

v. n.

刺；戳；捅；猛击

在中国历史上有这样一位皇帝，他的生平经历与著名的康熙帝很像。要知道，康熙帝在自己的少年时代就智擒了一代权臣鳌拜，及时根除了威胁到他统治的这颗"毒瘤"。鳌拜中饱私囊，结党营私，任人唯亲，怨声载道，康熙皇帝及时剪除了鳌拜的亲信党羽，由此稳固了自己的皇权。接下来要讲的故事的主人公与康熙帝有很多相似之处，但是他的命运却因为一位权臣而令人唏嘘，他就是元朝第五位皇帝元英宗孛儿只斤·硕德八剌，一位在元朝统治历史上颇有建树的皇帝。元英宗是一个自幼受到良好的儒学教育的皇帝，他在登基后，便实行"以儒治国"的新政，减轻了很多百姓的负担，缓和了许多阶级矛盾，这与康熙皇帝推行儒家治国理念、重用汉臣颇为相似。康熙皇帝的祖母就是著名的孝庄皇太后。儿时的康熙皇帝便与祖母相依为命，祖孙二人的感情十分深厚，孝庄皇太后也为康熙皇帝挑选了很多治国的忠勇之臣，为辅佐康熙皇帝立下了汗马功劳，可以说，孝庄皇太后独具慧眼，在辅佐孙儿成才这一方面功不可没。元英宗也有一位祖母，史书记载为答己太皇太后，正是在答己太皇太后的扶持下，元英宗顺利继位，但是，答己太皇太后非常宠信铁木迭儿，这位权臣相当于元朝的"鳌拜"。铁木迭儿十分喜欢敛财，在搜刮百姓财产上穷凶极恶，他为人十分残暴，在当时的信丰县，铁木迭儿命人拆毁了民房一千九百多间，还四处毁坏坟墓来种植庄稼，加剧了社会矛盾，百姓们对他恨之入骨。元英宗不够走运的一点就是身旁没有太多可以制衡铁木迭儿这样权臣的大臣。康熙皇帝虽有鳌拜，但是孝庄皇太后同时任用了索尼、苏克萨哈、遏必隆等贤良的贵胄，鳌拜并不敢做事太甚，可以说，这些大臣既是康熙皇帝的得力

干将，也是牵制鏊拜、防止他"独大"的重要力量。但是，答己太皇太后对铁木迭儿的无比宠信，导致元英宗在朝中十分"孤单"，这就为后来元英宗的被弑埋下伏笔。至治三年(1323)，当时铁木迭儿死了已将近一年，十分受元英宗宠信的大臣拜住在朝堂上反复奏陈铁木迭儿的恶行，这种经常性的陈奏激起了元英宗对铁木迭儿的极大反感，元英宗为此常常心绪不宁，心中冒起极大的怒火，这种怒火逐渐开始转移到那些与铁木迭儿走得十分近的党羽身上，这其中就包括铁木迭儿的义子铁失。朝廷的"清理"愈演愈烈，元英宗逐步剪除铁木迭儿的残余势力，一时间人心惶惶。铁失等人便冒出一个大胆的想法：弑君。当时，适逢元英宗正准备从上都返回大都，晚上就下榻至离上都城三十里的南坡店，铁失便纠集了一批贵族守旧势力，这些人之前就对元英宗很不满，决意跟随铁失杀害元英宗。铁木迭儿的儿子锁南也参与了兵变，铁失率人冲进元英宗的住处，刺杀了元英宗，史称"南坡政变"[1]，元英宗时年二十岁出头。不像康熙皇帝智擒鏊拜，彪炳史册，年轻的元英宗反倒被一个已经死了的权臣的亲信党羽杀害，不得不说，这的确是一个悲剧。

回到这个单词，我记忆它的时候，采用的是汉语缩略首字母法，我将 jab 看作汉语"假鏊拜"的拼音首字母的组合，这里的"鏊拜"指的是元英宗的权臣铁木迭儿，而前面之所以用一个"假"，主要在于采用康熙帝与元英宗来作类比，但二人在权臣面前的结局不一样，用一个"假"字来说明元英宗的悲剧，这样就可以阐释出元英宗的死因与单词的音与义的关系。元英宗有很多与康熙皇帝的相似之处，但是他们仍有许多不同，究其根本原因，是元英宗的不成熟导致了他的悲剧。元英宗并没有认清对手的实力，对朝堂的形势没有一个正确的判断，他低估了权臣铁木迭儿的势力，同时也对人性了解得不够全面。元英宗自己的势力还不够强大，却迁怒于贵族守旧势力，这些人手握兵权，随时有可能发动政变，元英宗没有韬光养晦，由于自己对权臣的憎恶而几乎得罪了满朝的守旧大臣，也因此，他年纪轻轻却死于非命，走上了和康熙皇帝不同的道路。使用这样的记忆方法，可以说实现了单词音与义的联系，比较说得通。

jag

n.

（难以控制的）一阵

　　人生有很多的"劫数"是难以逃过的。有这样一个人，他没有逃过"国破"的劫数，但是多年后他凭借着自己的隐忍与胆识又成功地"复国"，堪称一段佳话，这位历史人物就是越王勾践。越王勾践三年（前494）[2]，吴王夫差准备攻越，越军不敌吴军，勾践以五千残兵退守会稽，范蠡建议勾践向吴王称臣，勾践便派大臣文种去吴国求和。伍子胥劝诫夫差，不要在天赐良机灭越的情况下答应勾践，否则追悔莫及。但夫差觉得越国"可怜兮兮"，还是答应了勾践的求和。勾践临行前，越国群臣相送至河边，勾践仰天长叹，这国破的命运竟摊在他头上，他看不见自己的出路，也看不见自己的国家的出路，带着对家国的不舍与屈辱，踏上了去往吴国的路途。夫差让勾践夫妇住在先王阖闾的坟头边，让勾践整日喂马。夫差每次出行，勾践就给他牵马，就这样度过了两年。看到勾践如此顺从，夫差决意放勾践回越国。他发誓永不能忘记这段经历，为了提醒自己、激励自己，他经常尝苦胆，睡在柴草上，常身着粗布麻衣与百姓一起耕种，他发誓要让越国强大，早日一雪前耻。勾践采用大臣的建议，用财物贿赂吴王，用美人讨好吴王，给吴王送营造宫殿的木材，还趁机收购吴国的粮食。伍子胥在离间计下，被夫差杀掉。公元前473年，越兵攻入吴都，夫差在兵败后拔剑自刎，吴国灭亡。勾践的"卧薪尝胆"

终成一段佳话,它代表着不怕失败与屈辱、百折不挠、忍辱负重的可贵精神。

回到这个单词,我使用汉语缩略首字母的方法来记忆它,我将 jag 看作"劫熬过"的拼音首字母的组合,它的意思就如勾践所遇到的"劫数"一样,是作为一国之君所遭遇的国破,而勾践熬过了在吴国所受到的困难与精神上的折磨,凑成了这个单词所要表达的意义。勾践为什么要"卧薪尝胆"呢?也许对于他而言,每每想到自己在吴国的遭遇,心中都很不是滋味,这种情绪上的难以控制,足以让他整日睡在柴草之上,吃饭前要尝一尝苦胆。就如 jag 的意思一样,"(难以控制的)一阵",可以说,"卧薪尝胆"表达出了这种难以控制的情绪的上涌,是非常符合单词本身的意思的,如此实现了单词音与义的联系,是说得通的。

jinx

n.

厄运;霉运;不祥之人(物)

"尽兴",是一个看似很潇洒的词语,如果是"尽兴玩"的话,那估计每个人都会很高兴,毕竟,从人性的角度看,追求快乐是人的本能,但社会是要有规矩与道德的,尤其是每个人需要承担的责任不一样,对于一个封建帝王而言,如果他喜欢"尽兴"的话,很可能会使国家遭受灭顶之灾。东汉时期的汉灵帝喜欢在宫中设商肆,自己扮演客商,让太监宫女们化作路人,汉灵帝还十分荒淫,为后世所不齿;明熹宗喜欢自己做木工,整日里在宫中操练手艺,还让太监把自己做的东西放到市面上去卖,看看百姓欢迎否,顺便检验下自己的工艺到底如何;唐肃宗喜欢下象棋,逃命途中仍念念不忘自己的象棋,面对紧急的战况他可以坐视不理,但是对下象棋他可是情有独钟;唐僖宗与宋徽宗是"运动健

将"，唐僖宗用马球术考察官员，宋徽宗则用踢蹴鞠来考查，唐僖宗用马球选出了西川节度使陈敬瑄，宋徽宗用足球选出了高俅，而且，这二位都被后世贴上了"祸国殃民"的标签；秦国大王嬴荡，他的父亲给他起名是要让他"荡平天下"，没想到他却去举大鼎了，他自觉自己身有神力，天下没有人与之相媲美，谁知举鼎而亡；汉哀帝是要过一把"断袖"的兴，他迷恋董贤，甚至在早上起床时都不忍心撤出自己的衣袖吵醒这位"爱妻"，后世用"断袖之癖"形容这个君王；南北朝北齐后主高纬喜欢上街当"叫花子"，他喜欢把自己打扮得破破烂烂去沿街乞讨，就是喜欢这种"不同寻常"的生活体验，让自己过过当"叫花子"的瘾。把自己的王朝引上"不归之路"的君主都会有一些"尽兴之举"。

回到这个单词，我将这个单词分为两个部分来记忆。首先，我使用汉语拼音拼出了单词前部的 jin，就是"尽"，这是第一部分；其次，使用"兴"的汉语拼音首字母来指代单词的末尾字母 x，这是第二部分。由此，这个单词可以被联想为"尽兴"，进而联想到"古代帝王的尽兴之举为王朝带来厄运"，可以说，这与 jinx 的意思也是非常吻合的。君主的"尽兴"会让百姓不堪重负，甚至让王朝覆灭。就"厄运"来讲，在古代，作为一国之君，没有什么是比"国灭"更严重的厄运了，所以，这样的单词记忆方法也比较恰当地体现了单词的意思，实现了较好的音与义的联系。

josh

v.

开玩笑；戏弄

历史上有很多的君王还是很手足情深的，这也使得他们在继位后，常常优待自己的兄弟子侄,好让他们生活优渥,恩宠不倦。历史上有这样一位王爷,他身份贵重,但有一个"爱好",就是喜欢扮"死人",常常在自己家搞"活出丧",现在看来多少有些荒唐。这位王爷是乾隆皇帝的弟弟,他荣宠至极,贵为和亲王,他就是爱新觉罗·弘昼。乾隆皇帝对这个弟弟十分宠爱,因为乾隆本人的兄弟并不多,这使得他更想尽自己做兄长的义务。乾隆皇帝登基不久,就把父亲的雍亲王府邸及全部府中财物赐给了弘昼。弘昼有一次在上朝时与一等公讷亲发生小摩擦,弘昼就当着满朝文武的面动手打了这位大臣。乾隆皇帝高高在上,没有呵斥弘昼,反而看着讷亲被打。[3] 此后,满朝文武没有一个人敢惹弘昼,也足见乾隆皇帝对弘昼的宠爱。弘昼喜欢在家搞"活出丧"[4],在厅堂上摆上了棺材,让妻妾等家中一众人为自己哭丧,弘昼看后拍手大笑,夸奖大家的"演技"都不错。回到这个单词,我使用英语的拼读法拼读出这个单词后,将它与汉语的"诈尸"相联系,意即"突然复活"。在这个故事中,和亲王弘昼就是"诈尸"的人,他在家中摆放棺材,体验人"死后"的感觉,这在他看来,是在和大家"开玩笑",无伤大雅。因此,"诈尸"与"开玩笑"放在这个故事中,是比较恰当的,实现了单词音与义的联系,十分好记。

jostle

v.

(在人群中)挤,推,撞,搡

"只是因为在人群中多看了你一眼。"这是一句很美的歌词,但是在现实世界上,你在人群中多看某人一眼,很可能不是因为"眼缘"这样的"来电",

更可能是因为某人挤到了你或踩了你的脚。Jostle 是一个比较好记的单词，关键在于采用的方法。我将这个单词中的字母重新调整，将其分割为两个部分来记忆。第一个部分是 toe，第二个部分是字母组合 jsl。Toe 是"脚趾"的意思，而 jsl 可以作为汉语"挤死了"的拼音首字母。由此，可以想象这样一幅画面：在人挤人的情况下，摩肩接踵，人群中密不透风，你会不小心踩到别人的脚趾。这就与 jostle 的单词意思联系上了。可以说，这样的字母组合与分割是十分贴切的，对记忆 jostle 的意思很有帮助。

jovial

adj.

快乐的；愉快的；友好的

爱美之心，人皆有之。晋朝有个玄学家叫卫玠，他容貌标致，举手投足间显得儒雅和成熟，这让他越来越声名远扬，有卫玠出现的地方，人们争相围在他的身旁，想一睹芳容。那时，卫玠也没想到给自己多弄几个"保镖"来维持秩序，人们经常是"里三层外三层"地把卫玠围得密不透风，以致他常常要花很大的力气才可挣脱出这片"人海"，这让卫玠心力交瘁。原本，他就喜欢看书，身子骨比较羸弱，而每次这种"人墙"都会让他透不过气，他奋力摆脱围观群众会让他花掉很多的力气，一次又一次，他的身体就吃不消了，后来，卫玠再也支撑不住了，最终撒手人寰。人们便用"看杀卫玠"来形容男性的容貌俊美，也表达对仰慕之人的喜爱。

回到这个单词，首先需要说明的是，在记忆这个单词的时候，单词的结尾部分 al 不是我记忆的重点，因为它经常可以作为形容词的后缀，比如

international、internal 这样的单词就是以 al 结尾的形容词。接下来,我使用英语的拼读法拼读出这个单词后,将 jovi 部分与汉语的"周围"相联系,它们的发音比较接近,由此,我想到了成语"看杀卫玠"。卫玠之所以会英年早逝,与人们对他的喜爱是有关系的,因为只要在他出现的地方,一堵堵密集的"人墙"就会把他团团围住,人们聚集在他的周围想看他,这种压力与周围秩序的混乱导致了卫玠的悲剧。但是,正是因为人们对卫玠的仰慕、喜爱之情,才会把他围住,毕竟,谁不想和这位"做梦都想见着"的"大明星"近距离接触呢? Jovial 的意思是"快乐的,友好的",可以说,"看杀卫玠"这种"看"让大家感到快乐,见到卫玠让人快乐,人们用这种行为表达喜爱,传达的也是对卫玠的友好之情。因此,这个单词与"看杀卫玠"的联系实现了音与义的联系,比较说得通。

jubilant

adj.

喜气洋洋的; 欢欣鼓舞的; 欢呼雀跃的

猪在中国古代的民俗文化中,寓意着财富与丰收,是中国文化中具有美好吉祥寓意的典型代表。很久以前,百姓们便用猪来祭祀,猪与牛、羊代表着对祖先的感恩与尊敬,表达着五谷丰登、人畜兴旺的希冀。猪的每个部位都是宝,猪头在一些地区被称为"神户",猪舌被称为"招财",猪的前蹄被称为"猪手",而有些地区也会把猪头称为"利市",把猪舌头称为"赚头"。足见人们用猪来表达财富满贯、万事大吉的心愿。在古代,亲朋好友间会烧一道"烧猪蹄"送给应试的考生,以期他们能"高中"。这是因为在当时,人们会用

"朱书",也就是红笔在雁塔上题名"高中"的举子,因为"猪蹄"的谐音为"朱题"[5],人们便用"烧猪蹄"表达这种美好寓意。要知道,学子登科,在古代足以光耀门楣,是十分可喜可贺的事。

回到这个单词,首先需要说明的是,单词的末尾的 ant 常常作为单词形容词的后缀,又因为它与其前的字母 l 构成了一个完整的音节,所以这部分不是我记忆的重点。接下来,我使用英语的拼读法拼读出这个单词后,将单词中的 jubi 部分与汉语的"朱笔"相联系,它指的是"红色的毛笔",就如唐代用"烧猪蹄"来表达人们对试子登科的美好寓意一样,用红色的毛笔在雁塔上题名代表"高中"。"朱"与"猪"谐音,"笔"就是书写的意思。Jubilant 的意思是"喜气洋洋的;欢欣鼓舞的;欢呼雀跃的",这与用"朱笔"去书写登科的举子的名字是一样的感情。因此,这个单词就实现了比较好的音与义的联系,十分好记。

jut

v.

(使)突出;伸出

有一位非常神勇的狙击手,他的名字叫张桃芳,被赞誉为"志愿军神枪手""上甘岭狙神"。在抗美援朝的战役中,在 32 天里,张桃芳用 436 发子弹歼敌 214 人,这是志愿军狙击手单人战绩的最高纪录。张桃芳也因此成为志愿军第一狙击手,被志愿军总部授予特等功和"二级狙击英雄"荣誉称号,并被朝鲜民主主义人民共和国授予一级国旗勋章。张桃芳用过的那支 M 1944 莫辛-纳甘步骑枪现陈列在中国人民革命军事博物馆里。[6]他的经历堪称奇

迹,因为他不曾受过任何正规的战术训练,也没有受过专业的狙击训练,在条件艰苦的战场上,他令敌人闻风丧胆,自己却能全身而退,美国因为他还专门派出受过专业训练的狙击手投入战斗。

回到这个单词,我将这个单词分为两部分,第一个部分是 ju,第二个部分是字母 t。我使用汉语拼音,将 ju 拼成"狙";而字母 t 代表"他"的拼音首字母。因此,这个单词可以被解释为"狙他"。大家想想狙击的画面,狙击手会把自己隐藏在一个最不起眼的角落,和周围的环境融为一体,在敌人根本不会察觉的情况下,那支枪却不知道何时会伸出来对准敌人。枪口的突出与伸出,就像这个单词的意思一样,非常传神地表达出狙击手的"神出鬼没"与"趁人不备",因此,这样解释可以比较好地实现单词音与义的联系,十分好记。

lance

n. (旧时骑兵用的)长矛

v. 用刀切开(感染处放脓)

历史上有记载的以长矛作为武器的人并不算少,就拿四大名著中的人物来说,吕布的方天画戟实际上就是长矛,张飞的丈八蛇矛也比较出名,林冲的长矛功夫便十分了得。其他使用长矛的人,比如隋唐时期的南阳侯伍云召[7]也是使用丈八蛇矛,伍云召是小说《说唐全传》中的人物,是隋唐时期第五条猛将,据说,他的丈八蛇矛重量远超过张飞的。

回到这个单词,我使用英语的拼读法拼读出这个单词后,根据它的发音,发现它与汉语的"拦死"音相近。这么联系的原因在于它让我想到了伍云召的好汉风采。在隋炀帝当政时期,伍云召的父亲伍建章连同家眷三百余口被杨广所杀,伍云召便决定起兵谋反。当时隋炀帝派出大军前去南阳剿灭伍云召,都不敌伍云召和他招募的义军。在南阳作战时,伍云召追剿败退的隋军至长平冈时,忽然遇到了四个早已埋伏好的隋军将领,他们拦住了伍云召的去路,而后鼓声隆隆,震耳欲裂,这四名隋军将领随即带着人马朝伍云召扑来,伍云召面不改色,手持丈八蛇矛,大喊一声,朝着这四人杀去,不多时,伍云召刺死三人。隋军而后又与伍云召厮杀,伍云召八面威风,英姿勃勃,将手中长矛使用得出神入化,将隋军主要将领伤的伤,杀的杀,隋军溃败。在这个故事中,伍云召遇到埋伏,几名隋军将领拦住了他的去路,但是伍云召依然面不改色,利用长矛杀死隋军。这就像这个单词,使用"拦死"这个谐音来记忆,"拦"是指拦路,"死"就是杀死,意即"拦路者死",从而通过这个故事实现了 lance 音与义的联系。

languish

v.

被迫滞留,长期受苦,受煎熬

　　爱情真是让人奋不顾身啊!被誉为中国古代四大才女之一的卓文君[8],她对于爱情的执着成为后世的一段佳话。卓文君,西汉时期的蜀中美女,她的父亲卓王孙是战国时期赵国的冶铁巨商,秦始皇在灭赵的时候,勒令赵国的富贾迁往川峡等地,因此卓王孙一家被迫迁徙。卓文君自小家境优渥,受到了良好的教育,温婉贤淑,一派大家闺秀的淑容风貌。在一次宴会上,卓文君被一首深情的曲子打动了,这首曲子的名字叫《凤求凰》,弹奏

它的人就是对她钦慕已久的才子司马相如。爱情向来会有波折,卓文君与司马相如的爱情也不例外。卓王孙得知了自己的女儿与一贫如洗的司马相如相爱后勃然大怒,强烈阻挠女儿的爱情。知道了父亲的心意后,卓文君便与司马相如私奔了,卓王孙更是生气,放出狠话,自己不会给这个执拗的女儿一文钱。就这样,卓文君开始了与司马相如的生活,一种她以前未曾经历过的、底层人民的生活。卓文君从不抱怨,更没有嫌弃司马相如,她始终爱着司马相如,在家徒四壁的司马相如家里,卓文君放下她曾经的"大小姐"身份,把自己的首饰卖掉,临街开了一家酒铺,更是抛头露面,当垆卖酒。卓王孙听说后,自然心疼得要命,便心软了下来,想到自己的女儿心意已定,司马相如又是个才子,便给了她一笔丰厚的嫁妆,从此卓文君与司马相如幸福地生活在一起。

回到这个单词,我使用英语的拼读法拼读出这个单词后,发现它与汉语的"拦闺事"音相近。"闺"的意思是女子住的内室,闺事指比较私密的、外人不可知的未婚女子的私事,"拦闺事"这个谐音可以被解释为阻拦女子的婚恋嫁娶,毕竟女子的婚姻和感情也是"闺中秘事"。卓文君的爱情被父亲阻拦,她与司马相如一起生活后,日子过得非常艰辛,这与她从前的"大小姐"的生活完全不一样。单词 languish 的意思是"被迫滞留,长期受苦,受煎熬",在这里,卓文君虽然不是被迫与情郎生活在一起,但她的父亲却因为赌气而没有给她一文钱,从这个层面上来讲,卓文君在司马相如的家中所过的苦日子,的确是被迫的,是被父亲逼到走投无路而不得已的。卓文君与司马相如一起生活后,吃尽了生活的苦头,能与自己爱的人生活在一起是甜蜜的,但生活若是没有基本的物质条件,也确实是难为了家境优渥的卓文君。使用这样的谐音,使这个单词的音与义形成了联系,可以让人联想到卓文君与司马相如私奔后生活上的困顿,记忆的效果也比较好。

latch

n. 门闩，插销

v. 用插销插上

　　"来我家吃饭吧"原本是一句很平常的话，但是因为说话人的身份不一般，让一众人等吓破了胆，说这话的人就是宋太祖赵匡胤。熟悉历史的人都知道历史上著名的"杯酒释兵权"，讲的就是宋太祖邀请陪他一起打天下的大臣进宫喝酒，结果，赵匡胤在酒席上用"黄袍加身"来暗指下属们的不臣之心，这让他的"义社十兄弟"几乎是在毫无心理准备的情况下交出了兵权，回家养老去了。宋太祖赵匡胤小名香孩儿，家世显赫，屡建奇功，在"陈桥兵变"中被拥立为帝，随后，他逼迫后周小皇帝柴宗训禅位，建立了大宋王朝。在这次兵变中，赵匡胤的"拜把子"兄弟为赵匡胤立下了汗马功劳，主要有杨光义、石守信、李继勋、王审琦、刘庆义、刘守忠、刘廷让、韩重赟、王政忠等人，他们是赵匡胤非常倚重的人。可是，凡事都有两面性，在兵变中他们是赵匡胤的左膀右臂，而随着赵匡胤坐稳了天下，这些人就变成了赵匡胤的"心头之患"，毕竟，这些开国功臣手握兵权，会危及皇权。在他之前的唐朝以及五代十国的混乱局面，就是因为唐朝的节度使手握兵权，很容易脱离中央政权的管控，而后地方割据愈演愈烈，唐王朝最终被侵噬殆尽，五代十国由此而生。赵匡胤深知这一点，于是邀请这些曾经的"兄弟"来宫中小酌，"杯酒释兵权"也由此发生。北宋建立之初，就开始着手解决兵权问题。在解决这一问题的过程中，没有激烈的冲突，而是在和谐的气氛中进行的，"杯酒论心，大将解印"。[9]

　　回到这个单词，我使用英语的拼读法拼读出这个单词后，发现它的读音与汉语的"来吃"相近。因为 latch 的意思是"门闩，插销"，这让我想到，它可以指一个人的家，因为家里会用到门闩或插销。在封建社会中，皇帝的家也就是他的王朝，那么这个"门闩，插销"可以被理解为"请进家门"，联系"来吃"就是"来吃饭"，所以我使用"杯酒释兵权"这个典故来联系记忆 latch 的意思。宋太祖让功臣们来"家里"吃饭，为了巩固皇权，他卸去了开国功臣的大权，正如单词 latch 的动词意思一样，"用插销插上"，赵匡胤的一顿酒席牢牢地锁住了功臣，也锁住了威胁皇权的隐患。

latent

adj.

潜在的，潜伏的，隐藏的

在中国历史上，差一点被宫女杀死的皇帝并不多见，而大明世宗皇帝朱厚熜就差点成了宫女的"刀下鬼"。朱厚熜的运气是非常好的，因为他"人在家中坐，皇位天上来"，在他十四五岁的时候，因为堂兄无子，他是皇室近支，得以继承大统。由于他的生父兴献王朱祐杬只有两个儿子，而长子早夭，所以朱厚熜实际上是他父亲的独子。朱厚熜在当了皇帝后，就特别注重养生，尤其喜欢研究延年益寿、多子多福的良方。要知道在古代，道家的"仙丹"往往被很多皇帝视为"珍宝"，论其功效，那可多了去了。朱厚熜就喜欢服食丹药，而且他还特别"讲究"，专以朝露服食，据说这样可以使药效增强许多。朝露就是早晨很早的时候在植物叶片上残留的露水，为了收集露水，采露便成为一项工作。但是，在温度适宜的时候采露倒还好，要是在寒冷的冬春季节收集，就变成了一件苦差，为此，采露渐渐成为惩罚有罪宫女以及后宫失宠妃子的手段。朱厚熜想象不到，自己的"药引子"竟为他招来杀身之祸。

每逢朱厚熜在服药后感觉丹药不灵，就怪罪采露的宫女，认为她们没有收集到"合格"的露水。朱厚熜常常鞭笞她们，一来二去，这些宫女对他心中颇有积怨。随着朱厚熜愈发暴戾，对宫女的责罚愈发频繁，一个可怕的想法在这些宫女心中形成："皇帝不死，我等不会活命。"于是，她们密谋后，相聚在一个夜里，准备弑君。宫女们进入朱厚熜的宫殿后，准备了一根绳子，见朱厚熜在睡觉，就把他的嘴塞住，想用绳子勒死他，但是因为打不上结，勒了很久，朱厚熜都没有断气。宫女们便取下身上的发簪等往朱厚熜身上扎，但是这只是皮外伤，朱厚熜依然没有"咽气"。宫女们便害怕了，觉得"皇帝是真龙，是杀不死的"，其中一个小宫女更是害怕得要命，竟放下手中的绳子径直跑到皇后那里去"自首"。听到消息的皇后急忙带着人赶到，朱厚熜这下才捡回一条命。最后，这些宫女全被凌迟处死，紫禁城哭声震天，这场事件在历史上被称作"壬寅宫变"。

回到这个单词，我使用了两个方法来记忆这个单词。首先我将单词拆分为两个部分，第一个部分是 la，第二个部分是 tent。有一个很常见的单词是 potent，在这里，我使用它与本单词的第二部分 tent 进行联系记忆，因为它们共有 tent，而 potent 的意思是"效力强的"，可以专指"药的效果很强"。朱厚熜服食丹药，就是追求丹药的效果，以期养生。其次，我使用英语的拼读法拼出这个单词后，发现这个单词的 la 部分与汉语的"勒"音相近，"勒"就是"勒死"的意思。因此，这个单词在我的拆分下，就变成了"勒死，药力强"，由此我想到了"壬寅宫变"。大家可能还不太能想通，这个 latent 的意思是"潜在的，潜伏的，隐藏的"，那和"勒死，药力强"有什么关系？有这样一段史料来评价"壬寅宫变"，也可以让我们知道，到底是什么原因让宫女敢对当朝皇帝痛下杀手。根据朝鲜《李朝实录》[10]记载："盖以皇帝虽宠宫人，若有微过，辄加捶楚，因而损命者多至二百余人，蓄怨积苦，发此凶谋。"这句话中的

"蓄怨积苦"就可以说明 latent 的意思：积累了长时间的怨气终于爆发，朱厚熜从来没有意识到自己的身旁有这么多"潜伏"的敌人，这些宫女平日里"潜伏"在朱厚熜的身边，"老老实实"地任人差遣，但是她们心中早已对皇帝不满多时，她们伺机而动，一旦发现有机会杀死皇帝时，便要取皇帝的命。采用这样的方法记忆 latent 这个单词，从一个常见的单词入手，可以比较好地实现单词音与义的联系，记忆的效果也比较好。

laud

v.

赞扬，赞美，称赞

有这样一部十分经典的电视剧叫《宰相刘罗锅》，它非常受观众喜爱，很多人物形象被塑造得十分丰满，剧中有一个桥段，就是乾隆皇帝举办的"千叟宴"，宴会规模浩大，盛况空前。很多老人受邀赴宴，吃的是山珍海味，喝的是琼浆玉露。在历史上，清代的乾隆皇帝确实举办过两次"千叟宴"。对弘历而言，圣祖是他最为推崇的人物。继位后，他处处效法祖父，立志做一个旷世明君，他通过十全武功实现了中国历史上边疆民族空前的大一统，并将康乾盛世推向顶峰。这一时期，清王朝府库充裕，国力昌盛，高宗遂于乾隆五十年（1785）和嘉庆元年（1796），仿效祖父，先后举办了两次规模巨大的千叟宴。[11] 在第一次千叟宴上，乾隆皇帝喜添五世孙，这可是一件值得庆贺的大事，标志着乾隆皇帝五世同堂，福泽深厚；在第二次千叟宴上，乾隆皇帝已禅位给儿子嘉庆皇帝，举办千叟宴可以为自己执政生涯的结束画上一个圆满的句号。两次宴会将全国各地长寿老人请进宫，吃的就是我们今天非常熟悉的火锅。但弄巧成拙的是，很多老人在参加了千叟宴后，回到家中不多月便去世。这可不是说什么千叟宴被"施了蛊"。根据当时的历史情况以及从现代营养学的角度看，这些参加了千叟宴而相继去世的老人可能是因为"无福消受"，因为宫廷御宴上的美食，多是这些老人平常吃不到的珍贵食物，比如鲍鱼还有各种稀少的动物肉类，而在宴席上大量饮酒也是必不可少的，这就使得这些老年人的肠胃"不经折腾"，在宴会后的数月间去世了。

回到这个单词，我在记忆它的时候，使用英语的拼读法拼出这个单词后，发现它的发音与汉语的"老的"相近。何为千叟宴？这是为老人而举办的宴会，"老的"这个谐音即指"老的人"。联系这个故事，乾隆皇帝为何不惜成本也要举办千叟宴，而且还一连举办了两次？因为他的本意是想让长寿老人们与自己同乐，办一个盛世空前的"千叟宴"，让后人称赞自己是"圣君"，毕竟，这种盛况空前的巨型宴会不是每个皇帝都能办的，但是谁知"好心办了坏事"，这些老人的肠胃根本就消受不起宫廷的珍肴佳馐，这与单词laud 的意思"赞扬"便很吻合了。因此，使用这样的谐音可以比较好地实现单词音与义的联系，记忆的效果也比较好。

lavender

n.

薰衣草

法国的普罗旺斯是一个十分美丽的地方，大片的薰衣草让很多人向往，普罗旺斯一度成为浪漫、文艺与恋人的代名词。很多影视剧中都有普罗旺斯的薰衣草场景，比如在《憨豆先生的假期》中，憨豆先生在法国南部的旅途中，就

让观众饱览薰衣草的风采，令人印象深刻。英籍知名作家彼得·梅尔是一个真正将普罗旺斯的薰衣草带向文化高度的人，他在美国麦迪逊大街的广告业打拼了多年后，转而专职写作，他的成名作品写的就是普罗旺斯的薰衣草。

回到这个单词，我在记忆的时候，将 lavender 分成了两个部分，第一个部分是 lavend，第二个部分是 er，er 可以作为单词的后缀，表示的意义是"人"，而对前面的 lavend，我使用了英语的拼读法拼读出它后，发现它与汉语"来闻的"音相近。因此，这个单词就变成了"来闻的人"。这样的记忆方法比较符合普罗旺斯的薰衣草与彼得·梅尔的联系，确实，随着彼得·梅尔到达普罗旺斯，这片紫色的花海才摘下它的面纱，它的文艺气息由此传播到世界的每一个角落。

leach

v.

过滤

"一骑红尘妃子笑，无人知是荔枝来。"这是唐代诗人杜牧的名作《过华清宫绝句三首》中的一句诗，它所描绘的主人公是唐玄宗的爱妃杨玉环。唐玄宗统治前期的大唐帝国一派盛世景象，唐玄宗与贵妃的嬉笑作乐成就了很多佳话，就比如唐玄宗自己，就被后世奉为"梨园"的鼻祖，因为他喜欢音乐，也喜欢听戏。"云想衣裳花想容，春风拂槛露华浓。"当时的大诗人李白对贵妃十分钦慕，连带着夸奖贵妃的衣裳是如此温柔。李白爱喝酒，与其说他是"诗仙"，不如说他是"酒仙"。似醉非醉，似醒非醒，口吐芬芳，妙笔生花，纸笔一挥间，佳句天然成。天宝年间，李白被唐玄宗召赴长安，他把自己老家绵竹县（忽视近些年对李白老家的争议）所产的白酒献与唐玄宗，果然，

酒的味道令唐玄宗十分满意，玄宗便询问酒的出处。[12]唐代时期，唐太宗李世民将天下分为十道，剑南道就在今天的四川地区，而绵竹县就是剑南道的下辖县。于是，唐玄宗特命绵竹县将所产的白酒向宫廷进贡，时至今日，人们依然可以一品当时唐宫廷贡酒的甘甜滋味，这个酒就是"剑南烧春"。"剑南烧春"中之"烧"字，或指蜀酒的一种酿制方法——蒸馏法，因为蒸馏的过程也是一个不断加温"烧"的过程。[13]在蒸馏酒发明之前，古人所饮用的多是低度酒，因为粮食在酿酒的过程中要层层过滤，能挥发出的酒精纯度有限。蒸馏酒技术的发明改变了这一局面，也真正让中国白酒成为"中国白酒"。正是因为蒸馏酒的提纯技术，可以过滤掉粮食中的杂质，同时可以将发酵过程中多余的水分留下，酒精经过层层提纯，终产出度数较高的白酒。可以说，没有蒸馏酒技术的发明，就没有今天的中国白酒。

　　回到这个单词，我在记忆它的时候，使用英语的拼读法拼出这个单词后，发现它与汉语的"荔吃"音相近，从而想到了杨贵妃，就进一步想到了唐玄宗。正如 leach 的意思是"过滤"，联系唐玄宗时期"剑南烧春"的历史，它是一种蒸馏酒，它所使用的过滤技术由此出现在我的脑中，采用这样的谐音比较好地实现了单词音与义的联系，这样的记忆有理可循，是比较说得通的。

leak

v. 漏，渗漏，泄露

n. 漏洞，裂缝，缝隙

limp

adj. 无力的，无生气的，无精神的

v. 瘸着走，跛行

n. 跛行

　　接下来要讲的故事的背后是一段令人唏嘘的历史，它的主人公是一位

"呕心沥血"的皇帝。这个"呕心沥血"不是因为皇帝宵衣旰食,而是他为了玩乐而挖空了心思,终因纵欲过度而真的呕出了血。清代的皇帝较之明代,大多数比较上进,但是历史的车轮从不会停下它的脚步,时代的大潮总会淘汰那些逆历史的浪花,当英法联军攻进圆明园,抢夺掳走中国的珍贵文物时,这似乎提前注定了清王朝的气数,这个庞大帝国的统治者咸丰皇帝似乎已经放弃了对这个帝国的"医治"。"呕心沥血"的咸丰皇帝尽情地麻痹与放纵自己,他的咳血是因为常年的纵欲。咸丰皇帝有很多"雅兴",他喜欢饮酒,喜欢听戏,喜欢吸食"益寿如意膏",而这个"益寿如意膏",就是鸦片。讽刺的是,咸丰皇帝的父亲道光皇帝在执政时爆发了鸦片战争,道光皇帝非常勤俭,甚至在自己的皇后办生辰宴时,都只招待大臣吃打卤面,而他自己挑选的继承人却对鸦片爱不释手。咸丰皇帝年幼时因为摔下马,所以留下了跛足的后遗症[14],他也由此成为清代历史上第一个"退朝时大臣先走,皇帝再走"的"体面君主"。后世很多人会责备慈禧太后误国误民,但是,当人们得知慈禧太后的夫君是咸丰皇帝时,可能就会懂得"物以类聚,人以群分"的道理。毕竟,咸丰皇帝在圆明园养了很多美女,时人称"五春",而最受他喜爱的,还是"天地一家春"的兰贵人[15],就是后来的慈禧太后。在温柔乡里,咸丰皇帝时常觉得乏力气喘,而且还经常咳嗽,于是他就大量服用鹿血以弥补身体的虚耗,在他生命的最后一段时光中,他咳血愈发严重,并且发病次数越来越多,最终,油尽灯枯。

回到这两个单词,大家可能觉得它们不相干,不知道为什么可以凑到一起,但是当讲完这个故事后,就有点"眉目"了。首先是单词 leak,它的意思是"漏,渗漏",我使用英语的拼读法拼读出这个单词后,发现它与汉语的"力咳"音相近,"力咳"就是"用力地咳嗽",在这个故事中指的是咸丰皇帝经常咳血。咳血是人的呼吸器官出血,从口腔排出的过程,正如单词 leak 的意思一样,"漏,渗漏"是指液体或气体从某物中排出,咳血会让人从气管、支气管等部位排出血液,如此,这就与单词的意思产生了联系。其次是单词 limp,先看这个单词末尾的字母 p,它的发音与汉字"屁"相近,这让人很容易想到"屁股"这个词,而在文言文中,"股"指的是"大腿"。这个单词剩下的 lim 部分,让我想到了一个单词,limit,这是一个很常见的词,而 limit 的反义词就是 limitless,意思是"无限的,不节制的"。因此,limp 这个单词在这样的拆分下就成了两个部分,"毫无节制"与"大腿",这就像咸丰皇帝的故事一样,他纵欲过度,对待女色"毫无节制",同时他是跛足,因为在幼时摔下马伤了大腿,而 limp 的意思就是"跛行",当形容词讲时还有"无力的,无生气的"意思,这与咸丰皇帝咳血后的虚弱状态也比较吻合。因此,这样记忆比较容易实现单词音与义的联系,记忆的效果比较好且能说得通。

legion

n. （尤指古罗马的）军团；大量，大批（某类型的人）

adj. 很多的，极多的

唐帝国与东罗马帝国虽然相隔万里之遥,但经常往来,《旧唐书》《新唐书》《册府元龟》等古代文献中都有记载,拂菻国曾七次派遣使者来到长安。[16] 在一部电影中,唐玄宗在听到这位使臣的请求后,这样讲道:"我的核心地区在中原,我的核心利益也在中原,当然,想具有全天下的利益时,也同时具有了全天下的麻烦。"东罗马帝国,也叫拜占庭帝国,它的雄主查士丁尼一世缔造了这个帝国的神话,但是在他去世后,这个庞大的帝国被当时迅速崛起的阿拉伯帝国,也就是中国史书中所记载的大食帝国所威胁,几乎占领了它的所有南部省份。除此之外,野心勃勃的阿拉伯人曾试图占领它的首都君士坦丁堡。

在此背景下，与当时繁盛的大唐帝国联手击败敌人，是东罗马帝国所极度渴求的。在中国历史上，"拂菻"就是当时唐代史书中对东罗马帝国的称呼。

回到这个单词，我使用英语的拼读法拼读出这个单词后，发现它的发音与汉语的"李朕"相近，因为唐朝的皇帝姓李，"李朕"可以被用来指李氏唐朝，而这个单词的意思是"古罗马的军团"，根据史书记载，东罗马帝国曾经是非常强盛的，最著名的莫属它的军团了，其战斗力非凡，勇士所向披靡，同时人数众多。回顾唐朝与东罗马帝国的交往，从而想到东罗马帝国要寻求唐朝的军事援助，这样可以较好地实现单词音与义的联系。

lenient

adj.

（惩罚或执法时）宽大的，宽容的，仁慈的

铁面无私，在接下来要讲的故事中是一个带有悲剧色彩的词，因为故事的主角是中国历史上一个具有划时代功绩的人，他就是战国时期秦国变法的股肱之臣，商鞅。在那个战乱频繁的年代里，民不聊生，饿殍遍野，一个大一统的国家是顺历史潮流而生的诉求，商鞅在秦国推行的变法，很快让秦国强大，奠定了后来秦统一天下的基础。徙木立信与舌战群臣是商鞅留给后人的一段佳话，论功行赏的军功爵制度与重农抑商的民生政策，都对中国历史的发展产生了不可估量的影响。但是，商鞅作为"法家"的代表，他似乎不太懂得"齿坚于舌而先蔽，舌柔于齿而常存"的道理，他在推行变法时，得罪了太子，也就是后来的秦惠文王，商鞅改变了"刑不上大夫"的礼制，对太子的两个老师，公子虔与公孙贾先后处以劓刑与黥刑，以致秦惠文王继位后，

一些对商鞅积怨颇深的贵族大臣联合告发他,力图置他于死地。就这样,商鞅赶忙逃离秦国,逃至边关时,打算留宿客栈,但店家要求他出示凭证,还说这是商君之法,不可违背,否则便要连坐。商鞅无奈,又逃到魏国,但他因得罪过魏国,士兵不让他入境。最终,商鞅自回封地,无奈领兵攻打郑县,兵败被杀,他的尸身被带回秦国,处以车裂。这就是成语作法自毙的来源。

回到这个单词,我在记忆这个单词的时候,首先忽略掉单词后部的 ent 部分,因为它可作为形容词的后缀,很多单词都有这样的结尾,所以这部分不是我记忆的重点。回到单词的前部 leni,我使用英语的拼读法拼读出这个部分后,发现它的发音与汉语的"理你"相近。商鞅铁面无私,秉公执法,但却"不近人情",这虽然是一个国家的福音,却是一个人命运的悲剧。不管是对待贵族势力还是平民百姓,商鞅是"理都不理你",不管你是谁,都必须遵守他制定的法律,可以说,商鞅不是一个"宽大的,仁慈的"人。商鞅奉行的信念是"法家"思想,他不会柔和待人,这就难免显得他不够仁慈,也造成了他后来的凄凉下场。使用这样的谐音来记忆单词,可以比较好地实现单词音与义的联系,记忆的效果也比较好。

lesion

n.

(因伤病导致皮肤或器官的)损伤,损害

接下来要讲的是一个有着英雄气息的故事,故事的主人公几乎家喻户晓,非常受人尊敬,他就是三国时期蜀汉名将关羽。在《三国志》[17]中记载了这样一则故事,关羽在一次战役中左臂中了毒箭,后来创口虽然愈合,可是毒素依然残留在体内，每到阴雨天就臂痛难忍，后来大夫建议关羽剖开创口，用刀刮去骨头上残留的毒素，这种疼痛可想而知，可是关羽面不改色，虽然胳膊血流如注却依然与人一起喝酒吃肉，这种大丈夫的英雄气概令后人折服。

回到这个单词，我使用英语的拼读法拼读出这个单词后，发现它的发音与汉语的"利刃"相近，意即"锋利的刀子"。在这个故事中，"刮骨疗毒"就是用锋利的小刀刮去骨头上的毒素，这与 lesion 的意思"（伤病导致皮肤或器官的）损伤，损害"相吻合，从而实现了单词音与义的结合，采用一个为人所熟知的故事来记忆，效果也比较好。

lethal

adj.

致命的，可致死的

兄弟阋墙，自相残杀，中国历史的长河中总会上演这样皇权相争的悲剧。玄武门之变，一场在历史上非常知名的夺权争斗，成就了大唐秦王李世民的帝王生涯，也为后来的"贞观之治"打下了基础。唐太宗李世民的"凌烟阁二十四功臣"，大多参加了这场政变。那一晚，李世民在经历了很多的思想斗争后，决定率领着他的追随者长孙无忌、侯君集、张公谨、杜君绰、尉迟恭等人在玄武门埋下伏兵[18]，等待当朝太子李建成与齐王李元吉的到来。不明就里的太子与齐王行至临湖殿的时候，还是敏锐地嗅到一丝不太寻常的气息，二人便调转马头，可是李世民连忙叫住了他们，李元吉一时心慌，就朝着李世民放箭，可是都没有射中。李世民踌躇满志，拉弓射向李建成，李建成一命呜呼。李世民的将士用箭射中了李元吉，李元吉跌下马。就在快

"大功告成"的时候，李世民的马受到了惊吓，竟载着李世民奔向旁边的树林。李世民被树枝刮倒在地，李元吉跟了上来，夺过李世民的弓要勒死他。就在李世民命悬一线时，尉迟恭赶到，大声喝住已经杀红了眼的李元吉，李元吉知道自己不是尉迟恭的对手，就急忙逃跑，想去武德殿向父皇李渊告发。尉迟恭快马上前，最终放箭射死了李元吉。玄武门之变让李世民成为历史的胜利者，可以说，尉迟恭在这场"毕其功于一役"的政变中立下了汗马功劳，同时他也是李世民的救命恩人。

回到这个单词，我使用英语的拼读法拼读出这个单词后，发现它与汉语的"力扫"音相近，意即"有力地扫除敌人"，对于李世民来说，他的敌人是李建成与李元吉；对于李建成来说，他的敌人是李世民。李世民亲手射杀了自己的哥哥，而自己的弟弟却要取走他的性命，最终的结局虽是李世民大获全胜，但史书却记录了这桩手足相残的杀戮。单词 lethal 的意思是"致命的，可致死的"，正如在玄武门之变的故事中一样，无论是李世民率领的支持他的众臣，还是太子李建成与齐王李元吉，他们皆用性命赌上了自己的命运。政变总是少不了流血与杀戮，成王败寇的结局总要建立在无数的白骨之上，手足相残在皇室之中，似乎也变成了家常便饭。如此，通过这个故事，比较完整地实现了单词音与义的联系，记忆的效果比较好。

loath

adj.

不情愿，不乐意

提起"骷髅"大家会想到什么？在北京故宫博物院有一幅名画，叫《骷髅幻戏图》,是南宋时期著名画家李嵩所作,这幅画几百年来有过不少争论[19],它呈现的是一个骷髅样的杂耍艺人在进行提线木偶表演,而这个提线木偶也是骷髅样的。"骷髅"虽然是这幅画的中心,但整个画面非常祥和,竟有可爱的味道。南宋画家李嵩擅长表现底层人民的风土人情,他的传世作品数量比较多,在台北故宫博物院、美国堪萨斯州阿肯博物馆的尼尔逊美术馆以及纽约大都会博物馆都可以找到他的真迹。李嵩是南宋宫廷画师,侍奉了宋光宗、宋宁宗、宋理宗三位君主,是名副其实的"老臣",除此之外,他也是一个多面型的画家,不仅擅长人物画,而且在花鸟画、山水画等方面也有颇深的造诣,尤其是他的"界画"笔法,用笔细腻,线条勾画有力,塑造的人物造型十分准确。他的另一幅传世名作是《货郎图》。李嵩尤擅风俗画,《骷髅幻戏图》作为李嵩的代表作之一,之所以长久以来为人所津津乐道,是因为至今无人可以解读它的深刻寓意,诸多学者的阐释也只是其中的多种可能性。或许李嵩本人创作此图时并无特别之意,只是后人附会的想法。[20]

回到这个单词,我使用英语的拼读法拼读出它后,发现它与汉语的"髅死"发音相近,"髅"指的是骷髅,骷髅是人的尸体,自然是"死"的。之所以使用李嵩的《骷髅幻戏图》来进行这样的联系,首先是因为这幅画的寓意是不明确的,李嵩并没有明确地在画中展现出自己的意图,也没有其他的文字资料可以对画作的寓意进行解读,以至于历朝历代的收藏者、画家、学者时至今日都没有达成一个统一的认识。可见,作为这幅画的作者,李嵩"不太情愿直接告诉看画的人他的创作意图"。李嵩本人常年侍奉君主,前后经历三位帝王,"伴君如伴虎",李嵩不可能不知道。他所侍奉的君主宋光宗赵惇十分"惧内",皇后李凤娘肆意干政,朝纲败坏,宗庙不稳;宋宁宗赵扩在对抗金朝的"开禧北伐"中一败涂地,被迫达成屈辱的"嘉定和议",向金朝示好求和;宋理宗赵昀早年纵情声色,奸臣史弥远把持朝政,北边蒙古全面侵宋,持续四十多年的宋蒙战争爆发，宋理宗晚年又将朝政交由奸臣丁大全、贾似道打理，南宋王朝风雨飘摇。可见，作为宫廷画师的李嵩，他"不太情愿"直说的意图，只能模糊地表现在他的画中，这种"不情愿"，留给了后世对《骷髅幻戏图》寓意的无穷想象，倒平添了一丝艺术趣味。

loathe

v.

极不喜欢，厌恶

有这样一个让人哭笑不得的故事。在古代，君主的姓名以及喜欢或讨厌的东西都可能成为全天下人的忌讳。就比如慈禧，因为她属羊，羊肉就变成了"福肉"或"寿肉"；武则天不喜欢猫，她便下旨，宫廷中不许养猫；在古代作为溺器的"虎子"也因要避讳唐高祖李渊祖父李虎的名号，而改名为"兽子"或"马子"，后来逐渐演变为"马桶"。而这个故事的主人公，他因为属鸡，便不准臣民对鸡不恭，这位"爱鸡如命"的人就是元仁宗孛儿只斤·爱育黎拔力八达。元仁宗出生的那一年是农历鸡年，他便十分欣赏公鸡"雄赳赳，气昂昂"的气势，认为鸡十分有派头。他登基后，下了一道谕旨，元代史学家杨瑀在《山居新语》[21]中对此有记载，"延祐间，都城有禁，不许倒提鸡，犯者有罪，盖因仁皇乙酉景命也"。同时，一切虐鸡行为也是"大过"，比如斗鸡、杀鸡、吃鸡、卖鸡，等等。百姓连倒着提鸡都是不被允许的，那要怎么样对待"鸡大人"呢？答案是：抱着。一天，一个倒霉的烹制烧鸡的小贩就"捅了娄子"。这天，小贩从乡下收了很多鸡要烹饪，可回来的途中就遇到了巡城的士兵，这小贩的推车上、麻袋中是满当当的鸡，士兵不由分说就让他把鸡全放了，仅留一只抱在怀中。然后呢？士兵让小贩抱着鸡上街游行，一连游了三天，最后被押送遣返原籍。

　　故事确实令人啼笑皆非，回到这个单词，我使用英语的拼读法拼读出这个单词后，发现它与汉语的"娄子"发音相近，由"娄子"可联想到"捅娄子"，意即惹祸。在这个故事中，因为元仁宗属鸡，所以他极不喜欢别人有杀鸡、虐鸡等"不尊重"鸡的行为，可是，鸡是常见的家禽，杀鸡、食鸡在百姓的日常生活中十分常见，难免有人会"捅娄子"，故事中的小贩就这样"捅了娄子"。君王自己"极不喜欢"某种行为，百姓就要跟着遭殃，实在是说不过去。因此，用元仁宗的"极不喜欢某物"来记忆这个单词是比较说得通的，记忆单词的效果也比较好。

lobby

v. n.

游说

　　接下来要讲的是关于"投资"的故事，它的背后是一个具有"战略目光"的成功商人和一个著名的成语"奇货可居"，这个成功的商人就是秦国炙手可热的丞相吕不韦。吕不韦早年经商于阳翟，是一个富庶的大商人，他在赵国的都城邯郸经商时，见到了当时在赵国做人质的秦国公子异人。当时秦国的太子安国君有二十多个儿子，异人的生母又不得宠，他就被派到赵国做人质。吕不韦见到异人后，顿觉"奇货可居"，他就前去拜访异人。异人此时在赵国过得并不好，秦赵交战，赵国视秦国为宿敌，自然不会好吃好喝地对待秦国的质子。吕不韦在为异人分析了眼前的形势后，便奉送五百金给他，然后购买了许多奇珍异宝西去秦国，为异人谋得太子之位而游说，而游说的对象就是膝下无子的安国君的宠妃，即后来被立为正室的华阳夫人。吕不韦带着很多奇珍异宝见了华阳夫人的姐姐和弟弟阳泉君，让这些人进一步游说华阳夫人收异人为其养子。最后，华阳夫人收异人为养子，异人得以顺利继位，成为后来的秦庄襄王。

回到这个单词，我使用英语的拼读法拼读出这个单词后，发现它与汉语的"拉币"发音相近，"币"在文言文中是"财物"的意思，也有"礼物，赠礼"的意思，"拉币"就是"拉着财物"，这与故事中吕不韦用五百金购买大量礼物赠予华阳夫人的姐姐与弟弟形成了联系。而吕不韦之所以要送礼物给他们，是因为要让他们为异人游说，以此帮助异人得到太子之位。游说，成了吕不韦"拉币"的目的与手段，这样一来，这个单词就形成了一个比较说得通的音与义的联系，十分方便记忆。

loll

v.

懒洋洋地躺着（或坐着、站着）；耷拉，下垂

"醉翁之意不在酒，在乎山水之间也。"北宋著名文学家、政治家，"唐宋八大家"之一的欧阳修在他的名篇《醉翁亭记》中写了这样一句话，透过它，我们可以感受到那醉翁般的闲适与柔情，在山水之间寻找生命最初的色彩。看过2022年中央电视台春晚的舞蹈节目《只此青绿》后，很多观众会对中国的传统文化燃起新的热情与钦佩，改编自北宋画家王希孟创作的《千里江山图》的这部作品，意境高雅，婀娜多姿，真的是"秀色掩今古，荷花羞玉颜。浣纱弄碧水，自与清波闲"。《千里江山图》是"中国十大传世名画"之一，其他的九幅作品，同样展现着灿烂、悠远的中华文明。其中，《汉宫春晓图》的作

者,明代画家仇英在自己的作品《梧竹书堂图》中绘制了一把椅子,尽显文人风趣,这种椅子叫"醉翁椅"。椅子与中国古代的文人有着密不可分的关系,是礼制、等级名分的体现,映射着古人的审美情趣。"坐"由礼节变为古人的一种生活方式,"椅"是坐具的广泛传播,也是古人思想与文化的世俗化与现代化,这种革新,建立在经济文化的空前繁荣与人文主义的内涵基础上。醉翁椅,在仇英的画作中,就展现着古代文人慵懒的生活方式,在惬意中不用正襟危坐,而是潇洒闲适,怡然自得。虽然欧阳修的"醉翁之意"与醉翁椅的诞生没有关系,但是古代文人常常醉情山水,含蓄蕴藉的优雅与醉翁椅的隐逸随性相得益彰,坐在这样的醉翁椅上,不得不说是一种"小淘气"。

回到这个单词,我使用英语的拼读法拼读出单词后,发现它的发音与汉语的"老"相近,这个"老",意即"人老去",人的年龄逐步增长后,身体的机能就会衰退,一部分身体器官会老化,比如眼皮、肚皮、脏器等,这就与单词 loll 的第二个意思"耷拉,下垂"可以产生联系。人老去后,精力有限,犯困与打盹也是常见的,像醉翁椅这样的卧具就可以担负这样的功能,让老人可以慵懒地躺着,提气会神,怡然自乐。醉翁椅的这种简单随性、飘逸自由的特质与单词的意思构成一定的联系,使用"老"这样的谐音也可以比较好地说明单词的意思,这样记忆单词的意思是比较简便的。

loquacious

adj.

话多的,喋喋不休的

若想让一个寡言少语的人成为"话痨",你只需要给他一个功名。唐代诗人孟郊写过这样一首诗："昔日龌龊不足夸,今朝放荡思无涯。春风得意马蹄疾,一日看尽长安花。"这首诗叫《登科后》,讲的是孟郊四十六岁时[22]进士及第后的喜悦心情,从诗中也可以看出他对往事的不堪回忆和"高中"后的激动之情。孟郊,一代"诗囚",其诗歌多展现世态炎凉,这与他自己的生平经历和性格是有关系的。孟郊是名副其实的寒门子弟,家境十分清贫,他从小性格就比较孤僻,当他与韩愈相见时,一见如故,十分合得来。韩愈也是一个"苦命儿",三岁时,他父亲逝世,韩愈由兄长抚养,后来兄长又早逝,韩愈此后就由寡嫂抚养[23],日子过得十分辛苦。也正因如此,韩愈便发奋努力,一心要出人头地。韩愈对孟郊的诗歌大为赞赏,经常表扬推崇。贞元十二年,孟郊第三次参加科举,终于在四十六岁时考中进士,联想他一路走过的艰辛与不易,在这么大的年龄下可以"高中",孟郊的心情可想而知。

回到这个单词,单词结尾部分的 cious 常可以作为形容词的后缀,所以这部分不是我记忆的重点。我使用英语的拼读法拼读出这个单词后,将单词的前面部分 loqua 与汉语"乐魁"相联系,它们的发音十分相近,"乐"即指"快乐,喜悦","魁"即指"夺魁"。因此,这个单词可以被解释为"十分喜悦地考取了功名"。由此,我想到了孟郊与他写的这首《登科后》的故事。从孟郊的生平经历来看,他并不是一个滔滔不绝的人,相反,因为他的家庭出身,他是一个沉默寡言的人。但这首《登科后》是个例外,诗中洋溢着"喜气",好像孟郊一下变成了"话痨",与他平日里的性格大相径庭。那么,这是为什么呢?因为他"夺魁"了,他终于考中了进士!因此,使用"乐魁"这个谐音与这首《登科后》是吻合的,也与孟郊的故事相联系。一个沉默寡言的人,在"夺魁"后的喜悦让他变成了"话痨",这样来记忆很有意思。

参考文献

[1] 宋濂,王祎.元史·本纪第二十八·英宗二[M].北京:中华书局,2016.

[2] 司马迁.史记·越王勾践世家[M].杨燕起,译注.长沙:岳麓书社,2021.

[3] 昭梿.啸亭杂录[M].北京:中华书局,1980.

[4] 赵尔巽.清史稿·列传七·诸王六[M].北京:中华书局,2020.

[5] 大沈阳说如东.猪年和大家说一些你可能不知道的猪文化![EB/OL].[2019-03-03].https://www.sohu.com/a/298753056_99895802.

[6] 李涛.抗美援朝战争中的冷枪冷炮活动[J].炎黄春秋,2022(03):12-16.

[7] 鸳湖渔叟.说唐全传[M].上海:上海古籍出版社,2010.

[8] 司马迁.史记·司马相如列传[M].杨燕起,译注.长沙:岳麓书社,2021.

[9] 赵煌.和谐的杯酒释兵权[J].学理论,2009(16):148-149.

[10] 杨宇,刘朝霞,主编.李朝实录中的北京史料[M].北京:燕山出版社,2021.

[11] 衣长春,黄韶海.清代千叟宴的历史意义[J].文化学刊,2016(03):205-215.

[12] 三联生活周刊.大唐皇帝喝什么酒?[EB/OL].[2021-11-02].https://baijiahao.baidu.com/s?id=1715306869871994778&wfr=spider&for=pc.

[13] 杨玉华."剑南烧春"的前世今生[J].文史杂志.2021(06):92-97.

[14] 阎崇年.正说清朝十二帝[M].北京:中华书局,2018.

[15] 徐珂.清稗类钞[M].北京:中华书局,2017.

[16] 阿迪力·阿布力孜.从东罗马金币等文物看古代中西交流[J].东方收藏,2013(01):29-30+32.

[17] 陈寿.三国志·蜀书·关张马黄赵传[M].裴松之,注.上海:上海古籍出

版社,2021.

[18] 司马光.资治通鉴·唐纪七[M].沈志华,张宏儒,主编.北京:中华书局,2019.

[19] 吴凤婷.多维艺术理论视角下的《骷髅幻戏图》研究[J].艺术评鉴,2022(03):32-35.

[20] 黄月婷.骷髅幻戏图研究[J].艺苑,2017(02):60-63.

[21] 王恽,杨瑀.玉堂嘉话 山居新语[M].北京:中华书局,2006.

[22] 徐婷婷.孟郊年谱[D].武汉:华中科技大学,2020.

[23] 卞孝萱,张清华,阎琦.韩愈评传[M].南京:南京大学出版社,2007.

【篇六 **M**】

行到水穷处，坐看云起时。

［唐］王维《终南别业》

malady

n.

严重问题，痼疾

"剩男"与"剩女"是我们眼下的社会中一个不可忽视的问题，"结婚难""不结婚""生育率降低"等问题对社会的稳定与经济的长远发展多少会有不利的影响。那么在古代，到底多大年龄才算是"晚婚"？面对那些不结婚的男女，政府又会采取何种措施解决他们的终身大事呢？在我国不同的历史时期内，不同朝代的统治者对"大龄"的年龄标准划分得各不一样。西周时期，《周礼》中有记载，"媒氏掌万民之判"。这就是说，政府有一个官方机构专门负责婚配嫁娶，民间百姓哪户缺老婆，哪户女子未嫁人，政府会当媒人强制分配，还会赐予田宅安家。汉代时期，据《汉代婚丧礼俗考》记载，当时男子普遍成婚的年龄在十五六岁，女子为十三四岁。汉惠帝曾下令，"女子十五以上至三十，不嫁，五算"。[1] "算"指的是征税的钱银，也就是说，女孩到了十五岁还没有嫁人，就会加倍征税，三十岁还没嫁人的就要征收五倍的税。到了唐代时期，唐玄宗曾下诏，"男年十五，女年十三以上，听婚嫁"。[2]意思就是说，男子、女子最晚的结婚年纪分别是十五岁和十三岁。宋代时，因为科举制度的发展以及民间士族的崛起，加上宋代重文轻武，商品经济极度繁荣，给女方的彩礼与嫁妆是一笔不小的支出，这给人们的婚育观念带来了一定程度的影响，宋朝时期的青年男女结婚的年龄普遍较之前晚了许多。明清时期，男女结婚的年龄与宋朝差不多，男子多在十六至二十五岁间，女子多在十四至二十岁间，超过这个时间会被"剩下"。

回到这个单词，我将单词分为两个部分来记忆，第一个部分是前缀 mal，第二个部分是 lady。在这里，我使用了两次字母 l。单词的前缀 mal 表达的意思是"坏，糟糕，错误"，而 lady 是常见的词，意思是"女子"，于是我将这个单词解释为"没有女子会产生严重的问题"，由此想到了古时的大龄未婚男女青年。在古代，人口的多寡会对一个王朝产生重要的影响，人口繁盛，不仅可以为政府创造兵源与担负徭役，还可以提供充足的税收、发展粮食生产。在这一背景下，没有充足的人口，王朝就会陷入发展的停滞，严重威胁统治者的政权与社会的稳定。因此，如果古代的适龄男女不结婚，政府就会采取一系列的手段或鼓励或强迫地"撮合"姻缘。正如单词 malady 的意思一样，没有女子嫁与男子，就无法组成家庭生育下一代，这会带来经济、政治、军事、文化上的不和谐，男未婚，女未嫁，会成为阻碍社会发展的痼疾，这种影响是巨大的。使用这样的记忆方法，可以比较好地通过单词各部分的意思进行与词义的串联，记住单词的意思就会很轻松了。

malevolent

adj.

有恶意的，有坏心肠的

"碰瓷"，一种令人不齿的行为，讲的就是那些心肠恶毒的人专门对老实人使坏，以此来讹诈的卑劣行径。自古就有喜欢"碰瓷"的人，那么在古代遇到"碰瓷"，会用什么样的手段识别它，去惩治这些不法分子呢？接下来要讲的故事的主人公是一个沉默寡言的人，他在家中排行老二，从小就不喜欢说话，但是却非常喜欢读兵书，他将战国时期的名将李牧和汉朝名将周亚夫视为自己的偶像。后来，他冲锋陷阵，战功卓著，受到君王猜忌后又起兵造反，最终在契丹的帮助下灭掉后唐，建立后晋，定都汴梁。这位著名历史人物就是五代十国时期后晋的开国皇帝石敬瑭,他勇猛果敢,充满英雄之气,留下了很多脍炙人口的故事。作为一个常年带兵打仗的人,石敬瑭处事是很雷厉风行的,在治理河东时,石敬瑭遇见了一件棘手的案子。[3]有一次,一个街边小店的妇女和一个士兵发生了争执,僵持不下,二人来到官府。妇女说自己在门外晒谷子,过了一会少了许多,肯定是士兵的马吃了。士兵说自己冤枉,但是他又没法证明自己的清白。二人又开始在公堂上吵闹,谁看了都没办法。石敬瑭听后,就对身旁的小吏说:"他们二人争执不下,那怎么判断是非呢? 你去把马杀掉,看看它肠子里有没有谷子,有就杀这个士兵,没有就杀妇人。"小吏就把马杀掉了,一看,马的肠子里没有谷子,原来是妇人在撒谎,她的谷子不知道怎么少了这么多,就想用士兵的马去讹钱。石敬瑭当即下令将刁妇处死。这次事件后,石敬瑭治理下的河东再无人寻衅滋事,也没有人敢再不讲道理地欺负他人了。石敬瑭断案虽手段有些硬,但对他心服口服的人很多。

回到这个单词,首先需要说明的是,单词结尾的 lent 部分不是我记忆的重点,因为 ent 经常可以作为形容词的后缀,而它又与其前的字母 l 构成了一个完整的音节,这部分没有太多的实际意思,故我直接忽略。接下来,我使用英语的拼读法拼读出这个单词后,根据它的发音,我发现单词余下的malevo 部分与汉语的"莫赖我"发音相近,于是,我便使用这个谐音来记忆单词。"莫赖我"的意思即"休想赖上我",这就让我想到了"狠人"石敬瑭与他专治"碰瓷"的故事。从这个故事中我们可以看到,这位妇人是很不讲理的,她在没有充足证据的情况下就随意诬陷他人,还用别人的马来"说事",明明自己没有看见士兵的马吃了谷子,却将谷子丢失的罪过怪到了士兵头上,好让士兵认栽赔钱。这分明就是讹钱,见谁好欺负,也不管是非对错,就让这个人来当"替罪羊",显然,妇人的心肠不正。最后,还是石敬瑭杀伐果断,虽然还是有点粗暴,让无辜的马儿丢掉了性命,但却留住了它主人的清白。因此，"莫赖我"就像故事中士兵的心声一样，"休想赖上我，我有石大人撑腰"，让坏心肠的这位妇人尝到了自己种下的恶果。所以，使用这样的谐音比较简单地说明了单词的意思，十分好记。

malice

n.

恶意，怨恨

___

在古代，有这样一种制度，堪称残忍，它就是殉葬制度。在奴隶制时代下的商朝，将器物、牲畜或活人与死者一同葬入墓穴，是一种较常见的丧葬习俗。以某种手段迫使活人陪葬，这代表了死者生前尊贵的身份。那些被殉葬的人有的是死者的妻妾，有的是侍从，他们在生前曾服侍过死者，在死后，作为一种私有"财产"，自然也会陪伴着死者进入另一个世界，为主人服务。商代就经常用奴隶作为殉葬品，春秋时期，吴王阖闾的爱女因对他有怨气而自杀，阖闾十分悲痛，为女儿大造坟墓，制作了许多精美的陪葬器物。在爱女出殡的那一天，阖闾命人一路舞着白鹤，沿途有上万人跟随观看，到了墓地后，阖闾命人将这些观看的百姓全部赶进地宫，铸牢地宫门，这些无辜的百姓就活生生地被闷死在地宫里。[4] 如此残暴野蛮，令人发指。秦汉之后，殉葬品往往会用木俑、陶俑进行替代，而到了辽代，人殉之风又死灰复燃。明朝时期，《大明会典》记孝陵（朱元璋墓）殉葬妃嫔："孝陵四十妃嫔，惟二妃葬陵之东西，余俱从葬。"[5] 随后在明成祖、明仁宗、明宣宗时期，皆有嫔妃为皇帝殉葬。宣宗的景陵有十个嫔妃在他入葬时被"杀殉"。这十人中一女子名郭爱，进宫还不到一个月，就被选中为殉葬者。[6]

回到这个单词，我使用英语的拼读法拼读出这个单词后，根据它的发音，发现它与汉语的"埋里死"发音相近，我便使用这个谐音来记忆单词，"埋里死"很容易让人联想到殉葬制度。从古代社会来讲，早在原始社会，人们就习惯于将自己生前经常使用的工具、武器以及喜爱的日用品与死者埋葬在一起，奴隶制时代下，奴隶作为主人十分看重的"私有财产"，自然在主人死后，也要在阴间为主人效力。为满足自己的欲望而剥夺他人生命，这显然是一种巨大的"恶意"。进入封建社会后，妇女就成了殉葬制度的受害者，因为她们生前常作为男子的附庸。秦始皇死后，秦二世便下令后宫中的妇女全部殉葬，数量竟有万人，可见这一制度的野蛮与荒谬。没有人可以随意剥夺他人的性命，每个人的生命都是宝贵且独一无二的，从这样的角度来讲，那些受到当权者胁迫而被迫成为殉葬品的人，他们都自然地带有怨气。当时的妇女等社会弱势群体作为人殉的受害者，可想而知他们的心中不仅充满了对当权者的愤恨，更是对人殉这种制度怀揣着强烈的不满与痛恨。因此，由"埋里死"这个谐音想到活人殉葬制度，就可以联想到单词的意思"恶意"与"怨恨"，一个是当权者剥夺他人性命的"恶意"，一个是被迫成为殉葬品的人对当权者欲望的"怨恨"。可以说，使用这个谐音来记忆单词是比较简单的，记忆的效果也比较好。

malign

v.

（公开地）诽谤，中伤

唐朝时期有一位非常著名的历史人物，她体态丰硕，贵不可言，她从出生起就受到了母亲异常的珍视，她一生富贵荣华，权倾一时，也因此遭到了很多的妄议。她先后出嫁薛绍与武攸暨,在唐中宗去世后,联合自己的侄子李隆基发动了政变,拥护唐睿宗继位。后来,因她与太子李隆基夺权,李隆基在继位后,将她赐死,她就是唐高宗李治与武则天的爱女太平公主。[7]武则天在失去了第一个女儿后,怀着无比愧疚、自责的心情,将所有的母爱倾注到了太平公主身上。唐高宗仪凤年间,吐蕃派使者前来求婚,点名要迎娶太平公主。武则天可不舍得让爱女远嫁,何况大唐国力雄厚,为了委婉地拒绝,武则天专门修建了太平观让她入住,说公主已经出家,这才拒绝了这门婚事。太平公主的第一任丈夫是唐高宗李治的同母妹妹城阳公主的次子薛绍,当时二人举办的结婚仪式轰动了整个长安城,为了让宽大的婚车通过,甚至不得不拆除了街边的围墙。后来,薛绍因参与谋反,饿死在狱中,武则天为了补偿爱女,将她的封户破例增加到了一千二百户。太平公主的第二段婚姻在母亲武则天的安排下开始,当时武则天已具备称帝的实力并大肆清除李唐皇室,为了避免牵连太平公主,武则天就让堂侄武攸暨娶了太平公主。可太平公主并不太满意这段关系,便大肆包养男宠,与朝臣通奸,还把自己的男宠"分享"给母亲武则天,此人便是张昌宗。武则天逝世后,唐中宗李显继位,对妹妹太平公主十分信任,太平公主逐渐参与军国大事,权势日显。后来,李显被妻子韦后与女儿安乐公主毒死,太平公主与上官婉儿便草拟诏书,拥立温王李重茂为太子,相王李旦为参谋政事,但李旦随后被韦后的党羽架空。在李旦的儿子李隆基发动的政变中,太平公主联合自己的侄子将李重茂拉下皇位,拥立李旦复位,是为唐睿宗。太平公主因其功劳受到了哥哥李旦的特别恩宠,权力之盛,朝中无一人能及。李隆基被李旦立为太子后,情况发生了一些变化。李隆基虽然年轻稚嫩,政治经验远没有姑姑太平公主那样充足,但是他富有智慧,而且具有大志,他任人唯能,才学出众,渐渐地让姑姑太平公主产生忌惮。太平公主并不太希望看见一个既足智多谋又不受自己牵制的君主,她十分害怕李隆基继位后会让她失去现有的权力与地位,便决定怂恿唐睿宗,让他废掉太子。太平公主多次公开地散布流言,声称"太子并非皇帝的嫡长子,因此不应当被立为太子"。[8] 这种说法很快地在民间流传,传得沸沸扬扬,街头巷尾,人尽皆知,唐睿宗只好颁下诏书,以此平息流言蜚语。除此之外,太平公主还在李隆基身旁安插了很多"眼线",专门负责监视李隆基的日常起居,还把他的一些琐事报告给唐睿宗,这让李隆基心中十分不悦,感到如鲠在喉。太平公主要废掉李隆基的心意不断加强,有一次更是躲在帘子后偷听唐睿宗与大臣韦安石评论太子的对话,因为韦安石让唐睿宗不要听信构陷太子的谣言,太平公主随后又开始散布各种对韦安石不利的言语对其横加陷害。韦安石被捕入狱后,幸亏好友相救才幸免于难。太子与太平公主以及分别支持他们二人的朝臣已势同水火,有剑拔弩张之势。李隆基继位后,太平公主与人合谋在准备进献给李隆基服用的天麻粉中投毒。[9] 多次的谋逆终于激怒了李隆基,李隆基征调宫中禁军,率军将太平公主的党羽剿灭。李隆基随后下诏赐死姑姑太平公主,将其全部家产抄没充公,"权势达人"太平公主就这样在历史中谢幕。

回到这个单词,我将它分成两个部分来记忆,第一个部分是单词的前部 mali,第二个部分是字母组合 gn。针对第一个部分,我使用汉语拼音的方式将其拼成两个汉字,一个是"骂",一个是"李";对于第二个部分,我将 gn 看作"姑娘"的汉语拼音首字母。如此,这个单词可以被解释为"骂李姑娘",我就想到了唐高宗与武则天的爱女太平公主。从太平公主的经历来看,她虽然受其母武则天的喜爱,但在内心却拥护李氏王朝,这在一定程度上缓和了武氏与李氏的矛盾,太平公主也多次劝谏母亲武则天不要滥杀无辜,后来她拥立唐中宗与唐睿宗复位,稳定了政局。可以说,太平公主是具有谋略与胆识的。但是,权力欲的膨胀还是让太平公主走向了不归路。从历史的角度看,太平公主后期是阻碍社会进步的人,她多次派人散布太子李隆基的谣言,还要在李隆基登位后谋害他,追随太平公主的人很多,但大多是趋炎附势之流,这也是当时朝中很多大臣看不惯太平公主,认为她有碍于社稷的主要原因。因此"骂李姑娘",就是在唐睿宗复位后,针对太平公主的一手遮天行为而骂的。从太平公主的所作所为来看,她也的确"公开地诽谤"了李隆基和朝中一批忠良之臣,正如单词 malign 的意思一样。使用这样的记忆方法,是十分说得通的,记忆单词也比较有效果。

mammary

adj.

乳房的,乳腺的

"世上只有妈妈好。"母爱是世界上最无私、最质朴、最感人的情感,母亲对子女的爱没有办法用金钱来衡量,母亲给予了子女生命,她们是最伟大的人。古代的女性十分不容易,由于医疗条件有限,她们在怀孕分娩的时候,承担了常人难以想象的艰辛,稍有不慎,很可能失去性命。康熙皇帝的第一任皇后是孝诚仁皇后,她在分娩时就不幸失去了自己的生命,只留下了刚出生的儿子陪伴康熙皇帝。孝诚仁皇后,赫舍里氏,她出身于满洲正黄旗,家世十分显赫,她的爷爷是辅政大臣索尼,父亲是议政大臣、领侍卫内大臣噶布喇。康熙四年,正值豆蔻年华的赫舍里氏与康熙皇帝成婚,四年后,她生下了自己的第一个儿子。康熙十三年,赫舍里氏再次生产,不幸在生育胤礽后薨逝,年仅二十二岁。[10]康熙皇帝非常痛心,辍朝五日,并让文武百官为其致哀,此后,康熙皇帝更是爱怜胤礽,将不满两岁的胤礽立为皇太子,并悉心照

料。康熙十七年，胤礽不幸染上天花，而在当时天花的治愈率非常低，宫中上下听说太子染痘后皆不愿服侍照料，康熙皇帝却下令让各部院将奏折送到内阁，他自己本人则全心照顾胤礽，终于，胤礽病愈，康熙皇帝十分高兴，还特地祭扫了太庙，向天下宣示这一喜讯。[11]康熙皇帝对赫舍里氏的感情非常之深，便怀着对他的思念与自责，将这份爱转移到胤礽身上，文学武功，书法骑射，康熙皇帝都是亲自教导胤礽，在一众儿子中，他对胤礽是最好的。

　　回到这个单词，我将 mammary 的字母重新排列组合后，将它划分为两个部分来记忆，第一个部分是 mama，第二个部分是字母组合 mry。我先使用汉语拼音的方法拼出单词的第一部分 mama，就是"妈妈"，再将 mry 作为汉语"没人养"的拼音首字母。如此，这个单词在这样的方法下可以被解释为"失去了妈妈就没人养"，我继而想到历史上那些因难产而亡的女子，想到了康熙皇帝的赫舍里皇后。母亲是十分伟大的，她们在怀孕分娩时就非常辛苦，在古代，更是要在生产时过"鬼门关"。母亲用甘甜的乳汁喂养自己的孩子，可以想见，康熙皇帝每次见到胤礽时，都会觉得他出生即丧母是多么的可怜。正如 mammary 的意思一样，"乳房的，乳腺的"，没有母亲，就没有乳汁喂养孩子，失去了母亲，就会成为可怜的孩子。使用这样的记忆方法可以比较好地对单词的意义进行诠释，也能比较好地记忆单词的意思。

mangle

v.

压碎，撕烂，严重损毁

　　如果非要给"团圆"找一个中国节日来指代，那一定是春节了。春节，中国的农历新年,它承载着中华民族丰厚的历史与灿烂的文化,寄托着中国人民对美好生活的希冀,春节,是一个团圆的节日。在我国古代的农耕文明下,人们对于节气的把握是十分准确的,在不同的节气与时令下开展农业生产,这是我国古代人民敬天畏时、顺应自然的智慧经验。立春岁首,春回大地,万象更新,春节承载着人们驱邪攘灾、祈岁纳福的美好心愿。斗转星移,终而复始,与家人一起"守岁"是十分重要的时刻,我国在魏晋时期就有资料记载了"守岁","终岁不眠,以待天明",家中长辈怡然自乐,儿孙承欢膝下,这是中国人对家与孝道的执着。压岁钱,作为春节中的"重头戏",是最受小辈们喜欢的。我国最早有文献记载的压岁钱这一称呼可以追溯到汉代,在当时的钱币上铸有各种吉祥语,"千秋万岁""去殃除凶",以及各种代表吉祥的图案,龙凤、龟蛇等皆有展现。

回到这个单词,我在记忆它的时候,采用了和之前不太一样的方法。首先,我从单词的意思入手,mangle 最主要的意思是"压碎",我用了一个同音词来代替"碎",就是"岁",这样,"压碎"就成了"压岁"。其次,我将 mangle 分为两个部分来记忆。第一个部分是 man,它的意思是"人";第二个部分是 gle,我使用英语的拼读法拼读出这个单词后,发现 gle 部分与汉语的"够"发音相近。于是,mangle 就可以被解释为"人够了"或"人齐了",我就想到了象征团圆的春节,继而联系到了压岁钱。几乎每个中国家庭都会聚在一起庆祝春节,一年在外,聚少离多,很多游子对家乡的记忆就是春节的归途,长辈是最喜欢看见春节归来的孩子的,元宵节与中秋节虽然也可以承载这样的思念,但是总不是中国人的第一大节日。春节,团圆,压岁钱,构成一个完整的记忆链条,也因此可以轻松地记住单词的意思,这是一个相对简单的方法,记忆效果比较好。

marauding

adj.

（人或动物）到处抢劫的，打劫的，劫掠的

非洲大草原上生长着一群"名声"不太好的动物，它们全身布满条纹，喜欢吃腐肉，往往成群行动，它们的名字叫鬣狗。说起鬣狗，它们是非洲大草原上让人感到十分厌恶的动物。为什么呢？因为人们将它们和"强盗""卑鄙"等词语相联系。首先，鬣狗非常擅长群体作战去围攻其他动物的"战利品"，原本是猎豹、狮子等动物的食物，也会被成群结队的鬣狗抢走，这显然是"仗势欺人"的"强盗"行径。其次，鬣狗的进攻方式实在是"不登大雅之堂"，它们不会光明正大地与猎物正面"交手"，而是使用"掏肛"的方式撕咬对方的肛门，手段残忍，以致猎物的肠子都被其拽出，最后痛苦而死。鬣狗这种到处"打劫"的行为和卑鄙的进攻方式实在是为它收获了不好的"名声"。

回到这个单词，我使用英语的拼读法拼读出这个单词后，根据它的发音，发现它与汉语的"莫扰腚"发音相近，于是我使用这个谐音作为记忆单词的方法。"莫扰腚"很容易让人想到鬣狗的攻击方式，继而会想到鬣狗那"强盗"般的打劫行为。如此，使用这个谐音可以轻松地实现音与义的结合，让人想到非洲草原上既抢夺其他动物的食物又进攻对手肛门的鬣狗，由此记住单词的意思。

maroon

v.

困住，使无法逃脱

我国汉代有一位著名的历史人物，他是一位杰出的外交家、旅行家与探

险家,他以自己对国家的忠诚与热血开辟了一条彪炳史册的通道,他的身上闪耀着一个民族的坚定与顽强,他的胆识超过常人,他的毅力足以感动上苍,他就是"丝绸之路"的开辟者张骞[12]。作为中国历史上最为繁盛的王朝之一,西汉王朝在经济、政治、军事与文化等方面是当时世界首届一指的,但是,当时的西汉王朝也有一块"心病",即北方彪悍的匈奴民族时常在边关地区进行侵扰与劫掠,严重威胁着西汉王朝的稳定。西汉初年,匈奴的首领冒顿单于就经常侵占汉朝的土地,还掠夺汉朝的人民与粮食、布匹。冒顿单于十分凶悍,依托着一支强大的骑兵,以武力征服了西域各国,还设置了僮仆都尉,专门向西域各国征收沉重的赋税。西域各国苦不堪言,尤其是大月氏,与匈奴有着不共戴天之仇,但大月氏实力相对较弱,只得忍气吞声,向西迁去。西域各国所处的地理位置十分重要,是割断匈奴各部、对匈奴进行夹击的大后方。但是,因为匈奴对这一地区的控制,西域各国与汉朝的交流基本处于空白,他们有着与汉朝相同的诉求,即共同打击盛气凌人的匈奴,同时,汉朝雄厚的经济实力与强大的国力也吸引着西域各国与其进行贸易与友好交流。在这一背景下,雄才大略的汉武帝在继位后,逐渐认识到打通一条与西域各国建立联系的通道是何等重要,张骞作为汉武帝的近侍,主动承担了这一使命。建元二年(前 139),张骞率领了一支一百余人的队伍,以匈奴人堂邑父为向导,浩浩荡荡地从长安出发履行使命。当时长安城的百姓都十分佩服张骞的胆识与魄力,因为这一行,路途遥远,人烟稀少,飞沙走石,寒风刺骨,还要穿过匈奴人控制的河西走廊,前途未可知。张骞手持汉使节杖,就这样向西行进。一段时间后,正当张骞匆匆穿过河西走廊时,他不幸被匈奴骑兵抓获,当匈奴首领军臣单于知晓张骞西行的动因后,无比震怒,下令将张骞一行人扣留软禁。英雄的道路注定是充满崎岖与坎坷的,张骞就这样在匈奴部落生活了十年,但是,他从来没有忘记自己的使命,他忠诚于汉武帝与汉朝，面对匈奴的威逼利诱，他从未叛变。在岁月的风沙中，一次，张骞趁看守的匈奴士兵松懈之机，带领着随从逃出了匈奴人的控制区，就这样，他重新踏上了自己的使命之旅。风餐露宿，热浪滚滚，风雨无阻，张骞到达大宛、大月氏等国，表达了汉朝皇帝的诉求与开展贸易的希冀，在出访了西域各国后，张骞决定动身返国。元朔三年（前 126），张骞终于返回了长安，在历经十三年[13]的艰辛后，只有他和堂邑父二人归来，汉武帝与所有人都非常感动，特封张骞为太中大夫，封堂邑父为奉使君。自此，西域各国的位置、特产、人口、城市等信息也一并为世人所知，这成为了解西域各国，开辟"丝绸之路"这条古老且对后世影响深远的友好交流之路的坚实基础。

回到这个单词，我将这个单词稍微做出一些调整后，将它分为两个部分来记忆。第一个部分是 ma，第二个部分是 roon。我使用汉语拼音的方法拼出单词的第一部分 ma，就是"马"；针对第二部分，我作了一些调整，将 room 作为 roon 的"变形"。因为 room 与 roon"长得"十分相近，仅有一个字母不同，而且 room 是一个非常常见的单词，这有利于化繁为简，所以我使用 room 作为 roon 的替代来对 maroon 进行词义的阐释。在这样的方法下，本单词就可以被解释为"马房"，而睡在"马房"的人大概率是落难的人，我就想到了张骞。从张骞的故事中，我们可以看见，他历经了很长时间的磨难，他在匈奴一困，就是十年之久。匈奴十分惧怕张骞出使西域会对他们不利，因此恼羞成怒地苛待张骞自然就是顺理成章的了。匈奴是游牧民族，他们经常要喂养马匹，这样一来，为了羞辱与消磨张骞的斗志，令他入住环境简陋又臭气熏天的马房是可以想象的。"马房"可以用来借指恶劣的生存环境，也因此使得张骞摆脱不掉，一困就是十年。正如 maroon 的意思一样，"困住，使无法逃脱"，这与张骞身处险境，身居陋室的历史经历是十分吻合的，如此，使用这样的记忆方法可以比较好地说明单词音与义之间的关系，记忆的效果也十分好。

mascot

n.

吉祥物

甲鱼很美味。中国人吃甲鱼的历史十分悠久,在《诗经》当中就有料理甲鱼的记载。作为传统的"水八珍"之一,甲鱼的营养十分丰富,人们精心烹制了很多以甲鱼为主角的菜肴。鳖是甲鱼的俗称,在成语"独占鳌头"中,我们便可以瞧见人们对这种动物的喜爱。魁星,是北斗七星中形成斗形的四颗星,亦是我国古代天文学中二十八星宿之一"奎星"的俗称,被古人称为掌管文运的吉祥星宿之神,相传是居住在东海之滨天台山的羲和部落最早观测到的,后来,该部落的后人伯益在成为首领后,在扶桑山鳌头石梦遇魁星,而后著成《山海经图》,后人因此将魁星作为在考试中拔得头筹、取得功名利禄的大吉之星。"独占鳌头"就这样成为此后中华文化中,用来祝愿学子一举夺魁,心想事成的成语。而"鳌头"中的"鳌",就是古代传说里海里的大鳌。鳌,不仅在中华饮食文化中占得一席之地,也是一种代表祥瑞的动物。熟悉鳖的人会知道,鳖作为菜肴,并不是身上的每一个部位都可食用,鳖的头人们不太吃,而坚硬的壳也不能下嘴食用。因此,很多人觉得鳖"没啥吃头",它的可食用部分大多为其裙边部位与足部的脂肪,肥嫩多汁,鲜香扑鼻。

回到这个单词,我将单词的字母顺序稍作调整,然后将其划分为两个部分来记忆。第一个部分是字母组合 msct,第二个部分是字母组合 ao。我将 msct 作为汉语"没啥吃头"的拼音首字母缩写,使用汉语拼音的方法拼出单词的 ao 部分,这就是"鳌"字。如此一来,我便想到了成语"独占鳌头",进而想到了鳌。考取功名,榜上有名,是古代学子美好的希冀,如今,人们依然使用"独占鳌头"来祝福考生取得傲人的成绩,得偿所愿。使用这样的方法可以比较巧妙地将单词的各部分联合记忆，也可以轻松地记住单词的意思，十分简便。

maudlin

adj.

（尤指醉酒时）言语伤感的，感情脆弱的，自怜的

"完璧归赵"[14]是一个大家十分熟悉的成语，故事中的蔺相如有勇有谋，用自己的智慧与威严迫使言而无信的秦国归还和氏璧，完璧归赵的故事也成为历史上的一段佳话。赵惠文王在位时，秦昭襄王派使者觐见，说自己情愿用十五座城池换取和氏璧，希望赵王能答应。这可难住了赵惠文王，秦国的军事实力远在赵国之上，给吧，担心秦国言而无信，白白地让赵国吃"哑巴亏"，不给吧，这分明就是得罪秦国，搞不好秦国一怒攻赵，这可如何是好。赵惠文王在与大臣商议间，言语中便带着这种情绪，既左右为难，又十分惧怕秦国。这时，赵王身旁的宦官缪贤就劝说赵王，自己的门客蔺相如定可不辱使命，赵王于是就召来蔺相如。蔺相如面对赵王的询问，有理有据，便在征得赵王的同意后，带着和氏璧入秦，见秦王把玩之间丝毫没有给城的意思，蔺相如不动声色地要指给秦王看和氏璧上的瑕疵，在字字珠玑的诘问下迫使秦王归还了和氏璧。最后，和氏璧由人先行送回赵国，而蔺相如也毫发无损地回到赵国。

回到这个单词，我将 maudlin 分为两部分来记忆，第一个部分是 maud，第二个部分是 lin。在汉语中，有一个字，叫"懋"，它的意思是"劝勉"。我使用英语的拼读法拼读出这个单词后，根据它的发音，发现单词的第一部分 maud 与汉语的"懋得"发音相近，此处的"得"用作动词；然后，我使用汉语拼音的方式拼读单词的第二部分，将 lin 拼作"蔺"。这个单词就可以被转换为

"懋得蔺",意思即"缪贤劝勉赵王,使他得到了蔺相如"。在完璧归赵这个故事中,赵王在一开始面对秦王的请求时,是十分为难的,他非常害怕秦国会对自己的国家不利,而他也不能眼睁睁地看着强秦就这样夺走了赵国的宝物。对于一个国家的君主来说,赵王多少会感到自己有些窝囊,实力不如人就要被压制、威胁,还要担惊受怕地承受国破的劫难,在见到蔺相如之前,赵王自然是"言语伤感的",他对强秦束手无策,对自己国家的前途感到无所适从,对赵国宝物的流失爱莫能助,此时的赵惠文王感情是很脆弱的。缪贤的劝勉,让赵王看见了一丝希望,在召见蔺相如后,总算是有了对策。终于,缪贤的举荐为赵国规避了损失,也让蔺相如崭露头角。正如 maudlin 的词义一样,"言语伤感的,感情脆弱的,自怜的",这就像故事开头的赵惠文王一样,虽为一国之君,却不得不委曲求全,只得听任强秦摆布,又哀叹自己的国运不济。因此,使用这个故事来记忆单词的意思可以比较好地说明单词各部分意思的关系,从而轻松地记住单词的意思,十分简便。

maul

v.

(动物)袭击,撕咬;猛烈抨击

中国古典小说《水浒传》[15]中有一个重要人物,他皮肤黝黑,为人豪爽,行侠仗义,好打抱不平,他手持一双斧头,绰号"黑旋风",他就是"铁牛儿"李逵。李逵虽然行事粗鲁,却是一个大孝子,他在上了梁山后,对母亲非常思念,便决定下山将母亲接到梁山,好享享福。李逵在返家的途中,居然见到了假扮自己的"李鬼"来打劫,见这人四处为非作歹,还冒用自己的名号,李逵就想直接"结束"此"鬼"的性命,谁知"李鬼"谎称自己家中有老母要赡养,李逵动了怜悯之情,就放了他。后来,李逵路过"李鬼"家,发现他并没有母亲,而且还要害自己,李逵就杀掉了他。回到家接到老母亲后,李逵背起母亲奔赴梁山,在沂岭时,为了接水,李逵的母亲被此处出没的老虎吃掉了。李逵十分痛苦,母亲还没有享福,就这样惨死于虎口之下,李逵就将四只老虎杀掉为母报仇。后来,李逵被"李鬼"的老婆告发,所幸的是,在押解途中逃脱,还一齐将"青眼虎"沂水县都头李云带上梁山。

　　回到这个单词,我将单词中的字母调整了一下顺序,将字母 u 与 l 的位置进行颠倒,这样,这个单词就变成了 malu。接下来,我使用汉语拼音的方式将其拼出,就变成了"马路",我便使用它作为我记忆单词的方法。"马路",就是车辆行驶的道路,文言文中的"途"是这个意思。联系李逵接母的故事可知,李逵背着母亲赶往梁山,那就势必要赶路,而在赶路的途中,母亲遇到了老虎,丢掉了性命,老虎猛烈地袭击李母,造成了李母的死亡。因此,就可以形成这样一个记忆链条:因为要赶路,所以遭到了袭击,"途"与"袭击"就这样构成了因果关系。单词 maul 的意思就是"(动物)袭击,撕咬",这与李逵与其母亲的遭遇是吻合的,如此,只需要简单地调整单词字母间的顺序,便可联想到词义,十分简便。

maverick

n.

独行其是者,言行与众不同者

　　艺术家所走的道路大多是独树一帜的,尤其对于那些天才型的艺术家来讲,他们在有生之年所追逐的艺术梦往往会让他们遭受很多的挫折,或贫穷,或孤独,或背叛,但是也因此这些艺术家以自己独特的生活阅历与对艺术的见解成就了一幅幅精美的画作,为艺术增添了一抹匠心独运的色彩。有这样一位天才型艺术家,他所走过的路程以及他对爱人的感情,为他的艺术创作带来了非凡的灵感,他就是法国著名画家,被誉为"印象派领导者"的莫奈。幼时的莫奈就是一个"不走寻常路"的小孩,他的父亲是一名商人,家中经营着一家仪器店,莫奈不怎么喜欢学习文化课,因此每天跑到海边玩耍。莫奈最大的爱好就是画画,还喜欢以老师和同学为人物进行漫画创作,父母对此爱好嗤之以鼻,但是后来,由莫奈创作的漫画居然在文具店展出并出售。小有名气后,莫奈遇到了他绘画艺术道路上的一位"贵人",欧仁·布丹。欧仁·布丹教会了莫奈创作风景画,让他用自己的心灵感悟自然,此后,莫奈逐渐将绘制风景画作为自己创作的主要方向。父亲极力反对莫奈的艺术事业,莫奈就索性与家里切断了一切联系,正当穷愁潦倒时,他认识了一个足以改变他一生的女人,卡米尔。莫奈对卡米尔一见钟情,于是经常将卡米尔作为对象创作画作,《穿绿裙的女人》就是莫奈以卡米尔为模特创作的第一幅人物肖像画,随后,这幅画在当时以八百法郎的价格成功出售,这让莫奈颇为欣喜。莫奈与卡米尔相爱了,卡米尔还怀了孕,但是莫奈的家人却不同意这门婚事,靠着朋友的资助,卡米尔生下了一个男孩。莫奈的小家庭颠沛流离,一贫如洗,他总是为妻儿作画,但生活的重担多次逼得莫奈想要自杀,幸运的是,乐观开朗的卡米尔让莫奈坚持了下去。莫奈在1870年时,给了卡米尔一个名正言顺的婚礼,使她成为自己合法的妻子,可是他的家族没有一个人到场。莫奈在此后创作了很多作品,《罂粟花田》中就可以看见他妻儿的身影,日子虽平淡,还很贫穷,但是他们一家十分快乐。1874年,莫奈展出了自己的《日出·印象》,他得到了富商欧希德的欣赏,欧希德豪横地提出要资助莫奈，这让莫奈十分高兴。但是，欧希德的妻子爱丽丝却看上了莫奈，她想和他成为"地下情人"，还一度威胁莫奈要停止给其的资助。莫奈无奈之下只好同意，卡米尔知道这段关系后，并没有责难丈夫，她知道，丈夫有很多苦衷。1878年，莫奈才知道妻子向他隐瞒了多年的病痛，他十分愧疚，而此时的卡米尔刚生下了和莫奈的第二个孩子。不幸的事纷至沓来，一直资助他的欧希德破产了，他还甩下了爱丽丝和他们的六个孩子，莫奈和卡米尔商量后，便决定收留爱丽丝和她的六个孩子。同时，莫奈四处借钱，为妻子看病。1879年，卡米尔还是走了，这个温柔又善良的女子与世长辞。此后，爱丽丝陪伴在莫奈身边，鼓励他，支持他，就这样过了一段时间，莫奈娶了爱丽丝，度过了人生中最后一段平和的时光。

回到这个单词，我将其分为两个部分来记忆，第一个部分是 mave，第二个部分是 rick。我使用英语的拼读法拼读出这个单词后，发现 mave 部分的发音与汉语的"买我"相近；而莫奈有一幅著名的画作叫《干草堆》，2019年在纽约苏富比拍场亮相，以 1.107 亿美元[16]的天价成交，在英语中，rick 的意思就是"干草堆"。于是，这个单词在这样的记忆方法下，很容易让人想到莫奈。莫奈是一个伟大的艺术家，他的一生虽然坎坷，但还是会让人想到他的不同寻常。早年间，他就让父母头疼，虽然学习不好却有极高的艺术天赋，他的漫画还能出售。后来，他又遇到了自己生命中的"贵人"欧仁·布丹，为他日后成为一位了不起的风景画画家奠定了基础。他与卡米尔的感情是一段佳话，是他生命中的一抹光，还为他提供了艺术素材。最后，善良的莫奈与妻子又接纳了无家可归的爱丽丝，走完了他的一生。"独行其是"对于莫奈来说就是：我的爱情我舒服就好，我要和我爱的人走完一生，哪怕家人和我断绝关系；我的事业我喜欢就好，我要画到天荒地老，哪怕我一无所有，哪怕我的生活贫困交加。这样的莫奈，也确实让人欣赏。使用这个记忆方法，可以比较轻松地记住单词的意思。

meander

v.

漫步，闲逛；漫谈，闲聊；（道路）迂回曲折

乔治·戈登·拜伦，英国十九世纪伟大的浪漫主义诗人，他为世界留下了很多名作，他是一个豪情万丈的诗人，用自己的细腻笔锋勾勒了很多史诗般的抒情诗篇。他亲身游历了欧洲诸国，在他的笔下，有广阔的地中海与浪漫的爱琴海，重峦叠嶂的葡萄牙与铁血硬汉的西班牙，从罗马废墟到静谧肃穆的日内瓦湖，拜伦领略了圣彼得大教堂的威严，滑铁卢战场的失意与莱茵河的秀美。拜伦用自己的热情与才华抒写着对生活的热忱，他对世界的感悟也是那样的深刻。拜伦是一个理想主义者，他也是一个执着的斗士，他参加了希腊民族解放运动，在他的诗歌里，有很多"拜伦式英雄"。《好吧，我们不再一起漫游》是拜伦创作的一篇抒情诗，他用真诚细腻的口吻抒发着对往昔欢乐时光的眷念。如果爱情的滋味是酸甜苦辣的杂糅体，那么在拜伦的这首诗歌中，人们一定会品尝到其中的滋味。

回到这个单词，我将这个单词分为三个部分来记忆。第一个部分是me，第二个部分是and，第三个部分是er。单词me是一个宾格形式，意思就是"我"；and是一个常见词，即"并且，和"；而er是经常在单词中作为表示"人"的后缀，在此，我将它在本单词中的意思视为"人"。如此，meander可以被解释为"我和你"，再结合单词的意思"漫步，闲逛"，我就想到了拜伦的这首《好吧，我们不再一起漫游》。"我们不再一起漫游"，显然是两个人之间的

故事。首先，从拜伦的生平经历来看，他游历过欧洲很多地方，这也是 meander 的第一个意思"漫步，闲逛"所要表达的内涵。其次，拜伦是一个伟大的浪漫主义诗人，他的诗作就是一种心灵的诉说，拜伦在其作品中，看待世界以浪漫，以柔情，这就如 meander 的第二个意思一样，"漫谈，闲聊"，它展示了拜伦的才华，而这也是拜伦创作的基础。最后，拜伦是一个斗士，他对饱受阶级压迫的下层人民深感同情，他对自由与尊严的向往使他毅然地带领希腊人民反抗暴虐的统治者，而在其中，革命的道路势必不是一帆风顺的，会遭到很多的阻挠与统治者的打压，这就如 meander 的第三个意思一样，拜伦投身到自由革命的道路是"迂回曲折"的。因此，使用这样的谐音比较好地说明了单词的各部分与词义的联系，以诗歌名作为记忆的基础，十分简便，记忆的效果也比较好。

meddle

v.

管闲事，干涉；瞎搞，乱弄（尤指不应管或不懂的事物）

小麦的原产国是哪里？我国虽然是世界上较早种植小麦的国家之一，但小麦最早的培育地是在如今的西亚地区，具体来讲，就是两河流域。尽管还有一些不同意见，但如今的主流看法认为，小麦起源于西亚地区的"肥沃新月"地带。这个地带大体包括现今的以色列、巴勒斯坦、黎巴嫩、约旦、叙利亚、伊拉克东北部和土耳其东南部，因底格里斯河和幼发拉底河水泛滥而在沿岸形成适于农耕的肥沃土壤。[17]它们是人类文明中非常重要的组成部分，两河流域因此也是人类文明的摇篮之一。巴勒斯坦与以色列也是较早种植小麦的地区，其后小麦逐渐走向世界，成为人们日常饮食中最重要的食物来源之一。伊朗、伊拉克、土耳其、叙利亚、科威特、巴勒斯坦、以色列，看见这些国家，你会想到什么？我会想到混乱、战争、人权与美国。西亚地区作为世界上最重要的石油产出地，也是目前局势最为动荡的地区之一。1991年，以美国为首的盟军出兵伊拉克，造成了大量无辜的伊拉克平民的死亡，毁坏的房屋与基础设施不计其数；1999年，以美国为首的北约军队，打着"避免人道主义灾难"旗号进攻科索沃，致使大量无辜平民死亡，科索沃的房屋建筑等文化古迹受到严重损毁；2001年，美国出兵阿富汗，炸弹等严重的袭击造成无辜平民的死亡，此后的阿富汗一蹶不振；2003年，美国一意孤行地侵略伊拉克，无辜平民的死亡人数至今无法精确统计，美军还被曝出多起令国际社会发指的虐囚丑闻；2017年，美国以"阻止叙利亚政府使用化学武器"为由，对叙利亚发动空袭，直接被炸死的无辜平民中，有大量的妇女及儿童。可以说，如今西亚地区的战乱与某些自诩为"人权""自由""民主"的霸权主义国家有着密不可分的关系，某些大国私自干预别国内政，无端挑起他国政府与其人民的矛盾，还支持发动代理人战争，煽动他国叛乱，其所标榜的价值观严重地剥夺了无辜人民的生命，造成的恶果难以估量，引发了一系列人道主义的灾难。

回到这个单词，我在记忆它的时候，采用了汉语多音词的方法加以理解。首先，我使用英语的拼读法拼读出这个单词后，根据它的发音，发现它与汉语的"麦都"发音相近，注意，这里的"都"是 dou 音；其次，作为一个常见的汉字，"都"在汉语中有两种发音，除了 dou 外，还有 du 音，也就是"都城"中的"都"音。如此，我将单词的谐音"麦都"中的"都"音换成"都城"中的"都"音，这样，"麦都"就可以被解释为"产麦子的都城"，意即"麦子的起源地"，我就想到了西亚与其今天的局势。西亚作为小麦的最早培育地区，是小麦的原产地。在今天，西亚地区以其丰富的石油储备，不断地受到某些霸权主义国家的干涉，因此，西亚总会与动荡、混乱、战争等词联系上，可以说，正是某些极端自私国家"管闲事"造成了如今西亚地区的不太平，这种影响是显著且深远的。正如单词 meddle 的意思一样，一个产小麦的发源地区，如今因为霸权主义的干涉而被世界广泛关注，"管闲事"可以深刻地说明一些国家的险恶用心，也反映出世界秩序与道义的缺失会给地区与人民造成严重的伤害。因此，使用这样的方法记忆单词的意思，较好地说明了单词音与义的联系，十分好记。

meditate

v.

冥想，沉思；暗自策划，谋划

"面朝大海，春暖花开。"诗歌是浪漫且唯美的，生活中，如果没有诗与远方，那人生一定会缺少很多色彩。有这样一位现当代诗人，他是江南才子，毕业于北京大学，他的诗歌动情且深情，闪耀着浪漫与朴实的光彩，不幸的是，有才华的诗人似乎总觉得自己的灵魂与尘世难以相容，这位诗人在二十五岁时卧轨自杀，令人惋惜。他就是当代青年诗人海子，原名查海生。海子有很多代表作，他的诗歌比较清丽秀美，著名的《麦地》就是海子的代表作。《麦地》向人们展示了海子的童年生活，他强烈地爱着自己故乡的厚土，也因此人们将海子称呼为"麦子诗人"。海子在这篇作品中，用朴实无华的语言赞誉了农民的诚朴，抒写了对劳动人民的景仰，展示了自己对土地、对家乡的热爱。人们对于海子自杀的原因，并不知晓太多的内情，但是，像海子这

样如此细腻、纯洁、敏感又倔强的人，总是会在现实世界中感到沮丧，空虚又失望。海子已经远去，但再读他的诗歌，总会有不一样的感受。

回到这个单词，首先需要说明的是，单词结尾部分的 ate 不是我记忆的重点，因为它经常可以作为动词的后缀，又因为它与其前的字母 t 构成了一个完整的音节，所以并无太多的实际意义，所以这部分我忽略不计。接下来，我使用英语的拼读法拼读出这个单词后，根据它的发音，发现它与汉语的"麦地"发音相近，这就让我想到了海子与他著名的代表作《麦地》，我便使用这个谐音作为我记忆单词的方法。从海子的经历来说，海子是一个很有才华的人，他将很多对生活的感悟与自己的心情结合起来，创作了很多作品。海子是一个很会沉思的人，如果他没有理想主义与浪漫情怀，那么他是无法写出这么多温柔细腻又打动人心的作品的。正如 meditate 的意思一样，"冥想，沉思"是海子进行诗歌创作的源泉。珍爱生命，用温柔的眼光看待这个多姿多彩的世界是一件幸福的事，海子，已故去多年，他的《麦地》却为人所记住。

mellow

adj.

（人）老练的，成熟的；（味道或香味）醇香的，甘美的

唐代有一位著名的商人，他白手起家，他的经商经历堪称传奇。他是一代富商，更是一个在历史上有记录可查的知名"房地产开发商"。他在年少时就显示出异于同龄儿童的见解力与思考力，给人以老练成熟之感。他的故事广为流传，终成一代佳话。这位著名的商人就是窦乂[18]，被称为"唐朝

扶风小儿"。在窦乂十三岁的时候,发生过这样一件事,当时,他的亲戚给孩子们从外地带回来十几双丝鞋作为礼物,别的孩子争先恐后地争抢鞋子时,窦乂神情自若,到了最后,他不慌不忙地拿走仅剩的一双,紧接着,在拜谢亲戚后,窦乂将这双丝鞋拿到集市上卖,换回了五百钱,又去铁匠铺打了两把小铲子,开始了颇为传奇的"发家"之路。因为自己的伯父正好管理着一部分国有土地,窦乂在征得伯父的同意后,就用小铲子在一座寺庙的周边种植榆钱树。窦乂每天用铁锹犁地,施肥,灌溉,在他的精心呵护下,榆钱树长势喜人,第一年就有一尺多高,第二年春天,这批小树苗就有三尺多高。窦乂见时机成熟,就将细弱的枝条砍掉,把余下的较结实的部分捆扎成一束一束的枝条放到街上售卖,足足卖了一百多束,赚了很多钱,到了秋天,又将更为粗壮的枝条售卖,赚了更多的钱,直到第五年,榆树已经成材,窦乂将它们当作建筑材料卖给施工队,挣了数万钱。有了这笔原始资金后,窦乂就雇人生产"法烛",这是一种百姓家取火烧饭的材料,窦乂想法新奇,对于原材料,他雇佣孩童去街头巷尾收集破旧的麻鞋制作,短短几天,就收集了一千多双,又买了其他便宜的"化学"物质与麻鞋一同熬煮,做好后,恰逢当时连日阴雨,窦乂的"蜂窝煤"立马卖了数万个,赚得盆满钵满。此时的窦乂,由一开始的农业经营者转变成了制造业先驱,窦乂并不满足,他又开始涉足"房地产"。当时的长安城有很大的一片垃圾污水池,奇臭无比,窦乂找到产权人后,对方二话不说就把这片地卖给了他,窦乂呢,他命人在附近弄出了六七个煎饼摊,卖的都是小孩喜欢吃的零食。窦乂在这片洼地的中心竖了一个小旗子,招呼满城的小孩来玩"有奖投掷",击中小旗子的人可以免费吃煎饼、点心,不到一个月,石头、瓦块迅速填满了这片洼地。就这样,窦乂几乎没有花钱就将地皮修整好,迅速建起了二十多间铺面房,把它们租出去,成了"包租公",每天的进账都有几千钱。本是一片污秽、人人嫌弃的垃圾场,在窦乂的智谋下，成了长安城的"中央商务区"，一时之间，车水马龙，好不热闹。窦乂，一个在十三岁就经营自己事业的人，创造了很多商业神话，他着实令人佩服。

回到这个单词，我使用英语的拼读法拼读出这个单词后，根据它的发音，发现它与"买楼"发音相近，意思即"买地皮"，于是我使用这个谐音作为我记忆单词的方法。窦乂身上具有很多的优点，尤其是他赚取"第一桶金"的经历令人称奇，他在只有十三岁的时候，就具有超出同龄少年的深谋远虑，用一双别人赠予的丝鞋，开启了财富之路，窦乂是老练的，他巧妙地用这双丝鞋换购了他所需的劳动工具与材料。窦乂的老练还体现在他很懂得节约成本，无论是"雇佣"童工令其收集旧麻鞋，还是支个煎饼摊让孩童来玩"有奖投掷"，他的老练在于懂得观察人心，利用人性，这是他可以"花小钱办大事"进而成功的基础。最后，窦乂成功地在买下了一片不值钱的地皮后，成为巨贾。正如单词 mellow 的意思一样，将窦乂与"老练的，成熟的"相联系，这是十分符合窦乂的特点的，或者说，这表达了窦乂身上的一个优点，而不是全部。因此，这样的记忆方法十分巧妙地说明了单词的意思，十分好记。

mendicant

adj. n.

（尤指宗教成员）化缘的，行乞的

历史上有这样一位让人哀叹的女性，她的一生，前半生尽享荣华，后半生却生活在耻辱、孤单与悲凉中，她隆重地在历史中登场，却在历史的换代下寂静地消失,她是男权制度下一只任人宰割的羔羊,却是一位忍辱负重的母亲。她就是北齐文宣帝高洋的皇后,昭信皇后李祖娥[19]。李祖娥出身于北方的名门世族,父亲是上党太守李希宗,李祖娥天生温柔可爱,容貌俊丽,父亲十分喜欢她。长到十几岁的李祖娥,出落得亭亭玉立,倾国倾城,因此被当时的丞相高欢看中,为其子高洋定下了这桩婚事。高洋相貌丑陋,还有严重的皮肤病,但却是高欢诸子中最有才华的一个。高洋建立了北齐后,排除种种阻力,将发妻李祖娥立为皇后,他对待李祖娥十分敬重,夫妻间的感情也十分融洽,李祖娥先后为高洋生下了长子高殷、太原王高绍德与长乐郡长公主高宝德,荣宠备至,相夫教子。北齐王朝是一个汉化的鲜卑民族建立起的少数民族政权,高洋虽为雄主,但在私生活方面极为让人诟病。高洋对待发妻李祖娥情深义重,但是却经常在酗酒后以杀人为乐,很多妃子都遭受过高洋数不清的殴打,高洋也常常聚众淫乱,将政敌的妻妾抓进宫中,令左右侍从与其滥交,自己在旁观看,有时竟加入其中,令人瞠目。高洋还看上了李祖娥的姐姐,当时已嫁为人妻的李祖猗,常常与她苟合,为此,高洋还杀死了李祖猗的丈夫,安乐王元昂,元昂被高洋射了一百多箭惨死,犹如刺猬。北齐王朝的统治者似乎对乱伦很有兴趣,高洋的兄长高澄还在世时,就时常调戏李祖娥,高洋在继位后,为了一解心头之恨,竟奸污了自己的嫂子。公元559年,年仅三十余岁的高洋一命呜呼,太子高殷继位。按理说,李祖娥在其子成为皇帝后,会尽享皇太后的威福,但是,上苍却给李祖娥开了一个巨大的玩笑,时为太皇太后的娄昭君生有高澄、高洋、高演、高湛这几个亲生子,高殷虽为娄昭君的孙子,但显然,太皇太后更属意自己的儿子登上皇位。李祖娥原本打算联合朝臣废掉太皇太后娄氏,但她却高估了自己的实力,一个只会在深宫中享受的妇人,是无法与党羽遍及朝廷,善于经营权力的小叔子们相抗衡的,很快,消息不胫而走,娄氏听说李祖娥的举动后勃然大怒,高殷当即被废，被赶出了皇宫，不久便被杀害。高演继位后，因为只做了不到两年的皇帝就坠马身亡，随后，高湛继位，李祖娥，这个汉家女子，开启了自己的噩梦人生。高湛一直垂涎于嫂子的美貌，很想与李祖娥有肌肤之亲，但李祖娥在心中异常排斥，并不让高湛得逞。高湛便卑鄙地拿出李祖娥仅存的儿子高绍德作威胁，就这样，李祖娥几乎是夜夜都要与高湛同床，不多久，李祖娥就怀孕了。羞耻感笼罩着这个曾经心比天高又出身名门世家的女子身上，她整日将自己锁在宫中，连儿子来看她，她也羞于见人。高绍德无法体谅一个母亲要保护自己孩子的心意，更不能理解她的母亲正在承受的痛苦，便在宫门外大骂，"不要以为儿子不知道，母亲你不就是怀孕了吗，所以你这么狠心不见儿子。"李祖娥伤心欲绝，又羞愧又悲痛。一段时间后，李祖娥生下了高湛的孩子，是一个女孩，但是却被李祖娥亲手杀死了。高湛勃然大怒，暴跳如雷，把高绍德召进宫来，当着李祖娥的面，亲手用刀柄将高绍德活活打死，李祖娥悲痛大叫，高湛更是怒不可遏，就把李祖娥的衣服全都扒光，用鞭子把她抽得皮开肉绽，鲜血淋淋，李祖娥几乎昏死过去。高湛叫人把她装进麻袋丢进水沟里，所幸的是，李祖娥还活着。在这之后，已万念俱灰的李祖娥选择出家，尘世对她再无吸引力，十几年后，北齐灭亡，作为曾经的皇室贵胄，李祖娥被北周王朝掳至其都城，隋朝建立后，李祖娥得以返回家乡，此后，史书再也没有对她的记载。可悲可叹，繁华落尽，终是一场虚幻的梦。

回到这个单词，我将这个单词重新排列字母顺序后，将其分为四个部分来记忆。第一个部分是 die，第二个部分是 mn，第三个部分是 ct，第四个部分是 an。首先，die 的意思是"死亡"；其次，我将 mn 字母组合作为"美女"的汉语拼音首字母缩略；再次，我将 ct 作为"惨透"的汉语拼音首字母缩略；最后，我将 an 作为"庵"的拼音首字母。如此，这个单词可以被解释为"夫君死后,李祖娥这个大美女开启了她惨透的人生,最后只得出家为尼"。富贵荣华,过往云烟,李祖娥的人生,在丈夫高洋死后,就惨不忍睹。连失两子,痛不欲生,被迫与小叔子苟合,还怀了身孕。在看破红尘,削发为尼后,很容易想见李祖娥已对往日的富贵再无一丝眷恋,佛门清净,道由心生,纵使每日粗茶淡饭,甚至是化缘乞讨,对李祖娥而言都是一种解脱。出家后的生活是心的归宿,它斩断了一切的孽缘,却需要用尽余生来修复。化缘,即与佛门有缘,它不单指佛门弟子的乞食求生,还有结善缘,教化众生的涵义。度自己,是一种修行,度他人,却是一种善念与机缘。用自己饱受创伤的心灵去教化他人,这是对尘世间的烦恼、痛苦、欲望、执念的荡涤,正如 mendicant 的意思一样,"化缘的,行乞的",这就像李祖娥的一生,在看见尘世后,既度自己,也度他人,用善良与本心与众生结善缘。使用这样的记忆方法比较好地说明了单词各部分之间的关系,与词义进行连接,记忆的效果十分好。

menial

adj. (工作)不需技巧的,枯燥的,报酬低的

n. 仆人

这个单词很有意思,首先问大家一个问题:从事什么职业的人会经常憋尿? 这个答案可能会是司机、流水线工人、高空作业者。回到这个单词,我使用英语的拼读法拼读出这个单词后,一连读了很多遍之后,发现它与汉语的"泌尿"音相近。泌尿系统的疾病有很多种,从常识上来讲,人如果长时间地憋尿,就会造成一定的身体伤害,比如得肾结石等。在现代社会中,有很多人因为职业的原因会长时间憋尿,这是不得已的,比如司机尤其是那些长

途客运的司机,其他的如流水线工人也是一样。从这个单词的意思上来看,工作比较枯燥而且报酬又比较低,与从事这些职业的人也比较吻合。

meretricious

adj.

华而不实的,虚有其表的,金玉其外的

古时的贵州没有驴子,有一个商人运了一批驴子过来,但是贵州山很多,驴子暂时派不上用场,商人就把驴子放在山下。有一天,从山上下来一只老虎,老虎从来没有见过驴子,突然看见这样一只庞然大物,感到很害怕。老虎就躲在树丛中,偷偷地观察驴子的动静。一天过去了,驴子没有什么异常,第二天,老虎想上前摸摸驴子的底细,刚走出不远,驴子突然大吼一声,这可把老虎吓坏了,掉头就跑。过了一会,老虎见没有动静了又悄悄地返回,它发现驴子似乎只会吼叫,也没有其他本事,它就上前接近驴子。老虎先是用爪子触碰驴子,驴子没什么反应,然后它就直接用身体上前触碰,驴子大怒,用蹄子猛击老虎,老虎机灵地一躲,心中窃喜:"原来它就这么点本事呀。"饿了一天一夜的老虎大吼了一声,朝着驴子猛扑过去,把驴子直接咬死,美美地饱餐了一顿。这就是成语"黔驴技穷"的故事,多用来形容那些虚有其表、华而不实的人。

回到这个单词,首先需要说明的是,单词结尾的 cious 不是我记忆的重点,因为它经常可以作为形容词的后缀,并无实义,故这部分我直接忽略。接下来,我将余下的单词部分划分为两个部分来记忆,第一个部分是 mere,第二个部分是 tri。这个 mere 是一个常见的英语单词,意思是"只不过";我使用英语的拼读法拼读出这个单词后，发现其中的 tri 部分与汉语的"吹"音相近。于是，我使用"吹"进行组词，把它组成"吹牛"。于是，这个单词在这样的方法下，可以被解释为"只不过是吹牛而已"，由此我想到了"黔驴技穷"这个成语。从故事中的驴子可以看出这样的一个事实，它虽然是一个庞然大物，但是只会发出大叫或者用蹄子耍耍威风，而最终因为并不具备强大的实力，只能成为老虎的腹中物。这就如在生活中那些华而不实、徒有其表的人一样，他们敷衍塞责，流于形式，有时滔滔不绝地自吹自擂，但实际上只不过是在吹嘘。真正具备实力的人是不会用"过嘴瘾""吹牛皮"来让人们认识他的实力的，而是在做事上，踏实肯干，展现自己的长处和优点。"只不过是吹牛而已"是那些虚有其表，金玉其外的人的真实写照，这与"黔驴技穷"所要表达的涵义也是一致的。因此，使用这样的记忆方法与这个成语故事相联系，可以比较好地说明单词音与义的联系，十分好记。

mesmerize

v.

迷住，吸引

在书法爱好者的世界里没有什么比得到一本梦寐以求的字帖更令人欣喜异常的事了。历史上有这样一位著名的书法家，他尤其擅长篆书、隶书、行书、草书等多种书体，他在书法上的造诣颇为深远，他推动了楷书的发展，被后世称为"楷书鼻祖"，他与书圣王羲之并称为"钟王"，他就是三国时期曹魏的重臣钟繇[20]。钟繇出身于颍川名门，自幼便聪慧过人，是曹魏政权的股肱之臣。钟繇特别喜欢书法，经常思考与研习，勤学苦练，还经常与好友一同交流切磋。魏晋时期，正是汉字由隶书向楷书演变并接近完成的时期，钟繇在楷书上的造诣起到了承上启下的作用，对汉字字体的演变做出了巨大贡献。钟繇的好友韦诞不知道从哪里搞到了一本已失传许久的《蔡伯喈笔法》，碰巧钟繇去韦诞家串门，就在韦诞正津津有味地看《蔡伯喈笔法》时，丝毫没有注意到钟繇已站在他身后，韦诞慌忙合上书，刚想把书藏起来，钟繇便向他讨要，说想借来看看。韦诞也是当时著名的书法家，但是写得并不如钟繇那么好，便不想让钟繇"如愿以偿"。见韦诞不给，钟繇竟气到吐血，幸亏曹操给他服了五粒丹药，才救下了他的命。此后的钟繇便开始各种软磨硬泡，又是威逼利诱，又是高价收买，还三天两头地跑到韦诞家做客。韦诞在临死前交代自己的儿子，命其把这本《蔡伯喈笔法》给他带进棺材里，随后，韦诞逝世。钟繇听说韦诞死后，抚掌大笑，不久，就让人盗了他的坟墓，终于得到了这本令他魂牵梦萦、朝思暮想的宝物。钟繇此后便全身心地仔细研习这本书，乐此不疲，书法日趋精进。

回到这个单词，首先需要说明的是，单词结尾部分的 ize 不是我记忆的重点，因为它经常可以作为动词的后缀，又因为它与其前的字母 r 构成了一个完整的音节，所以这部分并无实际意义，我直接忽略不计。接下来，我使用英语的拼读法拼读出这个单词后，根据它的发音，发现它与汉语的"埋字模"发音相近，我便使用这个谐音来记忆单词。结合故事中韦诞的人物经历，"埋字模"的意思便是"死后把《蔡伯喈笔法》也带走"，"字模"即指这本书。韦诞潜心研究《蔡伯喈笔法》，爱不释手，但是钟繇也想得到此书，甚至在没有借到后气到吐血，钟繇对书法的痴迷是显而易见的，他深深地对《蔡伯喈笔法》着迷，以致好友死后，"迫不及待"地盗了他的墓。正如单词 mesmerize 的意思一样，"迷住，吸引"，钟繇对这本字帖十分上瘾，他折服于这本书的无穷魅力，甚至用了不好的手段来得到它。使用这个谐音与故事相联系,可以比较好地说明单词的意思,实现了单词音与义之间的联系,十分好记。

metabolism

n.

新陈代谢

生机勃勃,朝气勃勃。"勃"在汉语中的意思就是"旺盛,兴起"。古人十分风雅,对不同的月份以在此月份中长势最为喜人的植物来命名,突显了自然的力量与生命的神奇。柳月是正月,杏月是二月,桃月是三月,槐月是四月,榴月是五月,荷月是六月,巧月是七月,桂月是八月,菊月是九月,阳月是十月,葭月是十一月,梅月是腊月。也正因此,苏轼才会在《惠崇春江晚景二首》中写道:"竹外桃花三两枝,春江水暖鸭先知。"杨万里才会在《晓出净慈寺送林子方》中写道:"接天莲叶无穷碧,映日荷花别样红。"宋之问才会在《灵隐寺》中写道:"桂子月中落,天香云外飘。"元稹才会在《菊花》中写道:"不是花中偏爱菊,此花开尽更无花。"王安石才会在《梅花》中写道:"墙角数枝梅,凌寒独自开。"生长的意义是什么,大概就是顺时又顺势去积淀与绽放,最终在繁华落尽时,重新孕育下一个生命的循环,如此周而复始,生生不息。

回到这个单词,首先需要说明的是,单词结尾的 ism 不是我记忆的重点,因为它经常可以作为名词的后缀,又因为它与其前的字母 l 构成了一个完整的音节,所以这部分我直接忽略。接下来,我将单词余下的 metabo 部分划分为两个部分来记忆,第一个部分是单词的前缀 meta,第二个部分是

bo。前缀 meta 所表达的意思是"位置或状态是变化的",它强调的是"变化";我使用汉语拼音的方法将 bo 拼成"勃",而"勃"的意思是"旺盛"。既处于变化之中,又可以旺盛地生长,这就是"新陈代谢"。"落红不是无情物,化作春泥更护花。"正如在不同月份中生长的花朵一般,它们体内进行着能量的交替,从种子到发芽,从开花到结果,有盛有衰,在变化中从微小到庞大,从无人问津到惹人注目,物极必反,月盈则亏,最终它又开始了新的生命。这一切都随时变化,处于不断的运动发展之中,这就正如 metabolism 的意思一样,用变化与生长指代一个科学术语。使用这样的记忆方法,可以合理地解释单词各部分之间的意思,对词义的记忆效果也比较好。

meteoric

adj.

迅速成功的；流星的

我的单词的主人公并不是一个中国人,他具有奥地利与美国的双重国籍,他是一个非常励志的人,因为他在少年时代就为自己设置了一个清晰的"六小步"目标,并一步一步地向着这个目标努力。在受尽身旁人的嘲笑中,他努力做到最好,他没有放弃,最终,他实现了以下六个目标中的五个小目标:第一,成为世界顶级健美冠军;第二,成为世界著名的电影明星;第三,成为出色的学者型商人;第四,成为肯尼迪家族的女婿;第五,成为美国加州州长;第六,成为美国总统。这位堪称传奇的人物就是世界著名影星,阿诺德·施瓦辛格。施瓦辛格出生于奥地利的一个普通家庭,父亲因为是警察,所以经常像军人般地训练施瓦辛格。施瓦辛格也参加了足球训练,在这里,他找到了自己人生的方向，因为他经常进行体格训练，很多人会夸奖他的健身效果，他受到了鼓舞，为自己立下了要当世界健美冠军的远大理想。他就在健身房中日复一日、年复一年地举杠铃，练习胸肌与腿部肌肉，从健美舞台上的"少年欧洲先生"，直到击败了所有欧洲的健美选手，他只身前往美国寻求更好的发展。在人生地不熟的美国，施瓦辛格克服了语言障碍，更是以超过正常的训练量为自己的梦想挥洒汗水，他每周训练七天，每天训练六个小时。1983 年，加入美国籍的施瓦辛格参加国际健美比赛，第一次获得了"健美先生"称号，自此以后，他几乎包揽了所有的世界级比赛的健美冠军。拥有着冷峻的相貌和一身结实肌肉的施瓦辛格从 1970 年起就开始了他的演艺事业，但都反响平平，直到他遇见了一位当时还没有什么名气的导演，詹姆斯·卡梅隆。卡梅隆怀着自己的梦想与对电影的热爱，邀请施瓦辛格拍摄了《终结者》，这部作品让他们二人一炮走红，成就了他们的事业。施瓦辛格在影片中精彩的表演以及他那壮硕的肌肉迅速地让他走红，他成功了，也实现了自己的第二个目标。此后的他，一步一步地奔向自己的理想，经营房地产，出版健身方面的畅销书，旁听商业课程并娶了肯尼迪的外甥女还生育了四个子女，2003 年，施瓦辛格宣誓就任加利福尼亚州第 38 任州长。

回到这个单词，首先需要说明的是，本单词 meteoric 是由 meteor 变来的，meteor 的意思是"流星"，故 meteoric 可以看作是 meteor 的形容词形式，因此，我将记忆的重点放在单词的前部 mete 上。接下来，我使用英语的拼读法拼读出 meteoric 后，根据它的发音，发现其中的 mete 部分与汉语的"迷体"发音相近，于是我便使用这个谐音来记忆单词。"迷体"在施瓦辛格的故事下，具有两个层面的意思。第一是，施瓦辛格自己痴迷于训练自己的体型，这使他斗志昂扬地训练自己，并为日后的成功奠定了基础；第二是，观众痴迷于施瓦辛格的体型，这为施瓦辛格赢得观众的喜爱，成为他迅速"蹿红"

的重要原因。成功从来都是基于各方面因素的，而不能简单地归结为一方面的因素。如果没有那个对自己严加训练又胸怀大志的施瓦辛格，观众也许永远都无法看见一个经典的荧屏形象出现在他们面前。而对于施瓦辛格来说，自己的理想如果得不到社会的认可，如果没有观众的喜爱，自己将枉费这么多年的努力。施瓦辛格随后一切事业的成功首先是从训练自己的形体开始，痴迷于健美事业，也因此训练自己形体的施瓦辛格因为自己的这份热爱，铸就了他一切梦想的开端。使用"迷体"这个谐音来记忆单词，是比较说得通的，"迷"即指"痴迷""吸引"，"体"即是"体格""体型"。所有的成功皆是有备而来，一夜成名的背后是许多年心血的结晶与令人动容的无人问津，正如 meteoric 的意思一样，"迅速成功的"，如流星般闪耀，这和施瓦辛格这位健美先生的人生经历是很匹配的。使用这样的记忆方法可以比较好地说明单词音与义的联系，记忆的效果也比较好。

meticulous

adj.

谨慎的，细心的，小心翼翼的

　　有这样一位福建人，他著成了被赞誉为"世界上第一本果树分类学著作"的《荔枝谱》。他为官正直，政绩卓著。他擅长书法，与苏轼、黄庭坚、米芾齐名，尤其是他的"飞白散草"尤为出名。他在诗文上的造诣也十分深厚。他就是北宋名臣、书法家、文学家蔡襄。蔡襄自幼受到良好的家庭教育，外祖父对他严格要求，宋仁宗天圣九年（1031），蔡襄考中进士，步入仕途。蔡襄与范仲淹、欧阳修同朝为官，他遇事从不回避，敢于直言进谏，处理公务认

真谨慎，在朝中很有声望。万安桥（今洛阳桥）是蔡襄主持修建的一座著名桥梁，中国历史有关这座桥有很多美好的传说，它们竞相表达了人们对蔡襄的敬仰，其中最负盛名的一个传说就是"夏得海江中投书"[21]。相传蔡襄在泉州建造万安桥时，遇到一些麻烦，因为海水太深，难以为桥打桩。蔡襄就让下属夏得海给海神写了封信，祈求海神能帮忙建桥，并派此人把信交给海神。夏得海一下慌了神，要给海神去送信，这不是找死吗？他认为送信途中必凶多吉少，便索性喝得酩酊大醉，最后醉睡在海滩上。当他从海滩上醒来后，竟发现信封已换过，便回来交给蔡襄查看。蔡襄发现只有一字，"醋"。一番琢磨之后，蔡襄将"醋"字拆分为"廿""一""日""酉"，也就是海神要他在"廿一日酉"时动工，有趣的是，到了这个日子，海水刚好退潮，工匠们便顺利地打下桥基，解决了之前遇到的难题。从此，"醋"作为"廿一日酉"的说法也传开了。

回到这个单词，首先需要说明的是，单词结尾的 ous 部分不是我记忆的重点，因为它经常可以作为形容词的后缀，又因为它与其前的字母 l 构成了一个完整的音节，所以这部分并无实义，我直接忽略不计。接下来，我将这个单词划分为两个部分来记忆，第一个部分是 meti，第二个部分是 cu。针对第一部分，我使用英语的拼读法拼读出这个单词后，根据它的发音，发现单词的 meti 部分与汉语的"墨题"发音相近；我使用汉语拼音的方法，将单词的第二部分 cu 拼成"醋"。由此，这个单词可以被解释为"墨题醋"，意即"用墨汁写了'醋'字"，我便想到了蔡襄在建造万安桥时的传奇故事。蔡襄是一个心思缜密的人，他在朝廷为官时就做事勤勉踏实，为人恭敬谦谨，他学富五车，文思泉涌，却从不炫耀卖弄，自我吹嘘。当他在泉州建万安桥时，更是心思缜密地将"醋"拆分为"廿一日酉"，他观察事物可以透过现象看本质，细心谨慎，一丝不苟。使用蔡襄与其修建万安桥的故事，可以比较好地对单词的各部分加以生动的阐释,与历史故事的结合也比较说得通,更可以通过单词的发音与其意思进行连接,记忆的效果十分好。

mettle

n.

奋斗精神,毅力

头悬梁,锥刺股,凿壁偷光,囊萤映雪,我国古代那些勤学上进、刻苦用功的故事是中华文化中自强不息精神的生动写照。"头悬梁"的典故源于东汉大学问家孙敬[22],孙敬因为担心自己会读书犯困,便用绳子挂在脖子上敦促自己读书;"锥刺股"的典故源于战国的苏秦[23],因为一直不被重用,所以他便下定决心苦读,深夜感到疲倦时,他就用锥子刺自己的大腿以提神;西汉的匡衡[24],幼年时家中十分贫困,为了能让自己在夜间看书,偶然间发现自家的墙壁有一道裂缝可以透射邻居家的烛光,他便凿了一个小洞,用微弱的光亮撑起他大大的理想,这就是"凿壁偷光"的故事;晋代车胤[25]家中也很贫困,他就在夏天抓一把萤火虫来照明读书,这就是"囊萤";而孙康[26]在冬天利用雪地的反光来读书,这就是"映雪"。这些故事的主人公生来贫困或不得志,皆没有阻碍他们心中的理想,为此他们努力克服困难,创造条件,积极争取改变人生命运的机会。自强不息与埋头苦干的精神使他们在人生的道路上越走越远,既实现了自己心中的抱负,也对社会作出了很大的贡献。

回到这个单词,我使用英语的拼读法拼读出这个词后,根据它的发音,发现它与汉语的"埋头"发音相近,于是我使用这个谐音作为记忆单词的方法。提起"埋头",几乎是脱口而出地会想到"埋头苦干",正如故事中的孙敬、苏秦、匡衡、车胤与孙康一样，他们埋头苦干的事迹是他们奋斗精神的真实写照，闪烁着坚韧不拔的毅力与顽强的拼搏精神。因此，使用这个谐音与单词的意思可以形成比较好的对应关系，实现了单词音与义之间的联系，记忆的效果也比较好。

mien

n.

外表，样子，风度

中国古代有一位大才子，他风度翩翩，风流倜傥，博闻强识，儒雅自得，他写了很多非常有名的文章，才思敏捷，妙笔生花，他与其父与兄并称为"三曹"，他就是三国时期著名的文学家，建安文学的代表人物与集大成者曹植。作为权相曹操的儿子，曹植自幼便受到了良好的教育，在十几岁的时候就能诵读《诗经》，他的文学造诣如此出众，让曹操深感自豪。建安二十五年（220）正月，曹操病逝，时年不到三十岁的曹植因为在与其兄曹丕争夺世子之位的过程中处于下风，只好委曲求全，看着曹丕子承父业。同年，曹丕逼令汉献帝退位，汉朝由此而亡，曹植很看不惯兄长的行为，便穿上丧服为汉朝哀泣。曹丕大怒，怒骂曹植，但因为卞太后还在世，也不能随意处置曹植。曹植先后被封为安乡侯与鄄城侯，在改封鄄城王，食邑两千五百户之后，曹植在回鄄城的途中，写下了一首辞藻华丽，堪称建安文学之代表的文学巨作《洛神赋》。洛神，即宓妃，是先秦神话中掌管洛水的女神。"转眄流精，光润玉颜。含辞未吐，气若幽兰。华容婀娜，令我忘餐。"显然，洛神已然成为曹植心目中的理想佳人，她美丽绝伦，她超凡脱俗，她把曹植迷住了。曹植的

《洛神赋》行云流水,情丝缠绵,精妙华美,流畅脱俗,展现了魏晋文学的非凡成就。

　　回到这个单词,我将它分为两个部分来记忆,第一个部分是 mi,第二个部分是 en。我使用汉语拼音的方式将 mi 拼成"迷",然后将 en 作为"婀娜"的拼音首字母。于是,这个单词可以被解释为"洛神婀娜的身姿把曹植迷住了",这与《洛神赋》中洛神的文学形象以及曹植所描写的洛神风貌便联系上了。曹植笔下的洛神,俨然是一个形象美丽又清新脱俗的女子,她"明眸善睐""仪静体闲""修眉联娟""云髻峨峨",洛神终在曹植的笔下具有了美丽的外表与优雅的气度,可以说,这与 mien 的意思是非常吻合的。使用这样的方法记忆单词,不但可以记住单词的各部分组成,还可以轻松地记住词义,是十分简便的。

mime

n. 默剧,哑剧;

v. 表演哑剧

　　有这样一位世界知名的喜剧大师,他所塑造的人物形象十分经典,肥裤子,破礼帽,小胡子,一双不合脚的大鞋子,以及一根手杖,为观众带来欢笑的同时也令人颇为动容,他就是英国著名喜剧大师,查理·卓别林。卓别林作为世界知名的喜剧演员,他用自己的才华征服了世界观众,虽在片中从不用言语表达人物,但卓别林用自己生动的肢体动作与灵动的面部表情创造了许多经典的人物形象。1977 年 12 月 25 日,一代喜剧大师走完了他精彩的一生,在瑞士的家中溘然长逝,但在他死后,这位喜剧大师又遭遇了一场

令人啼笑皆非的"事故"，轰动一时。1978年3月[27]，有人偷走了卓别林的棺材！村民发现后，立即向警方报案。在一路排查后，警方推断，这应该是一起盗窃案，有人想以此讹钱。果然过不久，卓别林的妻子乌娜·奥尼尔就接到了一通电话，对方让她拿出一大笔钱，不然就毁掉棺材。作为喜剧大师的妻子，犯罪分子显然低估了乌娜的"搞笑"能力，乌娜说："你们就毁吧，我先生早已活在我的心中。"一头雾水的盗窃犯在还来不及研究下一步时，就被警方抓捕归案。后来，警方找到了卓别林的棺材，它安然地躺在日内瓦湖附近的一块玉米地里，玉米地的主人知道后，吓了一大跳，问道："卓别林先生在我的玉米地里？"

回到这个单词，我使用英语的拼读法拼读出这个单词后，根据它的发音，发现它与汉语的"埋墓"发音相近，于是我使用这个谐音来作为我记忆单词的方法。"埋墓"的意思即"埋葬墓地"，这就很容易想到棺材。从卓别林的故事中，我们便可以知道，有人居然为了讹钱，盗走了他的棺材，而卓别林是一代默剧表演大师，这不得不说，足够地"冷幽默"一把。因此，这个单词就与卓别林有了比较密切又说得通的关系，他是世界闻名的默剧表演天才，死后又被盗走棺材，"埋墓"与单词的意思"默剧，哑剧"就因卓别林而串联起来，通过这样的人物故事能够比较好地说明单词音与义的联系，非常生动。

mince

v.

用绞肉机绞（食物，尤指肉）；装腔作势地小步快走

如果要"论心胸狭隘的不利性"的话，接下来要讲的故事的主人公应该

是最合适的例证,他是一个将军,只因君主一时说的气话就怀恨在心,在弑君后又混乱朝政,最终被剁成肉酱以惨死收场。南宫万[28],又名南宫长万,春秋时期宋国的将领。公元前684年,鲁国与宋国发生战争,宋军不敌鲁国,南宫万在乘丘被俘,宋国请求鲁国释放南宫万,过了一段时间后,南宫万就被放了回来。南宫万在心中对这段经历十分介意,这使他在面子上感到过不去,尤其是与其他同僚在一起的时候,他总会感到别人会在背后笑话他。一次,宋闵公与南宫万一起外出打猎,二人却在争夺猎物时发生了一些不愉快,宋闵公就辱骂南宫万:"以前我还敬重你,你都当了鲁国的俘虏了,我也不想再敬重你了。"这句话深深地刺痛了南宫万的心,他已在心中有了一个邪恶的想法。公元前682年八月间,南宫万找到了机会就杀掉了宋闵公,还一并将大夫仇牧与太宰华督杀死,紧接着,南宫万把持了朝政,立公子游为国君,宋国一片大乱,公子们都四处逃难,南宫万的军队与亲信就开始追剿他们。好景不长,才过了不到两个月的时间,宋国的王室贵胄们就联合借调曹国的军队与南宫万决战,改立了公子御说为国君,是为宋桓公。南宫万慌了神,连忙收拾行囊外出避难,才花了一天时间,就到了陈国。宋国人哪里肯放过南宫万,就用重金请求陈国交还南宫万,南宫万先是被灌酒,醉得不省人事,到达宋国后,就被处以醢刑,醢刑就是把人剁成肉酱。一代将军,何必如此斤斤计较,与君主抢夺猎物本就是以下犯上,还要耿耿于怀杀死君主,咎由自取,下场凄惨。

回到这个单词,我将它分为两个部分来记忆,第一个部分是min,第二个部分是ce。对于第一部分,我使用汉语拼音的方法将其拼为"闵";使用英语的拼读法拼读出单词后,根据它的发音,发现ce部分与汉语的"死"发音相近。由此,这个单词可以被解释为"闵死",意即"宋闵公死了",我就想到了弑君后被剁成肉酱的南宫万。醢刑,是一种酷刑,"醢"的本义指用肉、鱼等制成的酱,因此将人处以"醢"这样的刑罚,说明了其罪大恶极与受人极其厌恶。作为屠害宋闵公的凶手,南宫万的下场就是被剁成了肉酱,这与单词 mince 的第一个意思,"用绞肉机绞"是非常接近的。在宋国王室合力围剿南宫万后,南宫万知道大事不妙,肯定是心急如焚地要跑回家中收拾行囊,带着家眷与金银细软外出避难,这就与单词的第二个意思"装腔作势地小步快走"是吻合的。另外,在文言中,"走"就是"跑",不妨将此处的"走"理解为"跑路",应该是更恰当的。如此,用这个故事对应单词各部分的解释可以比较好地说明单词的意思,记忆的效果也比较好。

miscreant

n.

缺德的人,不法之徒

近年来,制造假冒伪劣产品的"山寨"品牌层出不穷。"山寨"品牌触犯了《中华人民共和国商标法》,是一部分不法之徒漠视市场秩序,侵犯他人合法权益的卑鄙行径。

回到这个单词,我将它分为两个部分来记忆,第一个部分是 mis 前缀,第二个部分是 creant。对于 mis 前缀来说,它表达的意思是"坏与糟糕",这就与单词的意思"缺德""不法"形成了对应;我在记忆 creant 部分时,用到了这样的一个方法,就是找到了一个"形似词",它就是 create,意思是"创造"。大家看 creant 与 create 是十分相像的,六个字母中有五个是完全一样的,这就像知名品牌与其"山寨兄弟"一样,不仔细看,恐怕就会上了当。因此,当我看见单词中的 creant 时,就觉得很眼熟,果然,这部分我就姑且将它作为

create 的"冒牌货"吧。于是，在这样的方法下，这个单词就可以拥有这样的释义，"一些道德败坏的人专门创造劣质的冒牌产品"，这就将单词的 mis 前缀"坏，糟糕"与 create 的"冒牌"单词 creant 拼凑在了一起，很容易想到那些制假售假的不法之徒了。这样的记忆方法十分巧妙，从一个常见的单词入手，又可以直接记住单词的意思，记忆的效果十分好。

misogynist

n.

厌恶女人的男人

在古代，才子配佳人，英雄配美女，郎才女貌，是顺理成章的事。但是有这么一位皇帝，他对美女并不怎么感兴趣，倒是很喜欢男人，而且还因此流传了一个成语叫"断袖之癖"。这位喜欢男色的皇帝就是西汉第十三位皇帝，汉哀帝刘欣，他的情人叫董贤。绥和二年（前 7）三月，汉成帝刘骜驾崩，因为无子，年纪轻轻的刘欣以汉成帝侄子的身份继承大统，是为汉哀帝。汉哀帝在当上皇帝后，还算尽职尽责，并没有闹出什么"幺蛾子"，也没有展现出什么"异于常人"的爱好。就这样过了两年，一次，身为郎官的董贤[29]在殿下传奏时，无意间吸引了汉哀帝的注意。董贤长得很美艳，虽为男子，但是眉目清朗，皮肤白皙，真是秀色可餐，令人过目不忘。汉哀帝瞧见他后，就记住了他的名字，由此董贤受到了宠幸。董贤性情柔和，很会逢迎汉哀帝，董贤的出身也不低，他的父亲是御史董恭，汉哀帝对董贤及其家眷的封赏也接连不断，将董恭升为光禄大夫，又赐爵关内侯，让董贤的妹妹做了昭仪，让董贤的岳父担任将作大匠，让董贤的内弟担任执金吾，连董贤家中的仆人都受到了汉哀帝的赏赐，真是"一人得道，鸡犬升天"。董贤常常与汉哀帝同卧同坐，有一次在白天睡觉时，董贤的头压在了汉哀帝的衣袖上，汉哀帝想起床，又怕打搅了熟睡中的董贤，就用自己的剑截断了衣袖，"断袖之癖"的典故由此而来。董贤在侍奉汉哀帝的过程中，令汉哀帝十分满意，董贤被封为高安侯，还当上了"三公"之一的大司马，权势滔天。但好景不长，在位仅六年的汉哀帝在元寿二年（前1）六月驾崩了，时年二十余岁。太皇太后王政君心中早就对董贤不满，就与侄子王莽商议一同给董贤下罪，当即收回了他的大司马印绶，令董贤罢官回家。哀帝死后，董贤与妻子一同自杀，被家人草草埋葬。曾经位极人臣，令满朝文武皆畏惧的宠臣，得到汉哀帝"万千宠爱于一身"的爱人，就这样以悲凉的方式告别了历史的舞台。

回到这个单词，首先需要说明的是，单词的结尾部分 ist 因为经常可以作为表达"人"的后缀，又因为本单词的意思就是指人，所以这部分不是我记忆的重点，ist 与其前的字母 n 又构成了一个完整的音节，所以这部分我忽略不计。本单词中的 mis 前缀也需要说明一下，mis 作为前缀，表达的是"坏与糟糕"的意思，这正与单词意思中的"厌恶"形成对应，即"厌恶女人"就是"一见女人，心情就很糟糕"。接下来，我将记忆的重点放在余下的 sogy 部分上。我将它调整字母顺序后，将其变为 oy 与 sg 字母组合，我使用"偶遇"的拼音首字母作为 oy 的指代，使用"帅哥"的拼音首字母作为 sg 的指代。因此，这个单词可以被解释为"偶遇帅哥"，我就想到了因一次偶然的见面而引起汉哀帝的注意，自此平步青云的董贤了。汉哀帝与董贤的相爱的确是同性恋的行为，据史书记载，汉哀帝除了有皇后傅氏以及董贤的妹妹董昭仪外，别无有其他妃子的记载，要知道在古代，贵为天子的皇帝是没有得不到的女人的，从汉哀帝十八九岁继位直到逝世，他无一子一女，倒是对董贤的封赏一直不断，可见，他确实喜好男色而厌恶女人。从汉哀帝与董贤的初遇来看，这是一次偶然间的邂逅,董贤只是一个传召的小官,却因为长相秀美受到了汉哀帝特别的关注,从此汉哀帝便沉迷其中。"偶遇帅哥"这个表达比较贴切地说出了汉哀帝特别的喜好,也让历史记住了他好男色的特别需求。因此,使用这样的记忆方法比较好地对单词进行了阐释,通过故事形象生动地讲明了单词的意思,记忆的效果十分好。

mitigate

v.

减轻,缓和

做一个有情有义的人很难,做一个有情有义的臣子更难,做一个有情有义又敢当面怀念上任君主的臣子难上加难。有这样一位既正直又有能力,既敢说真话又敢展现自己内心的人,他被人誉为"救时宰相",与房玄龄、杜如晦、宋璟并称为"唐朝四大贤相",他就是唐朝著名的政治家,历任武后、睿宗、玄宗三朝的宰相兼兵部尚书的姚崇[30]。姚崇年少时喜欢习武,经常出去打猎,二十岁后才开始发奋读书,考中下笔成章举后,步入仕途。武则天十分赏识姚崇处理军事时有条不紊、认真恭谨的态度,就一步一步地提拔他成为宰相。武则天当政后期,精力大不如前,便开始耽于享乐,还修建了很多宫殿与佛堂。武则天的男宠张易之、张昌宗兄弟仗着武皇的宠爱逐渐插手朝政,他们陷害宰相魏元忠,还怂恿武皇改变李显的太子身份,一大批趋炎附势之徒皆效力于这对面首兄弟之下,朝局陷入了动荡之中。公元705年正月,武则天病重不起,趁此时,宰相张柬之等人率领禁军五百余人,冲进宫中,杀死张易之与张昌宗,随即包围武则天所住的集仙殿,要求她退位,还政于太子,武则天被迫退位,迁居上阳宫。李显复位,是为唐中宗。看见李唐皇室终于重掌政权,百官为此都相互称庆,喜不自胜,只有姚崇哭泣不止。张柬之看到姚崇在哭,心中十分不悦,当面就斥责他:"今天不是你该哭的日子,你会给自己招致祸患。"姚崇却动情地说:"我侍奉武皇也有一段时间了,现在突然要与她辞别,我感到很难受,我与你们一同归正于李朝,是尽臣子的本分,今天我哭泣拜别旧主,是作为人臣该有的节操,就算获罪,我也心甘情愿。"过不久,参与政变的功臣皆得到了封赏,唯有姚崇被贬谪出任亳州刺史。景云元年(710),唐睿宗继位,姚崇被征召回朝,针砭时弊,任用忠良,不肯依附太平公主,又只得外放,他任职地方期间,百姓对他颂扬称赞,还专为他立碑记述功绩。后来,唐玄宗继位,唐玄宗十分赏识姚崇的才华,任命他为宰相,开元盛世,革故鼎新,姚崇立下巨大功劳。开元九年(721),姚崇去世,追赠扬州大都督,谥号文献。

　　回到这个单词,首先需要说明的是,单词的结尾部分 ate 不是我记忆的重点,因为此部分经常可以作为动词的后缀,又因为它与其前的字母 g 构成了一个完整的音节,所以这部分我忽略不计。接下来,我使用英语的拼读法拼读出这个单词后,根据它的发音,发现单词前部的 miti 部分与汉语的"泌涕"发音相近,因此我使用这个谐音来记忆单词。在这里需要说明的是,在文言文中,"涕"的意思是"眼泪",因此"泌涕"的意思即"分泌眼泪",也就是"流眼泪",我就想到了姚崇。作为人臣,要有节操,要正直,要有良心。姚崇显然就是这样的一个人,他侍奉武皇多年,君臣之间已结下了很深厚的情谊,虽然武皇在后期的表现不那么令人满意,但是她依然是一个十分有作为的贤明君主。姚崇在神龙政变后,想到武皇的遭遇与处境便潸然泪下,这是一种情深意切又真诚善良的有情之举,姚崇不怕为此会给自己带来的祸患,他落泪是为了让自己的心里好受一点,是尽自己人臣的本分,是一个善良的人所流露的真实情感。正如单词 mitigate 的意思一样，"减轻、缓和"，泪水并不是无能的象征，它可以减轻一个人正承受的痛苦，它可以缓和一个人心灵的焦虑。姚崇用自己的眼泪让世人知道，他是一个真君子，绝不是只图功名利禄的小人。因此，使用这个故事以及这样的记忆方法，可以比较好地说明单词的意思，对记住单词的拼写也有比较好的效果，十分简便。

mob

n. 暴民

v. （鸟群或兽群）围攻，聚众袭击

在中国历史上，当一个王朝走向末日的时候，总会有风起云涌的农民起义快速地吞噬中央政权，这些参与起义的百姓在一个王朝江河日下的腐朽统治下，总会陷入走投无路的境地，他们或食不果腹，或被豪强的土地兼并逼得流离失所，如若再赶上自然灾害，病虫袭击或是瘟疫肆虐，他们的揭竿而起几乎是不可避免的历史结局。中国历史上的几次大规模人民起义，就是在这样的背景下上演的。秦朝末年，陈胜、吴广在大泽乡发动农民起义，秦二世昏庸无道，连年的徭役与税赋压得百姓透不过气，秦朝刑罚严苛，陈胜与吴广作为被押解的九百余名戍卒中的一员，如若不能按期到达渔阳，按秦律当死。陈胜与吴广便发动兵变，连克数城，虽然这场起义在六个月之后即被剿灭，但随后的各路起义军给秦朝的统治以沉重的打击。后来，秦国灭亡。东汉末年，社会矛盾空前加剧，土地兼并严重，外戚与宦官左右了政局，边疆战事不断，消耗了巨额钱粮支出，汉桓帝与汉灵帝每日莺歌燕舞，徭役与兵役负担使百姓生活在一片水深火热之中。贫苦农民出身的张角以自身的医术再结合《太平经》上的内容，打着"苍天已死，黄天当立，岁在甲子，天下大吉"[31]的口号，创立了"太平道"，以宗教的方式收获了一大批贫苦农民，信众逐渐达到数十万人之多，张角见时机成熟，便发动了对汉廷的军事打击，因为起义者头绑黄巾，所以被称为"黄巾军"。黄巾军的起义势如破竹，令汉灵帝十分头痛，正是因为朝廷下放军权，地方军得以拥兵自重，直接导致了东汉灭亡与三国群雄争霸局面的开启。隋朝末年的农民起义，唐朝末年的黄巢起义，北宋末年的方腊起义，元朝末年的农民起义，明朝末年的李自成起义、张献忠起义，清朝末年的太平天国起义，皆在与之前的朝代面临相似的社会境遇下，百姓遭遇了严重的生存危机，纷纷揭竿而起。

回到这个单词，我将这个单词重新调整字母顺序后，将它拆分为四个部分来记忆，需要说明的是，单词中的一些字母是重复组合的。第一个部分是 bm 字母组合，第二个部分是 mo 字母组合，第三个部分是 bo 字母组合，第四个部分是 mb 字母组合。我将"暴民"的汉语拼音首字母作为 bm 的指代；将 mo 拼成汉字"抹"；将 bo 拼成汉字"脖"；将"面包"的汉语拼音首字母作为 mb 的指代。如此，这个单词可以被解释为"暴民抹脖杀人为面包"，这就很容易让人想到在历史上走投无路的百姓迫于生存压力而发动的民变。站在统治者的立场来看，这些参与暴动的人民，理应是"暴民"，他们穷凶极恶，杀人越货，严重地威胁到了王朝的稳定与"合理的"社会生产生活秩序。但是，统治者似乎从不会反省自己的原因，而只是冷血地派兵剿杀或根本就认为这样的民变是百姓的"心血来潮"。没有一个能吃得饱，穿得暖，生活平静且幸福的人会手拿锄头、镰刀参与暴动，因为古代关于"谋反""谋叛""谋逆"的处罚是相当残忍的，那会让一个家族就此灭亡。因此，百姓加入起义队伍是被逼的。使用这样的记忆方法，可以比较好地对单词各部分之间的意思作出比较合理的阐释，可以轻松地记住单词的意思。

mock

v. 嘲笑,(模仿)嘲弄

adj. 模仿的,模拟的;虚假的

n. (英国)模拟考试

有这样一个人,他说起话来并不如常人一般流畅,他虽有口吃,但却是一个既才华横溢又目光远大的人,他文武双全,深谙兵法,加速了三国统一的进程,为曹魏政权立下了汗马功劳,这位著名的历史人物就是邓艾[32]。在以家世、门第高低将天下读书人划分为三六九等的魏晋南北朝,邓艾的确是一股"清流"般的存在,他的家族已无从考,邓艾幼年丧父,可想而知,"草民"出身的他成长的环境实在算不上优渥。但是邓艾十分好学,从小就接受了良好的教育,这为他日后得以施展自己的抱负打下了扎实的基础。邓艾读过书,才学又不错,后来就被推荐到典农都尉身边当了一个小官,负责帮忙处理文书,做做杂务。邓艾是一个很有想法的人,当时,魏国正推行屯田以此发展经济,供养军队,邓艾虽有良策,但因为口吃,始终不受重用,典农都尉干脆让他做了一名看守稻草的小吏,这一做,就是将近二十年,邓艾在这平淡如水的二十年里兢兢业业,尽心尽责。一次,赶上邓艾去洛阳呈报公务,而呈报的对象是当时已贵为太尉的司马懿。司马懿很赏识邓艾,他没有嫌弃邓艾的口吃,邓艾就在结结巴巴的语言中,表达了自己关于屯田灌溉、运输粮草的想法,司马懿将他征召到自己身旁,让邓艾做了太尉府的掾属。此后,邓艾的命运便发生巨大转折,由一个无人问津的小吏,凭借着自身才华与司马懿的赏识,逐步成为魏国的股肱之臣,为魏国的屯田、水利灌溉、经济发展以及攻灭蜀汉政权做出了巨大贡献。司马昭有时就戏弄他:"你老是'艾、艾',究竟有几个'艾'啊?"邓艾回答:"所谓'凤兮凤兮',还是只有一凤

而已。"[33]

　　回到这个单词,我将它分为两个部分来记忆,第一个部分是 mo,第二个部分是 ck。对于第一部分,我使用汉语拼音的方法将其拼为"模";对于第二部分,我使用英语的拼读法拼读出这个单词后,发现 ck 部分在其中的发音与汉语的"磕"音相近,又因为 c 与 k 两个字母同时发出一个音,这就让我想到"磕磕巴巴"中的叠词"磕",我就想到了三国名将,有口吃的邓艾。同时,这个单词可以解释为"模仿某人磕磕巴巴的样子",意即"模仿,嘲弄"。从邓艾的故事中我们可以看出,邓艾的口吃的确为他的事业带来过一定的麻烦,本就出身寒微的他是没有人待见的,又因为有口吃,许多人更是没有耐心听他讲话,他不能将心中的想法流畅地表达出来。后来,他有了一定的建树,在魏国上下受到了重视,可司马昭还是会拿他的口吃与他打趣,那么可想而知,天生口吃的邓艾在童年时,那些玩伴甚至会刻意模仿他结巴的样子。正如单词 mock 的意思一样,"模仿,嘲弄",如果别人有一定的缺陷而受到了嘲笑与模仿,那这个取笑别人的人也确实不怎么地道。缺陷可以是天生的,但尊重这种缺陷却是一个人心中最质朴的善良。使用这样的记忆方法再结合邓艾的故事,可以比较轻松地记住单词各部分的组合,对记忆词义也很有效果。

monarch

n.

君主,帝王

　　世界上有这样一个国家,它的人均 GDP 在全球名列前茅,百万富翁与

亿万富翁的人数比例是世界最高的。它的国土面积很小，是世界第二小的国家，人口密度却是世界第一。它的国家支柱产业是金融与旅游业，它也是世界著名的"赌城"之一。它的房价是"全球最贵"，而且还有着一条世界闻名的方程式 F1 赛道。1956 年，一个好莱坞著名影后嫁给了这个国家的国王，成了无数女人羡慕的对象。2014 年，美国著名影星妮可·基德曼还以此为原型故事拍摄了一部影片，以纪念这位王妃的传奇经历。这个国家就是摩纳哥公国，一个君主立宪制以亲王为国家元首的南欧城邦国家，其现任国家元首是阿尔贝二世（Albert Alexandre Louis Pierre Grimaldi），他的母亲就是美国著名影星、奥斯卡影后格雷丝·凯利，也是妮可·基德曼出演的影片《摩纳哥王妃》中的原型。为人津津乐道的是，阿尔贝二世的妻子，现任摩纳哥王妃夏琳·维斯托克（Charlene Wittstock）曾是南非游泳冠军，素有南非泳坛"美人鱼"之称，阿尔贝二世亲王与夏琳·维斯托克结缘于一场体育比赛，二人在 2011 年 7 月举办了盛大的婚礼，摩纳哥举国欢腾。

回到这个单词，首先需要说明的是，我将这个单词分为两个部分来记忆，第一个部分是 mona，第二个部分是 arch。针对第一部分，我使用汉语拼音的方式将 mona 拼成"摩纳"。对于第二部分我是这样记的："阿尔贝二世"中的"阿"音就是汉语拼音 a，"阿尔贝二世"中的"尔"与英语字母 r 的发音相近；现任摩纳哥王妃夏琳·维斯托克的名字是 Charlene Wittstock，我就使用她的名字的开头 Ch 指代这位王妃。如此一来，单词 monarch 中的 ar 指的就是阿尔贝二世，ch 指的就是王妃夏琳·维斯托克，而 mona 又是"摩纳"的汉语拼音，这个单词就这样与摩纳哥联系上了。使用这个记忆方法，不但可以轻松地拼写出单词，而且会很容易地想到它的意思，摩纳哥作为二元制君主立宪国家，它的国王就是如今的阿尔贝二世亲王，这个单词是"国王与王妃"的组合，十分好记。

mooch

v.

溜达，闲逛；白吃（或用等），要别人白给（金钱，食物等）

"草铺横野六七里，笛弄晚风三四声。归来饱饭黄昏后，不脱蓑衣卧月明。"这首诗叫《牧童》，它的作者是吕洞宾。吕洞宾是唐朝时代的人，是道教丹鼎派的祖师，被道教全真道尊奉为"北五祖"之一，也是传说"八仙"之一。说起吕洞宾，有一句民谚流传得十分广："狗咬吕洞宾，不识好人心。"它用来辱骂对方不知好歹。可是，这句谚语的原意是"不知对方在为自己着想而错怪了对方"，而其中的"狗咬"实际上是指一个叫苟杳的人。那么，苟杳和吕洞宾之间发生了什么呢？吕洞宾在没有成仙前，有一个同乡好友叫苟杳，苟杳的家境十分贫寒，但他为人勤学上进，忠厚老实，吕洞宾就邀请苟杳来自己家中住，希望他有朝一日能成才。苟杳在吕家更加认真勤勉地读书了。有一日，一位姓林的客人来到吕洞宾家后，见苟杳如此勤奋，便有意将妹妹嫁与他。吕洞宾见苟杳很欢喜，就对苟杳说："贤弟呀，你成亲可以，但你的新娘子需要先陪我三晚。"苟杳听后大吃一惊，对吕洞宾便很不满，但自己又寄人篱下，未来也不可知，就只好答应。洞房花烛时，吕洞宾见新娘子盖着盖头坐在床上，他也不声张，就拿了一本书出来，彻夜通读，一连三天都是这样。苟杳在第四天进新房后，就看见新娘子在哭泣，急忙询问原因，新娘子说："郎君一连三天都不上床与我同眠，只顾读书，是不是嫌弃我？"苟杳十分惊讶，恍然大悟吕兄的用意，原来这是要告诉他不要贪图床第之欢而要继续

勤勉刻苦啊！苟杳此后更加卖力地读书了,就这样,他终于考中了进士,离开了吕家。多年后,苟杳已在外地为官,适逢吕家遭遇了一场火灾,家财都烧没了,吕洞宾便想起了苟杳,想请他帮帮自己。见到吕洞宾后,苟杳十分热情,准备了很多饭菜酒食招待他,吕洞宾在苟杳家住了一段日子,但苟杳绝口不提自己要帮忙的事。吕洞宾一气之下就告别了苟杳,感叹世态炎凉。回到家乡后,吕洞宾便远远地看见原先自己家的位置上已经盖起了新房,他赶忙奔去。谁知,刚一进门,他又吓了一跳,家中一片白色,家人们正披麻戴孝地为自己哭丧,妻子见到他后,更是浑身颤抖,问道:"你是人是鬼?"半天,妻子才缓过神来,原来吕洞宾没有死。吕洞宾急忙询问妻子是怎么回事,才知道是苟杳给他家送了一口棺材,还说他已经死了。吕洞宾气坏了,拿起斧头就朝着棺材猛劈,只听"咔嚓"一声,棺材裂开后,里面竟全是金银珠宝！还有一封信,吕洞宾拿起一看,信中写道:"苟杳不是负心郎,你让我妻守空房,我让你妻哭断肠。"吕洞宾又好气又好笑,从此与苟杳的关系更好。

回到这个单词,我使用英语的拼读法拼读出它后,根据它的发音,发现它与汉语的"暮吃"发音相近,我便使用这个谐音作为我记忆单词的方法。吕洞宾在《牧童》中写了这样一个句子,"归来饱饭黄昏后",这就是我使用"暮吃"作为谐音记忆单词的依据。"暮"指的是"傍晚",也就是诗句中的"黄昏后";而诗句中的"饱饭"就与谐音中的"吃"相对应了;而诗句中的"归来"也就与单词 mooch 的第一个意思"溜达,闲逛"联系上了。即"归来饱饭黄昏后"说的就是"傍晚吃好饭后溜达回来",如此,mooch 便实现了从音到义的联系,十分好记。本单词的第二个意思,"白吃(或用等),要别人白给(金钱,食物等)"与第一个意思并不是太有联系,而这也是记忆的难点。但是,《牧童》这首诗的作者就是吕洞宾,而吕洞宾又与苟杳有一段"不识好人心"的故事,这就和记忆单词的第二个意思有关系了。从苟杳与吕洞宾的故事来看,苟杳先是住在吕家"白吃"了很多年的饭,后来吕家落难,吕洞宾也去了苟杳家"白住"了一段时间,撇开"恩重如山"与"知恩图报"这一说法,实际上无论是苟杳还是吕洞宾,他们都有"白吃""白要"与"白拿"的经历,苟杳通过这么多年"白吃"吕家的饭而得以考取功名,吕洞宾也通过"白住"在苟杳家,其后"白拿"了苟杳给他的财富。也就是说,从《牧童》这首诗出发,使用其中的一句完成了对单词第一个意思的记忆,又因为它的作者自身的故事,实现了单词第二个意思的记忆,而这一切的基础,是从单词的音入手的。因此,使用这样的记忆方法可以比较轻松地记住单词两个原本不太相干的词义,实现了单词由音到义的联系,记忆的效果十分好。

morass

n.

陷阱,困境

"吃了熊心豹子胆""老虎的屁股摸不得",这多是玩笑话,但是接下来要讲的故事的主人公不仅吃了这颗"豹子胆",还"摸了老虎的屁股",自己掉进了自己挖的坑里!这位仁兄还好巧不巧地叫智天豹。乾隆四十四年(1779)发生了智天豹编造《本朝万年书》案。[34] 智天豹,是一个行走江湖的贫穷郎中,因卖药行医不能糊口,他便自己编了一部书叫《本朝万年书》,怀揣着对乾隆皇帝无限的敬意与对大清王朝国祚久远绵长的美好祝愿,怀着"坦诚又虔敬"的心创作了这本书,后因自己行动不便,就指使徒弟张九霄在乾隆皇帝谒陵的必经之路上向其进献此书。谁知,跪在御道上的张九霄被当场拿获。乾隆皇帝看此书后大怒,命令大臣严加审讯,此等刁民竟敢自编我朝年号,还妄称大清天定运数,胆大包天,妖言惑众。最后,本想着讨好乾隆皇帝,拍拍马屁,谋个好前程的智天豹以诅咒皇帝为名,被判以斩立决,张九霄被判以斩监候,秋后处决。掉入了自己挖的"智慧陷阱"的智天豹最终身首异处,而他也成了清代著名文字狱"智天豹编造本朝万年书案"的大逆钦犯。为求一时富贵,何必如此呢!

回到这个单词,首先要说明的是,本单词中的字母 r 不是我记忆的重点,因为它和我使用到的方法不太相关,所以这部分我选择忽略。接下来,我将余下的单词划分为两个部分来记忆,第一个部分是 mo,第二个部分是 ass。我使用英语的拼读法拼读出这个单词后,根据它的发音,发现 mo 部分与汉语的"摸"发音相近,于是我使用这个谐音来记忆 mo 部分;单词的第二部分 ass,它本来就是一个单词,意思是"屁股"。由此,这个单词可以被解释为"摸屁股",我就想到了既"拍马屁"又弄巧成拙地"摸到了老虎屁股"的智天豹和他的那本《本朝万年书》(又名《大清天定运数》)了。在古代,国祚是历朝历代统治者比较忌讳的话题,因为每一个天子皆希望自己的王朝可以延续很久,永远都不会灭亡,特别是到了清代,康熙皇帝熟读史书,对之前历朝历代灭亡的经验与教训作出了严肃的反思并对子孙加以告诫,清代也是"文字狱"大兴的时代,康熙、雍正、乾隆年间,"文字狱"案保守估计有一百余起,全国发生的大规模搜查禁书与逮捕、处决的文人学子及连累之人数量极大。智天豹作为乾隆年间人,他不会不知道当权者对禁书的打压手段,却贪图富贵,寻求捷径,最后掉进了自己给自己挖的陷阱中,这就是"自作孽,不可活"。正如单词 morass 的意思一样,"陷阱,困境",人如果只图一时之名而妄想一步登天,那就如智天豹一般给自己设陷,弄巧成拙,事与愿违。

morbid

adj.

病态的，不正常的

这个单词与一位历史上虽名不见经传却留下很多趣事的书生有关，他的名字叫崔涯，唐朝人。明代大书画家唐伯虎曾绘过一幅名画叫《李端端图》，现收藏在南京博物院。至于唐伯虎为什么要创作这幅画，是因为他看到了唐朝人写的一部书，书上记载了"书生崔涯点评青楼女子李端端"的故事，由此便创作了这幅画。在古代，可没有"职业点评人"这一说，也没有"专业水军"这一群体，但是崔涯这个落魄书生，却可以称之为当时唐朝青楼界的"意见领袖"，尤其因为他自己经常出入风花雪月之地，对哪个青楼女子漂亮或不漂亮，有没有什么特殊才华呀，如数家珍。所以，崔涯在这方面是"专业"的。在唐朝，这些风月场所的老鸨会为姑娘们叫价，也就是所谓的"竞拍"，达官贵人为看这些花魁的芳容或度春宵，常常会豪掷千金，竞标出价。然而，由于毕竟这只是一种商业手段，导致很多富贵"顾客"在看到花魁真容时，往往败兴而归。于是，崔涯，这个"意见领袖"就有用武之地了。因为他经常出入这些场所，往往对哪家青楼的服务，哪家青楼的哪个姑娘，哪个姑娘长得怎样还是其他的什么特别了解。于是，很多公子哥在"竞标"前，往往会先请崔涯吃顿饭，再给点好处费，以求"不走弯路"。崔涯也果然没叫这些人失望，久而久之，来找崔涯"点评"的人越来越多，甚至青楼的老鸨也花钱请崔涯"做广告"。就这样，崔涯一时成了"红人"，集"点评人""水军""意见领袖"于一身，甚至李端端，这位肤白貌美的名妓，因为她的老鸨之前不舍得给崔涯"代言费"，崔涯发挥自己笔杆子的"功力"，阴阳怪气地在她们家的店门口写了几句诗，说李端端黑得像昆仑奴。要知道，在当时一个追求"丰腴"与"肤白"为美的

唐朝,李端端可是倒了霉了,她家的青楼也门可罗雀。老鸨就这样"迷途知返",把崔涯请到店里,让李端端好好地侍奉崔涯这个"大嘴巴"。这样一桩风流韵事就被唐人所记载,唐伯虎终绘成一代名画《李端端图》。

回到这个单词,我将它分为两个部分来记忆,第一个部分是 mor,第二个部分是 bid。大家看单词的第一部分 mor,它实际上可以添上一个字母 e,这样就变成了常见词 more,意思是"更多的",表达的是"更怎么样"。对于第二部分 bid,它本身就是一个单词,意思是"出价,投标"。由此,这个单词可以被解释为"出价更高的人",我就想到了这幅《李端端图》背后的故事。崔涯本是一个落魄的穷书生,却在一个病态的社会中混得如鱼得水。读书人原本应该是最具有才学的一个群体,可是像崔涯这样的"资深"嫖客居然成为"娱乐业"的座上宾,来请他帮忙的人趋之如鹜,一方是要"求快活",一方是要"揽生意"。像崔涯这样不求上进,整天研究"石榴裙"的人都能"发家致富",病不病态? 社会推崇哪种"美",女子就得变成这种"美",否则只能被抛弃,病不病态?"专业水军"引领社会风尚,时人还趋之若鹜,病不病态? 正如单词morbid 的意思一样,"病态的,不正常的",用一介书生的意见来拔高嫖客的出价,这的确是一种不正常的社会现象。使用这样的单词解释与《李端端图》的故事,可以比较轻松地记住单词的意思,记忆的效果十分好。

moribund

adj.

（企业、机构、习俗等）行将灭亡的，即将倒闭的

这个单词是一个记忆起来比较简单的词,既然比较简单,我就说得简单

点。单词的前部是 mori，如果使用汉语拼音的方法，就可以直接将其拼成"末日"，而这就与单词的意思"行将灭亡的，即将倒闭的"有比较密切的关系了，十分好记。

moor   moron

v.   *n.*

停泊，系泊   笨蛋，蠢货

  王安石，北宋著名政治家、文学家、思想家、改革家，他在文学上具有突出的成就，是著名的"唐宋八大家"之一，著有《临川集》等诗文作品。王安石写过一首脍炙人口的诗作，名叫《泊船瓜洲》，我便使用这首诗的诗名作为我记忆单词的方法。相传，古代的敦煌被称为古瓜州，盛产甘甜多汁的西瓜。后来张骞出使西域，经过嘉峪关一带，因为食用了此地的西瓜，得的病便痊愈了，张骞为了纪念此地，便为它取名"瓜州"。在瓜州这片土地上，繁衍着姜戎氏部落，他们被人们称为"瓜子族"。瓜子族人老实、勤劳，受人雇佣时，一天到晚不停地干活，绝不偷懒，所以有钱人便喜欢雇佣他们。每当问到他们什么问题时，瓜子族的人就会回复"嗯"，时间一长，人们就觉得瓜子族的人有点"傻"。[35] 后来，"傻瓜"就成了口头禅广为流传，而"傻瓜"中的"瓜"最开始指的就是瓜子族人。以上就是"傻瓜"一词的来历。王安石写的《泊船瓜洲》中的"瓜洲"可不是瓜子族人久居的瓜州，而是今天的江苏扬州邗江区一带。

  回到这两个单词，我选择将 moor 与 moron 放在一起记忆就是用《泊船瓜洲》中的"泊"与"瓜"字来进行阐释。首先，moor 与 moron 这两个词有相

同的地方,就是都有 m,o,o,r 这四个字母,于是,我将这两个单词共同拥有的这四个字母去掉,以仅剩的字母 n 作为记忆的重点。字母 n 在英语中的发音恰好与汉字"嗯"发音相近,这就让我想到了"傻瓜"一词的由来,即"只会'嗯'的瓜子族人"。虽然王安石笔下的"瓜洲"与"傻瓜"中的"瓜州"不是一个地方,但是二者是同音词而且都有"瓜"字,我便取《泊船瓜洲》诗名中的"泊"与"瓜",一个代表 moor,一个代表只会发出"嗯"音的"傻瓜"。"泊"就是停泊,用它来表示 moor;"瓜"就是傻瓜,用它来表示 moron。这样,在两个单词拥有相同字母的前提下,对其中不同的字母加以特别注意,而使用到的诗名又是与词义有联系的,如此便可以通过记住最少的字母来完成对多个单词的记忆。

morose

adj.

阴郁的,脾气不好的,闷闷不乐的

___

　　抑郁症,一种对于现代人而言并不陌生的心理疾病,它困扰着人们的心灵,使人心情沮丧,悲观消沉。我国古代医书中并无"抑郁症"这一提法,但是却有"肝气郁结"这一病症,结合中医"望气"与阴阳五行之法,在《黄帝内经》中便有"怒伤肝,喜伤心,忧伤肺,思伤脾,恐伤肾"的说法,"肝气郁结"就会让人郁闷消沉,悲观沮丧,这与今天的抑郁症实际上是一回事。玫瑰花,中药材名,我国古人常用它作为理气解郁的一剂良药。在我国古代医书《本草再新》中便有这样的记载:"(玫瑰花)舒肝胆之郁气,健脾降火。"《随息居饮食谱》中也记载:"(玫瑰花)调中活血,舒郁结,辟秽,和肝。"也就是说,按照中医的说法,情绪比较消沉的人,一般肝胆都不太好,而肝胆不好又反过来会加剧症状,玫瑰花对缓解坏的情绪是很有帮助的。有这样一个人,他患有很严重的抑郁症,但他却是一位大才子,他多才多艺,在诗文、戏剧、书画等方面的造诣十分了得,与解缙、杨慎并称为"明代三才子"。他是中国"泼墨大写意画派"的创始人,"青藤画派"的鼻祖,对后世影响极大,他被誉为"有明一代才人",他著成的《南词叙录》为中国第一部关于南戏的理论专著,他另有杂剧《四声猿》《歌代啸》传世。他就是明代中期文学家、书画家、戏曲家、军事家徐渭[36]。徐渭是一个非常有才华的人,他从小就展现了过人的天赋,但是他的一生十分曲折,出生百日,父亲亡故,十四岁时,徐渭的嫡母又溘然长逝,他只好跟着比他大三十多岁的长兄生活。徐渭虽有才学,但是一连考了八次科举,直至四十一岁,他都是落榜而归的。徐渭在二十五岁时,徐家财产被乡间豪强霸占,二十六岁时,妻子潘氏又得病早逝。已对功名利禄看淡的徐渭便参了军,投入到了抗倭战争中,以图实现心中的抱负,不久,当时的浙江巡抚胡宗宪开始注意到他,很欣赏徐渭的才华。嘉靖三十七年(1558),徐渭进入已升任浙闽总督的胡宗宪府中充当幕僚,可好景不长,嘉靖四十一年(1562),权臣严嵩被免职,而与其交好的胡宗宪就受到了弹劾,次年被押往京城,徐渭就离开了总督府。后来,胡宗宪死于狱中,他的许多幕僚就受到了牵连。徐渭多年来承受了很多的痛苦,人生是各种不顺,可是跟着胡宗宪这短短的几年,却是徐渭人生中一段最让他难以忘怀,感到心情舒畅的日子。徐渭为胡宗宪感到痛心,又对自己的命运暗自神伤,加上他本就有些敏感,此时便更担心自己的处境,这让他心情极度沮丧,终于爆发。徐渭在写了一篇《自为墓志铭》后,便开始了自杀,一连多次自杀,都没有死成,用斧子砍头,用大铁钉刺入耳中,用大铁锤猛击自己的睾丸[37],上天都没有把他带走。公元 1566 年,已届五十岁的徐渭在怀疑继妻张氏不忠后,便将她杀害,如此便服刑了七年。出狱后,徐渭开始了短暂的游历,之后又与好友张元忭交恶,徐渭的情绪又开始郁愤,心情十分狂暴。晚年的徐渭在穷困潦倒与孤独中度日,在他的家乡绍兴,临终前他只有一条狗相伴,床上连一铺席子都没有。

回到这个单词,我将它分为两个部分来记忆,第一个部分是 mo 字母组合,第二个部分是 rose。对于第一部分,我使用英语的拼读法拼读出这个单词后,根据它的发音,发现 mo 与汉语的"磨"音相近,我便使用这个谐音作为 mo 的指代;而 rose 就是英语单词,"玫瑰花"。如此,这个单词可以被解释为"磨玫瑰花","磨"指的就是"磨碎,研磨"。结合玫瑰花这味中药的功效,继而我想到了饱受抑郁症折磨的明代才子徐渭。在故事的开头,我就讲到了我国古代使用玫瑰花作为调理"肝结郁气"的方法,玫瑰花,在舒缓肝胆郁气上,效果是比较好的。对于徐渭而言,他是一个很阴郁的人,多年来饱受人生挫折让他十分消沉,动辄暴躁,他的生活中仿佛没有光能照进他的心中,他一直在闷闷不乐中度过了人生的大半。我在此不能讲一定要使用玫瑰花为徐渭调理心情,但是人生不如意十之八九,又何必总是让阴霾与不悦充斥着自己的人生呢?善于调节自己的情绪,能不被自己情绪所掌控的人,才是一个拥有大智慧的人。不管是饮用研磨好的玫瑰来舒缓心情,还是使用其他的方法让自己心静如水,人就是要做情绪的主人,而不是它的奴隶。

morsel

n.

少量,一块(食物)

保加利亚的国花是突厥蔷薇,又名保加利亚玫瑰或大马士革玫瑰。此种蔷薇的经济价值很高,因为每 2 750 朵蔷薇仅能萃取一滴玫瑰精油,其中包含了 275 种人工无法合成的香气,非常珍贵。

回到这个单词,我调整单词中的字母顺序后,将本单词分为两个部分,第一个部分是 rose,第二个部分是 ml。大家都知道 rose 就是"玫瑰花,蔷薇",而 ml 可以作为计量单位的缩写,也就是"毫升"。如此,这个单词就让我想到了珍贵的大马士革玫瑰和它所能提取到的极为珍贵的精油。玫瑰精油的提取需要很多玫瑰花,甚至几千朵玫瑰只能萃取 1 毫升精油,因此,这个单词在这样的拆分方法下就会突显出"少量",这就记住了单词的意思,十分简单。

mortal

n. 凡人,普通人

adj. 不能永生的,终将死亡的

承认自己的普通与平凡并不是说就是让自己的才华被埋没,而是人生的一种智慧。《中华圣贤经》与《增广贤文》中这样讲道:"严父出孝子,慈母多败儿。枪打出头鸟,刀砍地头蛇。"《道德经》中也有这样一句名言:"知者不言,言者不知。塞其兑,闭其门;挫其锐,解其纷;和其光,同其尘,是谓玄同。"谦逊,是中华民族的传统美德,闪耀着一个民族的智慧。古往今来,充当"出头鸟"角色的才子有很多,但是他们的结局大多不太好,一个典型的代表就是东汉的才子杨修了。杨修出身于世家大族,是汉魏有名的弘农杨氏家族。说起杨修,他很喜欢在曹操面前表现自己,为后世所知的有很多故事,"曹娥碑"[38]"鸡肋"[39]"一人一口酥"[40]"阔字谜"[41],无不体现出杨修那自视甚高，一飞冲天的气势。曹操走了三十里路，都没有想出曹娥碑的答案，杨修几乎在第一眼看到"黄绢幼妇，外孙齑臼"时，就想到了答案。曹操来视察刚修建好的相国府的大门，题了一个"活"字就离开了，杨修看见后，就立即叫人把门拆了，还对人说："魏王是嫌门大了。"塞外送来一盒酥饼给曹操，曹操便在盒子上写了"一合酥"后就离去，就在众人不解时，是杨修与众人分食，曹操表面不说，却在心里愈发嫌弃他。杨修的聪明还在于随意揣摩曹操的心思，曹操攻打汉中，久克不下，便随口传了句"鸡肋"为口令，杨修竟吩咐人收拾行囊，还说是丞相要撤军了。建安二十四年(219)，杨修与曹植喝得酩酊大醉，从司马门驾车驶出，曹操大怒，以"前后漏泄言教，交关诸侯"等罪名将杨修处死。聪明反被聪明误，一代才子终落得如此的结局，令人唏嘘。

回到这个单词，我使用英语的拼读法拼读出这个单词后，根据它的发音，发现它与汉语的"冒头"发音相近，我便使用这个谐音作为我记忆单词的方法。"冒头"即指那些不合时宜地表现自己又自视甚高的人，比如杨修。承认自己的普通，并不代表就是要掩盖住自己的才华，而是要在合适的机会与场合中展现自己的才华。从杨修的故事来看，他的爱"冒头"，也许只为证明自己"不是一般人"，但在当时的历史条件下，他的"冒头"却不是最聪明的做法，毕竟，历史的舞台与权力的中心只能是"曹操说了算"，而不是他，一个小小的主簿。正如老子讲的"知者不言，言者不知"，对于杨修而言，他也许不明白，他作为魏王身边的陪衬，并不应该将所有的光芒都揽集到自己身上，有时，作为臣下，"揣着明白装糊涂"可能更好。回归平凡，做一个有智慧的普通人，正如《周易》讲的"君子藏器于身，待时而动"，真正厉害的人并不是爱"冒头"的人，而是伺机而动，伺时而动，隐忍不发，积蓄能量，待时机成熟再一展风采，这才是真正厉害的人物。正如单词 mortal 的意思，"凡人，普通人"，普通人的才华与爱"冒头"如果是一对矛盾，那么真正厉害的人一定藏匿在那些看起来很不起眼的普通人之中。使用这样的谐音去阐释单词的意思,实现了单词音与义之间的联系,记忆单词的效果十分好。

muddle

v. n.

弄乱,搅浑

———————————————————————————————————

汉语中有这样一个成语叫"乱七八糟",形容的是毫无条理和秩序,乱得不成样子,但实际上,它源于一个典故,讲的是一段凌乱的天下纷争的故事。"七国之乱"是西汉景帝时期的一场诸侯国叛乱,汉景帝三年(前154),汉景帝采纳晁错的削藩政策,致使吴王刘濞联合楚王刘戊、赵王刘遂、淄川王刘贤、济南王刘辟光、胶西王刘卬、胶东王刘雄渠等以"清君侧"为名发动叛乱。而让吴王刘濞率兵谋反,专与汉景帝"过不去"的起因是他的儿子与当时还是太子的汉景帝刘启,下了一盘"亡命棋局",刘濞的儿子刘贤,竟被刘启用棋盘砸死了。[42]爱子殒命,吴王从此不再遵守对天子的礼节,常常称病不朝,当时的汉文帝自知理亏,也不追究,还赐了一根手杖给刘濞体谅他的年老,刘濞此后愈发骄横,反叛之心渐生。汉景帝继位后,推行的"削藩"政策激化了中央与地方诸侯势力的矛盾,刘濞越发不满汉景帝,在勾结了其他诸侯王后,刘濞聚众三十余万人,又与匈奴、闽越等密谋共同出兵,但是汉景帝任用周亚夫等将领率军奔袭,这场七国之乱仅用三个月就被平定。而"八王之乱"就没有这么"幸运"了,它耗时十六年,致使当时的社会经济遭受了严重的破坏,直接导致了西晋王朝的覆灭与随后近三百年的动乱,中原社会随后进入大动乱的十六国时期,民生凋敝,战乱频繁。西晋王朝作为历史上以世家大族建立起的政权,它从立国起,就代表着士族门阀阶级的利益,因此,西晋的诸侯王拥有着很大的权力,这严重地威胁了中央政权。晋武帝司马炎出身于河内司马氏,他的家族在项羽时期就已经非常显赫了。西晋在立国之初,司马炎就制定了针对士族的优待措施,并大封同宗子弟为王。西晋的诸侯各国在封地上不但可以拥有数量可观的军队,也可以收取租税,司马炎还分封了许多异姓士族,给他们不同的爵位,而且他们也有各自独立的封地。受贾南风乱政的影响,汝南王司马亮、楚王司马玮、赵王司马伦、齐王司马冏、长沙王司马乂、成都王司马颖、河间王司马颙、东海王司马越等诸王联合起兵造反。晋惠帝司马衷死后,司马炽继位,是为晋怀帝。"八王之乱"的终结以东海王司马越掌握了朝政大权而画上了句号,但是司马越无力控制由匈奴建立起的汉国政权,少数民族矛盾逐渐显现,此时的人民起义也很频繁,晋怀帝遇害后,西晋不久便灭亡。

回到这个单词,我使用英语拼读法拼读出这个单词后,根据它的发音,发现它与汉语的"马斗"发音相近,我便使用这个谐音记忆单词。"马斗"意即"骑马争斗",这就很容易联想到历史上著名的纷争,结合单词的意思,我就想到了"乱七八糟"成语的来源。从"七国之乱"与"八王之乱"这两件历史事实来看,诸侯王皆依靠着他们自己的军队与中央王朝进行对抗,给当时的社会带来了很大的混乱,阻碍了社会经济发展,扰乱了稳定的社会秩序。社会生产的发展与百姓的安居乐业需要有一个大一统的中央政权来维持,无论是西汉前期的"文景之治"还是"八王之乱"发生前的"太康之治",都说明了一个稳定的、统一的中央政权对社会经济发展的重要推动作用,以及一个无战乱、无割据的社会局面对定民心、稳天下的重要意义。诸侯王的叛乱,搅乱了国家生产与生活秩序,对社会发展、民族融合造成了不可估量的严重后果,正如单词 muddle 的意思一样,"弄乱,搅浑",这与"马斗"这个谐音以及背后的"乱七八糟"的故事联系起来是比较说得通的。如此，使用这个谐音记忆单词，可以比较好地说明单词音与义之间的联系，对记忆词义比较有效果。

muff

n. 暖手筒，皮手筒

v. 错过（机会），做错

muffle

v. 裹住，蒙住，盖住；压抑（声音），使听不清

有这样一个十分勤学上进的人，他自幼体弱多病，家境贫寒，但是他对知识的渴望汇聚成了强大的力量，帮助他克服了很多的困难，他就是"明初诗文三大家"之一，被明太祖朱元璋誉为"开国文臣之首"的文学家、史学家、思想家宋濂。宋濂有一篇名作，相信很多人知道，就是《送东阳马生序》。在文章中有这样一段话，"穷冬烈风，大雪深数尺，足肤皲裂而不知。至舍，四支僵劲不能动，媵人持汤沃灌，以衾拥覆，久而乃和"，讲的就是求学时期的宋濂，他自幼家中贫寒，在大雪天还要赶路，以致手脚等部位被冻伤。

回到这个单词，我使用英语拼读的方法拼读出 muff 后，根据它的发音，发现它与汉语的"麻覆"发音相近，我便使用这个谐音记忆单词。结合《送东阳马生序》中我引用的这句话，"麻"就是"四支僵劲不能动"，"覆"就是"以衾拥覆"，而 muff 的意思是"暖手筒，皮手筒"，大家都知道暖手筒就是冬天为手取暖而使用的，这就与《送东阳马生序》中大雪纷飞、天寒地冻的背景是比较吻合的。因此，想到"麻覆"这个发音，就会联想到这篇文章，继而想到冬天的取暖措施，自然就会想到单词"暖手筒"的意思。至于 muff 的动词意思是"错过机会"，有两种理解：第一是暖手筒就是把手覆盖住，所谓抓住机会

就是用手去抓,现在手上有覆盖物,所以就错过机会;第二是联系《送东阳马生序》这篇文章的主旨,宋濂写这篇文章就是要激励那个姓马的太学生,告诫他不要错过改变自己命运的机会。这就与单词的动词意思"错过(机会)"形成了对应。接下来讲 muffle,我将它划分为两个部分,第一个部分是muff,第二个部分是 le。我在第二部分的 le 后添加一个字母 g,这样它就变成了 leg,这和文章中的"以衾拥覆"可以说是很对应的。宋濂在这篇文章中说的"以衾拥覆"是指"用被子盖着四肢",如上,muff 是"麻覆",leg 又是"腿",那么 muffle 就是"腿被冻麻了,用被子盖住腿",这就与 muffle 的意思"裹住,蒙住,盖住"自然联系上了;而 muffle 的第二个意思是"压抑(声音),使听不清",这个意思的联系很好想通:你把耳朵、眼睛、鼻子等用被子或枕头蒙上,那你发出的声音还会让别人听得清吗? 因为被覆盖,所以听不清,这样就记住了单词的两个意思。使用这样的一篇名作来记忆两个在意思上很接近,形式上又很相似的单词,化繁为简,不失为一种较好的方法。

munch

v.

大声咀嚼,用力咀嚼(脆的食物)

有一个著名的典故叫"一饭三遗矢",它的意思是一顿饭的工夫上了三次厕所,形容人年老体弱或无用,而这个故事的主人公就是战国时期赵国的著名将领廉颇。很多人都知道"将相和",但是对廉颇这位英雄的晚年可能不大了解。廉颇在晚年时,秦国已经通过长平之战极大地削弱了赵国的国力,英雄迟暮,但年老的廉颇依然志在报国。当时的赵国国君赵悼襄王宠信

郭开，可郭开与廉颇交恶，赵王有意启用廉颇，便派了内侍唐玖前去探望。可唐玖收了郭开的贿赂，看见廉颇精神抖擞地吃了一斗米、十斤肉后，就回去禀报赵王，说廉老将军在席间用膳解了三次大便。赵王听罢，便放弃启用廉颇。

　　回到这个单词，我使用英语的拼读法拼读出这个单词后，根据它的发音，发现它与汉语的"忙吃"发音相近，我便使用这个谐音作为单词的指代，"忙吃"意即"赶忙猛吃"。从廉颇的故事中我们看见，廉颇老将军志在报国，为表自己依然"中用"，见到赵王的使者来后，便赶忙吃下一斗米与十斤肉。廉老将军在吃的时候肯定是大快朵颐、津津有味的，因为这是他向赵王展示自己旺盛的生命力的一种方法。正如单词 munch 的意思一样，"大声咀嚼，用力咀嚼"，对于暮年时还有心为国家而战的廉颇将军来说，吃饭也具有了不同寻常的意义。使用这个谐音与对典故的运用可以比较好地说明单词音与义的联系，十分好记。

mute

adj. 沉默的，不出声的，无声的

n. 消音器

v. 消音，减音

mutiny

n. （尤指士兵或船员）哗变，暴动

v. 不服从，反抗

muzzle

n. （狗、马等动物的）口鼻；（防止动物咬人的）口套

v. 给（狗）戴口套；压制、钳制（言论），使缄默

　　我将这三个单词放在一起记，是因为我用了一个著名的历史人物将这三个单词串联起来，这个人就是周厉王[43]。周厉王，西周第十位君主，在历

史上的评价并不怎么好,与他有关的典故却很出名。于是,我使用三个与他相关的故事来串联这三个单词,分别是"道路以目""国人暴动"与"共和行政"。有这样一句话,叫作"防民之口甚于防川",讲的就是周厉王当政的西周末年,周厉王暴虐成性,穷奢极欲,导致民众对他怨言颇深。于是,周厉王派巫师在大街小巷偷偷打听民众对他的评价,凡是说他不好的,一律以反叛罪或诽谤罪惩处,一时之间,人心惶惶,百姓闭口不谈君王,只好在街上以眼神示意,这就是"道路以目"的由来。

回到单词 mute 上来,我将这个单词分为两个部分,第一个部分是 mu,第二个部分是 te。我使用汉语拼音的方法分别将 mu 与 te 拼成"目"与"忐",这个单词就转变为了"目忐","目"就是眼睛,"忐"就是忐忑不安的意思。"目忐"的意思即"心中惶恐不安,只好用眼神示意",这就与"道路以目"的意思相对应了。百姓始终缄默不语,只能用眼神示意,这与 mute 的意思"沉默的,不出声的"也是相吻合的。在讲到 mutiny 之前,我引用《道德经》中这样一句话:"其安易持,其未兆易谋。其脆易泮,其微易散。为之于未有,治之于未乱。合抱之木,生于毫末;九层之台,起于累土。"为什么要讲《道德经》中的这句话,是因为从这里可以看出防微杜渐要从一点一滴开始留意,任何的巨大能量都是从小开始积累的,道家的这种主张也与哲学的"量变引起质变"相近。因此,我在记忆 mutiny 这个单词的时候,建立在之前 mute 的基础上,着重记忆 tiny,它是一个常见词,意思是"小的,微小的"。刚才讲到了周厉王的"道路以目"的故事,事情的结果就是周厉王倒行逆施,终换来了百姓的揭竿而起。周厉王的统治如山崩地裂,因为他派去镇压的士兵中有大量来自平民阶层的子弟兵,这些士兵原本吃着周厉王给的俸禄,也倒戈一击,反叛周厉王。就像 tiny 所表达的"小"的意思一样,"为之于未有,治之于未乱。合抱之木,生于毫末;九层之台,起于累土"。周厉王的统治在士兵的哗变中,将攻击的矛头转向了他自己,而这也和 mutiny 这个单词的意思一样,涓涓细流,终成排山倒海之势,推倒了残暴的君主。"国人暴动"的典故就是在这样的背景下,百姓与人民子弟兵共同汇聚成了强大的力量,产生了民变。最后,来讲 muzzle 这个词,我使用英语的拼读法拼读出这个单词后,根据它的发音,发现它与汉语的"骂走"发音相近。公元前 841 年,经历了种种倒行逆施的周厉王被国人驱赶到了汾水之旁,周厉王逃跑后,周定公与召穆公共同执掌朝政,史称"共和行政"。周厉王视百姓为刍狗,百姓对其口碑极差,随后他在百姓的声讨中丢了王位。大家看 muzzle 这个单词的意思,它虽然有很多的意思,但是都是以"压制、钳制(言论),使缄默"为基础而展开的,这就像周厉王的故事一样。这种"使缄默"与"骂走"是一种因果关系,从而拼读出 muzzle 的发音后,便可以想到这个意思,实现了单词从音到义的联系,十分好记。

参考文献

[1] 石飞.论中国古代的结婚制度[D].重庆:西南政法大学,2013.

[2] 王溥.唐会要·第八十五章·卷八十三[M].北京:中华书局,2017.

[3] 薛居正,卢多逊,扈蒙,等.旧五代史·后晋·高祖纪一[M].北京:中华书局,2016.

[4] 赵晔.吴越春秋[M].崔冶,译注.北京:中华书局,2019.

[5] 刘精义.明代统治者的殉葬制度[J].史学月刊,1983(04):44 - 47.

[6] 兰殿君.野蛮的殉葬制度[J].文史天地.2008(06):49 - 55.

[7] 宋祁,欧阳修,范镇,等.新唐书·列传第八[M].北京:中华书局,1975.

[8] 司马光.资治通鉴·唐纪二十六[M].沈志华,张宏儒,主编.北京:中华书局,2019.

［9］司马光.资治通鉴·唐纪二十六［M］.沈志华,张宏儒,主编.北京：中华书局,2019.

［10］赵尔巽.清史稿·列传一·后妃［M］.北京：中华书局,2020.

［11］徐尚定.康熙起居注［M］.上海：东方出版社,2014.

［12］司马迁.史记·大宛列传［M］.杨燕起,译注.长沙：岳麓书社,2021.

［13］班固.汉书·张骞李广利传［M］.北京：中华书局,2016.

［14］司马迁.史记·廉颇蔺相如列传［M］.杨燕起,译注.长沙：岳麓书社,2021.

［15］施耐庵,罗贯中.水浒传［M］.北京：人民文学出版社,2004.

［16］观察者网.7.6亿！莫奈《干草堆》创印象派画作拍卖纪录［EB/OL］.［2019-05-16］.https：//baijiahao.baidu.com/s?id=1633673313983569621&wfr=spider&for=pc.

［17］郭晔旻.原产西亚 后来居上 小麦如何成为中国人的主食？［J］.国家人文历史,2018(04)：36-41.

［18］李昉,扈蒙,李穆,等.太平广记·卷二百四十三·治生［M］.北京：中华书局,2021.

［19］李延寿.北史·卷十四·列传第二［M］.北京：中华书局,2013.

［20］李昉,扈蒙,李穆,等.太平广记·卷第二百六·书一［M］.北京：中华书局,2021.

［21］吴声石.蔡襄与洛阳桥［J］.莆田高等专科学校学报,2001(02)：78-81.

［22］侯珊艳.“头悬梁”典故源流研究［J］.青年文学家,2015(24)：40-41.

［23］刘向.战国策［M］.缪文远,缪伟,罗永莲,译注.北京：中华书局,2012.

［24］刘歆.西京杂记［M］.刘洪妹,译注.北京：中华书局,2022.

［25］房玄龄.晋书·列传第五十三·车胤传［M］.北京：中华书局,2015.

［26］徐坚.初学记·卷二·天部下［M］.北京：中华书局,2004.

［27］半文.查理·卓别林轶事［J］.世界文化,2020(04)：62-64.

［28］司马迁.史记·宋微子世家［M］.杨燕起,译注.长沙：岳麓书社,2021.

［29］班固.汉书·卷九十三·佞幸传［M］.北京：中华书局,2016.

［30］刘昫.旧唐书·列传第四十六［M］.北京：中华书局,1975.

［31］范晔.后汉书·皇甫嵩朱俊列传［M］.李贤,注.北京：中华书局,2012.

［32］陈寿.三国志·魏书·王毌丘诸葛邓钟传［M］.裴松之,注.上海：上海古籍出版社,2021.

［33］刘义庆.世说新语·言语篇［M］.宁稼雨,译注.合肥：安徽文艺出版社,2021.

［34］王西明.清朝文字狱中的避讳研究［D］.济南：山东大学,2015.

［35］胡宏文."傻瓜"不是"瓜"［J］.高中生,2014(31)：52.

［36］白寿彝.中国通史(第二版)［M］.上海：上海人民出版社,2015.

［37］张廷玉.明史·列传·卷一百七十六·徐渭传［M］.北京：中华书局,2015.

［38］刘义庆.世说新语·言语篇［M］.宁稼雨,译注.合肥：安徽文艺出版社,2021.

［39］范晔.后汉书·杨震列传［M］.李贤,注.北京：中华书局,2012.

［40］刘义庆.世说新语·言语篇［M］.宁稼雨,译注.合肥：安徽文艺出版社,2021.

［41］刘义庆.世说新语·言语篇［M］.宁稼雨,译注.合肥：安徽文艺出版社,2021.

［42］司马迁.史记·吴王濞列传［M］.杨燕起,译注.长沙：岳麓书社,2021.

［43］司马迁.史记·周本纪［M］.杨燕起,译注.长沙：岳麓书社,2021.

【篇七

N

O

W】

莫愁前路无知己，天下谁人不识君。

［唐］高适《别董大》

nadir

n.

最糟糕的时刻；最低点

汉语中有这样一个成语叫"秦晋之好"，意思是秦国与晋国两国之间通过联姻的方式来结盟，相互示好。秦国有这样一位国君，他在位期间，任用百里奚等人为谋臣，励精图治，灭亡了梁国、芮国、滑国等小国，因此获得了"春秋五霸"之一的称号。他还帮助了自己的女婿回国继位，但是就在他踌躇满志地派兵攻打中原之时，他的这位女婿彼时已死，女婿与其他姬妾生的儿子却发动了"崤之战"与"彭衙之战"让他惨败，秦军的东出之路由此被"堵死"。他便转而向西发展，逐渐灭掉了一些戎狄国家，开辟国土千里，周天子将他任命为"西方诸侯之伯"，他对古代西部少数民族的融合作出了一定的贡献。这位秦国的国君就是秦穆公，他的女婿就是晋文公重耳，而重耳的姐姐又嫁给了秦穆公生下了秦康公。因此，重耳与秦康公是舅甥关系，这也足可见"秦晋之好"结成的姻亲关系是多么稳固。而让秦穆公吃了"崤之战"与"彭衙之战"败仗的人是将晋国霸权再次推向高峰的重耳的另一个儿子晋襄公。但是作为一个政治家，秦穆公对与自己"沾亲"的晋国也并不是无所图。晋文公重耳死后，秦穆公三十三年（前 627）[1]，秦穆公趁机偷袭郑国，又灭掉了滑国。晋国当时正处于国丧中，晋襄公知道后大怒，就派兵设伏于崤山。秦军进入崤山的埋伏圈后，全军覆没，主将孟明视、西乞术、白乙丙三人被俘，秦军遭到前所未有的失败。随后，秦穆公为一雪崤山战役之耻，便发动对晋国的袭击，双方在彭衙展开决斗，晋军的攻势异常猛烈，秦军阵脚大乱，大败而归。晋襄公又联合宋、陈、郑国再度攻秦，相继攻克秦国彭衙等地。从此，秦穆公的东出之路被迫搁置。

回到这个单词,我使用英语的拼读法拼读出这个单词后,发现它的发音与汉语的"内弟儿"相近,在中国文化中,丈夫常常称呼自己的妻子为"内人","内弟"指的便是小舅子,"内弟儿"可理解为"小舅子的儿子"。在这个故事中,秦穆公的小舅子就是晋文公重耳,所以重耳的儿子晋襄公就是本单词的谐音"内弟儿",正是他发动的"崤之战"与"彭衙之战"让秦穆公的"事业"跌至最低点,东出之路在这个时期已无可能实现,这对于具有雄才大略与大抱负的秦穆公而言,堪称"滑铁卢"。也正如 nadir 这个单词的意思一样,"最糟糕的时刻"也许就如秦穆公接连打了两场败仗一样,令他"心情十分复杂"。因此,这样的谐音与单词的意思之间实现了比较好的音与义的联系,十分好记。

nausea

n.

恶心;作呕;反胃

这个单词是一个比较好记的词。说起赤壁之战,几乎无人不晓,它是东汉末年孙权、刘备与北方枭雄曹操的一次"水面对决",但结果是孙刘联军大胜曹军,创下了中国古代以弱胜强的一次著名战役。建安十三年(208),曹操率二十万大军顺江而下,当时有人劝阻曹操,交战时节正值严寒,将士们大多是北方人,此时在南方作战恐怕会让士兵们水土不服。曹操不听,执意南下。十二月,周瑜与程普操练水兵有素,孙刘联军行至赤壁,忽然见到正在渡江的曹军。当时,曹军的士兵们水土不服,身染疫病,一个一个的情绪低迷,饱受腹泻与恶心的折磨,仓促之间,周瑜的水军就把曹军收拾了一通,曹操只好带

兵上岸与其陆军会合,曹军的战船都停靠在了乌林一侧。周瑜将自己的战船停在南岸,两军隔江对峙。曹操打算"汲取"经验教训,为了让自己的北方军士习惯水上作战,他就命将士们把战船首尾连接,就如履平地了。黄盖得知消息后,便建议周瑜使用火攻击败曹军,周瑜认为可行,便派出黄盖诈降。周瑜挑选战船数艘,上装枯柴与干草,再浇上火油,外边裹上帆布,让帆船驶向曹军。当时,东南风吹得猛烈,曹军的战船遇上这些烫手的"山芋",几乎是把自己烧得片甲不留,连陆地上的营寨也被大火烧毁,曹军大败。[2]

回到这个单词,我将这个单词分为两个部分,第一个部分是 nau,第二个部分是 sea。其中,第一个部分 nau 在本单词中的发音与汉语"闹"相近,而 sea 是单词"海",因此这个单词可以被解释为"闹海"。"闹海"在这个故事中有两种解释,第一是"在海上闹肚子",第二是"两方在海上闹架"。因为江河湖海都与"水"有关,所以我将赤壁之战背景下发生的水战也视为"海"。在第一种解释下,曹军因为将士们大多是北方士兵,又在冬季发动战争,所以他们在赤壁之战中闹肚子,呕吐;在第二种解释下,曹军与孙刘联军在赤壁举行大规模的战役,这种作战就是"闹架""干仗"。因此,采用"闹海"这样的谐音比较好地说明了 nausea 这个单词的"恶心,作呕,反胃"的意思,十分贴切地表现出曹军的狼狈与水土不服,十分好记。

neat

adj.

整齐的;有序的;有条理的;整洁的

在《庄子》[3]中有这样一个故事,讲的是庖丁解牛。庖丁为文惠君解牛,运用厨刀非常娴熟,刺入牛的身体,骨与肉随即分离,牛的筋骨与皮肉不粘不连,庖丁的刀竟无一点用旧的痕迹。在场的人十分惊讶,纷纷赞叹庖丁的技艺,庖丁向大家解释道:"我做事喜欢研究事物的规律,刚开始宰牛的时候,我不了解牛的身体构造,我能看见的只是它庞大的身躯。但我在三年的宰牛经历里,仔细研究了牛的身体后,我就对它的结构完全了解了。现在,我只需要用自己的心去感触,而不是用眼睛去看它就能把牛熟练地肢解。"庖丁说自己宰牛用的刀已经十九年没有换过了,但是刀口依然像刚磨的那样锋利。

　　回到这个单词,我将这个单词分为两个部分来记忆,第一个部分是单词的首字母 n,第二个部分是 eat。我将字母 n 作为汉语"牛"的拼音首字母,而 eat 是单词"吃"。因此,这个单词可以被转换为"吃牛",我便由此想到了"庖丁解牛"这个成语。通过庖丁解牛的故事,人们可以看见规律对于研究事物的本质是十分重要的,通过摸索、研究、分析事物的规律,人们便可以对事物的本质有所了解,从而做事得心应手,游刃有余。正如 neat 这个单词的意思一样,它表达的是"整齐有序与有条理的"意思,这就和庖丁解牛是一样的,使用有条理的方法分割牛的躯体,有序地处理牛身体的不同部位,做事有条不紊,十分清晰。因此,采用这样的谐音比较好地实现了单词音与义的联系,十分好记。

negate

v.

取消;使无效

　　大诗人李白有这样一句名句,"抽刀断水水更流,举杯消愁愁更愁"。李白的诗我读过很多,非常欣赏他作为"诗仙"所具有的才华。李白似乎很喜欢出游,开元十二年(724),二十几岁的李白离开故乡踏上远游的路途,李白去过很多地方,成都、峨眉山、扬州、汝州、安陆等,这也为他创作的诗歌注入了一种"仙气",这种飘逸与浪漫是我在别的诗人那里读不出的感觉。但是,随着我对李白经历的逐渐了解,有一个问题出现在了我的心中,那就是"为什么李白不去考科举,然后做个官,光耀门楣呢"? 这一查,原来对于李白而言,他几乎不太可能参加当时的科举考试,因为,他"条件不符"。唐代的科举考试主要有三种:生徒、乡贡与制举。生徒,指官办学校的学生,招收的大多是官员子弟;乡贡,是民间学校的学生,主要招收乡邻保举、推荐的,经过地方行政长官验证身份族谱的平民学子;制举,是皇帝有时为挑选专门的特殊人才而偶尔举行的考试。在唐代,因为重农抑商的政策,只有"士"与"农"的子弟可以参加科举,商人的后代是不被允许参加科举考试的。除此之外,一些受过刑罚的罪犯及其后代同样不被允许参加科举。李白的家世比较特殊,学术界目前这样认为,李白的先辈在隋代末年迁往西域,而且一直隐姓埋名,什么原因却没有记载。直到唐中宗神龙元年(705)李白五岁那一年,他的父亲才率领全家来到蜀中绵州昌隆县南青莲乡(一作清廉乡)定居。李白的父亲是一个神秘的人物,他的真正名字史籍没有记载,只知道他到蜀中后才恢复姓李。因为是逃亡到异乡客地,蜀中的人就称他为李客。李白在同辈中排行十二,这说明李客从西域带至蜀中的是一个大家庭。[4]在很多的学术论证中,"逃归于蜀"是对李白家族出现较多的评价,也就是说,连李白自己也说不清楚祖上的姓名,他的父亲与祖父都在"户口簿"上查不出具体的姓名,因为他的家族是回迁的"偷渡客",对于普通百姓很容易拿得出手的家族谱牒而言,李白实际上就是"黑户"。如此,他既不是官员后代,也无法证明自己是"良家子"的后代,皇帝的"开恩取士"不知道何时能轮得上他,基本上,他和科举是无缘的。由此,这道科举的大门狠狠地将李白拒之门外。

回到这个单词,我将它分为两个部分来记忆,第一个部分是 ne,第二个部分是 gate。其中,第一个部分 ne 在单词中的发音与汉语的"你"相近,而 gate 的意思是"大门,门口"。这个单词由此可以被转换为"你在大门口",换句话来讲,就是"拒之门外"。从李白的生平经历来看,他显然是一个被当时的科举"拒之门外"的人,因为他的"不具资格"让他没有可能参加科举考试。正如 negate 的意思一样,"取消,使无效",当一个人被某种条件拒之门外时,他的才华、他的努力、他的付出以及与此相关的他具有的成就便都会被这种条件宣布"无效"。可以说,这样的谐音与单词的意思是很贴切的,李白的经历也足以阐释 negate 的单词意思。

nepotism

n.

裙带关系;任人唯亲

中国历史上有这样一位皇后,她的夫君是他的亲舅舅,并且她嫁给她舅舅时只有十一岁,这样一来,她的夫君的母亲既是她的外祖母,也是她的婆婆,而成就这段姻缘的人,就是西汉时期著名的太后吕雉。吕雉为汉高祖刘邦生下了一儿一女,女儿是鲁元公主,嫁给了开国功臣张耳的儿子张敖,生下女儿张嫣;儿子是汉惠帝刘盈,在目睹了年轻貌美的戚夫人变成"人彘"后,对母亲吕雉十分惧怕与失望,随后开始沉迷酒色,年纪很轻就薨逝了。汉惠帝死后,公元前 188 年,朝政大权逐渐落入了吕后的手中,她立惠帝的幼子刘恭为皇帝,自己却代替天子行使皇权。为了稳固自己的地位,吕雉大肆分封自己的娘家亲眷,此后,分封"诸吕"的"潘多拉盒子"便一发不可收拾。

吕雉将侄子吕台封为吕王,吕产封为梁王,吕禄为赵王;侄孙吕通为燕王;封外甥吕平为扶柳侯,封妹妹吕媭为临光侯。[5]吕雉先后将自己家族中十几人封为王或侯,还让子侄辈与刘氏皇族结亲,吕氏家族权倾朝野,风光无限。公元前180年,吕雉病重,仍然放不下对权力的眷恋,让侄子吕禄官拜上将军,统领军队,随后,炙手可热的"权力达人"吕雉病亡逝世,与高祖合葬长陵。其后,吕氏外戚集团与刘氏皇族展开了激烈的权力争夺,秉承高祖"异姓不得封王"的祖训,开国功臣陈平、周勃等人率领刘氏皇族诛杀诸吕,最终赢得了胜利,吕氏势力被诛杀殆尽。

回到这个单词,首先需要说明的是,单词的末尾部分 ism 往往作为名词的后缀,又因为它与其前的字母 t 构成了一个完整的音节,所以这部分不是我记忆的重点。接下来,我使用英语的拼读法拼读出这个单词后,发现单词的 nepo 部分与汉语的"奶婆"发音相近,我便由此想到了汉惠帝的皇后张嫣与吕雉。张嫣是吕雉的外孙女,实际上就是与奶奶一样的血亲关系;而张嫣又被吕雉嫁与儿子汉惠帝,所以从礼法上来讲,吕雉又是张嫣的婆婆。吕雉分封诸吕的行径,是典型的任人唯亲,许多吕氏家族的子孙凭借着与吕雉的关系轻松地获得封赏与官位,这种裙带关系是非常显著的。因此,由"奶婆"这个谐音想到张嫣与吕雉,继而想到吕雉的任人唯亲,这与单词的意思十分匹配,记忆的效果也十分好。

nexus

n.

(错综复杂的)关系,联结,联系

"接下来就轮到我们家了。"这是多年前一部经典的电视剧《汉武大帝》

中田蚡说的话。他为什么要说这样的话呢？这还得从一段错综复杂的关系讲起。汉武帝的母亲王娡[6]的身世比较特殊，王娡的母亲名叫臧儿，当时项羽在分封十八路诸侯王的时候，就分封过一个燕王，叫臧荼，而臧儿就是臧荼的亲孙女。后来，臧儿长大，家道早已衰落，臧儿就嫁给了平民百姓，生下了女儿王娡。可惜王娡的父亲死得早，一个女人带着几个孩子不容易，臧儿就带着孩子们改嫁给田氏，生下了田蚡。汉代对女子的礼法束缚还是相对较轻的，王娡在入宫前曾经嫁过人，嫁给了农户金王孙，还生下了一个女儿。有一次，臧儿找来相士给子女相面，相士看着王娡讲道："你是大富大贵的长相，日后会生下天子。"臧儿大喜，竟不顾当时女儿已经身为人妇，强行把王娡送入当时还是太子的刘启府上。刘启很喜欢王娡，后来刘启登基，是为汉景帝，王娡也被封为王夫人，生下了三女一男，其中唯一的儿子就是汉武帝刘彻，田蚡也因此可以经常出入宫闱，常陪着姐姐王夫人说话。汉武帝的祖母是窦太后，窦太后堂兄的儿子便是窦婴[7]。窦婴非常受汉景帝器重，这主要是因为平定七国之乱时，窦婴出了"大力"，因功被封为了魏其侯，汉景帝还让窦婴担任当时的太子刘荣的老师。从关系上来讲，刘彻应该称呼窦婴为表叔，但是显然，刘荣与窦婴的关系更为亲近。汉武帝的母亲是一个心思缜密的人，当时还怀着武帝的时候，就告诉汉景帝，她做梦梦见一轮红日入其腹中。景帝大喜，觉得这个孩子肯定不一般，过不久，果然生下男婴。田蚡整日游走于宫廷之间，虽然相貌丑陋，但是十分伶牙俐齿，窦婴正值盛宠时，田蚡经常去窦婴家，对窦婴毕恭毕敬。后来，汉景帝几乎是以"迅雷不及掩耳之势"废掉太子刘荣让王娡的儿子当上了太子，形势产生了些许变化。一方面，这给了田蚡以及王氏外戚家族一个可以"挺胸抬头"说话的底气；另一方面，窦婴，作为曾经的废太子的老师，多少让田蚡等新太子的拥立者看不顺眼。公元前141年，刘彻最终顺利地继位了，之后刘彻的舅舅田蚡被封为武安侯,官拜太尉,后升任丞相,地位十分显赫。建元六年,汉武帝的祖母太皇太后窦氏去世,由此,汉武帝的母亲王太后以及田蚡家族在宫中再无顾忌。窦婴在姑妈太皇太后去世后便失去倚靠,整日与好友灌夫在一起饮酒,闷闷不乐。此时的田蚡十分骄狂,很多人巴结讨好他,而窦婴门前却门可罗雀。一日,田蚡派家丁堂而皇之地向窦婴索地,说他看上了窦婴在城南的良田,窦婴大怒,觉得田蚡欺人太甚,二人之间的矛盾已不可调和。随后,灌夫在田蚡的酒席上对田蚡语出不逊,田蚡便将灌夫处以死刑,还将其家族一同诛杀,窦婴觉得仿佛看见了当年吕后及其外戚的"影子",便拿出汉景帝的遗诏请求武帝处置。这份诏书写着"事有不便,以便宜论上",但是经查验,该诏书在宫中竟无副本,汉武帝于是以"伪造诏书罪"处死窦婴。田蚡在听闻灌夫、窦婴的死讯后,悔恨自己因为一些小事竟搞得别人家破人亡,横尸街头,十分害怕,他知道英明果敢的汉武帝不会放过自己,更不会放过他们这帮外戚,这才有了电视剧中田丞相的经典台词,"接下来就轮到我们家了"。

回到这个单词,我将它分为两个部分来记忆。第一个部分是 nex,第二个部分是 us。大家看,我将 nex 增加一个字母 t,它就会变成单词 next,"下一个";而 us 是"我们"的宾格形式。由此,这个单词可以被解释为"下一个我们",我便想到了田蚡的"接下来就轮到我们家了"这句话,想到了田蚡与其同母姐王娡,以及当时围绕他们的一段错综复杂的关系。从血缘关系上来讲,刘彻应该称呼窦婴为表叔,而田蚡又是汉武帝的舅舅,汉武帝的母亲在入宫前还嫁过人生过孩子,窦婴起先又是废太子的老师,从这个层面上来讲,窦婴与汉武帝存在着博弈的关系,因为汉武帝是窦婴自己学生的一个"威胁",威胁着当时的太子的顺利继位以及太子继位后对他皇权的争夺。古往今来,太子的老师都是太子最为倚赖的一支重要力量,汉景帝刘启的老师晁错就是这样的例子。但是，毋庸置疑的是，田蚡肯定是站在刘彻这一方的。伴随着刘彻登基为皇帝，形势就发生了些许变化，一方面刘彻要倚靠自己的舅舅田蚡等一众外戚，另一方面随着武帝对权力的掌握愈发成熟，运筹帷幄，田蚡等人就会成为武帝打击的对象，窦婴这样的外戚也不例外。因此，这段关系可以说是错综复杂的，也正如单词 nexus 的意思一样，"接下来就轮到我们家了"巧妙地阐释了单词的意思，可以说是非常贴切的。

niche

n.

舒适或称心的工作（或生活等）；（产品的）商机；市场定位

汉语中有这样一个成语叫"胯下之辱"，还有一个典故叫"成也萧何，败也萧何"，它们的主人公皆指向一个人，他就是汉朝开国功臣，有着"国士无双"称呼的韩信[8]。早年间的韩信身无分文，常常靠着别人的施舍勉强糊口。一日，有个年轻人公然侮辱韩信，说韩信长得人高马大的，还喜欢佩带刀剑，但是却只是个胆小鬼，说罢，就让韩信从他的胯下钻过，韩信只好照做，满大街的人都嘲笑他。秦朝末年，战乱不断，韩信一开始投入项羽的阵营，但项羽并不怎么赏识他，韩信便离楚归汉。当时的韩信人微言轻，刘邦并不怎么知道有韩信这样的人存在，但韩信却与萧何十分谈得来，萧何十分看重韩信的才华。刘邦一路带兵打仗，从长安到南郑的路上有多名将领逃亡，韩信久久不见自己被刘邦重用，也弃之而去。萧何听说后，赶忙亲自去追，还被刘邦误解以为他也要"跑路"。萧何回来后，先是向刘邦请罪，接着便说出自己的缘由，刘邦听说自己的能臣竟然要追一个籍籍无名的人后，便

对韩信重视起来。萧何建议刘邦挑选一个黄道吉日，事先斋戒一下，再筑起一座高坛，以一个十分庄重的形式让韩信感到被重视，这样，韩信就可以诚心地肝脑涂地了。刘邦照做，韩信拜将后，果然建下奇功。

回到这个单词，我使用英语的拼读法拼读出这个单词后，发现它与汉语的"逆势"发音相近，由此我想到了"胯下之辱"，想到了韩信。韩信早年间的经历确实对于他而言是一种逆境，他在项羽与刘邦的麾下并不能让他们看到自己的才能，而只能做一些微不足道的小事以度日。没有人会想到，一个如此不起眼的"小人物"竟有如此大的志向。韩信因其才华被后世誉为"兵权谋家"的代表人物，也常被人誉为"兵仙"与"神帅"，他的"明修栈道，暗度陈仓"成为"兵者，诡道也"的经典，为后世留下了许多佳话。韩信在经历过自己人生的逆势后，最终称心如意地被刘邦封为大将，他得以一展抱负与才华，实现了自己的价值。正如 niche 这个单词的意思一样，无论是第一个意思"舒适或称心的工作（或生活）"还是"商机"，皆表达出韩信为自己谋得了一个他想要的前程，迎来了自己的机遇这种意思。因此，使用"逆势"这样的谐音，说出了韩信早年间的窘迫，更让人看见他日后的辉煌，这样的音与义的结合是十分恰当的。

nobble

v.

买通；阻挠，使遭受挫折；（尤指有违其意愿）抓住，引起注意

接下来要讲的故事与西汉时期著名的汉景帝的同母弟梁王刘武[9]有关。汉景帝的母亲窦太后一共有三个孩子，长女是馆陶长公主刘嫖，长子是

汉景帝刘启,小儿子是梁王刘武。俗话说,"打虎亲兄弟,上阵父子兵",公元前154年,吴、楚、齐等七国叛变朝廷,汉景帝真是愁得夜不能寐,茶饭不思,还斩杀了自己的老师晁错大夫来平息打着"清君侧"口号的诸侯王的愤怒,但是吴、楚等叛军还是杀死数万人直逼长安。作为汉景帝的亲弟弟,梁王自是杀敌于前,很快,吴、楚的叛军受阻于梁国,太尉周亚夫等汉景帝的心腹大臣率军终于围剿逆贼成功。汉景帝大喜,对一众功臣进行封赏,特别是对亲弟弟梁王恩宠有加,汉景帝将肥沃的土地北以泰山为界,西达当时的高阳城,足足四十余城全部赐给梁王。刘武自然也是颇为得意,本身作为母亲最宠爱的儿子就备受哥哥汉景帝的恩宠,现在又帮助哥哥清剿了叛军,更是功不可没,刘武就在自己的梁国内大建宫殿,府库的金钱、珠宝竟比京师还多,特别是,他还铸造了许多兵器,招揽了很多谋士。公元前151年,梁王刘武进长安城觐见汉景帝,汉景帝非常隆重地派出侍臣拿着天子的符节来迎接刘武,刘武进宫后,汉景帝更是批准了他待在长安以陪伴母亲窦太后的请求。人的欲望是会膨胀的,梁王刘武也不例外。但是,刘彻被立为了太子,彻底击碎了梁王夺储的美梦。因为在汉景帝决意废除前太子刘荣的储位之时不久,窦太后便想让小儿子刘武当太子,可是袁盎等大臣的反对让窦太后的这一动议被否,连窦太后的亲侄子窦婴都出面反对立梁王为储君,也因此,窦太后与窦婴之间有了嫌隙,梁王也对袁盎等大臣怀恨在心。"到嘴的鸭子飞走了",使梁王又气又恼,他梁王可咽不下这口气!回到自己的梁国后,刘武便和自己的谋士商量,打算"教训"一下朝中那几个"茅坑里的石头"。他的谋臣羊胜、公孙诡等人就暗中买通了一些"侠义之士",准备刺杀袁盎等人。一夜之间,长安城内包括袁盎在内的十几位大臣接连被暗杀,人心惶惶,汉景帝自然地怀疑到了刘武身上,就派人去梁国一问究竟。当时,羊胜与公孙诡等人就藏匿在梁王府中,见事情再也隐藏不住了,羊胜与公孙诡在辞别刘武后，自杀而亡。汉景帝由此对梁王心有芥蒂，再也不如从前一般对待他。刘武知道自己犯下了滔天大祸，就派出韩安国等人向馆陶长公主以及王皇后的哥哥"传话"，让他们为自己说说好话，此后，景帝对刘武的怒气稍微消减了一些。过了一段时间后，刘武上疏请求觐见，汉景帝准许，但是，朝中请求皇帝惩治梁王的声音未曾消退过。这日，当刘武的轿辇行至函谷关后，朝中的使节竟发现梁王不见踪影，消息传回宫中，窦太后哭得十分悲痛，责骂汉景帝，说是他杀了梁王。汉景帝自然是摸不着头脑，只好一个劲地催促人快去找梁王。一番"惊天动地"般的查找后，刘武背着刑具跪在宫门口向哥哥汉景帝请罪，窦太后与汉景帝喜不自胜，满朝文武只好闭口不谈处决梁王之事了。就这样，立储之事这一风波后，梁王就这样安享晚年，告病而终。

　　回到这个单词，我使用英语的拼读法拼读出这个单词后，发现它与汉语的"拿宝"发音相近，"宝"在古代有"金元宝""银元宝"等表示钱币的称谓，"拿宝"就是"拿出钱币"。为什么这样联系呢？首先，从这个故事来看，梁王对反对立他为储君的大臣怀恨在心，因为正是这些人的阻挠使他的希望破灭，这就如单词 nobble 的第二个意思一样，"阻挠，使遭受挫折"。其次，梁王因为咽不下这口气，便找人暗杀这些大臣，显然，是梁王用金子等财物买通了刺客，以让他们为自己达成杀人的目的，这就是 nobble 的第一个意思"买通"。最后，梁王在闯了大祸后，虽然得到了汉景帝的一些谅解，但是满朝的大臣却并不"买账"，大臣们随时会向皇帝"施压"，请求皇帝依法处理梁王。可以说，梁王是被大臣们"盯上"了，他也许并不害怕汉景帝，但是当群臣一齐向皇帝"发难"时，恐怕汉景帝想保他也保不住，毕竟，刘武犯的是众怒。这就是 nobble 的第三个意思"（有违其意愿）抓住，引起注意"。因此，这样的谐音比较完整地实现了单词音与义的联系，较好地解释了单词的各个意思，使用这个故事来阐释，也是比较说得通的。

nominal

adj.

名义上的，有名无实的

————————————————————————————————

　　司马衷是晋武帝司马炎的嫡次子，在他不到十岁的时候，被司马炎立为太子。司马衷的智商有一点问题，司马炎发现后便觉得祖宗江山不能托付于他，但是公正起见，司马炎出了几道题来考司马衷，命他三天后交卷。当时，司马衷已娶贾南风为太子妃，她就让很多饱学之士为司马衷写答案。看了答卷后，司马炎非常满意，认为儿子司马衷还是"可塑之才"，就没有废掉他的太子之位。后来，司马衷继位后，有一年发生旱灾，百姓只能吃树皮、草根等果腹，大臣将此情况奏报给了司马衷，司马衷先是眉头一紧，神情显得格外凝重，许久后，他说："百姓无粟米充饥，何不食肉糜？"[10] 文武百官心头一紧，既好气又好笑。

　　回到这个单词，首先需要说明的是，本单词的末尾部分 nal 常常可以作为形容词的后缀，因此这部分不是我记忆的重点。接下来，我使用英语的拼读法拼读出单词后，发现前部的 nomi 部分与汉语的"拿糜"相近，意即"把肉糜拿来"。由此，我想到了"何不食肉糜"的典故，想到了晋惠帝司马衷这个有名无实的君主。说起晋惠帝司马衷，他在位期间爆发了著名的"八王之乱"，为西晋王朝的衰败与灭亡埋下了伏笔。司马衷还是太子时，就娶了权臣贾充的女儿贾南风为妻，贾南风相貌十分丑陋，而且还善妒。晋惠帝继位后，贾南风与朝臣勾结，诛杀了当时的外戚杨氏集团，取得朝中大权。晋惠帝是一个比较懦弱而且无治国理政之才的傀儡皇帝,任由贾南风胡作非为,使她成为"八王之乱"的始作俑者。司马衷在一片乱世之中艰难苟活,终在洛阳显阳殿驾崩,死时年仅四十八岁。作为西晋王朝的傀儡皇帝,司马衷的一生是波折的,正如单词 nominal 的意思一样"有名无实的",这与司马衷的经历是十分符合的。因此,使用这样的记忆方法较好地实现了单词音与义的联系,十分好记。

nook

n.

僻静处;幽静的角落

历史上,一些激动人心时刻的到来显得尤为"惊天地,泣鬼神"。1964 年 10 月 16 日,我国自行制造的第一颗原子弹在西部某个僻静的地方被引爆,这标志着我国国防与科学技术取得的一次重大突破。它的引爆,使中国人民免受一些军事大国的核威胁,捍卫了新中国的国防力量,标志着中国的科学家有能力自行研制重要的先进武器。同时,这颗被引爆的原子弹的试验基地也进入人们的视野,它位于新疆罗布泊,永远被历史所铭记,向世人昭示它的扬我国威。

回到这个单词,不知道大家知不知道有这样一个单词叫 nuke,它经常出现在《经济学人》这样的刊物上,意思是"核武器,用核武器攻击"。我在看到 nook 的音标时,就想到了单词 nuke,因为它们的发音是很像的,接下去,我就想到了当时我国的原子弹的引爆地,它必然十分幽静。实际上,想到原子弹的引爆地,应该会很容易地想到它的选址肯定要处于人烟稀少又比较开阔的地带。这样一来,使用英语中发音相似的单词来作词义的类比、推敲，记忆起来比较简单。

notch

n. 等级；档次；位阶

v. 赢取，获得

　　"弑"的意思是指子杀父，臣杀君，这是一种"以下犯上"的不敬行为，是对古代社会中尊位、身份、秩序的挑战和践踏，更表达出古人对"犯上作乱"这种行为的鄙视与憎恶。古代有这样一位有名的"美食达人"，因为他的"嘴馋"，为后人带来了两个偏贬义的成语，"食指大动"与"染指于鼎"。《左传》[11]中记载了这样一个故事。一日，公子宋与子家一起去朝堂上觐见郑灵公，还没走到宫门口，公子宋的食指就开始抽动，公子宋便笑着对子家讲："今天又有好吃的了。"子家听得是一头雾水，不知道他说的是不是真的。果然，一入宫中，二人便瞅见厨子正在烹制一只楚国送给郑灵公的甲鱼，个头非常大，甲鱼十分新鲜，正巧郑灵公有意请大臣们一起尝尝。就座后，子家冲公子宋竖起大拇指，夸奖他真有先见之明，公子宋便洋洋得意起来。这一幕刚好被郑灵公瞧见，郑灵公觉得二人十分没规矩，询问子家缘由后，郑灵公就对公子宋颇感不悦了，觉得公子宋抢了自己的风头，尤其是他那"未卜先知"的食指，便越想越气。郑灵公命人在堂中烧制甲鱼，烹好后，自己一尝，味道果然鲜美，便下令给大臣们一人来一碗。郑灵公向侍从们使了个眼色，唯独没有给公子宋甲鱼汤，眼瞅着每个人吃得热火朝天，嘴上都是油，公子宋只好干坐着，十分尴尬。郑灵公边吃边笑，和大臣们夸奖这汤的味道，就在这时，公子宋再也忍不住了，怒火冲天地走到烹制甲鱼汤的鼎前，伸出

手指往鼎里蘸了一下，尝了尝味道后，大摇大摆地走了出去，连声招呼都没和郑灵公打，郑灵公大怒，觉得他一个臣子真是目中无人，杀意已起。故事到这里并没有结束，接下来，是这桩甲鱼汤引发的血案。公子宋自这件事后，便觉得郑灵公对自己十分"不友好"，他就找到了子家，和他商议说，干脆把郑灵公杀掉。子家听后十分害怕，但是也实在拗不过他，二人纠集一批敢死之士，闯进宫中，将郑灵公杀死。

回到这个单词，我使用英语的拼读法拼读出这个单词后，发现它的发音与汉语的"拿吃"相近，意即"拿来给我吃"。在这个故事中，公子宋与郑灵公的结怨是因为一碗甲鱼汤，席间，郑灵公为了泄愤，故意不给公子宋赐汤，导致嗜吃如命的公子宋在国君面前失仪，丝毫没有顾及郑灵公的脸面，这在郑灵公看来，是一种"以下犯上"。随后，公子宋一不做二不休，将郑灵公杀掉，臣子杀害国君，是弑君，是对主上的僭越。正如单词 notch 的意思一样，"等级，档次，位阶"，它表达的就是这种身份的差异，而公子宋没有恪守作为臣子的本分，因为主上"没拿来甲鱼汤给我吃"便僭越杀害国君。但是，公子宋还是胜利了，他在杀害郑灵公后，扶持了他的弟弟为王，是为郑襄公。而这，可以联想到 notch 的动词意思，"赢取，获得"。可以说，采用这个谐音比较好地实现了单词音与义之间的联系，十分好记。

notorious

adj.

声名狼藉的，臭名昭著的

———————————————————————————————————————

1938 年 11 月 9 日至 10 日凌晨，透亮的玻璃对光的反射将这个夜晚映照得十分显眼,这一夜,注定被历史铭记,并不是因为它的"美丽",相反,是因为它臭名昭著。"水晶之夜"指的是 1938 年 11 月 9 日至 10 日凌晨,纳粹党员与党卫队袭击德国全境的犹太人的事件,这被认为是德国纳粹党对犹太人有组织的屠杀的开始。[12] 1938 年,伴随着希特勒针对犹太人发动的一系列的仇恨演说,德国境内对犹太居民的憎恶达到制高点。10 月 28 日,很多德国犹太人在没有收到任何通知的情况下被德国政府驱逐到波兰,11 月时,一个犹太青年赫舍·格林斯潘因为不满其妹妹在被驱逐期间所遭受的可怕经历,他便使用手枪向德国驻巴黎大使馆秘书恩斯特·冯·拉特连开三枪,冯·拉特医治无效不幸死去,这件事成为引发"水晶之夜"的导火索。11 月 9 日晚,得知冯·拉特死亡的消息后,希特勒与戈培尔便决定怂恿其部队军士打扮成平民百姓对犹太居民的住宅、商铺、教堂等场所进行打砸,党卫军头目海德里希对破坏犹太居民财产这件事心知肚明,并命令手下可以大肆毁坏犹太人的财物。这一疯狂的夜晚使得犹太人的窗户、橱窗等玻璃制的物品被毁灭殆尽,因为玻璃在月光的照射下会散发出晶莹剔透的光芒,"水晶之夜"的名字由此而来。随后,德国纳粹就商讨出迫害犹太人,剥夺犹太人尊严与权利的各项法案,"水晶之夜"成为犹太人浩劫的开端。

回到这个单词,首先需要说明的是,单词末尾的 ous 部分常常可以作为形容词的后缀,所以它不是我记忆的重点。接下来,我使用了拆分法将单词的前部分进行重组,将其组成了两个部分。第一个部分是 on,第二个部分是 riot。on 是介词,它有一个比较常见的用法就是作为介词时会放在具体的日期前,表示时间,比如 11 月 9 日,就是 on ninth November。而 riot 也是常见单词,意思是"骚乱,暴乱",这就与"水晶之夜"发生的这场暴乱产生了联系。因此,这个单词在这样的拆分组合下,使用介词 on 表示事件发生的时间,随后的 riot 表示发生事件的性质,而"水晶之夜"作为臭名昭著的历史事件,也与 notorious 的意思是吻合的。因此,这实现了比较好的形与义、音与义的联系,十分好记。

noxious

adj.

有毒的,有害的

  氧气的英语是 oxygen,这是个比较常见的单词。如果没有氧气会发生什么呢? 在世界历史上有一场迄今为止最为严重的工业化学事故,就是印度博帕尔毒气泄漏案。当时设置于一处贫民窟的农药厂发生了氰化物的泄漏,直接致死人数 2.5 万,间接致死人数 55 万,永久性残废人数 20 多万。这是 20 世纪最可怕的一次有毒物质泄漏事故。[13] 当时这座农药厂散发的毒气使得很多在睡梦中的平民百姓于悄然间离世,有的人因为毒气弄瞎了眼睛。毒气产生于一种叫异氰酸甲酯的剧毒液体,它极易挥发,沸点也比较低,只要有极少量的气体存在于空气中便能引起人眼的疼痛。

  回到这个单词,首先单词的末尾部分 ous 作为形容词的后缀不是我记忆的重点,另外其前的字母 i 我也一并划入非重点记忆部分。接下来,我将前部的 nox 分为两个部分,一个部分是 no,一个部分是重合的字母 o 与 x,这有点像数学上的集合与元素。那么,no 是表达否定的"没有",而 ox 可以作为单词 oxygen(氧气)的前两个字母。也就是说,nox 可以被解释为"没有氧气"。从印度博帕尔毒气泄漏案来看,空气中充斥着毒气而没有氧气,有毒有害的气体便夺走了人们的生命。由此,noxious 的意思也就出来了,可以说，通过这样的拆分与重组来记忆这个单词的意思是十分恰当的，也比较好记。

obdurate

adj.

顽固的；固执的；执拗的

obstinate

adj.

顽固的；固执的；执拗的

在古代，有这样一位老母亲，她硬是凭借着自己固执的心意拆散了一对十分恩爱的夫妻，留下了可悲可叹的故事。这位老母亲，就是宋朝著名大诗人陆游的母亲。陆游出身于江南的名门望族，从其高祖直到父亲都身居朝廷要职，他的祖父陆佃更是师从王安石，官拜尚书右丞，著有《春秋后传》等书，陆游的家族是名副其实的书香门第。陆游在少时就迎娶了自己的第一任妻子唐琬。陆游与唐琬的感情非常好，二人堪称天造地设的一对。唐琬是官宦人家的小姐，并且是独生女，她自幼受到良好的教育，能与陆游切磋诗歌文学。唐琬的性情十分温婉可人，举手投足间散发出江南女子的慧心巧思与出尘脱俗的气质，陆游对此十分喜爱。二人洞房花烛后，陆游与唐琬更是如胶似漆，彼时的陆游连自己要参加科举考试以取得功名的抱负都抛置九霄云外了。渐渐地，陆游的母亲开始不满。唐琬性格活泼开朗，未出嫁时又是家中的独女，自然受到父母很多的宠爱，嫁进陆家后，颇有"新式妇女"的做派，这让固守封建伦理约束的陆母感到很不"舒服"，经常觉得唐琬对自己不敬。唐琬与陆游夫妻二人的感情十分美满，这让陆母不得不担心儿子为此耽误了学业，觉得唐琬用自己的"美色"不让自己的儿子"走正道"，心中逐渐嫌弃唐琬。一日，陆母走到城外的一处尼姑庵，便让尼姑给儿子、儿媳算上一卦。这一算可不得了，尼姑说，这夫妇二人八字不合，媳妇会误导儿子，儿子终将性命不保。陆母吓得脸色惨白，决意拆散这段姻缘。古时，父母在家中具有无上的权威，陆母便担任着这样的"封建大家长"角色，当她让儿子以一纸"休书"休掉唐琬时，陆游自是不愿意，可任凭陆游对母亲怎样保证，怎样哀求，这位固执的母亲都没有改变心意。唐琬就这样被赶回了娘家。可怜可叹，在这之后，陆母给儿子又娶了一房王氏，陆游一年后就有了自己的儿子，王氏也没有辜负陆母，在四年的时间里总共为陆游生了三个儿子。而唐琬被休之后，令父母颜面尽失，嫁与赵士程为妻，赵士程是皇族后裔，对唐琬还算不错。多少年后，恰逢礼部会试失利，陆游便去了沈园散心，走着走着，到了一幽静处，他居然遇到了唐琬。触目如故，以往的情谊就在四目相对间全然展现。陆游爱唐琬，即使自己又娶了别的女人，但他最放不下的依然是唐琬。唐琬也爱他，虽然赵士程对她很好，但是陆游始终是自己心中被剜去的那块"心头肉"。一时之间，二人语塞，随后二人分别在沈园的墙壁上题写的《钗头凤》为这段情思与不舍增添了令人无限怅惘的寄托。这就是这位固执的老母亲"棒打鸳鸯"的故事。

回到这个单词，obdurate 与 obstinate，我将这两个单词放在一起记忆，不单是因为它们的意思一样，主要是依据我使用的方法决定的。首先，因为它们都是以 ate 结尾的，又分别与其前的 r 与 n 构成了一个完整的音节，所以这部分不是我记忆的重点。其次，两个单词都有前缀 ob，于是，我将这部分排除，将记忆的重点分别放在 du 与 sti 上。随后，我将这两个部分重组为单词 dust，意思是"灰尘"。它的形容词是 dusty，而末尾 y 在音标中用 i 表示。因此，dusty 就是我用来记忆这两个单词的重组后的词，"布满灰尘的"。在汉语中，我们经常说"尘封往事"，这个"尘封"就像多年来未曾擦拭过的物品一样，是布满灰尘的。我在讲陆游与唐琬的故事时，用到了一个成语，"触目如故",这个"故"就是 dust，或者说是 dusty。陆游与唐琬爱而不得，这种悲剧是专横的陆母一手缔造的，她错误地以为唐琬会耽误自己儿子的前程，且她十分看不惯唐琬对待自己的方式，这一切使她气恼，终拆散了一桩美好的姻缘，导致陆唐二人在多年后的沈园重逢时，心中既燃起了往日的爱恋，又多了更深的惆怅。可见，固执的陆母是一位典型的恪守封建礼教又不近人情的专制家长，这也正如 obdurate 与 obstinate 的意思一样，用"固执的，顽固的"来形容陆母应该是非常合适的。两个单词采用重组后的单词来记忆，比较好地实现了单词音与义、形与义的联系，采用故事的方式来记忆，十分有效。

oblique

adj.

间接的；不直截了当的；拐弯抹角的

战国时期齐国有一位美男子，他比较"自恋"，一大早穿衣打扮准备上朝时，就接连问自己的妻子、姜室和门客："我美不美?"但是，他却是辅佐国君，令其欣然纳谏的智者，而不是"自恋狂"。有一篇著名的劝谏书，讲的就是这段故事，这篇劝谏书就是《邹忌讽齐王纳谏》。此文非常短，但是读来十分有趣。邹忌从自身经历得出结论：妻子因为爱自己说自己美，姜室因为怕自己也说自己美，门客因为不敢得罪自己便说自己很美，自己被这些假话所蒙蔽。那么，齐王作为一国之主，所受到的蒙蔽就更严重了。齐威王听完这段话后，当机立断："好。谁能当面指责我过错的，赏；上书指责我过错的，赏；在公开场合指责我过错的，赏。"很快，齐国的君主威名远慑，齐国强大起来了，让很多诸侯国争相看齐。

回到这个单词,我将这个单词分为两个部分来记忆,第一个部分是单词的开头 ob,第二个部分是 lique。在电竞比赛或是剧本游戏中有一个术语叫"OB",这个"OB"是单词 observer 的缩写,observer 的意思是"观察者","OB"在电竞比赛或剧本游戏中就是指"观察者视角"的玩家,即,自己并不参加游戏,但要"旁观"游戏。于是,我将单词的第一部分 ob 解释为"观察者"。邹忌作为齐国君主的大臣,齐国的大权是被君主掌握的,邹忌并不能越过齐君来治理国家,否则会被杀掉。因此,当他看见国君有做得不对的地方时,他只能以"观察者"身份审视国君的言行从而发挥自己作为臣子的劝谏的职责,这种"观察"显然是"旁观",是辅佐君主让他们广开言路从而治好天下的义务与要求。单词的第二部分 lique 在单词中的发音与汉语"立刻"相近,这与邹忌施用的巧妙方法让齐威王立即采取措施改正自己的不足是可以联系上的。齐威王在听了邹忌的话后,便下旨群臣劝谏,这是一种"立刻"的行为。《邹忌讽齐王纳谏》这篇文章之所以出名很大程度上是因为人们看见了邹忌的智慧,他使用了委婉的方法让齐王欣然接受建议,而不是采用生硬的、直截了当的"命令式"说辞让君主大感不悦,这就如 oblique 的意思一样,"间接的,不直截了当的,拐弯抹角的",用来形容邹忌的劝谏与说话方式是十分贴切的。因此,采用这样的方法来记忆比较好地实现了单词音与义的联系,十分好记。

obstreperous

adj.

喧闹的;桀骜不驯的;任性的

唐初有一位著名的宰相,他帮助李世民谋划"玄武门之变",与杜如晦并

称"房谋杜断",他就是房玄龄。令人匪夷所思的是,这位千古名相竟是一个"妻管严"。[14]房玄龄多年来只有一房妻室,也从未纳过妾。房玄龄的妻子卢氏虽然在夫君纳妾一事上不肯相让,但在生活上把房玄龄照顾得很好。一日,唐太宗宴请群臣,大臣们酒兴正浓时便开起了房玄龄的玩笑,唐太宗听得哈哈大笑,知道了房玄龄"惧内",就赏赐给他两个美女让他带回家。房玄龄害怕极了,但是这是"御赐"的,也不好回绝,还是硬着头皮带着美女们回了家。果然,一进家门,他的妻子就十分生气,还要打房玄龄。第二天,房玄龄只好将两个美女送出府。唐太宗知道后又好气又觉得有意思,就召他们夫妻二人进宫。卢氏知道自己闯了祸,见到唐太宗后就"蔫"了。唐太宗正襟危坐,言辞十分严肃,命人给卢氏一坛"毒酒",说:"既然夫人如此性烈,我也不追究你抗旨不尊之罪了,要不然你现在让两个美女被你夫君带走,要不然你就喝下它也免得嫉妒别人了。"房玄龄赶忙下跪求情,他知道自己的妻子一定会喝。可是,卢氏是不会看着自己的丈夫左拥右抱其他女子的,她二话不说,"咕嘟嘟"地喝了"毒酒"。卢氏在听到皇帝要为其丈夫纳妾时,竟然不顾生命危险喝下了"毒酒",这样的做法让身为一国之君的唐太宗都为之汗颜,更何况是一介书生房玄龄呢?[15]唐太宗看后笑了,让房玄龄纳妾一事只好作罢。当然,卢氏并没有中毒,坛子里装的其实只是醋,"醋坛子"一词也由此而来。

回到这个单词,首先需要说明的是,单词中的 ous 常常被作为形容词的后缀,它与其前的 r 构成了一个完整的音节,所以这部分不是我记忆的重点。接下来,我将这个单词分为两个部分来记忆。第一个部分是单词前部的 obs,第二个部分是 trepe。我将 obs 作为汉语"欧巴桑"的拼音首字母,"欧巴桑"是一个日文单词的谐音,原日文单词的主要意思是"中年妇女"。在这个故事中,"欧巴桑"可以指房玄龄的妻子卢氏。第二部分的 trepe 在单词中的发音与汉语的"拽婆"相近,"拽"是如今比较流行的日常口语,比如说一个人很"拽",就是指这个人很强势。而"婆"可以指"老婆"。这样,"拽婆"就可以解释为"很强势的老婆",在这里指的就是房夫人。这样一来,单词的两部分拼凑在一起就可以解释为"中年强势的妻子"。Obstreperous 的意思是"喧闹的;桀骜不驯的;任性的",从当时的时代背景来看,对古代的官员,尤其是像房玄龄这样的高官来说,纳妾是一件比较普遍的事,但是房夫人硬是把皇帝御赐的美女赶出家门,甚至不惜结束自己的性命也不让丈夫纳妾,这颇有点"桀骜不驯的,任性的"、强势的感觉。用这样的单词组合与谐音,可以让人想到房夫人与她的"醋坛子",这与单词的意思也比较相符。可以说,记忆的效果是比较好的。

obviate

v.

消除;排除;打消

在《三国演义》中有这样一个人,他被人称为"冢虎",善于隐忍,待时机成熟便力挽狂澜,坐享前人之果。他就是西晋王朝的实际奠基人,曹魏政权时期的能臣司马懿。司马懿与曹操之间是比较有故事的,建安六年(201)时,曹操听说司马懿的才干后,便想征召其在府上任职。司马家族是名门世族,久居河内郡,他的父亲司马防为京兆尹,生有司马懿等兄弟八人,因他们的字中都有一个"达"字,时人便称呼他们为"司马八达"。曹操的父亲曹嵩是东汉时期宦官曹腾的养子,从其出身来讲,司马懿是看不上曹操的。所以,曹操第一次征召司马懿并不顺利,司马懿谎称自己患了痛风起不来床,

曹操生性多疑，派人晚间查看，司马懿事先收到消息，这才躲了过去。[16]到了建安十三年(208)，曹操实在是爱才如命，便使用强制手段征辟司马懿为文学掾，并让他辅佐曹丕。曹操一开始对司马懿并不放心，觉得他有"鹰视狼顾"之相，但司马懿曾公开支持曹操称帝，还为曹操建言献策。司马懿在工作中更是小心翼翼，侍奉曹丕尽心尽力，曹操便逐渐消除了对司马懿的防备。一日，曹操做梦梦见"三马食槽"[17]，醒来后就颇为不悦，临终前不忘交代曹丕："司马懿非人臣也，必预汝家事。"所以，曹丕继位后，虽很信任司马懿，但始终没有将兵马大权交给司马懿，反倒是更为倚重曹氏宗亲，在托孤时，令司马懿与曹真共同辅佐魏明帝曹叡，想用曹真来节制司马懿。魏明帝继位后，司马懿屡建奇功，多次令诸葛亮的北伐无功而返，但曹爽排挤他，让他做了一个有名无实的太傅。正始十年，司马懿发动高平陵事变，曹爽被诛三族，五千余人被牵连。司马懿任用亲信，提拔能臣名士，曹魏政权便落入司马氏一族手中。

　　回到这个单词，首先需要说明的是单词末尾的 ate 部分常常用来作动词的后缀，所以这部分不是我记忆的重点。接下来，我利用了一个形容词来记忆这个单词的意思。单词的前部分 obvi 很容易让人联想到一个用得很频繁的形容词 obvious，意为"明显的"。也就是说，把词末的 ous 去掉，就是 obviate 中的 obvi。从司马懿的故事中可以看出司马懿确实很聪明，他之所以号称"冢虎"主要在于他的隐忍不发。曹操是一个眼里揉不得沙子的人，他对待会威胁到自己的人时，一向不会心慈手软。他看出来司马懿有着"鹰视狼顾"之相，但是司马懿却表现出兢兢业业、一丝不苟的态度，还支持他称帝。正是这种"明显的"以安曹操心的谨慎与识趣，让司马懿躲过了杀身之祸，他消除了曹操想杀他的心思。Obvious 的意思是"明显的"，就是看得见、摸得着的客观实在，司马懿在曹操面前的表现正是这种明显的逢迎。所谓"识时务者为俊杰",就是指司马懿这种不轻易露出锋芒,懂得厚积薄发、审时度势的人。因此,使用 obvious 这个形容词来记忆,既可以与 obviate 产生"形"上的相似,也可以透过这个故事来记住其意思,这是比较说得通的。

odious

adj.

令人作呕的;令人讨厌的;可憎的

南北朝时期北齐有一位著名的大臣,他位极人臣,炙手可热,每天往来于其家送礼的、说好话的人络绎不绝,他锦衣玉食,生活优渥,生杀予夺全由他一句话。但是,就是这样的一个人,居然亲口喝下了"黄龙汤",令人捧腹,他就是我的单词的主人公和士开[18]。和士开的祖先是西域胡人,他的家族本姓素和氏,因为要来中原做生意,就改为了和氏。传至和士开的父亲这一代,其父和安就很会察言观色,很会讨好别人,和士开比起父亲更是能说会道,很快就得到武成帝高湛的赏识。和士开后来迎立后主高纬登基,一时之间,权倾天下,但是,他却引诱高纬荒淫享乐,北齐的宿敌北周便蠢蠢欲动起来。一日,和士开得了伤寒,病得很厉害,大夫就建议他喝点"黄龙汤",这汤实际上就是人的大小便,和士开一听自然不愿意。当时,有个溜须拍马的人为了巴结和士开,硬是从厕所里舀出一碗粪水,他对和士开说:"我先为您尝尝。"说罢,一饮而下,和士开见状,也就勉强喝了下去。一时之间,成为笑谈,足见和士开的权力之盛。

回到这个单词,首先需要说明的是,单词末尾部分的 ous 不是我记忆的重点,因为它经常可以作为形容词的后缀,并无太大意思。接下来,我将单词的前部 odi 部分使用英语的拼读法拼读出后,发现它与"呕地"相近。"呕"就是呕吐,"呕地"就是"呕吐到地上"。在这个故事当中,和士开居然喝下了人的粪水,这实在是令人作呕,难免不让人想到会呕吐到地上。因此,我使用这样的谐音来记忆单词的意思,比较好地诠释了 odious 的意思,十分好记。

offhand

adj.

漫不经心的;不在乎的;敷衍的

在中国古代有这样一位"艺术家型"皇帝,他在艺术上的造诣十分深厚,为中国古典美学增添了许多审美趣味,他自创的瘦金体令人叹为观止,他的花鸟山水画被后世视为国宝级文物,他掌政时期下翰林图画院培养了很多书画人才,他为中国艺术的成就增添了自己旷世无双的贡献,但是,他对艺术的这种钟爱却引起百姓的极大不满,他命人采办"花石纲"让百姓苦不堪言,他就是宋朝第八位皇帝,宋徽宗赵佶。"花石纲"是为满足皇帝对奇花异石的需求而专门组建的运输团队,十艘船称为一"纲"。宋徽宗的独特审美趣味,让他对天下的奇石异宝爱不释手,由此,当时苏州设有"应奉局"专门为宋徽宗网罗天下珍宝。地方官吏为了讨好皇帝,会耗用巨大的民力搬运体形庞大的石头,听说哪户百姓家中有好的石块,士兵们便直闯民宅搜刮而去,遇到不好搬的,索性毁掉墙壁或宅院,强行把石头抱走。一些地方官吏更是借此敲诈勒索,让很多百姓倾家荡产。巨石等奇珍异宝往往不能被损坏,否则会受到"上头"责怪,官吏们便给看中的怪石贴上一个黄条,叮嘱百姓认真看管，若有半点损坏，就治以"大不敬"罪名。百姓们苦不堪言，《宋史》当中为此记载，"（花石纲）流毒州郡者二十年"[19]。残酷的剥削和压迫，进一步激化了江浙地区的阶级矛盾。[20]这场因采办花石纲带来的恶果以及种种社会矛盾最终导致了"方腊起义"的爆发。苏州人方腊生性豪爽，不堪忍受官员的巧取豪夺，蔡京等人对地方百姓无穷地搜刮花石草木，方腊等人便暗中反抗。"方腊起义"后，金军挥师南下，之后"靖康之变"发生，宋徽宗被掳至金国，北宋灭亡。

回到这个单词，大家看 offhand，它实际上是由两个词组成的，第一个是 off，第二个是 hand。off 的意思主要是"离开，脱离"，而 hand 是"手"的意思。那么 offhand 从这个角度而言，就是字面意思上的"脱手"，我由此想到了一个词，"脱离值守"，因为"守"与"手"是同音词。在花石纲的故事中，百姓如果不好好看管怪石等珍宝，就会被处以"大不敬"之罪，那么这也就是说，这种"不好好看管"对于官员而言，就是百姓的"脱离值守"，换句话讲，谁漫不经心地对待官府看重的东西，谁就会被治罪，这就如 offhand 的意思一样，它表达的是一种"敷衍，无所谓"的态度，这种态度就是官吏眼中的"大不敬"。由此，"脱离值守"这个谐音也就和单词的意思联系起来了，记忆的效果非常好。

oomph

n.

精力；特质；气质

在中国历史上有这样一位母亲，她有谋略，重视对人才的选拔并开创了殿试，让很多寒门学子有机会施展才华；她重视农业的发展，采取轻徭薄赋的政策让百姓安居乐业,她在位时的社会经济与人口的增长得到了长足的发展;她整顿吏治,喜欢任用酷吏惩治"乱臣贼子";她安抚了当时的西域各藩,有力地维护了国家的统一与稳定,使得"丝绸之路"更加畅通无阻,促进了中央王朝与邻国的友好交流;她死后为自己立了一块"无字碑",任"千秋功过,谁与评说";她生有四个儿子,两个女儿,被她的夫君极尽宠爱,称为"二圣"临朝听政。她,就是中国历史上第一位女皇,武则天。早年间,刚入宫的武则天是唐太宗的才人,但在李世民病重期间,武则天与太子李治产生了不一般的情愫。武则天被李治从感业寺接回,再次入宫后便荣宠不断,在永徽五年时,武则天生下了长女安定思公主,后来不知何故,这个可爱的小生命一命呜呼,唐高宗大怒,有了废除他的原配王皇后的念头。[21]一年后,虽然朝廷中的大多数元老重臣并不支持李治的"废王立武"的决定,但是武则天在朝堂上逐渐地培养了一批自己的势力,他们同样也是唐高宗用来打击长孙无忌、褚遂良等元老重臣的"新力量",李治便倚靠着这些人将武则天的"情敌"王皇后与萧淑妃废为庶人,将武则天立为皇后,同时,元老级重臣先后受到牵连,被流放,唐高宗大权在握。后来,唐高宗的风眩症愈发严重,他便打算让武则天摄政。[22]李治驾崩后,李显继位,是为唐中宗,武则天为皇太后。但是,懦弱的李显并不能震慑住母亲无限膨胀的权力欲望,武则天在朝堂上不断地施加自己的影响力,开始剪除李氏皇族势力,其侄子武承嗣帮助武则天铲除了很多起兵反叛的皇族。嗣圣元年(684),武则天废掉自己的儿子李显,另立自己的第四子豫王李旦为皇帝,李旦空有皇帝虚名,实为武则天摄政。垂拱四年(688),已在朝堂上建立起自己无限威严的武则天为自己加尊号为"圣母神皇",满朝文武及皇室宗亲皆拜服,随后过了两年,武则天大赦天下,改唐为周,改元天授,定都洛阳,开启了自己一代女皇的执政岁月。公元705年,武则天病逝,享年八十二岁。

回到这个单词,我使用英语的拼读法拼读出这个单词后,发现它与汉语的"吾母服"发音相近,"吾母"的意思是"我的母亲","服"就是"心里服气"。"吾母服"由此被解释为"从心底里服气我的母亲",这个"母亲"指的就是武则天。大家看武则天生来就有一种气质,一种鹤立鸡群,"巾帼不让须眉"的霸气。唐太宗李世民有一匹烈马,叫狮子骢,没有人能驯服它,但是武则天却说自己可以用铁鞭抽打它、用铁棍敲击它的脑袋、用匕首割断它的喉管以此驯服,李世民听后,十分欣赏她不同于一般女子的气魄。武则天身上具有很多种气质:聪慧机智,擅用谋略;温和沉静,谨小慎微;步步为营,心思缜密。她作为中国历史上唯一的女皇,可以说,自身的性格特点以及独特的气质让她为历史所铭记,这让她自己的儿子,无论是唐中宗李显,还是唐睿宗李旦都无比折服,他们知道自己是斗不过母亲的,因此,心甘情愿地将至高无上的皇权让母亲夺去,就论这种气质,让人服不服? 正如单词 oomph 的意思一样,"精力,特质,气质","我的母亲是武则天",她确实让人心服口服。可以说,这样的谐音与单词的意思的解释是比较说得通的,音与义可以形成比较好的互动。

ooze

v. n.

(浓液体)渗出,慢慢流出

这个单词是一个比较有意思的词,问大家这样一个问题:"你知道古代的洗衣粉是什么吗?"中国人在很早的时候就发明了一种"洗衣粉",它就是草木灰,制作方法非常简单,把草木植物烧成灰就可以了。草木灰中有大量的碳酸钾,使用它,可以将衣物中的油渍轻松地洗出来。后来,人们在草木灰中加入贝壳灰,其中产生的碱性物质更能将污渍"一网打尽",尤其是在清洗丝绸织物时,可以不伤衣物,去污效果也更好。后来,皂荚树上的皂角被人们捣碎弄成粉末状,洗涤衣物时还可以产生泡沫,因为皂角是纯植物,它对人体无害,古人也会用它来洗头、洗脸或洗澡。在古代,动物的器官也可以被用来当作"肥皂",这就是猪的胰子。把猪胰清洗干净后加入些许香料等,再晒干做成块状,就成了与我们今天的肥皂很相似的块状凝固体,去污效果非常好。可见,古人的智慧是非常高深的,许多的发明创造都是他们在平日的观察、总结中摸索完成的,今天读来仍十分有趣。

回到这个单词,我使用英语的拼读法拼读出这个单词后,发现它的发音与汉语的"污渍"相近,由此便想到了我国古代的去污"神器"。作为生活中很常见的行为,人们在清洗衣物时,总会洗出那些藏在其中的污渍,使用肥皂等物品,就会让这些污渍流出。正如单词 ooze 的意思一样,"慢慢流出,渗出",衣物中的油污等物质在经过肥皂对它们施加的化学反应后,就会渗出来,从而将衣物清洗干净。如此,这个单词使用这样的谐音较好地实现了单词音与义的联系,十分好记。

ordain

v.

授予圣秩(品);授予圣职;(神、法律或命运)主宰;掌握;规定

在汉语中有这样一些词与"鼎"有关,比如"一言九鼎""鼎鼎大名""三足

鼎立""钟鸣鼎食""春秋鼎盛"等,透过这些词足可见"鼎"在古人心中的分量。在远古时代,人们要烹煮食物,就用黏土烧制成了陶鼎来盛置食物,鼎,从最初的功能来讲,是作为"厨房用品"走进人们的日常生活中的。后来,青铜鼎出现了,相传夏禹称帝后,九州首领——牧首俯首献金(铜),禹以金铸成九个鼎。[23]"禹铸九鼎"就将鼎的功能逐渐转化为权力的象征与传国的重器。商朝灭掉夏朝后,九鼎就被迁往了商朝的都城亳京;周朝灭掉商朝后,九鼎又被迁往周都镐京。因此,汉语中的"问鼎中原"以及"定鼎"讲的就是鼎作为权力至高身份的代言物。在周代,拥有的鼎的数量规范着人的身份与阶级的秩序,"天子九鼎,诸侯七鼎,卿大夫五鼎,士三鼎",拥有的鼎的数量轻易不可动摇,否则便是僭越与对王权的蔑视。这样一来,鼎跳跃出其最原始的功能,经过禹铸九鼎的传说,成为权力、地位、阶级与人伦的象征,化身为中国古代最具有威严与神圣感的重器。

回到这个单词,我将这个单词拆分为两个部分来记忆,第一个部分是单词的前部 ord,第二个部分是 ain。首先来看第一部分,我将 ord 作为汉语"偶然的"拼音首字母,为什么会想到"偶然的",是从鼎功能的转变而想到的。远古时期,可以说家家都用鼎去烹煮食物,这是一个非常普遍的现象,但是偶然间,一个日常生活中天天都会用到的器物有一日竟成为至高无上的王权象征,可以说,这种转变是"巨大的",而且是"偶然的"。因为夏朝的建立者禹用一个再平常不过的鼎,铸金而造,使用青铜将陶鼎焕然一新作出改变,这种偶然的行为给予了鼎巨大的意义,从此,鼎成了平常人不可触碰的禁忌。第二部分是 ain,我对字母顺序进行调整,将它变为 nai,然后使用汉语拼音拼读出来,就是"鼐"字,意思是"大鼎"。从而,两个部分都让我想到了鼎。单词 ordain 的第一个意思是"授予圣秩品,授予圣职"。这与鼎作为王权的象征是可以联系起来的,否则秦武王就不会搬起巨大的龙文赤鼎以此彰显秦国称霸诸侯、收服天下的决心了。ordain 的第二个意思是"神、法律或命运的主宰",在古代君主的眼中,既然他们可以取得鼎,自己就自然是"天命所归",那么"定鼎中原",四海来朝,一统天下就是必然的命运,正是鼎,赋予了他们这种合法身份。可以说,使用这样的记忆方法与对单词各部的解释是比较说得通的,与单词意思的联系是十分紧密的,记忆的效果也比较好。

orgy

n.

奢靡的聚会;狂欢会;放纵;放荡

唐代诗人杜牧写过这样一首诗,"烟笼寒水月笼沙,夜泊秦淮近酒家。商女不知亡国恨,隔江犹唱后庭花"。杜牧夜晚住宿在秦淮河岸,听到歌女的吟唱,不自觉地想到了"后庭花",而写这"后庭花"的人就是南朝时期的陈后主,陈叔宝[24],它的《玉树后庭花》虽然展现出了极高的文学价值,但是却多被后人视为"亡国"的代表。陈叔宝是陈宣帝陈顼的长子,因为西魏的南侵,陈叔宝与母亲自小就被作为人质扣留在穰城。母亲对陈叔宝的溺爱以及他成长中缺失的父爱,都让他的心灵十分脆弱。后来,陈宣帝将陈叔宝立为太子,他受到了良好的教育,在文学上展现出自己独特的天赋。陈叔宝爱结交文学名士,常常举办文学宴会,他的文学素养非常优良,文人雅士常在他的宫中吟诗作赋,把酒言欢。陈宣帝死后,陈叔宝继位,他首先在其居住的宫中使用奇珍异宝,用贵重的木材装饰一新,华丽程度令人瞠目结舌。陈叔宝贪图享乐,生活奢靡,耽于女色声乐,不理国政。[25]他又宠爱一众美女,轮流令她们夜夜服侍,有时,为了增添情调,让女子扮作仙女状,在美轮美奂的宫闱中独自沉醉,陈叔宝见后尤为爱怜。陈叔宝在诗歌方面的造诣颇深,他虽不理朝政,整日花天酒地,但是却为诗歌的格律开创了很好的基础,他自己就是艳情诗写作的高手,而且他在音乐上也有较高的成就,他提倡的"清商乐"使娱乐性的歌舞表演在皇宫中得到普及,他自己创作的"吴歌"以及与宫廷乐人的配合使得诗歌有了歌曲式的曲调韵律,对中国古代文学、音乐产生了不小的影响。后来,隋军渡过长江,生擒了陈叔宝,隋文帝厚待陈叔宝,陈叔宝在投降隋朝的十多年后,在洛阳城病死,享年五十二岁。《玉树后庭花》作为靡靡之音的代表,它展现了陈叔宝才华横溢的文学成就,但陈叔宝和他的一众作品都被后世贴上君主昏庸无道,沉迷享乐的"标签"。

回到这个单词,我在记忆它的时候,主要采用了从右向左调换顺序以及汉语拼音缩略的方法来记忆,而在此方法下,单词的首字母 o 不是我记忆的重点,因为它与我用到的方法不大相关,所以我忽略字母 o。大家看单词中的 rgy 部分,当它从右至左拼读时,正好是"夜归人"的汉语拼音首字母,而这个"夜归人"可以指写了《泊秦淮》的杜牧,也可以指陈后主。杜牧在《泊秦淮》中明确写到自己"夜泊秦淮",这就是"夜归"。而诗中提到的"后庭花"正是当时的达官显贵正在享受的歌舞表演,可见,这些人正在举办奢靡的聚会,正在放纵自己。而由诗中的"后庭花"又可以进一步地想到陈后主和他所作的《玉树后庭花》,陈叔宝当政时期,夜夜笙歌,花天酒地,晚间举办的宫廷乐会不知有多少,他天天享受着奢靡的狂欢,麻痹自己,放纵自己。由此,这与单词 orgy 的意思"奢靡的聚会,狂欢会,放纵,放荡"产生的联系就比较紧密了,实现了单词形与义、音与义的结合,十分好记。

osmosis

n.

耳濡目染；潜移默化

中国历史上有这样的三姐妹，因为她们父亲的投机与其对三妹的偏爱，让这姐妹三人的命运大不一样。她们的父亲是辽国重臣萧思温，而他的三个女儿皆作为政治"工具"与皇室联姻，命运可悲可叹。耶律阿保机作为辽朝的开拓者，被尊为辽太祖。他有三个儿子先后被考虑立储，而正是这三个儿子以及他们的子孙对权力的角逐，让萧氏三姐妹相互之间成了敌人。耶律阿保机的长子叫耶律倍，次子叫耶律德光，第三子叫耶律李胡，而这兄弟三人都是皇后述律平所生。早年间，耶律阿保机便立长子耶律倍为皇太子，但是天有不测风云，耶律阿保机在返回契丹的路上不幸病逝，耶律倍虽为太子，但按照草原民族的风俗，其母，也就是耶律阿保机的皇后述律平在推举下一代新皇的问题上更具有话语权。可是，述律平更喜欢她的二儿子耶律德光[26]，在她的眼中，大儿子耶律倍太过于推崇汉文化，而德光的身上总是闪耀着草原民族那种彪悍的气质，这很符合她的心意。耶律倍就这样心甘情愿地遵从了母亲的心意，他让出了自己的太子之位。天显二年（927）时，耶律德光继位，是为辽太宗。在耶律德光统治期内，辽朝的发展比较平顺，德光积极推行汉文化，重用汉臣，在军事、经济上也比较有作为，对辽朝的发展作出了很大的贡献。在这里，要介绍一下耶律德光的两个儿子，因为这与萧家姐妹便开始有了"缘分"。德光的长子叫耶律璟，德光的次子叫耶律罨撒葛，被封为太平王，萧思温的大女儿萧胡辇便嫁给了这位王子。耶律德光死后，让人意想不到的是，有很多儿子的他居然将皇位传给了自己兄长的儿子耶律阮，这为后来耶律家族对皇权的抢夺埋下了隐患。可耶律阮在继位

时遇到了几乎和自己的父亲耶律倍当年一样的窘境,他的祖母述律平想让自己的第三子耶律李胡继位,就在剑拔弩张地要展开一场皇位争夺战时,幸好贵族重臣耶律屋质从中斡旋,耶律阮顺利登基,是为辽世宗。不知道皇位是不是注定了要和耶律阮"作对",自耶律阮登基后,他身旁的谋反事件便不断涌现,辽朝的统治核心似乎并不认可耶律阮继位的合法性,天禄五年(951),耶律阮率兵攻打后周,就在南下到达火神淀时,一众辽朝宗室趁机发动政变,耶律阮就这样被弑身亡,史称"火神淀之乱"。耶律阮在位不过五年,死时年仅三十四岁,他有三个儿子,次子名叫耶律贤。在这场叛变中,宗室重臣耶律屋质逃出,他带着救兵剿杀了叛军,并扶持辽太宗耶律德光的长子,同时也是耶律阮的堂弟耶律璟继位,成为辽朝第四位皇帝,辽穆宗。这位辽穆宗比较有趣,他的绰号是"睡神"[27],整天就是喝酒,夜里喝完白天就呼呼大睡,故得此"美名"。他在位期间虽然可以做到礼敬臣下,减免百姓的税赋,但是他性情十分暴虐,常常凭着自己的心情滥用私刑,他还喜欢不分季节地去打猎,但是,这样一个表面彪悍的"硬汉"却有着一个难言之隐,他不喜欢女人,以致他没有后代[28],这就让他的弟弟耶律罨撒葛蠢蠢欲动。但是,这位"有贼心"的弟弟的图谋还是被发现了,因此遭到了流放。辽穆宗因为一贯的暴虐行径终为他招来了杀身之祸,而杀死他的人,居然是他的庖厨。那晚,喝得酩酊大醉的辽穆宗向庖厨索要食物,因为没有吃到嘴里便要杀人,庖厨等人便顺势将他杀害,他死时年仅三十九岁。萧思温等一众大臣便迎立了辽世宗耶律阮之子、同时也是辽穆宗侄子的耶律贤继位,是为辽景宗,他是辽朝的第五位皇帝,从此,帝位的延续重新回归到了耶律阿保机长子耶律倍这一脉上。而这位辽景宗的皇后就是萧思温的第三女萧绰,小名燕燕。萧思温的次女萧夷懒嫁给了耶律李胡的儿子宋王耶律喜隐。在这段关系中,萧思温可以被称为"最牛老丈人",他的三个女儿,大女儿与二女儿都是耶律阿保机的孙媳妇，尤其是大女儿萧胡辇，如果不是因为丈夫谋反，她在"大伯哥"死后是最有可能成为下一任皇后的，但是她的父亲却迎立了"大伯哥"的侄子为皇帝，"偏心眼"的父亲历来就喜欢三妹，便顺理成章地让三妹登上了皇后宝座。至此，姐妹三人因为分属的"阵营"不同，她们之间的矛盾注定不可调和。萧绰为皇后时，因为其夫辽景宗的懦弱胆怯，国事皆决于她。在她统治下的辽朝，达到了最为鼎盛的时期，后来，她的儿子耶律隆绪继位成为辽圣宗后，在公元 1005 年，辽朝与宋朝达成了著名的"澶渊之盟"，萧太后的威名便由此为世人所知。萧太后在保卫自己丈夫以及儿子的皇权中，展现出了"女强人"的一面，她的大姐夫与二姐夫执意起兵谋反，而她的两位姐姐也参与其中。萧太后的两个姐姐都死于她们的胞妹手中。[29]

　　回到这个单词，我将这个单词划分为三个部分来记忆。第一个部分是os，第二个部分是mo，第三个部分是sis。首先来讲第一部分（大多数时候我都使用美式发音），我使用英语的拼读法拼读出这个单词后，发现 os 部分的发音与汉语"阿姊"相近，"阿姊"在汉语中是"姐姐"的意思；接着，我使用汉语拼音的方法拼出第二部分 mo，就是"模"，意思是"模仿"；最后，单词的第三部分 sis，它可以作为单词 sister 的头三个字母，并且，sis 在英语中也常被作为 sister 的简称，意思是"姐姐，妹妹"。因此，osmosis 在这样的转换下，可以被解释为"姐姐模仿姐姐"，我就想到了历史上这知名的三姐妹，萧氏姐妹的故事。单词 osmosis 的意思是"耳濡目染，潜移默化"，实际上我在看到字典中英语原文在解释它的意思时，脑中蹦出了一个更好的表达，就是"身当其境"。所谓的"耳濡目染"与"潜移默化"都是处在一个环境中所不自觉产生的变化，而这种变化正是"身当其境"带来的直接影响。在萧氏三姐妹的故事中，原本作为胞亲的她们是十分亲密无间的，姐妹三人在成长的历程中一定发生过很多感人至深的事情，这是温暖的亲情，更是姐妹三人一同承欢于父母膝下的美好时光。但是，因为后来她们嫁人了，有了自己的丈夫与儿子后，情况就发生了微妙的变化。姐妹三人似乎不似从前那样无话不谈了，甚至在言语中都表现出浓重的"火药味"。她们三人在跟随自己丈夫生活的过程中，肯定会经历不同的人生处境，三妹的生活最是优渥，锦衣玉食，至高无上，丈夫对她言听计从；二姐就差了一点了，虽然丈夫是皇亲国戚，可是并无实权，一心想谋反叛乱，二姐自是每天心惊胆战，操劳过度；而大姐跟随着自己的丈夫流放在苦寒的西北，风沙与自然条件的恶劣磨砺着她的心，她的人生也因自己的丈夫而走上了艰难又看不见未来的路。而"姐姐模仿姐姐"的意思就是"大姐作乱要夺三妹家的皇权，二姐也是如此"，这种"模仿"就是两个姐姐代表的不同家族对权力的角逐之战。因此，"姐姐模仿姐姐"这样的单词阐释与"身当其境"的单词意思构成了一种巧妙的衔接。可以说，这样的记忆方法实现了单词音与义、形与义的联系，十分好记。

wad

n. （纸张、钞票等的）卷，沓，捆

v. 将……揉成团；使成沓；使成卷

随着一座墓在南昌被发掘，南昌所具有的历史文化展现在世人面前，这座大墓在 2015 年入选"全国十大考古新发现"，它就是南昌汉代海昏侯墓。刘贺，汉武帝刘彻的孙子，他的祖母是著名的"倾国倾城"的李夫人，他在四五岁的时候受封为第二代昌邑王，他在十八九岁的时候，因为汉昭帝无子而被霍光立为皇帝，但在位仅二十七天就被废，史称汉废帝。汉宣帝继位后，赐封刘贺为海昏侯。在考古界有这样一个共识，因为西汉王朝推行"厚葬"

的文化风俗,这就导致后世汉墓的出土经常是"十室九空",可海昏侯这座大墓没有遭受盗墓者的"光临",因而考古学者可以挖掘到很多极具考古价值的文物。在刘贺的墓中,出土的黄金达 478 件,有 17 枚大马蹄金,20 块金板,25 枚麟趾金,31 枚小马蹄金,385 块金饼,总重 120 公斤以上。[30]据此次率队挖掘的考古研究者透露,这些黄金的纯度极高。在仅仅两个月的挖掘中,这座大墓陆续出土了多件珍贵文物,震惊了海内外。制酒蒸馏器、孔子屏风画像、竹简、车马陪葬和典籍等陪葬品都揭示了汉代灿烂的文化和墓主人的尊贵身份。

回到这个单词,我使用英语的拼读法拼读出这个单词后,将它与汉语的"挖的"相联系,由此想到了刘贺的大墓。从这个单词的意思来讲,它表达出纸张、钞票数额的巨大,因而才会有"成卷,成沓,成捆"这样的形象。从刘贺的墓室来讲,考古学者的确挖到了数量巨大的黄金,因此,他们"挖的"与"富得流油"的黄金、钱币构成了相应的联系,这样的谐音与故事实现了单词音与义的联系,比较好记。

waft

v. (随风)飘荡;使飘荡;吹拂

n. 一阵,一股(在空气中飘荡的味或烟)

汉语"家喻户晓"是一个大家很熟悉的成语,但这个成语其实可以和一个单词联系起来,并且这个单词还与一部动画片有关系。我在小的时候,非常喜欢看一部动画片,它的主人公是阿凡提。阿凡提故事亦称"纳斯尔丁"或"纳斯列丁"故事,其在我国新疆、中亚、西亚、小亚细亚、巴尔干半岛及北非等地广为流传。[31]阿凡提这部动画电影非常具有民族风情,不仅维吾尔族人民家喻户晓,在我国以及其他国家,阿凡提也为很多观众所熟悉。骑着小毛驴、留着山羊胡的阿凡提以幽默诙谐,爱憎分明的态度常常与巴依老爷"智斗",他的机智让巴依老爷经常是"哑巴吃黄连,有苦说不出"。可以说,阿凡提在世界各地成为一个经典的人物形象是因为他是智慧的象征,表达出劳动百姓对真、善、美的追求与对嫉恶如仇的赞扬。阿凡提是维吾尔族人民广为传颂的形象,在维吾尔语中人们用"阿凡提"来指代"老师,有知识者",有时也会把阿凡提直接用于人名,足见人们对阿凡提的喜爱。

回到这个单词,我在记忆这个单词的时候,采用的方法是汉语拼音首字母缩略法,因此,这个单词我用"维吾尔族"来指代单词中的 w,用"阿凡提"来指代单词中的 aft 三个字母,由此,这个单词可以转变为"维吾尔族阿凡提"。大家看 waft 这个单词的意思,"随风飘荡",这正与"家喻户晓"所传达的涵义有非常密切的联系。"家喻户晓"指的是几乎人人都知道,而如果一个人物形象的威名与美名随着风的传播而去往任何地方的话,家喻户晓就是顺理成章的事。阿凡提作为维吾尔族人民经典的传颂形象,几乎无人不晓。可以说,"维吾尔族阿凡提"是新疆人民家喻户晓的,他的形象随风飘荡至任何地方。如此,这个单词实现了形与义、音与义的联系,比较好记。

wag

v.

(狗)摇,摆动(尾巴);摆动,摇(头或手指,常表示不赞成)

在中国古代,"声色犬马"常常可以指代统治阶级富贵安逸,追求享乐的生活。我的单词就与古代达官贵胄的"声色犬马"中的"犬"相联系。"狗官"往往是平民百姓对官员的辱骂与嘲讽,用"狗"来表达对他们的不满,但是,在古代,除了先秦时期人们用狗作为祭祀品之外,统治阶级对狗的喜欢衍生出了"狗官",即,专门负责看护、饲养、照料狗的官职。汉武帝刘彻就专门为养狗而设置了"狗监"一职,还打造了一处"犬台宫",好让文武百官可以观赏"斗狗"。而东汉时期的汉灵帝才是真正"狗官"称呼的"发明者"。汉灵帝为人放荡不羁,淫乱污秽,在宫中设置集市让宫女、太监扮作客商,自己也常进行嬉闹,还设置了"裸游馆"[32],自己赤身裸体与宫女、后妃玩耍。汉灵帝喜欢狗,为了讨好他,一日,一个宦官竟将狗打扮成"官样",给狗戴着官帽,穿着朝服,佩着绶带,让狗与文武百官一起上朝。[33]汉灵帝刚开始还没有认出来,而后认出这是狗后,拍掌大笑,赞道:"好一个狗官。"满朝文武哑口无言,内心愤懑。汉灵帝在位期间爆发了声势浩大的黄巾起义,大汉江山已狼烟四起,大厦将倾。唐宋以后,狗依然是达官显贵的日常伴侣,随着生产力的发展与王朝实力的强大,人们将狗多用作"宠物",比如杨贵妃的爱犬哈巴狗在唐玄宗与亲王下棋时,就"是时候"地打翻了李隆基即将下输的棋局而让唐玄宗龙心大悦。[34]唐代就专门设置了"狗坊"作为养犬的场所,为宫廷王族豢养犬类。而到了宋代,富庶的宋朝人民更是对狗不胜喜爱,豢养宠物犬逐渐从宫廷走向了寻常百姓家,《夷坚志》就记载了宋朝一个寻常百姓张贴的一则"寻狗启事"。现今留存的很多著名画作,如《簪花仕女图》《秋葵犬蝶图》等都展现了人们对狗的喜爱。

回到这个单词,我使用汉语拼音首字母来记忆这个单词,wag 这个单词可以看作"我爱狗"的拼音首字母组合,回顾历史,汉武帝与汉灵帝,杨贵妃与慈禧太后,雍正皇帝等都是古代的"爱狗达人"。首先,他们喜欢狗,狗见着他们欢喜地摇着尾巴,也是情理之中的事,因此,这就与 wag 的第一个意思"摇尾巴"联系上了；其次，统治阶级的爱狗，与迷恋于声色犬马的富贵生活是有关系的，就比如汉灵帝。而过多地"爱犬"，有失作为君主的职责与道义，"声色犬马"因而在古代被视为君主失德的表现，为后世所不齿，因此这与 wag 的第二个意思"常表示不赞成的摇动"构成意义上的相关。如此，这个单词实现了音与义的联系，比较好记。

waif

n.

瘦小的人；（通常指）面黄肌瘦的小孩

高中时期我学过这样一篇古文，令我很受触动，它读来情真意切，讲述了作者与祖母之间的感人故事，这篇文章就是《陈情表》，它的作者是西晋初年大臣李密。李密为什么与祖母的感情如此深厚，那是因为他在出生六个月的时候就死了父亲，他的母亲在他四岁的时候改嫁，小时候的李密就体弱多病，是他的祖母刘氏含辛茹苦地将他拉扯大。李密对祖母非常孝顺，是他的祖母省吃俭用供他读书，对李密来说，祖母是他发奋努力的动力来源。据《晋书·李密传》[35]记载，在祖母患病后，李密痛哭流涕，夜不解衣地照料祖母，给祖母的汤药与膳食他都必须要亲口尝过之后才给祖母喂服。李密在写这篇感人至深的《陈情表》时，祖母已经有九十六岁的高龄了，他言辞恳切地抒发着对祖母的感激与自己不能赴任朝廷官职的为难，晋武帝看后也大受感动，赏赐给他一笔赡养祖母的费用。可以说，李密幼时家庭困苦，自己体弱多病，正是因为有一个慈祥的祖母而让他能够顺利长大并学业有成，中国家庭的"孝"就在平常而琐碎的家庭生活中展现着动人的温情，这也是中

国伦理与道德教化的良好体现。

回到这个单词,我使用英语的拼读法拼读出这个单词后,将它与汉语的"喂服"相联系。联系李密与其祖母的故事可知,李密亲自喂服自己的祖母膳食与汤药,非常孝顺,而李密幼时家庭条件并不好,只有祖母一人节衣缩食地抚养他,李密年幼时便体弱多病,身材瘦削,这就正如 waif 这个单词的意思一样,"面黄肌瘦的小孩"。因此,这个单词的"喂服"谐音让我想到了李密的孝顺,也表达了年幼的李密营养不良的窘况,这样的谐音是比较说得通的,形成的音与义的联系十分好记。

waive

v.

放弃(权利、要求等)

汉语中有这样一个成语,叫"投笔从戎"。《后汉书·班超传》[36]中记载了这个故事。东汉时期,班超作为杰出的军事家与外交家为世人所敬重,但是在他年轻的时候,他却为官府抄写公文而勉强度日。班超是一个做事非常认真的人,常常加班到半夜,有时,因为抄错了个别字还要被责骂与扣工钱。班超就这样日复一日、年复一年地从事着这项工作,他经常倍感疲倦,身体也受到损伤。有一天,班超在抄写公文的时候,猛然站起身来,将毛笔扔到地上,愤愤地说道:"大丈夫应该如傅介子、张骞那样在战场上立下功劳,怎么能在抄抄写写这样的小事中虚度光阴呢?"之后,班超就弃笔参军,在攻打匈奴的战役中展现了自己的能力,他当时只是一个不起眼的小官,但率领了一支军队斩俘了很多敌人,因此他被将军窦固赏识,逐渐立下很多战

功。后来，班固认为有必要与西域各国一同打击匈奴，获得朝廷同意后，他带着数十人出使西域。班固到过五十多个国家，传扬国威，运用自己的智慧与胆识化解各种危机，与西域各国建立了和平外交，最后因功被封为定远侯，为世人传颂。

回到这个单词，我使用英语的拼读法拼读出这个单词后，将它与汉语的"为伍"相联系。"伍"在古文中指的就是"军队"，因此，"为伍"指的就是"参军"，再加上单词 waive 的意思是"放弃"，由此我便想到了成语"投笔从戎"，它的意思是"扔掉笔去参军"，而"扔掉"实际上就是一种"放弃"，表达的是"对从前生活的舍弃"。可以说，使用这个成语来进行单词意义的连接是比较能说得通的，可以实现单词音与义的联系，比较好记。

wallop

v. （在竞赛、比赛等中）彻底击败，大胜

n. 痛打；猛击

有一个著名的历史人物，下面的故事与他的"自毁长城"有关，这个人就是南朝时期刘宋王朝的开国大将檀道济。东晋末年，刘裕起兵征伐叛军，凭借着巨大的军功得以总揽东晋军政大权，封宋王，后来，刘裕代晋自立，在建康建立"宋"朝。檀道济从小父母双亡，便跟随着两个兄长投奔了刘裕，在四处的征讨中，檀道济功勋卓著，是刘宋王朝的开国功臣。宋少帝刘义符被废后，宋文帝刘义隆继位，檀道济拥立有功，在军士中享有极大的声望。元嘉十三年（436），刘义隆病重，刘义隆异母弟刘义康执政，他担心刘义隆死后檀道济会造反，就矫诏让檀道济入宫觐见。檀道济的妻子让他

不要去,告诉他功高震主会引来杀身之祸。檀道济没有听从,他自觉自己的忠心苍天可鉴,便径直奔向建康。谁知道,檀道济一入京城,刘义康就派人把他拿下,檀道济一看,便把自己的头巾狠狠地摔到了地上,怒声说道:"乃复坏汝万里之长城!"[37]最后,檀道济与自己的八个儿子连同他的亲信将领高进之等人一同被斩杀。消息传到北魏,魏军大喜,嘲笑刘宋王朝的愚蠢,竟把自己的忠良勇士赶尽杀绝。檀道济被杀十余年后,宋文帝刘义隆再次兴兵与北魏交战,却大败而归。北魏军队势不可当,一路南下逼近长江北岸,刘义隆站在城墙上向北望去,长吁道:"如果檀道济还在,怎么会到此地步。"

回到这个单词,我将它拆分为两个部分来记忆。第一个部分是 wall,意为"城墙";第二个部分是 op,我将它转换为 po,使用汉语拼音将它拼成"破"。因此,这个单词可以转换为"城墙破了",以此来比喻"守卫国家的城墙被毁坏",我便想到了"自毁长城"而被冤杀的檀道济。长城,作为城墙,在古代是守卫国家的象征,秦始皇修筑长城,就是为了让自己的国家免遭当时北方强大的匈奴部落的侵扰。在檀道济死后,刘宋王朝失去了抵御外敌的一面"城墙",致使北魏军队大败刘宋军队。可以说,使用这样的谐音与"自毁长城"进行联系,实现了这个单词音与义、形与义的联系,比较好记。

wallow

v. （为保持凉爽或嬉戏在烂泥、水里）打滚,翻滚;沉湎,放纵

n. （在烂泥或水里的）打滚嬉戏,翻滚

这个单词与上一个单词 wallop 有点"关系",刚才的故事讲到了檀道济,

也说起了杀他的皇帝,宋文帝刘义隆。但是大家知道为什么能坐上皇帝宝座的是刘义隆,而不是当时已经继位的刘义隆的哥哥宋少帝刘义符[38]呢?宋少帝刘义符是宋武帝刘裕的长子,因为刘裕当时已过不惑之年,因此刘义符一出生就备受宠爱。刘义符十岁的时候就被封为豫章公世子,刘裕建立宋朝后,永初元年(420),刘义符被立为太子。公元422年,刘裕去世,处于舞象之年的刘义符登基,成为宋少帝。刘义符为人喜欢骑射,对音乐也很在行,登基后就沉湎于游戏中,不理军国大事。公元424年,刘义符来到一处皇家园林避暑,天气炎热,刘义符就穿起了汗衫短裤,还造了一排商店,与亲信宦官又是划船,又是饮酒,玩了一天。傍晚,他又把舞女找来,在龙船上嬉戏玩闹,吃了消夜还喝了很多的酒,就睡在了龙船上。凌晨时分,在朝中颇负声望的檀道济带着一众大臣直奔刘义符的住处,杀掉了刘义符的侍从,在他仍睡眼惺忪时把他搀扶出来,檀道济等人收缴了传国玉玺和刘义符的绶带,刘义符由此被废。过不久,宋文帝刘义隆被拥立为帝,刘义符最终被杀。可以说,这个沉湎于醉生梦死,游戏过度的年轻皇帝最终被大臣们"拉下"帝位,檀道济是刘宋王朝的股肱之臣,他拯救了刘宋王朝,及时止住了国势的衰颓。宋文帝刘义隆继位后,励精图治,开创了"元嘉之治"的盛世。

回到这个单词,如记忆wallop这个单词一样,我依然将它拆分为两个部分。第一个部分是单词wall,"城墙",它指的依然是檀道济这座护国护民的"长城";第二个部分是low,它有"水平低的,品质差的"意思,用以形容故事中的宋少帝刘义符。的确,刘义符作为皇帝而言水平的确很差,因为从小他的父亲给他的溺爱让刘义符玩世不恭,不思进取,没有一个皇帝该有的德行与能力。他沉湎于醉生梦死中,与左右亲信嬉笑玩闹,这样的自我沉沦终让他年纪轻轻就被"结果"了性命。同时,这也与wallow这个单词的意思一样,"沉湎,放纵,在水里打滚",刘义符就在炎热的夏季穿着"清凉",在水中享乐。可以说,这个单词如此拆分和解释,与单词的意思可以很好地连接,十分好记。

wangle

v.

把……弄到手;设法获得;搞

在我读初中的时候,了解到宋朝的时候,不禁冒出了一个想法,如果可以"穿越"的话,我很想去宋朝。为啥呢?因为宋朝有着繁华的市井生活。接下来要讲的故事也与一众文人的市井生活有关。大相国寺,提起它很多人都觉得"耳熟",它是电视剧《少年包青天》中展昭的"老家"。在北宋,大相国寺就是一个熙熙攘攘的"大地摊",占卜、杂耍、小吃,日用百货,珍奇异兽,应有尽有,蔚为大观。《东京梦华录》就有记载,在都城汴京,相国寺每月五次开放,非常热闹。很多文人与寻常百姓来此或"淘宝"或娱乐,一派生活气象。李清照与丈夫赵明诚就时常去大相国寺"淘宝",为此李清照还专门在《金石录后序》中记载了她和丈夫在此的"购物"经历。当时,李清照夫妇生活比较困顿,但会"质衣,取半千钱,步入相国寺,市碑文果实归,相对展玩咀嚼"。[39]看,多么富有闲情逸趣。黄庭坚也在相国寺买到了宋祁的《新唐书》手稿,大书法家米芾在相国寺买到了王维的真迹。运气不太好的欧阳修却在相国寺中"淘"到了又贵又不好用的毛笔,为此,他还专门"吐槽":"有表曾无实,价高仍费钱,用不过数日。"[40]宋代文人墨客去过相国寺"淘宝"的不在少数,购物之事十分有趣。

回到这个单词,我使用英语的拼读法拼读出这个单词后,将它与汉语的

"玩够"相联系,相国寺作为热闹的"赶集"场所,可以让百姓与士大夫"玩够"。从相国寺所能买到的东西来看,确有很多当时的文人在相国寺能心满意足地"搞"到宝物。正如 wangle 这个单词的意思一样,"搞到手"表达出一种热爱与珍视,这与当时的文人"淘"到宝物时的心情一致。可以说,从"玩够"到相国寺,再到在相国寺里"淘宝",构成了一个比较说得通的联系,实现了单词音与义的联系,十分好记。

weasel

n. 黄鼠狼

v. 逃避,推诿(weasel out)

有这样一个汉语成语,叫"二桃杀三士",用来比喻用计谋杀人,讲的是春秋时齐国大臣晏婴用计杀死了三个蛮横无理的勇士。《晏子春秋》中记载了这样一个故事,当时齐景公手下有三个勇士,公孙接、田开疆、古冶子,他们身材魁梧,十分勇猛,力大无穷,但是有一天相国晏婴从他们身旁走过,三人竟不起身,非常失礼,晏婴担心他们早晚会成为齐国之祸,便建议齐景公杀掉这三个不讲长幼纲常,目中无人的骄横之徒。齐景公同意了,但却犯起了愁,这三人勇猛异常,几乎无人与其匹敌。此时的晏婴计上心头,叫齐景公给这三人送两个桃子,让他们按照功劳大小吃掉桃子,一切在晏婴的掌控之中。公孙接看到桃子后,开始强烈地推荐自己,说自己打败了正在哺乳的老虎,像他这样的猛汉理应吃掉一个桃子。说罢,拿走一个桃子。田开疆也开始强烈地推荐自己,他讲道,自己曾经手拿兵器连续两次击退敌军,因此也应该吃掉一个桃子。田开疆便拿走了桃子。古冶子说:"我曾经跟着国君

横渡黄河,大鳖咬住国君的马并把它拖入河中,我潜到水里,顶住逆流,游了好几里,最终找到大鳖将它杀死。当我右手提着大鳖的头,左手握着马的尾巴浮出水面时,在场的所有人都震惊了。我的功劳足可以吃上一个桃子,而不用和任何人分享,你们把桃子交出来!"古冶子说罢,起身拔出宝剑向公孙接、田开疆走去。公孙接与田开疆十分羞愧,自觉为了一个桃子而互不谦让,这还能叫勇士吗?于是二人拔刀自刎了。古冶子见后,十分悔恨自己的言行,不应该吹捧自己太甚,如今唯独自己苟活于世,还有什么意思,也拔刀自刎了。齐景公听说三人皆死的消息后,用勇士之礼埋葬了三人,后世称之为"二桃杀三士"。

回到这个单词,首先需要说明的是,我在记忆这个单词的时候,忽略掉首字母 w,因为它与我用到的方法不太相关。接下来,我将这个单词拆分组合为两个部分,第一个部分是 see,第二个部分是字母组合 al。单词 see 是"看见"的意思,al 字母组合我将它视为汉语"安利"的拼音首字母。讲到"安利",它是一个眼下十分流行的网络词汇,意思是"为某人强烈推荐",相信大家应该很熟悉。因此,这个单词在这样的转换下,可以被解释为"看见两个桃子后,三人开始强烈推荐自己得之"。大家看 weasel 这个单词的意思,它的名词意思是"黄鼠狼",但是动词意思是"逃避,推诿",那么这和我的解释有什么关系呢?汉语中这样讲,"黄鼠狼给鸡拜年——没安好心"。放到这个故事中,指的是"齐景公给三位勇士送两个桃子,让他们互相残杀",这显然是"送命桃",看来齐景公与晏婴的确是"没安好心"。因此,可以说,"看见两个桃子后,三人开始强烈推荐自己得之",这与 weasel 名词的意思构成了因果关系,"因"是"黄鼠狼般的晏婴与齐景公杀之的心","果"是他们三人"安利"自己。随后,三人都因为感到羞愧,而无法面对彼此,就全部自杀了。这就是一种"逃避",而且是用死来"推诿"用话语去羞辱对方、吹捧自己的过错的一种解决方式。因为"逃避"就是不寻求正确的解决方式反倒任由事态倒向恶化的方向发展,而"推诿"是本人不敢勇于承担责任反而让其他人来担负责任。公孙接、田开疆与古冶子看见两个桃子后,不寻求"分食",反倒起了"内讧",最终间接地害死对方,这都是对自己功劳、能力的亵渎,逃避了君子的本分与勇士的问心无愧,最终以自刎来推诿妄自尊大、得意忘形的苦果。因此,采用这样的拆分组合与谐音来记忆这个单词,实现了单词音与义、形与义的联系,十分好记。

welter

n.

杂乱的一堆

在汉语中,有这样一个成语叫"一片狼藉",说的是一种凌乱不堪的局面,而这个成语与下面要讲的故事的主人公很有关系。这个人是一位帮助李渊起兵反隋的富裕的老父亲,这位老父亲的女儿堪称光宗耀祖,他就是武士彠[41],他的女儿就是中国历史上著名的"一代女皇"武则天。论及武士彠的经历,倒是让我想到吕不韦,他们二人有两个本事几乎如出一辙。第一,二人都是经商致富并因此可以资助政治人物;第二,二人都擅长在"识人"方面"投机倒把",但却总能"押对宝"。武则天的这位老爸还算是头脑机灵,武士彠是山西并州人,生于北周年间,长在乱世隋朝,他的家族世代经商,非常富裕,武士彠也十分热衷于社交活动。武士彠早年经营木材生意[42],手里积攒了很多的木材,使他在政府的"竞价"中可以力压群雄参与了当时营造东都洛阳的建设工程,可以说财力雄厚。后来,隋炀帝的

天下并不太平，各地都在起义，朝廷就开始征兵，武士彠便弃商从戎，在军队里做了一个小官。隋大业十一年（615），李渊被任命为并州刺史，驻守山西，一贯喜欢社交的武士彠就这样与李渊邂逅了。李渊出身于北周的关陇贵族世家，由于他的母亲与隋文帝的独孤皇后是亲姐妹，因此他和隋炀帝杨广是亲表兄弟，这使得李渊很受隋文帝与隋炀帝的信赖。617 年时，武士彠已被李渊提拔为参军，二人关系十分密切，时常聚在一起密聊局势。此时的天下狼烟四起，隋军自顾不暇，隋炀帝的统治激起了一层又一层的反抗大潮，隋政权已经濒临"崩盘"。武士彠心有盘算，觉得李渊能成大事，便用自己的商人"口才"说自己做梦梦见李渊骑着马登上了天[43]，是天子之兆，应该早日起兵。李渊听后十分高兴，决意反隋，晋阳之变就这样登上了历史的舞台，李渊在山西带着自己的儿子与亲信，"造了他表弟杨广的反"，在当年十一月时，攻克隋朝都城长安，李渊尊表弟杨广为太上皇，自封为唐王。公元 618 年，李渊称帝，改国号为唐，隋朝灭亡。武士彠如吕不韦一样，"押对了宝"。

故事先讲到这里，回到这个单词，我将 welter 改变字母顺序后，将它分为了两个部分。第一个部分是 tree，第二个部分是字母组合 wl。单词 tree 的意思是"树木"，字母组合 wl 指的是"武"与"李"，即，武士彠与李渊。从武士彠的经历来看，他的发迹是因为他木材商人的身份让他积累了很多财富，可以游走于当时的名门贵族与朝廷重臣之间。再者，武士彠生活的时代，已处于隋炀帝的腐朽统治中，这使得武士彠不得不对朝廷的局势有所观望，在他结识李渊后，便决意追随，这其中发生了很多武士彠相助李渊的故事。大家看 welter 单词的意思是"杂乱的一堆"，实际上这就是汉语"一片狼藉"所要表达的意思，由此，这个单词可以被解释为，"隋朝末年一片狼藉，木材商人武士彠投机倒把，与李渊共谋大事"。这样，这个单词就实现了音与义、形与义的联系,比较好记。

wend

v.

(缓慢地)走,去,行,往

有一个很美的成语,人们用此去形容女子步态的缓慢、从容,它的背后是一段深情的往事,这个成语是"姗姗来迟"[44]。汉武帝特别喜爱的一个妃子是李夫人,李夫人长得花容月貌,而且能歌善舞,她用自己女性的魅力"收割"了武帝这枚"铁汉子"。天不假年,李夫人年纪轻轻地走掉了,武帝十分悲痛,多么希望能再见一面李夫人。当时,有个叫少翁的方士说自己能"招魂",能让武帝与李夫人"相见"。汉武帝听说后,非常欣喜,就命他"作法"。恍惚之间,随着少翁的喷水念咒,隔着帷幔的武帝仿佛看见一个身材很像李夫人的女子慢步向自己走来,烛影稀疏,帷幔飘动,趁着月色,武帝感觉那就是李夫人。他想出来好仔细看看,却被少翁阻止,转眼间,这位女子又消失不见,武帝十分悲痛,充满无限的眷念与不舍,说道:"是耶非耶?立而望之,偏何姗姗其来迟!"后人便用"姗姗来迟"指代女子步态缓慢,来得很晚。

回到这个单词,我使用英语的拼读法拼读出它后,将它与汉语的"闻得"相联系。"闻"在文言文中有"听说"的意思,"闻得"在这个故事下有两种解释。第一是"汉武帝闻得有术士会招魂",其中的"得"作动词"闻"的状语;第二是"汉武帝听说有术士会招魂,想以此得到再次与李夫人见面的机会",这个"得"是动词,与"闻"并列。单词 wend 的意思是"缓慢地走,行,去",这与

"姗姗来迟"所要表达的意思是一样的。因此，采用这样的谐音比较好地解释了单词音与义之间的联系，比较好记。

wheedle

v.

（用言语）哄

这是一个比较好记的单词，也是一个很可爱的词。很多小宝宝有厌食的习惯，也有一些不太喜欢吃的食物。小宝宝们遇到不喜欢吃的食物往往会选择不吃，但是这些食物却都很有营养。我曾经养过一只小狗，是一只比熊犬，让我郁闷的是，几乎没有我的小狗不吃的东西，有时它还会翻垃圾桶吃土豆皮。回到这个单词，我使用英语的拼读法拼读出这个单词后，将它与汉语的"围兜"相联系，说起围兜，就是小宝宝们吃饭时用到的很常见的物品，因此，对这个单词的记忆可以构成这样一个逻辑链条——"围兜""宝宝吃饭""厌食""妈妈来哄"，十分好记。

whiff

n.

一点儿气味；一股气味；轻微的迹象（或感觉）；一点点；些许

我在记忆这个单词的时候，用了一些文言文的方法。大家在高中语文的选修文章里可能会遇到一篇古文，叫《烛之武退秦师》，其中在结尾处有这

样一句,"微夫人之力不及此"。当使用英语的拼读法拼读出这个单词后,whiff 的发音与"微夫"相近,因此,我使用"微"与"夫"来分别解释它们与单词意义上的相关性。"微"有小的意思,表达"一点点,些许";"夫"在文言文中多是虚词,或表提示,或表达疑问、感叹,并无实际意思,比如"逝者如斯夫,不舍昼夜"。因此,whiff 的汉语谐音"微夫",其重点的意思在于"微",而不是"夫",这样一来,"微"的意思就是 whiff 的意思,而这个单词的意思正是"些许,少量",两者是吻合的。这样,这个单词就实现了音与义的联系,比较好记。

whimsical

adj.

异想天开的; 心血来潮的; 滑稽可笑的

这是一个很有意思的单词,因为我的单词的主人公堪称"中国历史上最节俭的皇帝",他就是清朝的道光皇帝爱新觉罗·旻宁。道光皇帝在中国历史上算是一个比较知名的人物,他作为清朝唯一一位以嫡长子身份继位皇位的人,可谓天道正统,但是,让历史更多铭记的是鸦片战争的屈辱与中国沦为半殖民地半封建社会的叹息。道光皇帝有一个特别的"爱好"就是崇尚节俭,可以说,他在节俭方面堪称古代皇帝的楷模,为此,满朝文武在恢宏大气的紫禁城上早朝时,竟有点"丐帮"长老开会的感觉。有一次,道光皇帝穿的裤子膝盖处破了,他十分心疼,并不舍得直接换条新的,就让人在上面打了一块补丁!当时有个叫曹振镛的大学士也穿着打着补丁的衣裤,道光皇帝看后十分欣喜,还和他一起交流少花钱的经验。[45]此后,大臣们便纷纷效仿,穿着破破烂烂的朝服去上早朝,有时在临朝前还要相互"哭穷",讨论的

多是"如何节约"等话题。道光皇帝不知道的是,为了迎合他,当时北京城旧衣的价格突然猛涨,越是破烂,卖得越贵。道光皇帝的节俭逸事还不止以上这些,还有诸如皇后生日以打卤面招待群臣、核减后宫脂粉钱、节俭嫁女、被官员节俭假象蒙骗,等等。[46]

　　故事先讲到这里,回到这个单词,我使用英语的拼读法拼读出这个单词后,根据它的发音,将它与汉语的"为母贼抠"相联系,它的意思是,"当了母亲的人非常抠门",用"抠门"形容节俭过甚,而"为母"指的是道光皇帝。所谓"不当家不知柴米油盐贵",道光皇帝从登基之时起,就当起了大清国的家。从中华民族的传统美德来讲,节俭的确是一件好事,但却不能"异想天开,脑子一热"地推行"节俭"。拿道光皇帝来讲,他并不知道当时的臣子们为了取悦他,竟无形中抬高了原本根本不值钱的破烂衣的价钱,这是一种反常现象,取得的结果也是事与愿违的。另外,对于一个国家的"门面"来讲,道光皇帝的"节俭"有失水准,明堂毕竟不是"丐帮开会",天子也不是"丐帮头子",可以说,提起这位皇帝的"节俭"故事,多少令人感到可笑,这就像 whimsical 这个单词的意思一样,"异想天开的,心血来潮的,滑稽可笑的",与道光皇帝的"当家"方式是非常吻合的。这样一来,这个单词的音与义的联系就比较好记了。

whinge

v.

絮絮叨叨地抱怨

　　这是一个和"考试"有关的词,而说起它,有这样一则趣闻,讲的是北宋文学家苏轼参与科举阅卷,当看到一份文采飞扬、出类拔萃的试卷时,他骄傲地对黄庭坚说,"这一定是我的学生李廌写的",便将其列为第一。拆封试卷之后,苏轼惊呼,这份令他欣喜的试卷居然不是爱徒写的!而李廌居然落榜了!二人相知既久,又逢苏轼知贡举,而李廌却不得第,苏轼遂自觉"愧甚",显然,苏轼从私人感情角度认为失去了一次帮助李廌的大好机会。[47]

通过这则故事,大家能看到什么"神奇"之处呢?实际上,举子的试卷让阅卷官看不出应试人员的笔迹,这与北宋建立和健全考试诚信与维护公平的手段誊录制有关。所谓誊录,就是专人会把举子的试卷誊抄一遍,防止一些考生提醒阅卷者自己的身份。我的单词的主人公也与"试卷"有关,它就是"清朝三大科场舞弊案"之一的"戊午科场案",这次科场舞弊案与顺治十四年的"丁酉科场案"和康熙五十年的"辛卯科场案"[48],并称为清朝三大科场案。咸丰八年(1858)时,一位誊录官在抄写刚刚被送上来的一批举子试卷时竟开始絮絮叨叨地抱怨,在这份卷子中,考生居然写了一篇"狗屁不通"的八股文,短短七百余字,居然有三百多个错别字!就这样,居然还能中举!誊录官知道事情不简单,但不得不上报,后来传到咸丰皇帝那里,咸丰皇帝大怒,亲自查阅,并让这名考生重考,果然,这名叫罗鸿绎的考生乃"大草包"。咸丰皇帝命肃顺、载垣、端华等重臣会同刑部主审,最终查明主考官柏葰受贿,让才学浅薄的罗鸿绎榜上有名!最后,柏葰与罗鸿绎等相关人员被斩于菜市口,这场科举的惊天丑闻才告一段落。

回到这个单词,我使用英语的拼读法拼读出这个单词后,将它与汉语的"文质"相联系,意即"文章的质量"。从这场科举舞弊案来看,最初发现端倪的人就是抄写试卷的誊录官,原本这些试卷是因为考生"中举"而让人刮目相看的优质试卷,但是誊录官开始絮絮叨叨地抱怨,对这张"狗屁不通"的卷子充满狐疑,错别字竟如此之多还能榜上有名。可以说,用"文质"来作单词的谐音与 whinge 的意思结合得非常紧密,实现了单词音与义的联系。

whirl

v. n.

旋转，回旋

wield

v.

运用，行驶，支配（权利等）

问大家一个问题，你觉得新疆哪里最美？要我说，新疆很多地方都有美丽的风光，喀纳斯湖与天山，还有一个驰名中外的地方就是伊犁。伊犁位于新疆维吾尔自治区的西部，在天山北麓，是典型的高山气候，在山的顶部常年可以看见皑皑白雪。伊犁地处伊犁河谷内，水草丰茂，有很多大型牧场，新疆细毛羊、伊犁马、新疆褐牛等就生活在伊犁这片富饶的土地上，伊犁的肥沃土壤，古往今来孕育了一代又一代人。下面要讲的故事的主人公与伊犁有关，他就是晚清时期著名的民族英雄、政治家、洋务派大臣左宗棠。1874 年，大清政府内忧外患，当时朝廷在"海防"与"塞防"问题上争论不休，左宗棠提出海防与塞防并重，但不平定新疆，陕西与甘肃的清兵就会被牵制，无法助益海防。清政府便下令让左宗棠全权督办新疆军务。左宗棠治军严格，策略鲜明，仅用一年多时间就收复了除伊犁以外的新疆领土。在伊犁问题上，左宗棠事先就明确应先以外交手段与沙俄谈判，但暗地里，却积极备战。1880 年，曾纪泽出使俄国，与此同时，左宗棠率兵向伊犁挺进，他下定决心要为收复伊犁血战到底。当时沙俄刚结束俄土战争不久，疲惫不堪，兵力空虚，终在谈判桌上让步。故事先讲到这里，回到这个单词，我将这两个单词放在同一个故事中来记忆，是因为我用到了一些单词拆分的方法可以将这两个单词合并记忆。大家首先来看 whirl 的意思，"回旋"，它除了与"旋转"具有相同的表达动作的方式这个意思外，"回旋"也经常可以指"可商量，可进退"的余地，就比如在谈判桌上，"回旋"就经常是一种与人斡旋手段的谈判。我将 whirl 与 wield 开始进行拆分与组合，

将其拼凑为了 herd，ii，ll，ww 四个字母组合。Herd 是单词"牧场"；ii 的字母发音与汉语"白雪皑皑"中的"皑皑"相近；ll 可以作为汉语"凉凉"的拼音首字母，"凉凉"是一个网络词语，表达的是"完了"的意思；ww 是"威武"的拼音首字母。由此，我想到了一个水草丰茂的牧场，山上具有常年的积雪，一片被割占的土地与当时"凉凉"的国家局势，一个英雄的收复之战。我便想到了左宗棠与伊犁。在这个故事中，左宗棠面对伊犁的被侵占，他展现了不同于"求和"的解决方式，亲自督办军务平定叛乱，他使用的"先北后南"与"缓进急战"的策略十分有效，他展现了一个非常具有智慧的军事家的卓识与远见。清政府与沙俄在谈判桌上的斡旋，留给了左宗棠准备战斗的时间，最终沙俄不得不让步，其中的谈判智慧与左宗棠血战到底的精神也震慑了俄国人。因此，这样的拆分与组合与两个单词的结合是比较紧密的，whirl 是谈判桌上的"回旋"，wield 是左宗棠运用的一系列策略与方略，四个字母组合所表达的涵义与新疆，与伊犁，与左宗棠实现了一个比较巧妙的联系，比较能说得通，因此，比较好记。

whoosh

n. v.

（风吹）呼呼；（水流）哗哗

有这样一个成语叫"风生水起"，形容的是"风从水面划过，水面掀起波澜"，比喻事情做得有声有色，蓬勃兴旺。而说起风生水起，中国古人也常用这个词来表达"风水"。古人很早就提出了"地中生气""地气流动"的理论，因而当时很多的统治者都想寻得一块"吉地"好长眠于此。"传统风水理论"发源于中国,这是世界公认的。[49]首次提到"风水"这个词是在魏晋时期郭璞所著的《葬书》中,而在西汉时期,儒学家为了强化统治者的神圣权力,将儒学进行了神化,阴阳五行、"天人感应"等应运而生,民间也流行着"望气""风角""黄道""太岁"等天文历算知识与禁忌,风水术理论初步形成。到了宋代,风水术达到鼎盛,上至皇亲贵胄,下到平民百姓,风水成为人们趋吉避凶、预测祸福的常用手段。宋代《地理新书》等书中对民间相宅、营造、迁徙等风水都有记载,宋代的赖文俊、蔡元定等人都是著名的风水大师。

回到这个单词,我使用英语的拼读法拼读出这个单词后,将它与汉语的"巫师"相联系。大家看 whoosh 的意思,形容"风"与"水"的声音,这与成语"风生水起"所表达的意境很像,而风生水起又指"风水","巫师"或是风水师这样的人便与之相连。由此,这个单词实现了音与义的联系,十分好记。

wobble

v. n.

(使)摇摆,摇晃;一摇一摆;犹豫不决

中国历史上有很多有气节的大臣,他们以一身的傲骨与忠诚彪炳史册,留下了很多流传千古的事迹,接下来要讲的故事的主人公也闪耀着这样的优良品质,他就是南宋末期著名的大臣陆秀夫[50]。陆秀夫与文天祥是同榜进士,他性格沉稳,文笔极好,官居左丞相。但是,此时的南宋王朝已处于风雨飘摇之势,祥兴二年(1279)时,元朝军队已势如破竹,南宋王

朝危如累卵，崖山海战一触即发，而因为此战直接关系到南宋的存亡，故堪称宋元之间的决战。整场战役之中，宋军处于疲态，元军以水师包围了宋军的港湾，宋军派向陆地获取淡水与砍柴的通道也被元军阻断，宋军的干粮只够吃十余日，一些饥渴难耐的宋军士兵不得已而饮用海水，造成呕吐腹泻。元军看宋军已呈"瓮中鳖"之窘态，便假装举办宴会以此让宋军松懈，元军趁其不备，用帆布遮住战船逼近宋军水师，出其不意地向宋军杀来，一时之间，宋军已毫无斗志，溃败奔逃。崖山海战结束，大宋王朝的军事力量已基本被摧毁，元军随即包围了崖山。陆秀夫一直护卫着幼小的宋末帝赵昺，他们待在一艘大船上，突围的可能性很小，陆秀夫知道至此一战已没有了大宋，便用剑逼着自己的妻子儿女跳海，他换上了自己的朝服觐见赵昺，毅然决定赴死。赵昺还是孩童，吓得啼哭不止，但国破了哪还有家在，与其屈辱地被敌国奴役羞辱，倒不如保留最后的尊严。陆秀夫抱着小皇帝走了出去，来生再做一次君臣，不枉这些年大宋王朝对自己的栽培，陆秀夫就带着小皇帝投海了，当时他年仅四十四岁，随行的十多万军民相继跳海，宁死不降。后来，陆秀夫的尸体被找到，被百姓安葬，小皇帝赵昺的尸身下落不明。

回到这个单词，我使用英语的拼读法拼读出这个单词后，将它与汉语的"娃抱"相联系，意即，"陆秀夫抱起幼主投海赴死"。陆秀夫是一位悲壮的抗元英雄，也许，他在心中有过一丝摇摆，幼小的赵昺会不会被元国君主善待？这只是一个孩子呀，他随我赴死是不是太过残忍？但是，他非常清楚历史也许会重蹈覆辙，就像当年的宋徽宗与宋钦宗那样，与其忍受生不如死，被敌人当作一件战利品那样地蹂躏，还不如留下一身傲骨与气节，自己决定自己的命运。他的心不再举棋不定，毕竟，对敌人抱有幻想是不切实际。于是，他下定决心要背着幼主赴死，这种切肤之痛，是国家的痛，是臣子的痛，也是对年幼的赵昺，这位末帝残破命运的痛惜。正如 wobble 这个单词的意思一样，"摇摆与犹豫不决"，它既可以指陆秀夫抱起幼主时闪过的颤抖，也可以指他面对幼小的生命时心中划过的怜悯。由此，这个单词的谐音与意义实现了单词音与义上的联系，是说得通的。

WOO

v.

争取……的支持；寻求……的赞同

汉语中有这样一个成语叫"爱屋及乌"，它讲的是"因为喜爱一个人而连带喜爱他房上的乌鸦"，比喻喜爱一个人就连带喜爱与他有关的人或物。我在讲这个单词的故事之前，首先要来说说为什么这个单词的意思让我想到了成语"爱屋及乌"。大家看这个单词的意思，"争取某人的支持，寻求某人的赞同"，我的脑海中立马想到了"拉选票"，这是一种"从上往下"的投射。"上"指的是高位的人，"下"指的是低位的人。同时，这个单词的意思还有一种"迎合"的感觉，是"从下往上"的一种讨好。为什么这样讲呢？比如戊戌变法，维新派是手无实权的青年人，他们为了争取袁世凯的支持，不得不连夜面见袁世凯，乞求他可以倒向维新派一方。这种"争取某人的支持"，明显是"迎合与拉拢"，是自下而上地争取某人的支持。因此，这个单词的意思总要建立在一个前提上，就是要"得到某人的喜欢或令某人满意"才可以求得这个人的"支持与赞同"。可以说，弄清这点，才是"爱屋及乌"这个成语可以与单词的意思进行巧妙连接的重点。这是一个大家都很熟悉的故事，那就是唐明皇与杨贵妃[51]的爱情故事。杨贵妃最初是唐玄宗

的儿子寿王的妻子，随后，因为身姿曼妙，性格温婉，被唐玄宗看上，她奉命出家为女道士，唐玄宗后来让她还俗接她入宫，正式册封为贵妃。杨玉环几乎是被自己在洛阳的叔叔抚养长大的，因为她的父亲杨玄琰在她大约十岁的时候就去世了。杨玉环出身于官宦世家，可以说，自小便受到了良好的家庭教育。唐玄宗对杨贵妃非常宠爱，爱屋及乌，对待杨氏一族也大加封赏，册封杨贵妃的大姐为韩国夫人，三姐为虢国夫人，八姐为秦国夫人。贵妃娘娘有一远房兄弟叫杨钊，早年间混迹于犄角旮旯，为泼皮流氓，嗜酒赌博，游手好闲，因为族妹杨贵妃的关系得以觐见玄宗，经常能让唐玄宗龙心大悦，唐玄宗便赐名给他"国忠"，这就是历史上大名鼎鼎的杨国忠[52]。在古代，能与皇族结亲是一件天大的喜事，这是一种对权力、地位、财富的稳固行为，也是一种身份的象征。唐玄宗时先后有两位公主、两位郡主下嫁于杨氏家族，唐玄宗还亲自为杨家庙碑书写题词。白居易在《长恨歌》中这样写道，"姊妹弟兄皆列土，可怜光彩生门户。遂令天下父母心，不重生男重生女"。唐玄宗每次带着杨贵妃去华清池时，都会挑选五家杨氏家族的人为扈从，每一家都身着一色服装，五家跟随銮驾而移动，衣着华丽，摇曳生姿，五彩缤纷，熠熠生辉，奢侈程度无以复加。贵妃娘娘一人得道，简直是身旁"鸡犬升天"，唐玄宗对杨贵妃及杨氏家族的宠爱可见是有多"爱屋及乌"。

回到这个单词，我使用英语的拼读法将它与汉语的"屋"与"乌"相联系，因此想到了成语"爱屋及乌"。正如在本文的前部我已讨论过，woo的意思是"争取某人的支持，寻求某人的赞同"，无论是"自上而下"的投射，还是"从下往上"的迎合，这种"争取支持与寻求某人的赞同"都要建立在一种喜欢之上，即，没有喜欢，也就谈不上会获得某人的支持与赞同，这与"爱屋及乌"所表达的喜爱之情是共通的。换句话讲，如果唐玄宗想得到杨贵妃对他的赞同，他就得去"拉杨家人的票"，就如特朗普与选民的关系一样；再者，如果诸如杨钊等一众"鸡犬"及一些渴求权势的人想得到唐玄宗的支持与赞同，他们就得去迎合处于高位上的玄宗本人及杨贵妃。因此，"爱屋及乌"这个成语与单词的意思是说得通的，使用的"屋"与"乌"谐音也与单词有着比较密切的联系，由此实现了音与义的结合，十分好记。

wrangle

n. v.

（长时间的）争论，争吵

在中国历史上有这样一场旷日持久的"争吵"，吵了十五年才画上了一个句号，但是，那个"没吵过"的人为此与"占了上风"的人开始"赌气"，一连二十多年不上朝，这个"没吵过"的人就是明神宗朱翊钧，而这场"争吵"是围绕着皇位继承人而展开的，史称"国本之争"。明神宗最不愿提及的一段往事大概要属和一个宫女私生了一个皇子了，当时是万历九年（1581），十八九岁的万历皇帝在母亲的宫中看上了一个宫女，第二年，皇子便出生了，这就是后来的明光宗朱常洛。万历皇帝很忌讳这件事，觉得很不光彩，但由于他当时并无其他皇子，他的母后李太后很高兴。万历皇帝很宠爱郑贵妃，后来在万历十四年的时候，郑贵妃诞下了他的心头之爱，福王朱常洵，这为后来的国本之争埋下了隐患。朱翊钧十分喜爱这个儿子，迟迟不肯让其外出就藩，还恩赐给了他一处达四万顷的庄园[53]，为此，朝廷大臣认为这是僭越之举，这场庄田之争持续了七八年才结束，可见，朱翊钧对福王朱常洵的喜爱如此之甚。明神宗早有意想让福王当太子，所以迟迟都没有立身为长子的朱常洛为太子,加上郑贵妃经常向明神宗吹"枕边风",朱翊钧索性写下承诺书并与郑贵妃立誓,扬言确保立福王为太子。大臣们的心里"明镜似的",奏折"满天飞",上朝时也是一齐为皇长子发声,争相提及立皇长子朱常洛为太子之事,神宗皇帝索性不理,依旧与郑贵妃逍遥快活。但满朝文武依旧"不依不饶",这也惹恼了明神宗,他便与大臣们"置气",不再接见朝臣,不出宫门,不理朝政。士大夫群体力主册立朱常洛为太子,与神宗发生多次冲突,君臣关系因之隔膜。[54]万历二十九年,经过了长达十五年的斗争,不胜其烦的神宗皇帝终于"服软",立了皇长子朱常洛为太子,国本之争终于结束。但是,在这十五年间,因皇储问题,朱翊钧先后逼退了四名首辅大臣,十多个部级大臣、三百多名中央与地方官员受到牵连,其中有人被罢官、解职、充军,可见,这场国本之争的惨烈以及反映出的一个事实,皇长子朱常洛确实不受父皇的宠爱。

回到这个单词,我在记忆它的时候,用到了陕西的方言。在陕西话中,如果想要表达一个人总是"甩不掉,很纠缠",会用"ran"(二声)来表示,比如,"这个人 ran 得很",意思就是"这个人我真是甩都甩不掉",表达出说话人的不耐烦以及对那个人"黏黏糊糊"的处事方式很讨厌的感情。接下来,我使用英语的拼读法拼读出这个单词后,将它与汉语的"ran 够"相联系,"ran"就是陕西方言中的这个"ran","ran 够"的意思是"把我 ran 得够够的"。放在这个故事中,指的就是"万历皇帝的大臣们在立储一事上把万历皇帝 ran 得够够的",而这也带来了十五年的国本之争,也就是 wrangle 的单词意思,"长时间的争论,争吵"。最终,"被 ran 得够够的"万历皇帝终于不想再和臣子们吵了,国本之争结束。因此,这个单词使用这样的谐音比较好地实现了单词音与义的联系,比较好记。

writhe

v.

（常指因剧痛不停地）扭动，翻滚

　　我很喜欢看新版的《三国演义》电视剧，对剧中曹操的印象很深。电视剧中有这样一个情节，曹操身着内衣，头上扎了一个结，因为他又犯了头风，疼痛难忍，忽然间，当他读了陈琳写的《讨曹檄文》后，大呼精彩，瞬间头风好了。熟悉曹操的人大概都知道，他患有较为严重的头风，每当病发，简直似要裂开。《三国演义》第七十八回中这样描写，有一次，曹操犯了头风后，华佗被找来为他医治，华佗告诉曹操，"病根在脑袋中，风涎不能取出的话，枉服汤药"。曹操问可有良策，华佗说，"可以先饮用麻沸散，然后用利斧劈开脑袋，取出风涎，就除了根"。曹操听后大怒，责骂华佗居心不良，是要取他的性命，便命人将华佗拿下，押入大牢，华佗最终被杀害。

　　回到这个单词，我使用了拆分与缩略的方法来记忆这个单词。我将 writhe 分为三个部分：第一个部分是经拆分后组成的单词 tie，它当动词的意思是"系，打结"；第二个部分是字母 h，我用它来指代"华佗"中的"华"的拼音首字母；第三个部分是字母 wr，它用来表示汉语"误惹"的拼音首字母，指的是"华佗误惹了曹操"。由此，这个单词可以被解释为"曹操的头风病犯了，他在头上扎了一个结来止痛，华佗误惹了曹操，被他杀害"，而 writhe 的意思是"因剧痛不停地扭动或翻滚"，这也与犯了像头风等疾病的表现一样，痛起来真是要四处打滚。在这个故事当中，华佗原本好意给曹操治病，不料说出自己的施治方法之后，曹操竟将他视为"杀手"，曹操本人性格多疑，"宁可我负天下人，不可天下人负我"，所以当华佗说出这看似"要命"的医治之法时，可想而知华佗的命运，他犯了曹操的忌讳，"误惹"

了他。因此,将这个单词采用这样的方法与曹操的头风病相联系,是比较能说得通的,实现了单词形与义、音与义的联系,十分好记。

参考文献

[1] 司马迁.史记·秦本纪[M].杨燕起,译注.长沙：岳麓书社,2021.

[2] 陈寿.三国志·吴书·卷九[M].裴松之,注.上海：上海古籍出版社,2021.

[3] 庄周.庄子·养生主[M].方勇,译注.北京：中华书局,2015.

[4] 李白的家世和童年[J].全国新书目,2022(03)：27－31.

[5] 司马迁.史记·吕太后本纪[M].杨燕起,译注.长沙：岳麓书社,2021.

[6] 司马迁.史记·外戚世家[M].杨燕起,译注.长沙：岳麓书社,2021.

[7] 司马迁.史记·魏其武安侯列传[M].杨燕起,译注.长沙：岳麓书社,2021.

[8] 司马迁.史记·淮阴侯列传[M].杨燕起,译注.长沙：岳麓书社,2021.

[9] 司马迁.史记·梁孝王世家[M].杨燕起,译注.长沙：岳麓书社,2021.

[10] 房玄龄.晋书·惠帝纪[M].北京：中华书局,2015.

[11] 左丘明.左传·宣公四年[M].郭丹,程小青,李彬源,译注.北京：中华书局,2016.

[12] 朱婧."水晶之夜"后英国政府对犹太难民的政策研究[J].首都师范大学学报(社会科学版),2010(S1)：190－193.

[13] 潘春华.印度博帕尔毒气泄漏事件[J].生命与灾害,2019(05)：39＋38.

[14] 刘立祥.李世民廷赐"醋坛子"与幽默领导艺术[J].领导科学,2015(19)：27－28.

［15］于宏伟.以房玄龄妻子卢氏至妒为例浅谈唐代惧内之风［J］.才智，2017(03)：205-207.

［16］房玄龄.晋书·宣帝纪［M］.北京：中华书局,2015.

［17］房玄龄.晋书·宣帝纪［M］.北京：中华书局,2015.

［18］司马光.资治通鉴·陈纪四［M］.沈志华,张宏儒,主编.北京：中华书局,2019.

［19］脱脱,阿鲁图.宋史·列传·卷二百二十九·朱勔传［M］.北京：中华书局,1985.

［20］向祥海.试论方腊起义的原因［J］.浙江师范大学学报,1987(02)：69-74.

［21］宋祁,欧阳修,范镇,等.新唐书·列传第一·后妃上［M］.北京：中华书局,1975.

［22］刘昫.旧唐书·列传第三十四·郝处俊传［M］.北京：中华书局,1975.

［23］岳伐杉.禹铸九鼎与泥型铸造［J］.现代铸造,1981(04)：70.

［24］姚思廉.陈书·本纪第六·后主［M］.北京：中华书局,2021.

［25］严鼎程,王阁.南朝陈后主"因情蔽智"的历史之鉴［J］.领导科学,2018(22)：8-10.

［26］司马光.资治通鉴·后唐纪四［M］.沈志华,张宏儒,主编.北京：中华书局,2019.

［27］欧阳修.新五代史·四夷附录第二［M］.北京：中华书局,2016.

［28］欧阳修.新五代史·四夷附录第二［M］.北京：中华书局,2016.

［29］都兴智.辽外戚萧思温事迹考述［J］.关东学刊,2017(09)：115-119.

［30］美食趣事.海昏侯墓出土了多少金子？这个金子纪录是"后无来者"了！［EB/OL］.［2021-10-03］.http：//k.sina.com.cn/article_6803020261_

1957dd9e500100v5c4.html.

[31] 陈强.阿凡提故事的多元文化考释[J].中国非物质文化遗产,2022(03)：41－47.

[32] 王嘉.拾遗记·卷六[M].王兴芬,译注.北京：中华书局,2019.

[33] 范晔.后汉书·孝灵帝纪[M].李贤,注.北京：中华书局,2012.

[34] 段成式.酉阳杂俎[M].张仲裁,译注.北京：中华书局,2017.

[35] 房玄龄.晋书·列传第五十八·李密传[M].北京：中华书局,2015.

[36] 范晔.后汉书·班梁列传[M].李贤,注.北京：中华书局,2012.

[37] 沈约.宋书·列传·卷四十三·檀道济传[M].北京：中华书局,2015.

[38] 李延寿.南史·卷一·宋本纪上[M].北京：中华书局,2016.

[39] 孔详秋.李清照词传[M].西安：太白文艺出版社,2020.

[40] 虞云国.水浒寻宋[M].上海：上海人民出版社,2020.

[41] 刘昫.旧唐书·列传第八·武士彟传[M].北京：中华书局,1975.

[42] 李昉,扈蒙,李穆,等.太平广记·卷一百三十七·征应三[M].北京：中华书局,2021.

[43] 王钦若,杨亿,孙奭,等.册府元龟·卷七百六十六·攀附第二[M].北京：中华书局,2020.

[44] 班固.汉书·外戚传上·孝武李夫人[M].北京：中华书局,2016.

[45] 小横香室主人.清朝野史大观[M].北京：中央编译出版社,2009.

[46] 刘文华.道光皇帝的"俭"与"奢"[J].中国档案,2014(03)：80－81.

[47] 彭文良.苏轼与李廌交游考[J].乐山师范学院学报,2015,30(02)：7－12＋70.

[48] 首小琴.咸丰朝"戊午科场案"考论[J].兰台世界,2015(13)：49－50.

[49] 刘羽天.国内"传统风水理论"研究述评[J].湖北科技学院学报,2021,41

(05)：61－67.

[50] 脱脱,阿鲁图.宋史·列传·卷二百一十·陆秀夫传[M].北京：中华书局,1985.

[51] 刘昫.旧唐书·列传第一·后妃上[M].北京：中华书局,1975.

[52] 宋祁,欧阳修,范镇,等.新唐书·列传第一百三十一·外戚[M].北京：中华书局,1975.

[53] 张廷玉.明史·列传·卷八[M].北京：中华书局,2015.

[54] 李佳.君臣冲突与晚明士大夫政治——以万历朝"国本之争"为中心[J].求是学刊,2017,44(06)：143－148.

后 记

在写作书稿的过程中，我曾经删掉了大约 3 万字的内容，然后又重新创作。这是因为自己毕竟是第一次写书，在写书上经验不足，实际上，在正式写作前应该有"试写"这一步骤，才可以把握好全书内容的连贯性与文风的一致性，但是我在刚开始创作时，忽视了这一步骤，这让我在大约完成了大部分内容后，感到刚开始创作的部分比较"稚嫩"，故删掉了这部分内容，转而依据全书的文风与逻辑重新写作。可以说，一回生二回熟，其后就写得比较顺利且得心应手了。

在阅读本书时，读者会发现有些历史人物"反复"出现，比如吕雉就出现了不止一次。我想在此解释，每个单词所搭配的历史文化故事，是经过我精心思考与仔细考量之后所选用的，这并不是图"省事"，更不是说，我们的历史与文化难以匹配数量如此之多的英文单词，而是因为，站在不同角度去思考不同种事物，本身很多的道理就是相通的，更何况，立场不同，也会让不同事物呈现完全不同的结果。我的书稿，着力解决的是一个"说得通"的问题，即，我采用的记忆单词的方法，我提到的历史人物，是基于我的视角，我的知识沉淀以及我对历史人物的思考并结合我多年来记单词的方法总结出的经验。

对知识的渴求是推动我不断努力、完善自己的重要动力。无论是本科还是硕士阶段，我最常去的地方就是学校的图书馆，书籍可以说是我最好的朋友，陪伴了我的青春，见证了我不断成长、超越自我的历程。这种经历，以我创作的这本书为代表，是我心血与知识水平的结晶，是具有独特价值与意义的。

希望各位读者朋友，包括英语爱好者、专家学者们，以及编辑同行、行业内的前辈们能对我提出一些宝贵的建议，这对我是十分珍贵的。感谢上海交通大学出版社的编辑老师们，你们严谨的工作态度，令我十分钦佩，感谢你们的辛勤劳动！期待这本书能起到抛砖引玉的效果，让更多的记单词的好方法涌现出来，为学习增添更多的乐趣！

杨柳牧菁

2022 年 9 月

善和坊裏李端端信是
錢行白牡丹誰信揚州金
滿市臙脂價到屬酸
唐寅畫并題

1 2
3 4

1. 宋徽宗 赵佶
2. 明太祖 朱元璋
3. 清圣祖 爱新觉罗·玄烨
4. 《李端端图》 明·唐寅（现藏于南京博物院）

1	2
	3
4	5

1. 江西景德镇市　木叶天目盏
（仿制）

2. 景德镇中国陶瓷博物馆·清
雍正祭红釉玉壶春瓶

3. 景德镇中国陶瓷博物馆·清
康熙洒蓝釉里红西厢记图盘

4. 景德镇中国陶瓷博物馆·清
乾隆炉钧釉灯笼瓶

5. 景德镇中国陶瓷博物馆·清
雍正纹片釉贯耳四方瓶

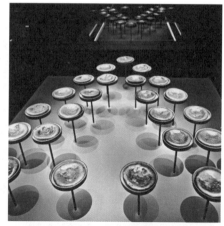

1. 2. 3. 南昌汉代海昏侯国
遗址博物馆·金饼
4. 南昌汉代海昏侯国遗址博
物馆·麟趾金与马蹄金

1. 南昌汉代海昏侯国遗址博物馆·铜钱
2. 南昌汉代海昏侯国遗址博物馆·孔子屏风
3. 南昌汉代海昏侯国遗址博物馆·蟠螭纹铜缶
4. 南昌汉代海昏侯国遗址博物馆·青铜雁鱼灯

```
1 | 2
----+---
3 | 4
```

1. 江西南昌·滕王阁
2. 杭州·西湖娇嫩的荷花
3. 杭州·西湖中的鸳鸯

1 2

3 4

1. 遥望保·塔
2. 雷峰塔下的西湖
3. 杭州·中国美术学院（象
   山校区）

1. 杭州狮峰龙井茶园
2. 杭州 · 中国丝绸博物馆
3. 杭州 · 雪中的法喜寺

1 | 2
3

1. 西安·秦始皇兵马俑博物馆
2. 陕西省渭南市华阴市·华山
3. 华山风景